谨以此书献给

成都东软学院成立二十周年

成都东软学院学术论丛

（第七辑）

主　编　张应辉
副主编　张兵　巫家敏　刘明理

西南交通大学出版社
·成都·

图书在版编目（CIP）数据

成都东软学院学术论丛. 第七辑 / 张应辉主编. --
成都：西南交通大学出版社，2023.10
ISBN 978-7-5643-9483-7

Ⅰ. ①成… Ⅱ. ①张… Ⅲ. ①社会科学 - 文集②自然科学 - 文集 Ⅳ. ①Z427

中国国家版本馆 CIP 数据核字（2023）第 188635 号

Chengdu Dongruan Xueyuan Xueshu Luncong (Di-qi Ji)

成都东软学院学术论丛（第七辑）

主编 张应辉

责任编辑	李　欣
封面设计	墨创文化
出版发行	西南交通大学出版社 （四川省成都市金牛区二环路北一段 111 号 西南交通大学创新大厦 21 楼）
发行部电话	028-87600564　028-87600533
邮政编码	610031
网　　址	http://www.xnjdcbs.com
印　　刷	成都蜀通印务有限责任公司
成品尺寸	210 mm × 285 mm
印　　张	22
字　　数	629 千
版　　次	2023 年 10 月第 1 版
印　　次	2023 年 10 月第 1 次
书　　号	ISBN 978-7-5643-9483-7
定　　价	140.00 元

前　言

一所以产学研融合为特色的大学，理当至少有一种学术刊物，作为展示学校开展学术活动的平台和反映学校学术水平的窗口，并发挥它应有的社会功能；一所大学应该注重科学研究成果，研发先进的教育方式，研磨学校的办学能力，专研更高的专业知识。为此，《成都东软学院学术论丛》应运而生。

科研不是空中楼阁，它要建立在教学思考的基础上，也会反哺、提升教学水平。要以教学为主，同时进行分阶段、分层次、分类型的科研课题探讨，以达到系统化的科研成效。希望各位老师能及时总结科研教学经验，发挥创新意识，及时更新、学习国内外行业前沿资讯和技术，从而形成高质量的科研成果，推动学校产学研良性发展。

我希望，《成都东软学院学术论丛》定位要准，办刊宗旨要明确；依托我校重点专业、特色专业，创造出一个或几个优秀的具有特色的精品栏目，提升学刊的学术品位，形成自己的独特优势，扩大学刊学术影响；要本着学刊要“反映学校科研、教学水平”这一要求，科学设置学科栏目，跟踪最新学术动态，为全面提高科研、教学水平服务；还要拓宽学术视野，坚持开门办刊，广泛吸纳和反映国内外先进技术研究的最新成果。

我相信，在大家的共同努力下，《成都东软学院学术论丛》必能办出特色、办出水平，成为老师们的一个从事研究和思考的学术平台、科研成果展示平台、教学经验交流平台，为加强我校与兄弟院校及社会各界的广泛联系与交流构筑一座有益桥梁，推动学校朝着有特色、高水平、创业型应用技术大学的办学目标不断前进。

张应辉

目　录

Contents

自然科学

社会科学

课程思政

自然科学

基于 S3C2440 的嵌入式 Linux 字符设备驱动的开发

康晓娜　郭洋

（成都东软学院计算机与软件学院　四川　成都　611844）

摘　要：本文主要阐述了基于 S3C2440 嵌入式开发板，Linux 系统下开发字符型设备驱动的方法和实现过程。以基于 S3C2440 实现 GPIO 为例，介绍嵌入式 Linux 字符设备开发技术，Linux 驱动开发基本框架，以及设备驱动模块的加载、卸载；介绍字符设备驱动程序开发以及测试流程。

关键词：嵌入式；字符设备；Linux

The Development of Embedded Linux Character Device drivers Based on S3C2440

Kang Xiaona　GuoYang

(School of Computing and Software, Chengdu Neusoft University, Chengdu 611844)

Abstract: This paper mainly describes the method and implementation process of developing character device drivers based on S3C2440 embedded development board and Linux system. Taking character device GPIO as an example, this paper introduces the embedded Linux character device development technology, the basic framework of Linux driver development, and the loading and unloading of device driver module, as well as the character device driver development and test process.

Key words: Embedded; Char Device; Linux

1　Linux 设备驱动程序开发基本框架

随着嵌入式应用不断发展，嵌入式软件开发已经成为计算机科学与技术应用的一个重要领域。Linux 设备驱动程序是计算机硬件与应用程序的接口，是软件系统与硬件系统沟通的桥梁。Linux 设备驱动程序一般分为 3 类：字符设备，块设备，网络设备。字符设备是能一个字节一个字节读取数据的设备，如 LED 灯、键盘、鼠标；块设备是像磁盘一样的设备，如 U 盘，SD 卡；网络设备是为了将计算机连接到互联网上的设备。虽然 Linux 设备驱动程序分为不同的种类，但基本开发流程基本相同，分为代码编写、编译、测试以及运行四个步骤，如图 1 所示。代码编写可以在 Windows 系统进行，

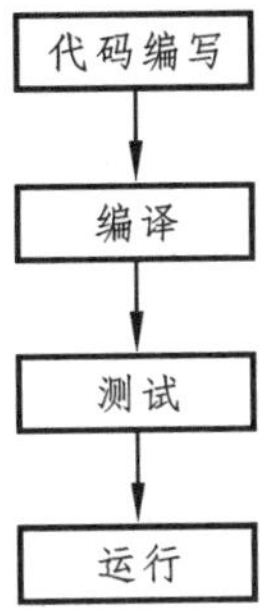

图 1　设备驱动程序基本开发流程图

也可以在 Linux 系统上利用工具 Vim 或者 gedit 进行；接下来是 Makefile 文件编写，利用 GNU

作者简介：康晓娜（1982—），女，吉林，汉族，高级工程师，研究方向：物联网工程方向。
郭洋（1991—），女，汉族，新疆昌吉人，助教，硕士，主要从事现代教育技术和教学管理研究。

自带的 make 工具，根据 Makefile 指令对设备程序进行编译；测试流程通过编写测试程序对驱动程序进行测试；运行是将驱动程序直接编译进内核，开机运行启动驱动程序。本文以实现 GPIO 为例，逐步讲述每个流程的开发。

2 字符设备驱动开发——代码编写

驱动模块源代码一般由 7 个部分组成，如表 1 所示：头文件（必选），驱动模块使用内核中的函数，所以需要包含必要的头文件；模块参数（可选）是驱动加载时，需要传递给驱动模块的参数，如果一个驱动模块需要完成两种功能，那么就可以通过模块参数选择使用哪一种功能；模块功能函数以及其他是可选的；模块加载函数（必选）是模块加载时，需要执行的函数，这是模块的初始化函数，就如 main( ) 一样；模块卸载函数（必选）是模块卸载时，需要执行的函数，需要清除加载函数里分配的资源；模块许可声明（必选）表示模块受内核支持的程度。具体见表 1 所示。

表 1　驱动模块组成

组成模块	可选/必选
头文件	必选
模块参数	可选
模块功能函数	可选
模块加载函数	必选
模块卸载函数	必选
模块许可声明	必选
其他	可选

2.1 模块加载函数/模块卸载函数

模块加载函数以“int module_init（函数名）”的形式被指定。供 insmod 在加载此模块的时候自动调用，负责模块的初始化工作。函数返回 0 则初始化成功，返回负数则失败。设备的注册一般需要三个步骤。

（1）分配设备号。

设备号分为主设备号和次设备号。主设备号用来标识与设备文件相连的驱动程序，次设备号被驱动程序用来辨别操作的是哪个设备。简而言之，主设备号用来反映设备类型，次设备号用来区分同类型的设备。设备号的分配包括静态申请和动态分配两种方式。静态申请是驱动程序开发者静态地指定一个设备号，使用 register_chrdev_region 函数进行注册。优点是简单，缺点是一旦驱动被广泛使用，这个随机选定的主设备号可能会导致设备号冲突，而使驱动程序无法注册。动态分配是起初不知道主设备号，通过参数设置第一个次设备号（一般设置为 0）和要分配所需要的具体设备数目，通过函数 alloc_chrdev_region 来实现。优点是简单，易于驱动推广，缺点是无法在安装驱动前创建设备文件（因为安装前还没有分配到主设备号）。

（2）初始化/注册 cdev。

设备拥有了设备号以后，需要把分配好主设备号的设备注册到内核中，以便内核能识别该类型的设备文件。设备注册过程中会涉及 4 个非常重要的结构体，分别是 struct cdev，struct file，struct inode，struct file_operations。四者之间的关系如图 2：

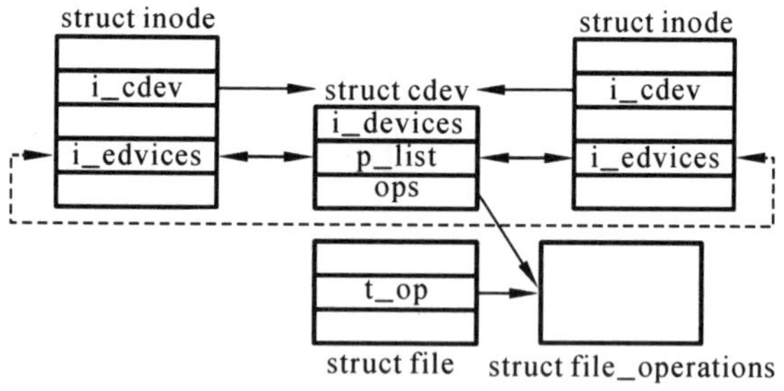

图 2　四者之间的关系

（3）添加 cdev，将 cdev 添加到设备中。

注册设备驱动可分为以下 3 个步骤：分配 cdev；初始化 cdev；添加 cdev。struct cdev 的分配可使用 cdev_alloc 函数来完成；struct cdev 的初始化使用 cdev_init 函数来完成；struct cdev 的添加使用 cdev_add 函数来完成。

模块卸载函数需要清除加载函数里分配的资源 module_exit。模块的注销需要在此函数中完成。字符设备的注销使用 cdev_del 函数来完成。

2.2 功能模块代码编写

嵌入式 Linux 字符驱动的开发最为核心的就是 file_operations 结构体，而驱动的主体是实现其中的成员函数。以基于 S3C2440 开发板，实现 GPIO 功能为例，主要实现的功能函数有 open（ ）和 read（ ）函数。open（ ）函数主要实现打开设备，以及引脚配置，代码如下：

```
static int drv_open(struct inode *inode, struct file *file)
{
    /* 配置 GPF0,2 为输入引脚 */
    *gpfcon &= ~((0x3<<(0*2)) | (0x3<<(2*2)));

    /* 配置 GPG3,11 为输入引脚 */
    *gpgcon &= ~((0x3<<(3*2)) | (0x3<<(11*2)));

    return 0;
}
```

read（ ）函数主要用来读取引脚状态并且返回给用户，主要的代码如下：

```
ssize_t drv_read(struct file *file, char __user *buf, size_t size, loff_t *ppos)
{
    /* 返回 4 个引脚的电平 */
    unsigned char key_vals[4];
    int regval;

    if (size != sizeof(key_vals))
        return -EINVAL;

    /* 读 GPF0,2 */
    regval = *gpfdat;
    key_vals[0] = (regval & (1<<0)) ? 1 : 0;
    key_vals[1] = (regval & (1<<2)) ? 1 : 0;

    /* 读 GPG3,11 */
    regval = *gpgdat;
    key_vals[2] = (regval & (1<<3)) ? 1 : 0;
    key_vals[3] = (regval & (1<<11)) ? 1 : 0;
    copy_to_user(buf, key_vals, sizeof(key_vals));

    return sizeof(key_vals);
}
```

3 字符设备驱动开发——编译

为了解决数目庞大的源文件编译问题，Linux 提供了“自动化”的编译工具 make。要执行 make 命令，还需要 Makefile 文件的“指导”，Makefile 文件中描述了如何去编译和链接文件。所以字符设备驱动开发编译的主要任务是完成文件 Makefile 的编写。同样以 S3C2440 实现 GPIO 为例，实现 Makefile 源代码如下：

```
KERN_DIR = XXXXXXX/linux-2.6.22.6
all:
    make -C $(KERN_DIR) M=`pwd` modules
clean:
    make -C $(KERN_DIR) M=`pwd` modules clean:
    rm -rf modules.order
obj-m    += second_drv.o
```

4 字符设备驱动开发——测试

驱动程序编译完成后生成驱动模块.ko 文件。通过 NFS 挂载根文件系统，把驱动程序和测试程序拷贝到开发板上，运行 insmod 命令加载驱动模块，超级终端出现打印消息：

```
Gpio device has been installed, with major: 253
The gpio device name: gpio
```

由主设备号和设备名，通过 mknod 命令制作设备节点，具体实现如下：

```
mknod /dev/gpio c 253
```

此时运行测试程序，按下按键，显示“1 key pressed!”说明驱动程序编写成功。

5 结　语

本文详细地论述了嵌入式 linux 下字符设备的驱动程序的开发框架以及开发流程，最后结合 S3C2440 开发板，以实现 GPIO 为例详细介绍开发的整个流程，最后测试成功。对于其他的简单字符设备如鼠标、键盘等驱动程序的开发框架流程都类似，只是在设备的操作具体实现上略有不同。

参考文献

[1] 华清远见嵌入式培训中心宋宝华. Linux 设备驱动开发详解[M]. 北京：人民邮电出版社，2008.

[2] CORBET J, RUBINI A, KROAH-HARTMAN G. Linux 设备驱动程序[M]. 魏永明，耿月，钟书毅译. 中国电力出版社，2006.

[3] VENKAT ESWA S. 精通 Linux 设备驱动程序开发[M]. 宋宝华，何昭然，史海滨，吴国成译. 人民邮电出版社，2010.

[4] 黄超等. Linux 高级开发技术[M]. 北京：机械工业出版社，2002。

[5] 朱光亮，刘鸿飞，薛晓. 基于 linux 的字符设备驱动设计与实现[J]. 微计算机信息，2008，8-3：163-165.

[6] 宋宝华. Linux 设备驱动开发详解[M]. 北京：人民邮电出版社，2010.

[7] 魏长江，张凌云，李国财. 基于 uClinux 的设备驱动程序设计方法及应用实例[J]. 煤矿机械，2005（8）：64-66.

一种基于 Python 的并行计算模型的设计与实现

杨跃臣

（成都东软学院计算机与软件学院 四川 成都 611844）

摘　要：Python 受限于 GIL，使得 Python 在执行计算任务时被锁住只能用一个 CPU 核心进行计算，本文基于 Python 的多进程技术提出了一种多进程并发计算模型，利用 Python 中的多进程管理包 multiprocessing 来设计了分层管理模型，将多进程管理与计算业务剥离，便于修改计算业务逻辑。最后，通过使用中国证券市场的历史真实数据进行并行计算，实验结果显示该方法可以高效、快速地进行数据计算，有效提高了 CPU 的利用率。

关键词：多进程；并行计算；分层

The Design and Implementation of a Parallel Computing Model Based on Python

Yang Yuechen

(School of Computing and Software, Chengdu Neusoft University, Chengdu 611844)

Abstract: Python is restricted by GIL, which leads Python to be locked. While performing computational tasks, it can be calculated with only one CPU core. This paper proposes a multi-process concurrent computing model based on Python's multi-process technology and design that makes use of multi-process management package in Python. It also designed a layered management model to separate multi-process management and computing services, making it easy to modify computing services for processing. Finally, by using the historical real data of China's securities market for parallel computing, the experimental results show that the model proposed of this paper can efficiently and quickly calculate the data, which effectively improves CPU utilization.

Key words: Multi process; Parallel Computing; Layer

引　言

我们正处于一个数据爆炸的时代，每天我们都会通过智能手机、PC（个人计算机）和 iPad 等设备不断地将各种数据传到互联网上或者进行各种各样的计算。面对如此海量的数据，如何高效地存储与处理它们就成了当前极大的一个挑战。但是在这个对硬件要求越来越高的时代，CPU 却发展得并没有那么快了。自 2013 年以来，处理器频率的增长速度相对以前逐渐放缓，目前常见 CPU 的频率主要分布在 3～4 GHz。而 Intel 与 AMD 等大型 CPU 制造商也将目标从提高 CPU 频率转向了多核芯片的发展，目前普通用户的 PC 也达到了 4～8 核。在

基金项目：成都东软学院 2021 年校级教研教改课题“嵌入式系统开发实践教学的改革研究与实践”（NSUJG2021-035）。

作者简介：杨跃臣（1981—），男，汉族，山西大同人，讲师，硕士；研究方向：嵌入式系统开发。

无法快速提高 CPU 主频的情况下，如何利用好 CPU 的多核资源来进行计算也成为该领域研究的方向。[1]

1 进程并行

操作系统中进程之间的串行与并行所需要的时间开销如图 1 所示。

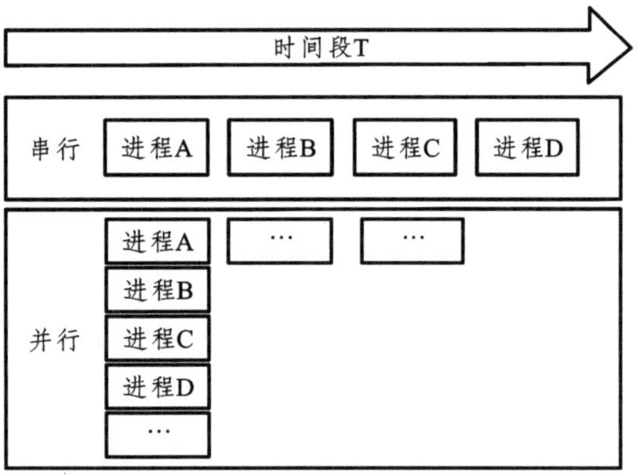

图 1 进程串行与并行示意图

由图可知进程并行带来的时间开销远远小于进程串行。但进程并行也并非万能的，采用并行计算的状况如下：

（1）多核 CPU：计算密集型任务时，可以提高任务执行效率。计算密集型任务会持续地将 CPU 占满，此时有越多 CPU 来分担任务，计算速度就会越快。

（2）单核 CPU：计算密集型任务时，此时的任务已经把 CPU 资源 100%消耗了，就没必要使用并行计算，毕竟硬件障碍是无法跨越的。[2]

2 基于 Python 的并发模型

Python 受限于 GIL 的存在，使得 Python 字节码在同一个进程内只能串行执行，所以 Python 多线程是一个伪并行，被锁住只能用一个 CPU 核心，所以普通 Python 的计算无法发挥多核处理器的性能，但是可以通过 Python 的 multiprocessing 模块或者并行运算模块来使用 CPU 的多核。Python 提供了非常便利的多进程库 multiprocessing，multiprocessing 包是 Python 中的多进程管理包，借助这个库，开发者就可以轻松完成从单进程到多进程并发执行的转换。利用 multiprocessing.Process 对象来创建一个进程，该进程可以运行在 Python 程序内部编写的函数。该 Process 对象与 Thread 对象的用法相同，也有 start（ ），run（ ），join（ ）的方法。当然 multiprocessing 也不是万能良药，它的引入会增加程序实现时线程间数据通信和同步的困难。如计数器，如果我们要多个线程累加同一个变量，对于 thread 来说，申明一个 global 变量，用 thread.Lock 的 context 包裹住三行就搞定了。而 multiprocessing 由于进程之间无法看到对方的数据，只能通过在主线程申明一个 Queue，put 再 get 或者用 share memory 的方法[3]。这个额外的实现成本使本来就特别烦琐的多线程程序编码状况变得更加棘手了。图 2 显示了从创建到加入进程池，再到运行，最后搜集运算结果的整个进程状态的迁移过程。

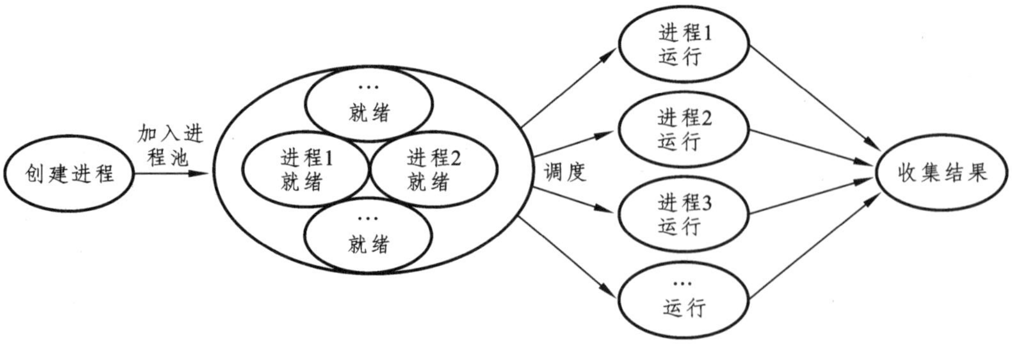

图 2 进程状态迁移图

3 模型的实现

通过父类 Process_Job 可以把所有计算业务都具有的属性抽象出来，例如起始时间 start_date 和结束时间 end_date。由于计算业务要覆盖所有对应的信息，所以使用父类 Multi_

Processes 来控制创建进程，通过 run_multi_process_job 方法来为每个要计算的业务创建相对应的子进程，并加入进程池等待调度运算，每当 CPU 有空闲时，自动从进程池中取出就绪的进程进行运算，将该类抽象出来设计为基类，便于重用进程池创建的功能，而无须为每个需要计算的子类都重写该功能。计算子类 Caluculat_Job1、Caluculat_Job2 和 Calculat_Job3 及其他所有计算子类都同时继承 Multi_Processes 和 Process_Job。各类之间的继承关系如图 3 所示。

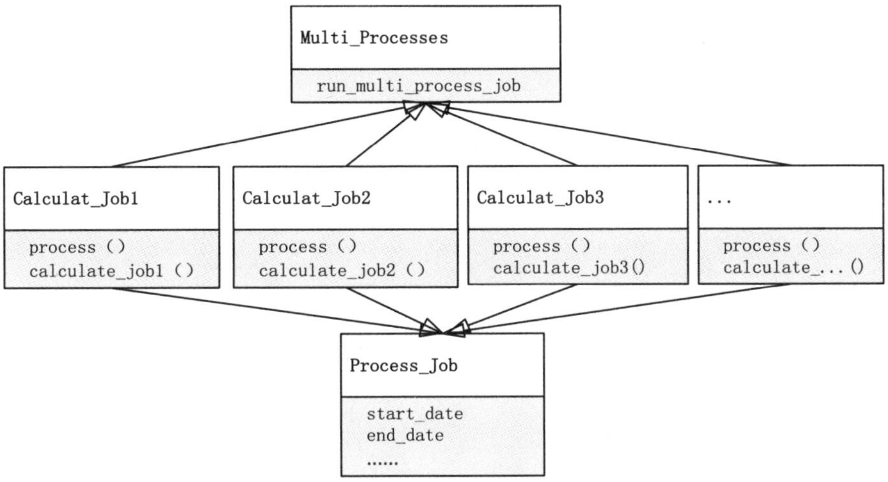

图 3　计算子类与多进程基类关系图

4　模型计算测试

模型测试的计算应用场景选取日线级别交易数据记录约 963.61 万条。测试机器配置为 CPU Intel 酷睿 i5-8400 2.8 GHz，硬盘闪迪加强版 120 GB，型号为 SDSSDA-120G，使用的操作系统为微软的 Windows 10，分别测试不同进程数并发下 MA 的 5/10/20/60 周期质保及 KDJ 指标所消耗的时间，计算结果如表 1 所示。

表 1　各指标计算时间开销对比

并行进程数	MA5 消耗时间/s	MA10 消耗时间/s	MA20 消耗时/s	MA60 消耗时间/s	KDJ 消耗时间/s
1	213.79	214.67	214.72	215.65	217.23
2	108.82	108.84	109.65	109.79	111.90
4	57.29	57.72	58.44	58.76	60.96
8	45.10	46.62	48.28	48.38	49.52

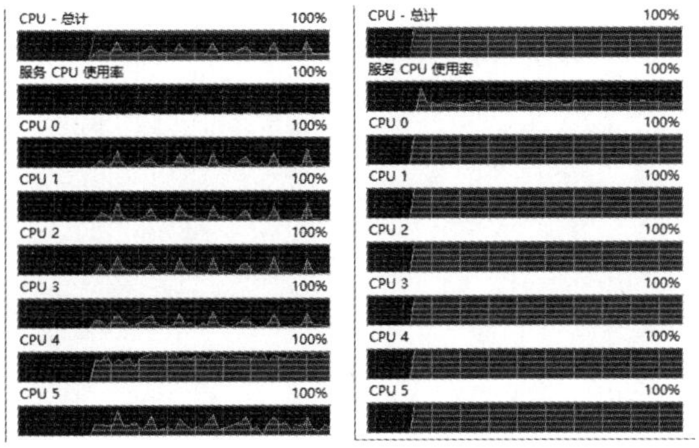

图 4　CPU 使用率对比图

图 4 为普通计算与本模型并行计算时的 CPU 使用率对比的截图，图 4 左边部分为普通计算时的 CPU 使用率截图，图 4 右边部分为使用并行计算模型计算之后的 CPU 使用率截图。由图 4 对比可以看到本文的并行计算模型处于计算时，CPU 的各核心使用率基本处于满负荷的一个状态，可见本文所提出的算法模型对 CPU 的资源利用率是非常高的。测试结果表明，本文所设计并实现的是轻量、易用的基于

Python 的多进程并行模型。

参考文献

[1] 陈家浩，王铁骏，吕诚. 一种基于 Python 符号执行的自动化网络攻击流量获取方法[J]. 计算机应用与软件，2019，36（02）：294-307.

[2] 杨志军，孙洋洋. 并行调度两级轮询控制系统分析研究[J]. 现代电子技术，2019，42（12）：16-20.

[3] 黄建军，李宥谋，刘婧，等. 一种基于 PYTHON 脚本语言的自动化测试系统[J]. 南开大学学报（自然科学版），2014，47（05）：65-70.

基于嵌入式 Linux 的视频监控实验的设计

杨跃臣

（成都东软学院计算机与软件学院 四川 成都 611844）

摘　要：本文结合当今非常流行的嵌入式 Linux 以及 Arm 硬件平台，设计了一套基于嵌入式 Linux 的安防监控综合实验，并在介绍了该实验设计背景之后，分别从硬件和软件编程两个方面对该实验设计过程进行阐述。描述了嵌入式 Linux 内核的 V4L2 驱动配置过程，以及使用 V4L2 接口采集视频流的详细过程。嵌入式专业的学生经过该综合实验的实践，可以综合运用嵌入式专业所学专业技能，从而更加深刻理解理论知识。

关键词：嵌入式；Linux；视频；监控

Design of Video Monitoring Experiment Based on Embedded Linux

Yang Yuechen

(School of Computing and Software, Chengdu Neusoft University, Chengdu 611844)

Abstract: Combining with the popular embedded Linux and Arm hardware platform, a security monitoring system platform based on embedded Linux is designed. After introducing the background of the experiment, this paper describes the experimental platform from two aspects of hardware and software respectively. The V4L2 driver configuration process of embedded Linux kernel is described, and the detailed process of using the V4L2 interface to collect video stream is also represented. Relying on the experimental project platform, students can comprehensively apply the professional skills learned in embedded majors so as to have a deeper understanding of theoretical knowledge. The comprehensive experiment has realized the project-driven teaching reform and achieved good teaching results.

Key words: Embedded; Linux; Video; Monitoring

引　言

嵌入式 Linux 是当今非常流行一种嵌入式操作系统。嵌入式 Linux 不但继承了 Linux 内核的优点，可以灵活地进行配置、修改，又兼具嵌入式操作系统的特性。[1]近年来嵌入式 Linux 已成为各科研机构及嵌入式设备厂商的研究热点，尤其表现在当今 Android 的智能手机全部是基于嵌入式 Linux 操作系统的。[2]

当前很多学者也提出了 Linux 相关的教学及实验设计等，但是高校目前的教学主要针对编程基础或者 Arm 硬件的理论知识，学生没有实际项目经验，非常缺乏实际动手能力，无法做到软件与硬件结合来进行综合应用。[3]正是基于此种背景下，本文构建出了一个基于嵌入式 Linux 的安防监控系统实验，旨在通过项目实践提升学生的动手能力和对理论知识更深层次的理解，可以满足嵌入式专业课群综合实践教学的需要。

基金项目：成都东软学院 2021 年校级教研教改课题“嵌入式系统开发实践教学的改革研究与实践”（NSUJG2021-035）。

作者简介：杨跃臣（1981—），男，汉族，山西大同，讲师，硕士，研究方向：嵌入式系统开发。

1 实验硬件平台

实验基于典型嵌入式 Linux 和 Arm 硬件平台完成实时视频的监控功能，涉及 Arm 开发板和 USB 摄像头的使用。通过调用 Linux 系统提供的 V4L2 接口驱动摄像头来采集视频数据捕获视频流，捕获到的视频数据可以在 LCD 屏上进行实时显示。实验采用 JZ2440 开发板作为嵌入式硬件平台，此开发板采用 Samsung S3C2440 作为微处理器，这款 ARM 处理器主频不高，但对于学生实验已经足够。实验所使用的硬件器材如图 1 所示。

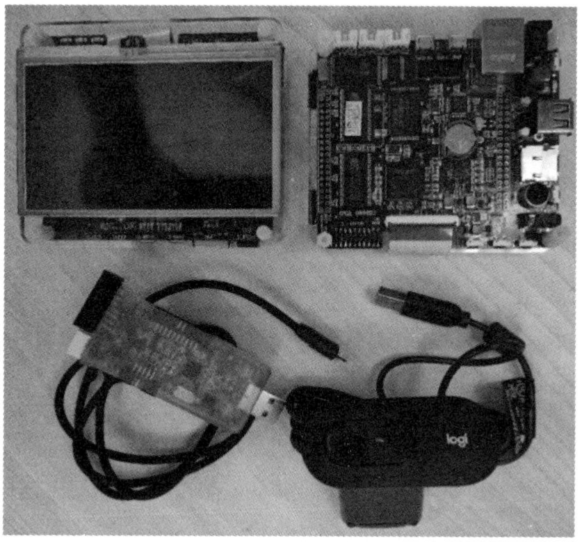

图 1　实验使用的硬件器材

S3C2440 搭载 ARM920T 微处理器，具有高速的数据处理速度和丰富的外设接口，拥有 USB 接口、良好的网络特性支持等能力、带有 MMU 内存管理单元可以很好地支持嵌入式 Linux 操作系统，完全符合本系统的设计要求。此实验使用的 USB 摄像头型号为罗技 C270，可以支持 720P 的视频拍摄与 300 万像素的图片拍摄，可以很好地满足本实验的要求。另外，常见 USB 摄像头也均可用于该实验项目。

2 Linux 内核配置

默认的嵌入式 Linux 内核是没有直接把 USB 摄像头驱动编译进内核，如果需要将该功能加入 Linux 内核，需要通过 Linux 内核配置工具 make menuconfig 来手动配置，其配置过程如下所示。添加 USB 摄像头配件支持，加载 USB 设备驱动，添加的是 UVC 摄像头驱动支持，如图 2 所示。

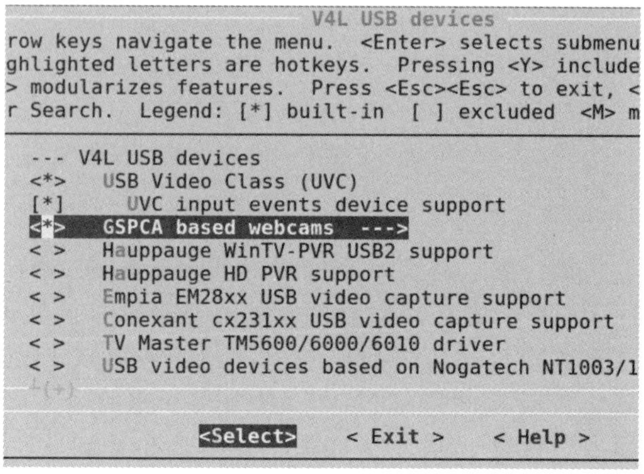

图 2　USB 摄像头 UVC 驱动图

3 软件设计

3.1 软件整体架构

基于嵌入式 Linux 的安防监控系统实验主要是通过 USB 摄像头采集视频流，然后将视频实时显示在 JZ2440 开发板的 LCD 显示屏上，同时还可以通过网络将图像数据发送到 PC 上位机或手机终端上。Linux 安防监控系统的整个系统工作流程如图 3 所示。

3.2 视频采集编程

使用 Linux 提供的 V4L2 编程接口来采集视频数据，调用 V4L2 的 open 接口来打开视频采集设备文件。打开视频采集文件的方式有两种：

```
/*采用非阻塞模式来打开摄像头设备*/
camera_Fd = open( "/dev/video", O_RDWR|O_NONBLOCK, 0);
/*采用阻塞模式来打开摄像头设备*/
camera_Fd = open("/dev/video", O_RDWR, 0);
```

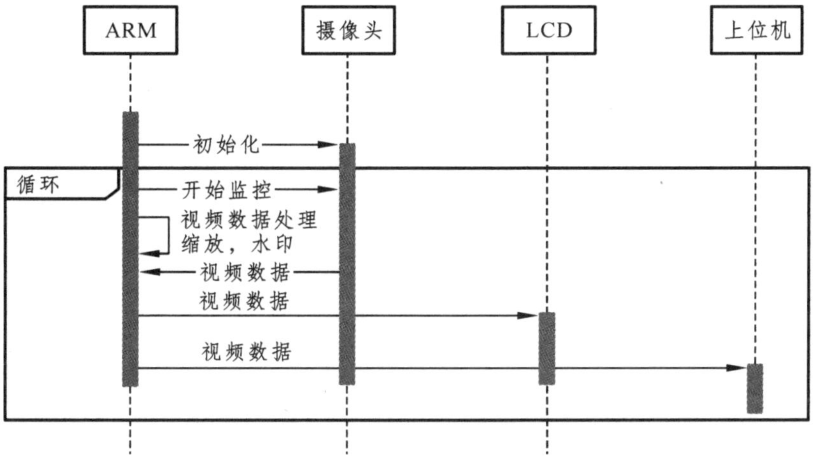

图 3 嵌入式监控系统整体工作流程图

应用程序可以通过两种方式来打开视频设备，阻塞式或非阻塞式。采用阻塞式，驱动会一直等到缓存里有视频数据才会返回数据。如果使用非阻塞式，即使没有捕获视频数据，驱动也会把缓存里的内容返回给应用程序，这时的数据就属于非法数据了。打开视频设备后，可以通过初始化视频采集设备设置该视频设备的属性，调用 V4L2 的 ioctl 函数来对设备的 I/O 通道进行管理接口来初始化 V4L2 视频采集设备，也就是摄像头，为捕获视频流而做准备。视频数据的采集缓存使用 FIFO 方式，当应用程序访问缓存数据时，缓存队列将最先采集到的视频数据缓存提供给访问的应用程序，然后重新采集新的视频数据。启动视频采集后，视频驱动程序将从视频流数据 IN 队列中逐帧取出需要采集的视频数据，并将该数据逐帧放入 OUT 队列中等待应用程序的处理，应用程序会从视频采集输出队列 OUT 中取出视频缓冲数据进行数据，如缩放等操作。最后，应用程序将处理完数据重新放入视频采集输入队列。这样就可以循环采集。

4 结束语

经过测试，本设计能够实现在 ARM 开发板卡的 LCD 屏幕上看见摄像头所捕获的图像，其运行结果如图 4 所示。其中 LCD 屏的分辨率为 420×282，而摄像头的采用 YUV 格式所捕获的视频分辨率为 160×120，经过缩放显示在 LCD 屏上，清晰度不是特别高，但是其主要意义在于通过实验教学来培养学生的实践经验，让学生理解基于嵌入式 Linux 安防监控背后的运作原理。

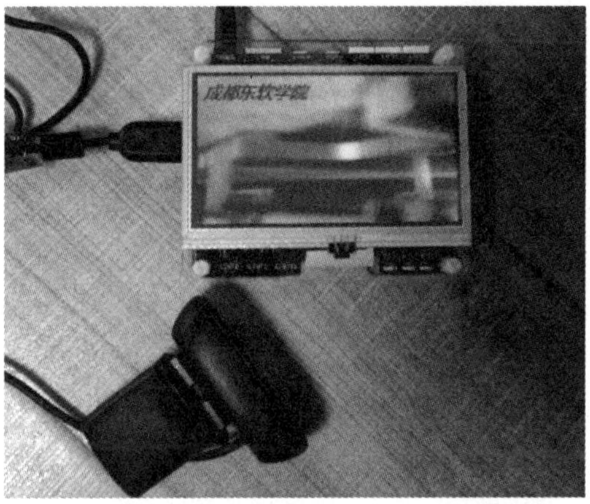

图 4 嵌入式监控系统运行结果图

参考文献

[1] 杨建国，蔡立志，郑红. 基于 ARM 的嵌入式视频监控系统的设计与实现[J]. 计算机应用与软件，2018（10）：223-225.
[2] 杨博. 基于应用的高校嵌入式系统方向培养模式探究[J]. 科技风，2018（17）：40.
[3] 尹晓红，王新立，林明明. 嵌入式系统教学研究与探讨[J]. 山东化工，2018，47（10）：168，171.

基于卷积神经网络的手势识别

罗艳[1] 王彩[2]

（成都东软学院计算机与软件学院 四川 成都 611844）

摘　要：随着人们对交互体验的要求不断提高，作为基本的人机交互方式的手势识别需求广泛。但受环境、光源、遮盖等因素影响，造成手势的多样性和复杂性，给手势识别带来很大的影响。为增强识别手势的特征，首先通过 YCBCR 颜色空间进行手部肤色过滤，分离出拟识别的手势区域，并采用高斯滤波处理手势边缘的噪点；其次采用形态学灰度开运算处理手势数据，并利用基于标记的分水岭算法分割手势轮廓，通过八连通填充算法进行填充，增强手势特征，并采用收敛速度较快的卷积神经网络对处理后的手势数据集进行识别。实验结果表明，本文所用方法能够快速且准确地识别各类手势，平均识别成功率达 96.46%，并且没有明显增加识别时间。

关键词：手势识别；深度学习；肤色检测；卷积神经网络

Gesture Recognition Based on Convolutional Neural Network

Luo Yan[1] Wang Cai[2]

(School of Computing and Software, Chengdu Neusoft University, Chengdu 611844)

Abstract: With the continuous improvement of people's requirements for interactive experience, gesture recognition is widely required as a basic human-computer interaction. However, due to the environment, light source, cover and other factors, the diversity and complexity of gestures have a great impact on gesture recognition. In order to enhance the features of gesture recognition, firstly, skin color of the hand is filtered through the YCbCr color space to separate the gesture region to be recognized, and the Gaussian filter is used to process the noise of the gesture edge; secondly, the morphological gray open operation is used to process the gesture data, and the watershed algorithm based on the marker is used to segment the gesture contour, and the eight connected filling algorithm is used to fill in to enhance the gesture features. The experimental results show that the proposed method can recognize all kinds of gestures quickly and accurately with an average recognition success rate of 96.46%, and does not significantly increase the recognition time.

Key Words: Gesture recognition; Deep learning; Skin color detection; Convolutional neural network

引　言

随着时代和科技的发展，人机交互方式逐渐丰富。活跃在人们视线里的交互方式有：人脸识别、手势识别、微表情识别、人体行为识别等[1]，人机交互已经从原来的计算机为主体

作者简介：罗艳（1981—），女，汉族，四川成都，讲师，硕士，研究方向：计算机图形图像，数字媒体技术。

王彩（1980—），女，汉族，四川荣县人，副教授，硕士，研究方向：人工智能，软件工程。

演变为以人本身为主体。手势是一种直观、生动的行为方式，包含多种丰富重要信息。近年来，手势识别技术一直是国内外研究者研究的热点课题。

手势识别的研究领域很广泛，包括模式识别、信号处理、计算机视觉和人机交互。识别手势方法主要有基于深度学习的手势识别研究、基于隐马尔可夫模型（Hidden Markov Model，HMM）的手势识别研究[2]、基于几何特征的手势识别研究、基于计算机视觉的手势识别研究等。[3]手势研究面临主要问题为地域不同，手势意义不同，风俗习惯不同，手势意义也会不同，使得手势有多样性和多义性。[4-5]基于数据手套和光学标记的手势识别，使得手势识别有限制性和复杂性。基于计算机视觉的手势识别，有手势检测时手势遮盖、背景颜色和场景的变化、图片的亮度变化多样等问题，[6]对手势识别造成重大干扰，增加识别难度。

手势识别初期，识别手势主要依靠带有传感器的手套完成。在 1983 年，Grime 等人第一次用带有标记的手套利用手掌的骨骼定位进行简单手势的识别。在之后的十年，使用手套这种外部设备的手势识别技术得到了发展，Takahashi 等人成功使用手套识别了 46 个常见手势。[7]鉴于手套不够便捷，带有传感器的手套便被标记手指方法取代。在复杂的应用背景中，静态的手势已经不能满足现实需求，动态视频中的手势识别成为研究的主流方向。在复杂背景的视频数据流中分割人手的研究中，李金石、李振恩等人使用熵分析法分割手的形状，再通过手型的质心寻找轮廓来识别手势，这个方法已经有较高的识别率。[8]在动态环境下对手进行实时的检测、跟踪、识别的研究中，Hardy Francke 等人采用 boost 分类器，结合使用肤色先验知识进行跟踪，提出“主动学习和引导”的方法，相比基于 boost 算法可达到更好的效果，此方法在仿真过程中检测率高达 97%，跟踪率高达 99%，而识别率也高达 70%。[9]上述算法和依靠外设的手势识别方法，虽可以完成手势识别，但受成本和外设手套的限制，不能满足需求，之后基于深度学习的手势识别技术成为主流研究课题。[10]

在计算机视觉领域，深度学习（Deep Learning，DL）有着别具一格的能力，深度学习是 Geoffrey Hinton 等人提出的概念，是模拟人的大脑创建的多层神经网络，[11]模仿了人类大脑对数据的抽象记忆实现机器对语音数据、图片数据、文本数据等的抽象表达。1981 年的诺贝尔医学奖获得者 Torsten、Wiesel 和 David Hubel 在 1959 年便发现可视皮层是分级的，高层的特征信息是由底层的特征组合而成的，经过多层提取，获得的信息就更难产生歧义性，深度学习模仿了该特性，Kunihiko 和 Sei 以此提出了 neocognitron。在 1990 年，lecun 等人在论文中提出 CNN 结构，后来不断改进，他们提出一种称为 LeNet-5 多层神经网络模型识别手写数字。该网络并不能胜任训练大规模数据，同时电脑性能不能满足大量存储的需要，卷积神经网络在此后停滞，之后随着电脑性能的提高和大数据的发展，卷积神经网络层数得到了突破，层数的提升使得训练大量数据成为可能。[12-13]在 2012 年 Image net 图像识别大赛中，Alext 等人提出 AlexNet 模型，并获得了 2012 届图像识别大赛的冠军。该网络中提出的 Relu 激活函数和 dropout 防止过拟合技术，引起卷积神经网络的热潮。AlexNet 之后，研究者们提出更多具有更高层数的模型，其中著名的有 ZFNet、VGGNet、GoogleNet 和 ResNet。至今各种神经网络层出不穷，并且也都得到了很好的应用。腾讯、微软、Google 等国内外大公司在深度学习上投入很多精力，推动了深度学习的发展，并获得了丰硕的成果。

本文针对样本数据受环境和光照干扰造成手势特征不明显，神经网络模型识别率较低等问题，采用肤色检测和滤波处理，并利用形态学开运算处理手势数据，采用基于标记的分水岭算法分割手势轮廓，通过八连通填充算法进行填充，处理样本数据，增强手势特征，并搭建 AlexNet 卷积神经网络模型对处理后的手势数据集进行训练和识别。实验结果表明，本文采用方法能够快速且准确地识别十种类别手势，平均识别成功率达 96.46%，同时没有明显增加识别时间。

1　手势数据预处理

数据预处理主要是消除数据图片的干扰特征，突出手势特征，简化数据规模，提高训练效率，增加识别准确率。本文预处理方法包括肤色检测、基于标记的分水岭算法、八连通种子填充算法和尺度归一化，预处理流程如图 1 所示。

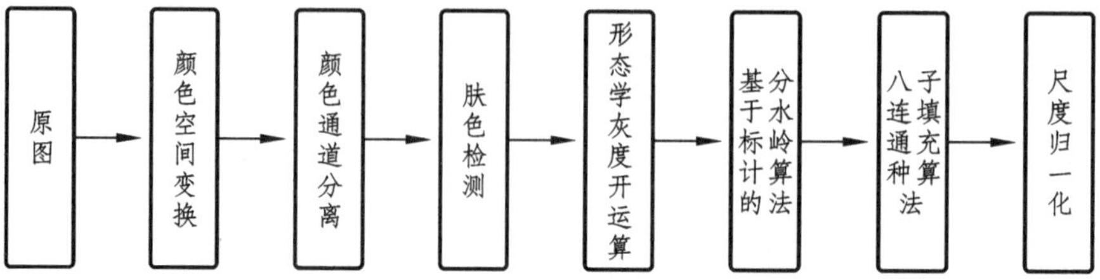

图 1　预处理流程

1.1　基于 YCBCR 的肤色手势检测

手势数据采取在不同时间段、不同光亮和不同环境中，手势特征被干扰特征干扰，增加手势训练难度。为减少亮度干扰特征，把 RGB 颜色空间的数据图片转换到色度和亮度分开的 YCbCr 空间中，转换关系如式（1）所示。

$$\begin{matrix} Y \\ Cb \\ Cr \end{matrix} = \begin{bmatrix} 0.299 & 0.587 & 0.114 \\ -0.1687 & -0.3313 & 0.5 \\ 0.5 & -0.4187 & -0.0813 \end{bmatrix} \begin{matrix} R \\ G \\ B \end{matrix} + \begin{matrix} 0 \\ 0.5 \\ 0.5 \end{matrix} \tag{1}$$

在 YCbCr 颜色空间中提取 Cr 通道，为减少高斯噪声对手势特征的干扰，对数据图片进行高斯滤波处理，二维高斯分布如式（2）所示。

$$f(x,y)=f(x)f(y)=\frac{1}{\sqrt{2\pi}\sigma_x}e^{-\frac{(x-\mu_x)^2}{2\sigma_x^2}}\frac{1}{\sqrt{2\pi}\sigma_y}e^{-\frac{(y-\mu_y)^2}{2\sigma_y^2}} \tag{2}$$

式中 x, y 为数据像素的坐标，σ_x,σ_y 为参数，数值越大高斯模板系数相差越小，图片平滑效果越明显。本文采用对称高斯核进行滤波，肤色检测效果如图 2 所示。

1.2　分水岭算法和八连通种子填充算法

对经过肤色检测处理的数据样本，采用基于标记的分水岭算法对数据图像进行分割。基于标记的分水岭算法需使用标记图像，通过标记图的引导，可有效分割出手势特征。基于标记的分水岭算法处理过程如图 3 所示。

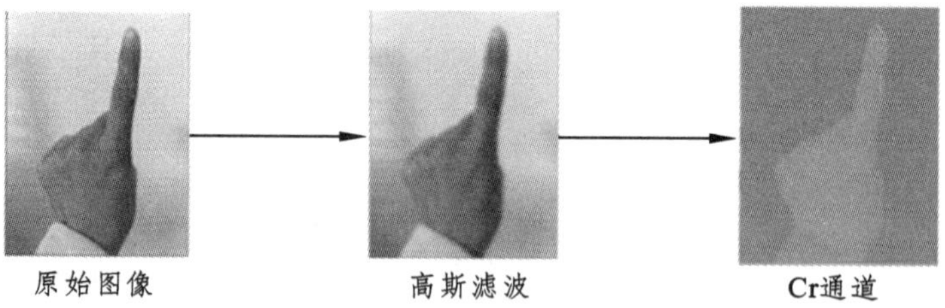

图 2　肤色检测

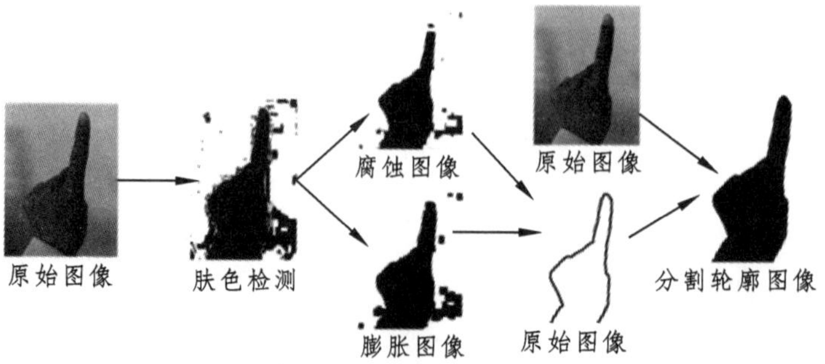

图 3　数据图像分割过程

准确分割手势特征之后，采用八连通种子填充算法把分割得到的不规则手势区域的内部像素进行填充，确定注入点后八连通填充整个区域，获取填充的手势特征数据，八连通种子填充算法如图 4 所示。

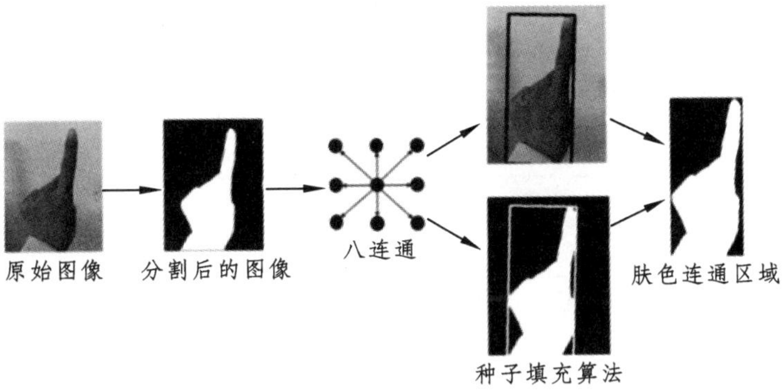

图 4　轮廓填充过程

1.3　尺度归一化和手势标签

对分割和填充后的图像数据实施尺度归一化操作，可保证特征提取的一致性，之后给具有明显特征的手势数据打上标签，用于神经网络的训练，本文将分割填充得到的图像数据归一化为 227*227 大小，归一化数据在训练时能有效提升模型的收敛速度，提升模型的精度，可以有效防止模型梯度爆炸。

2　基于 AlexNet 网络模型的手势识别

2.1　前向传播和反向传播过程分析

深度神经网络的前向传播是指，输入数据后，数据经过计算流入下一层，一直到输出层。其中对于任意两层之间，函数如式（3）所示。

$$a_j^l = \sigma(\sum_{k=0}^{n} w_{jk}^l a_j^{l-1} + b_j^l) \tag{3}$$

式中 w_{jk}^l 是在第 $l-1$ 层的第 k 神经元到第 l 层的第 j 神经元的权重值，b_j^l 是第 l 层的第 j 神经元的偏置，a_j^{l-1} 是第 $l-1$ 层的第 j 神经元，a_j^l 是通过前向传播获得的激活值。

在卷积神经网络中，特征提取采用了卷积核池化操作，卷积层的特征提取如式（4）所示。

$$F = f(\sum_{i=1}^{m} con(M_i, C_i) + B_i) \tag{4}$$

F 为卷积层的输出特征，若有 m 个卷积层，M_i 为第 i 个输入特征，C_i 对应的卷积核，B_i 是偏置矩阵，con 是卷积计算函数。卷积层之后对输出的特征矩阵采用池化操作，减小特征矩阵维数，在多次卷积池化操作之后，采用全连接层对权值变换激活，可获得分类结果，函数表示如式（5）所示。

$$F = f(WT + B_2) \tag{5}$$

式中，W 是权重矩阵，T 是输入特征数据，B_2 是偏差。

使用 cross entropy（交叉熵）损失函数计算出前向传播的损失值，反向传播调整卷积神经网络参数用于下一次迭代，并使损失函数输出最小。更新函数如下：

$$\omega_2 = \omega_1 - \eta\nabla\omega \tag{6}$$

$$b_2 = b_1 - \eta\nabla b \tag{7}$$

式中，ω_2 是 ω_1 通过与学习率和权值计算更新获得，b_2 是 b_1 通过与学习率和偏差计算更新获得。

2.2　模型的搭建

本文参考使用著名的卷积神经网络 AlexNet，是 Alext 等人在 2012 年 Image net 图像识别大赛中提出 AlexNet 模型，他们因此获得了 2012 届图像识别大赛的冠军。该网络中提出的 Relu 激活函数和 dropout 防止过拟合技术，在神经网络训练时都有很好的表现。AlexNet 模型有 8 层。前 5 层是卷积池化层，后 3 层为全连接层，softmax 层可以输出 1 000 维矩阵，也就是 1 000 类标签分布，模型结构如表 1 所示。

表 1 模型结构

层	所需操作
卷积池化层	卷积、激活、池化、局部响应归一化
卷积池化层	卷积、激活、池化、局部响应归一化
卷积层	卷积、激活
卷积层	卷积、激活
卷积池化层	卷积、激活、池化
全连接层	激活、Dropout
全连接层	激活、Dropout
输出层	Softmax 分类函数、输出 1000 种分类概率

2.3 模型的优化策略

AlexNet 模型采用了 Relu 激活函数 Relu = max(0,x)，并采用局部响应归一化（LRN- Local Response Normalization），LRN 实现了局部抑制使响应值更大，提高了模型的泛化能力，函数为：

$$b_{x,y}^{i}=a_{x,y}^{i}\Big/\left(k+\alpha\sum_{j=\max(0,i-n/2)}^{\min(N-1,i+n/2)}(a_{x,y}^{j})^{2}\right)^{\beta} \quad (8)$$

其中 a 代表在特征图中第 i 个卷积核 (x,y) 坐标经过 Relu 激活函数的输出，n 表示相邻卷积核的数量，N 表示本层卷积核总量。k,n,α 和 β 参数的值分别为：$k=2,n=5,\alpha=0.0001,\beta=0.75$。

AlexNet 模型在全连接层采用了 Dropout，有效防止过拟合，在训练时以 0.5 的概率随机失活神经元，使收敛速度增加了一倍。

2.4 训练过程及结果

经过预处理的手势数据集作为输入，输入搭建好的 AlexNet 网络模型，模型的训练就是迭代前向传播和反向传播的过程，随着隐层的参数更新，做到减小损失值，提高模型识别准确率。本文采用迭代次数为 3 000，batch 设置为 32，通过迭代 3 000 次训练获得的网络模型，对测试数据集的识别正确率超过 95%，训练过程中识别成功率变化曲线如图 5 所示。

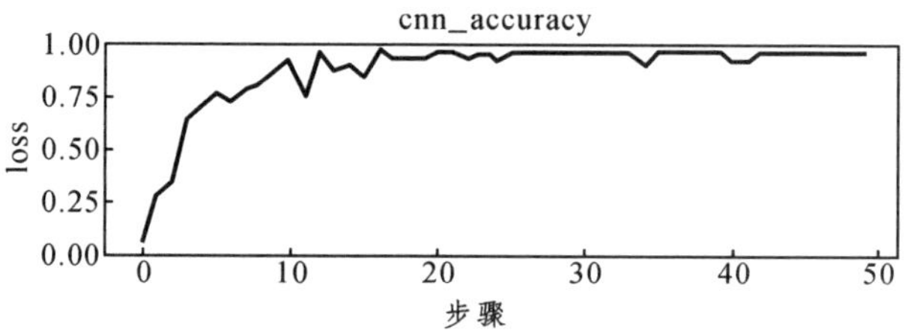

图 5 成功率曲线

3 实验结果及分析

3.1 实验环境

本实验在配有 Nvidia Geforce GT 635M 图形处理器（GPU），Intel Core i5-7500 处理器，8GB 内存和 Windows 10 系统（64bit）的 PC 上实现，识别分类过程通过 PyCharm Community Edition 2020.3.2 软件实现，在 PyCharm 上配置 Python3.5 下的 tensorflow 用于模型训练，安装 openCV 包和 PIL 包用于图像处理，PyQt5 包设计交互界面。

3.2 实验过程及结果

本实验训练的模型可检测 0～9 的十个类别手势，数据集通过电脑采集获得，每种手势数据采集 200 张图像，首先让 10 个实验对象在不同时间段每人每个类别采集 20 张手势数据，共 2 000 张样本数据。训练手势 3、4 和 5 的训练效果并不好，增加样本数据可以有效提高训练效果，因此每个手势类别分别增加 100 张手势数据，之后识别成功率明显得到提高，手势表示方法如图 6 所示。

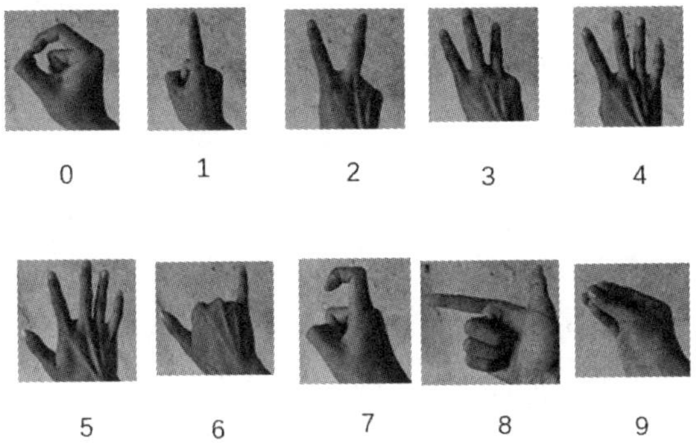

图 6　手势表示方式

对样本数据进行预处理操作，输入通过搭建的八层神经网络模型进行训练，训练获得的神经网络模型对复杂背景下的手势具有很高的识别率。测试数据集的识别正确率超过 95%。

3.3　实验结果分析

本文使用的预处理方式对比使用梯度取向直方图处理（HOG）和使用局部二值模式处理（LBP），从表 2 对比反映出本文算法使识别率相比其他方法得到了提高。

表 2　识别率对比

方法	识别率/%
本文算法	96.463
局部二值模式（LBP）	86.734
梯度取向直方图（HOG）	94.205

在识别率测试中，取不同时间段 100 个测试样本进行实测，成功识别 92 次，7 次识别失误，1 次未检测到手势。极度黑暗环境中测试效果不理想，手势 4 和 5 识别失误 4 次，这是由于黑暗环境下无法分割手势特征，手势 4 和手势 5 特征相似度过高造成识别失误。在正常环境中，本文通过增强手势特征的预处理数据方法训练获得的模型可取得非常理想的识别率。为测试模型的鲁棒性和稳定性，在测试数据集中随机抽取四组样本数据，每组数据为 30 张测试数据图。对每组数据都进行识别测试。经过测试，本模型具有很好的鲁棒性和稳定性，对比结果如表 3。

表 3　识别结果

测试数据样本组号	识别成功率/%
第一组	97.63
第二组	96.46
第三组	97.13
第四组	96.68

在模型训练时间上，由于采用了 Dropout 防止过拟合，并且提高了模型收敛速度。在训练过程中，经过多次尝试。在训练时，提高 Batch 值可以减少迭代次数进而加快训练速度，但由于迭代次数减少，可能并未能很好地提取数据特征。经过测试，当 Batch 为 32 时，训练时间和模型稳定性得到了很好的统一，图 7 为不同 Batch 值的损失曲线对比图。

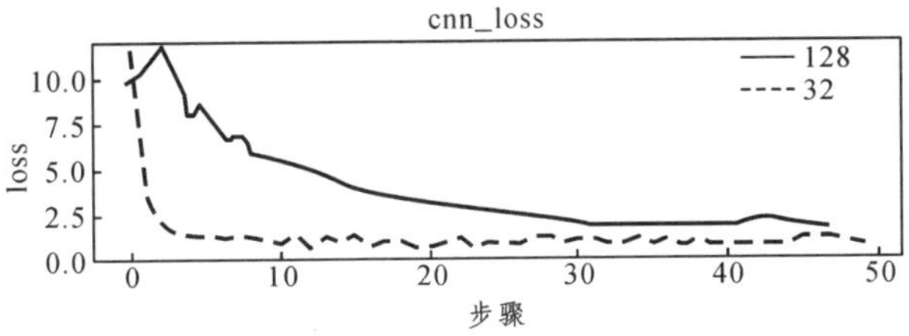

图 7　不同 Batch 的损失值函数曲线对比

4　结　束

本文基于深度学习的手势识别研究，通过采用肤色检测、基于标记的分水岭算法、种子填充算法对手势数据进行预处理，得到了具有明显特征的手势数据。再通过使用 AlexNet 卷积神经网络训练预处理后的十类手势数据，训练出的模型，识别测试集数据识别成功率达到 97.56%，在自然光条件下，测试识别成功率达到 96.46%。本文采用的预处理方法可有效减少环境对手势检测识别时的干扰，并且没有增加训练和检测时间。

参考文献

[1] YANGCJ, HANDK, KOH. Continuous hand gesture recognition based on trajectory shape information[J]. Pattern Recognition Letters, 2017, 99(1): 39-47.

[2] K. Simonyan and A. Zisserman, "Very deep convolutional networks for large-scale image recognition," presented at the ICLR, San Diego, CA, USA, May 2015.

[3] Tzeng, E.; Hoffman, J.; Saenko, K.; Darrell, T. Adversarial discriminative domain adaptation. In Proceedings of the IEEE Conference on Computer Vision and Pattern Recognition, Honolulu, HI, USA, 21-26 July 2017; pp. 7167-7176.

[4] Nurmaini, S.; Darmawahyuni, A.; Sakti Muikti, A.N.; Rachmatullah, M.N.; Firdaus, F.; Tutuko, B. Deep Learning-Based Stacked Denoising and Autoencoder for ECG Heartbeat Classification. Electronics 2020, 9, 135.

[5] C. Szegedy et al., "Going deeper with convolutions," presented at the CVPR, Boston, MA, USA, Jun. 2015.

[6] Lecun Y, Bengio Y, Hinton G. Deep Learning [J]. Nature, 2015, 521(7553):436-444.

[7] Gu, J., Wang, Z., Kuen, J., Ma, L., Shahroudy, A., Shuai, B., Liu, T., Wang, X., Wang, L., Wang, G. and Cai, J., 2015. Recent advances in convolutional neural networks. arXiv preprint arXiv:1512.07108.

[8] Gatys L A, Ecker A S, Bethge M. Image Style Transfer Using Convolutional Neural Networks[C]// IEEE Conference on Computer Vision & Pattern Recognition. IEEE, 2016.

[9] Zhang, S.; Wei, Z.; Nie, J.; Huang, L.; Wang, S.; Li, Z. A review on human activity recognition using vision-based method. J. Healthc. Eng. 2017.

[10] Tzeng, E.; Hoffman, J.; Saenko, K.; Darrell, T. Adversarial discriminative domain adaptation. In Proceedings of the IEEE Conference on Computer Vision and Pattern Recognition, Honolulu, HI, USA, 21-26 July 2017; pp. 7167-7176.

[11] X. X. Zhu, D. Tuia, L. Mou, G. S. Xia, L. Zhang et al., "Deep learning in remote sensing: A comprehensive review and list of resources," IEEE Geoscience and Remote Sensing Magazine, vol. 5, no. 4, pp. 8-36, 2017.

[12] Xing K, Ding Z, Jiang S, Ma X, Yang K, Yang C, Li X, Jiang F (2018) Hand gesture recognition based on deep learning method. In: 2018 IEEE 3rd international conference on data science in cyberspace (DSC), pp 542-546.

[13] R. Meng, S. G. Rice, J. Wang, and X. Sun, "A fusion steganographic algorithm based on faster R-CNN," CMC, Comput., Mater. Continua, vol. 55, no. 1, pp. 1–16, 2018.

Python 数据分析青城山脉对成都气温的影响

杨露

（成都东软学院计算机与软件学院 四川 成都 611844）

摘 要： 数据分析的目的是将原始数据转化为信息，进而将信息转化为知识。本文以青城山所在的山脉为例、成都地区为研究范围，使用 Python 数据分析的相关工具，按照数据获取、数据预处理、数据分析及可视化的步骤，简单探讨了山脉对地区气温的影响，展示了 Python 数据分析的一般过程与方法。

关键词： Python；气温；数据分析；数据可视化

Python Data Analysis of Influence On Temperature In Chengdu From Qingcheng Mountains

Yang Lu

(School of Computing and Software, Chengdu Neusoft University, Chengdu 611844)

Abstract: The purpose of data analysis is to transform original data into information and then into knowledge. Here, taking the mountains where Qingcheng Mountain is located as the research case, and the Chengdu area as the research scope, using Python data analysis tools, following the steps of data acquisition, data preprocessing, data analysis and visualization, the influence of mountains on regional temperature is briefly discussed, demonstrating the general process and methods of Python data analysis.

Key words: Python; Temperature; Data Analysis; Data Visualization

引 言

夏日到来，就成都地区的人们而言，去青城山游玩是就近避暑的一个不错选择。在与高温抗衡的同时，伴随而来的还有潮湿。那么，这里可以产生一个待检验的假设，山脉对所在地区的天气有什么影响。尽管在人们的意识中，认为山地对气候是肯定会带来影响的。本文利用 Python 强大的数据分析处理工具，并参阅相关的分析示例，在 Python 数据分析的应用层面上，就这一问题小试牛刀，先以气温为研究目标，看看能够得到什么样的结论。

1 数据源

在做分析之前，我们需要选择成都范围内多个区域，这些区域要体现离青城山的远近，再获取各区域的气象数据。不可否认的是，一个地区气候会受到众多因素的影响。青城山所在山脉，西北向是甘孜阿坝州的高山地区，东向才是成都平原，因此选择地区的依据一是经度相差较少，二是以青城山地标为基准，用经纬度计算不同地区与之的距离，在相同梯度上的地区选取不只一个，选取的行政区域如图 1 所示。通过合理选取地区，尽可能减少其他因

作者简介：杨露（1988—），女，汉族，籍贯四川，讲师，硕士，研究方向：检测技术与自动化，物联网技术。

素的影响。同时，特意选取成都区域晴天时的数据，这样对分析也许是有利的。

区域	经度	维度	离青城山的距离/千米
青城山	103.57	30.89	
都江堰	103.627 899	30.991 14	13
郫都	103.88 784	30.808 752	32
温江	103.836 777	30.697 996	33
彭州	103.941 17	30.985 161	37
成都市	104.065 735	30.659 462	54
新都	104.160 217	30.824 223	57
青白江	104.254 936	30.883 438	65
龙泉驿	104.269 18	30.560 65	76
金堂	104.415 604	30.858 418	81
简阳	104.550 339	30.390 665	110

图 1 地区信息

2 获取数据

首先，安装的工具是 Python 包发行版 Anaconda。发行版不仅包含了必备的 Python 标准库解释器，其核心是包管理器。Anaconda 提供 Python 最新包，安装 Anaconda 以后就可以使用多数工具和应用，而无须分别去安装和管理它们。这里使用的是交互式环境 Jupyter QtConsole 完成获取与分析的所有工作，它是 shell 和 GUI 的混合体，这种终端实现在控制台而不是单独的窗口中显示图像。[1]先导入需要用到的工具包，如图 2 所示。

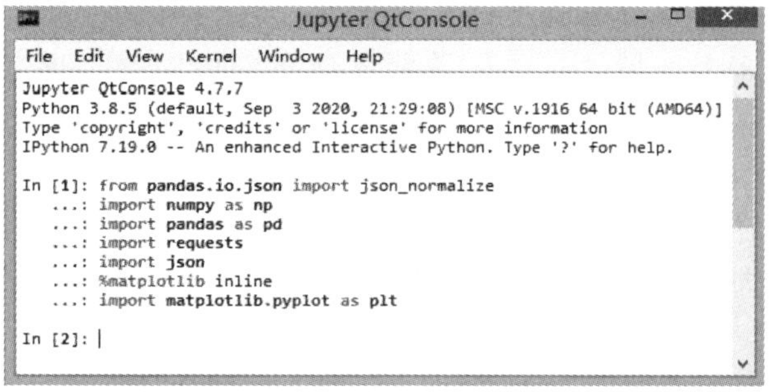

图 2 工具导入

借助相关网站（和风天气网）提供的气象 api，使用 requests 库的函数获取所在地区未来一天的天气预报，使用 json_normalize 函数对返回的 json 数据（字典结构）进行了规范化，即转换为列表式结果。函数读取所有以 hourly 作为关键的元素的值，即该地区一天的逐小时预报信息，返回的是一个 DataFrame 对象，使得研究和开发更简单[2]。

转换后的数据还不能直接用于分析，因此编写了一个 prepare 函数，进一步选择结果对象中的适合后续研究的指标，如温度、湿度、观测时间，再添加 city 列，为每一行数据添加地区名称，还需要添加的另一个特性是山脉与地区的大致距离。完成这些处理后，返回一个新的 DataFrame 对象，这样就把选取的成都的多个行政地区都表示成了适合 pandas 库做后续分析的对象[3]。至此，数据源获取完毕，如获取成都地区某一天的数据如图 3 所示。

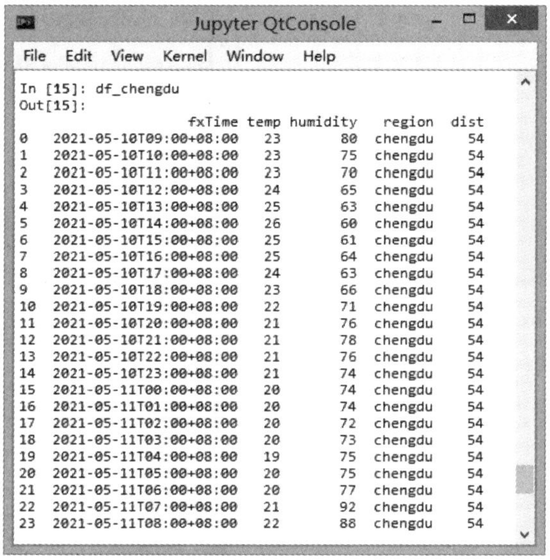

图 3 成都一天天气信息（预处理后）

3 数据分析

用数据可视化分析收集的数据是常见的做法。Python 中的 matplotlib 库提供一系列图表生成工具，能够将数据进行可视化表示。[4]可以先看看一个地区一天气温的变化趋势，如图 4 所示，成都气温一天（6 月 4 日正好是大晴天）的走势大致呈现的是正弦变化曲线。选取多个离青城山较近和较远地区，如图 5 所示，得到的结果基本上都是此走势。

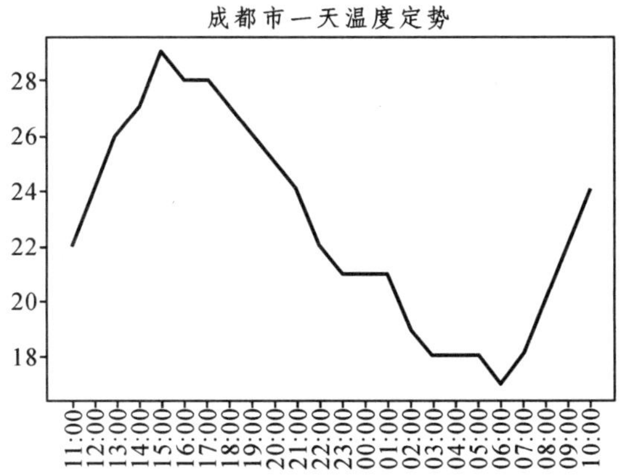

图 4 成都市一天气温走势

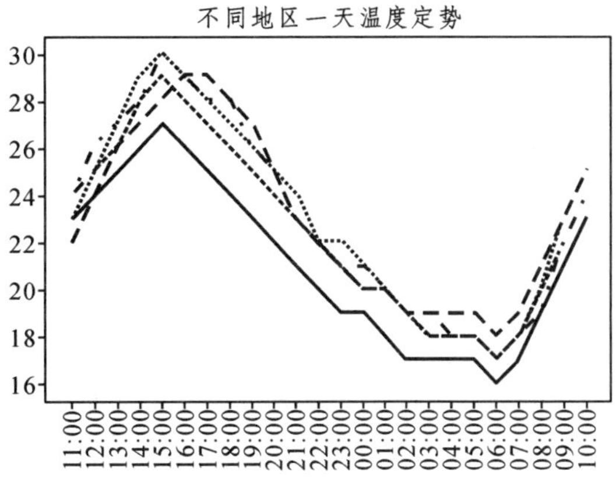

图 5 成都六个地区一天气温走势

预期结果是尝试解释山脉是怎么影响气温的，同时是否能够影响趋势。在对地理位置研究的基础上，为更好地说明问题，特意挑选并将地区划分成两个梯度组，使用每个地区的最高温，用散点图表示气温最值点和离山脉远近之间的关系，如图 7 和图 8 所示。[5]

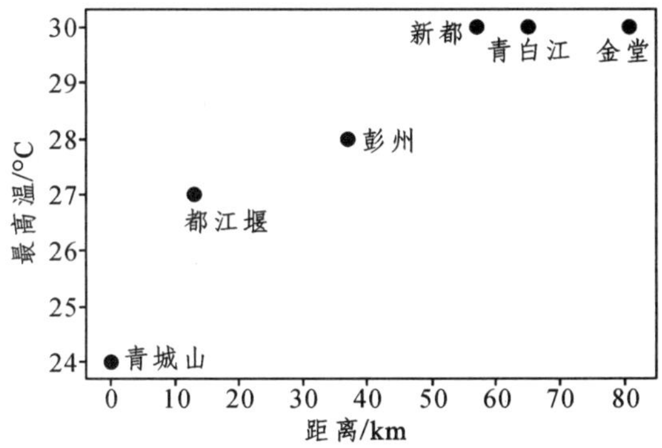

图 6 最高温与离山脉远近趋势图（一）

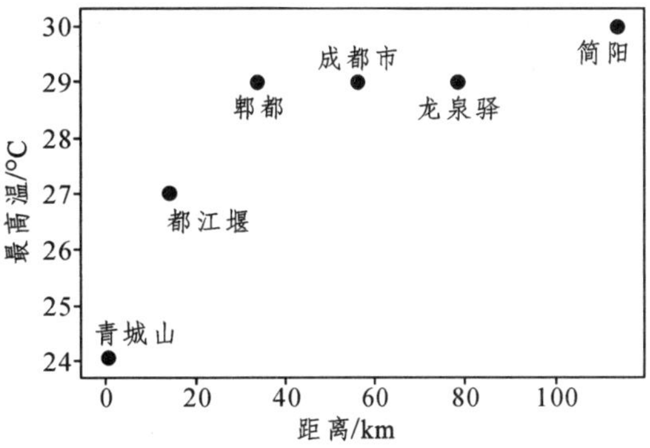

图 7 最高温与离山脉远近趋势图（二）

图 6 和图 7 结果看起来还不错。至少可以说明在这一天，山脉对气温具有影响这个假设是正确的。成都山脉所在地的气温真的比城市地区的气温低不少。确实，离山脉越远，气温是越高的，至少整体趋势是这样的。但是，也可以看出山脉对气温作用也是有范围的。不妨把 10 个地区的数据点整合在一张图上（如图 8 所示），可以猜测，当离山脉距离在 40 千米内，山脉对气温的影响较明显，当距离大于 50 千米后，气温攀升到制高点后不再有明显的变化。Python 库 scikit-learn 整合了多种机器学习算法，可以用于完成预测模型的创建和验证。选择 scikit-learn 库的 SVR（支持向量回归）方法，用线性回归算法得到两条直线，分别表示两种不同的趋势，生成的图像如图 9 所示。[6]

从图 9 所示，离山脉 40 千米范围内，气温变化快，增温速度快，气温上升到 30 °C 以后就没有明显的变化，保持在 1 °C 的差距。两种趋势分别用拟合的直线来表示后，很容易想到，它们的交点可能就是受山脉影响和不影响区域的分界点。计算好交点后，绘制出的由线性回归所得到的直线交点如图 10 所示，大概可以说山脉对气温的影响（至少就这一天而言）的平均距离为 30 千米。再来看看这一天的最低温和离山脉远近的关系，如图 11 所示。可以看出，貌似地区的最低气温与距离远近没有太大的关系，至少从图上还不能看出有什么明显的趋势。后续可尝试把平均气温作为观测点，这里就不再赘述。

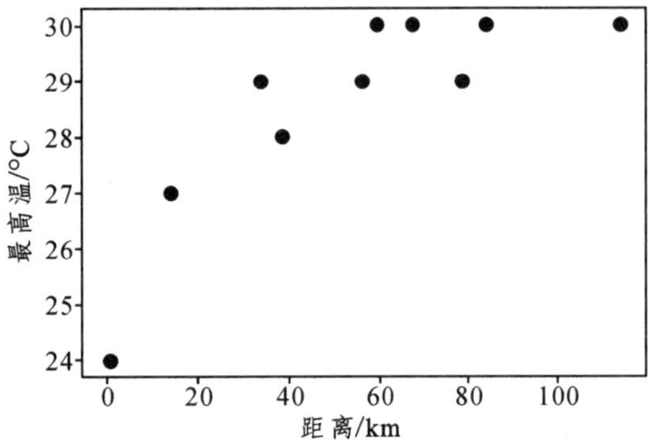

图 8　地区最高温与离山脉远近的变化趋势

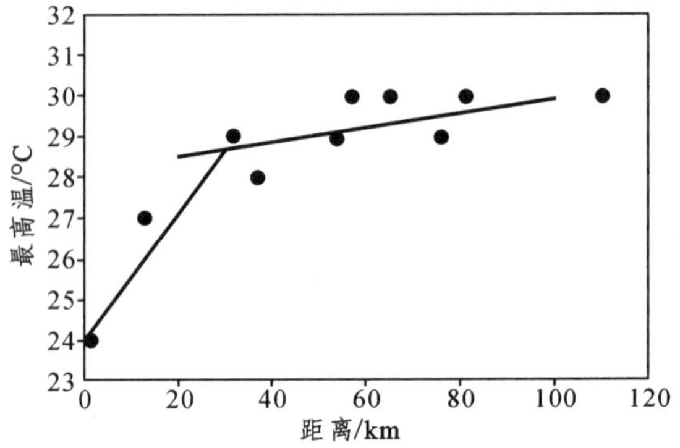

图 9　最高气温和距离的线性相关趋势

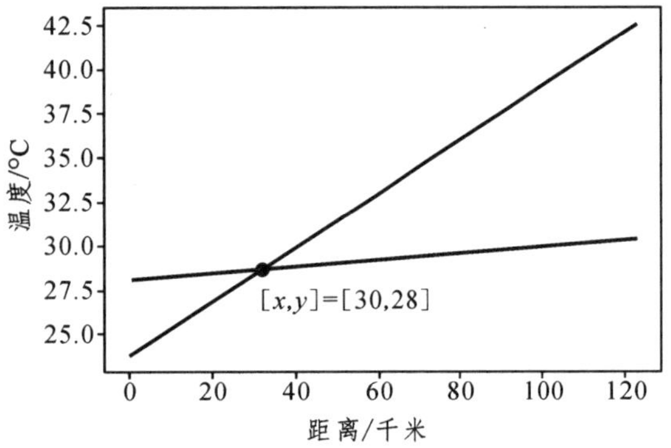

图 10　线性回归得到的直线交点

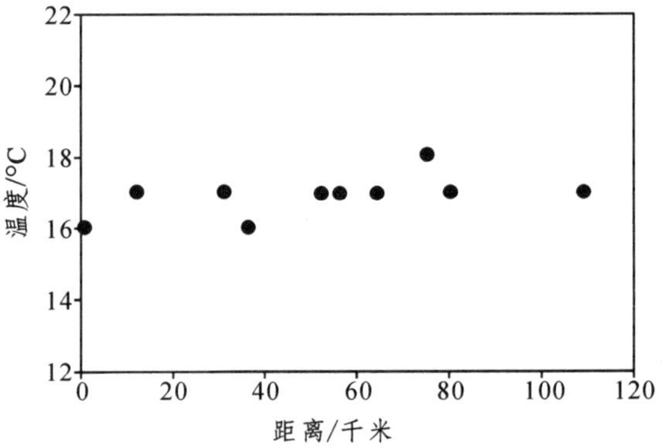

图 11　最低温和离山脉远近趋势图

结　语

从获取的天气数据仍可以得到其他的参数，如相对湿度、风力风速、降水量等，进一步研究其他参数以及参数之间的关系。此外，借助 python 语言以及其强大的工具还能做更多更深层次的分析，可探讨更多与生活息息相关的问题。只是这里获取的数据量并不多，也仅仅以成都地区为研究对象，同时不同季节所带来的影响又会有所不同，因此还不足以说明太多问题，也不足以更具体地描述山脉对地区气候的影响。这里仅仅做了山脉对天气产生影响的简易分析，但至少 Python 的数据分析工作起到了假设检验的作用，即山脉确实能够对地区的气候产生影响。也许只有在大数据的支撑下，加以强有力的训练分析，才可能得到更有说服力的结论，甚至得到一种趋势的预测。

参考文献

[1] Fabio Nelli. Python 数据分析实战[M]. 北京：人民邮电出版社，2016.08.

[2] 董付国. Python 程序设计基础与应用[M]. 北京：机械工业出版社，2019.07.

[3] Polina Lemenkova. Processing Oceanographic Data By Python Libraries Numpy, SciPY and Pandas[J]. Aquatic Research. 2019. 04.

[4] 阙金煌. 基于 Anaconda 环境下的 Python 数据分析及可视化[J]. 信息技术与信息化，2021.04.

[5] Charles R. Harris; K. Jarrod Millman; Stéfan J. van der Walt. Array programming with NumPy[J]. Nature: International weekly journal of science.2020.09.

基于 UHF RFID 读写器的快速盘存方法

林飞　王昊天　齐童

（成都东软学院实验实训中心　四川　成都　611844）

摘　要：近年来，UHF RFID 发展迅速，已广泛应用于物流和供应链领域。由于 UHF RFID 读写器根据标准采用的是 ALOHA 算法，因此多标签场景下盘存效率往往不理想。本文从系统设计的角度出发，提出了一种快速盘存方法，大大提高了多标签场景下的盘存效率。本文重点论述了该方法的协议设计原理，软件算法实现步骤，并通过自动化测试的方式对比验证了此方法在满足性能要求前提下简单而高效，对其他使用 ALOHA 协议的物联网产品开发有借鉴意义。

关键词：UHF RFID；快速盘存

Rapid Inventory Method Based on UHF RFID Reader

Lin Fei　Wang Haotian　Qi Tong

(Center of Experiment and Training, Chengdu Neusoft University, Chengdu 611844)

Abstract: In recent years, UHF RFID has developed rapidly and has been widely used in logistics and supply chains. Because the UHF RFID reader adopts ALOHA algorithm according to the standard, the inventory efficiency is not often ideal in the multi tags scenario. From the perspective of system design, this paper proposes a rapid inventory method, which greatly improves the inventory efficiency in multi-tag scenarios. This paper focuses on the protocol design principle and software algorithm implementation steps of this method, and verifies that this method is simple and efficient on the premise of meeting the performance requirements through automatic testing. It can be used for reference to other IoT products using ALOHA protocol.

Key words: UHF RFID; Rapid Inventory

引　言

RFID 作为当前物联网应用最广泛的一种技术，其已被应用于工业和消费类领域。按工作频段，RFID 系统可分为低频（LF）、高频（HF）、超高频（UHF）和微波等几类。目前大多数 RFID 系统为低频和高频系统，但超高频频段的 RFID 系统具有操作距离远、通信速度快、成本低、尺寸小等优点[1]，更适合未来物流、供应链领域的应用；近年来基于 UHF RFID 的研究和应用已逐步成为 RFID 领域的热点。

很多应用场合，在读写器信号作用范围内需要对多个物体进行识别，此时多个标签与读写器之间的通信，存在信道争用问题。无源 UHF RFID 的感应电能来自 UHF RFID 读写器辐射的电磁波能量，并且还要实现较远的读取距离，这就决定了标签本身无法采用无线通信标准所惯用的多址分配方案(例如 FDMA 或 CDMA 方

科研项目：成都东软学院 2020 年科研项目“UHF RFID 高性能固件设计与实现”（NSU2020-002）。

作者简介：林飞（1981—），男，汉族，籍贯湖北，助理研究员，硕士，研究方向：嵌入式开发。
王昊天（1988—），男，汉族，籍贯四川，助理研究员，硕士，研究方向：数据科学与大数据分析。
齐童（1981—），女，汉族，籍贯山西，助教，硕士，研究方向：集成电路设计与制造。

式）。在 RFID 无源标签系统中，目前广泛使用的多址方案大都是基于 TDMA 方式的防碰撞算法，比较经典的两类方法是：基于 ALOHA 算法和基于二进制树搜索算法。[2]对于 UHF RFID 系统，信号识别的间隔远，覆盖的范围广，导致盘存识别的标签数目可能较多，这就需要良好的防碰撞算法以减少冲突，从而达到快速、正确识别多个标签的目的。

本文将以 ISO/IEC 18000-6C 标准[3]中防碰撞原理为基础，分析影响盘存效率的关键路径，并通过对标准提出的动态帧时隙算法进行改良，以此达到显著提高盘存速度的目的。

1 UHF RFID 防碰撞原理

1.1 ISO/IEC 18000-6C 标准中防碰撞原理

由于 ISO/IEC 18000-6C 是目前 UHF RFID 行业使用最广泛的国际标准，因此本节主要讨论 ISO/IEC 18000-6C 标准中采用的帧时隙 ALOHA 算法。标签（Tag）和读写器（Reader）之间通过指令和相关状态进行信息传递，在典型的盘存（Inventory）指令下，标签会根据状态来决定是否响应读写器。每轮盘存都是从 Query 命令开始，[4]它设置标签的 Q 值（0 ~ 15），标签通过 Q 值得到一个槽计数器值（0 ~ 2^Q-1）。多数读写器会根据射频场内的标签数量动态调节 Q 值，以提高标签识别率。

当某一个标签的槽计数器（slot counter）值为零时，标签即跳转到应答状态（Reply）并返回给读写器一个 16 位的随机数（RN16），而其他标签则进入仲裁状态（Arbitrate）等待之后的指令。当标签的返回被读写器成功接收后，读写器将刚接收到的 16 位随机数随同 ACK 指令发送给标签，标签收到 ACK 指令后，返回 EPC 数据并同时跳转到确认状态（Acknowledged）。图 1 给出了标签在盘存阶段的状态图。

如果两个标签同时返回 RN16，那么除非读写器能准确识别每个标签并通过 ACK 指令发送正确的 16 位随机数，否则每个标签都会因等待进而超时，就会产生新的槽计数器值并跳转到仲裁状态（Arbitrate）。

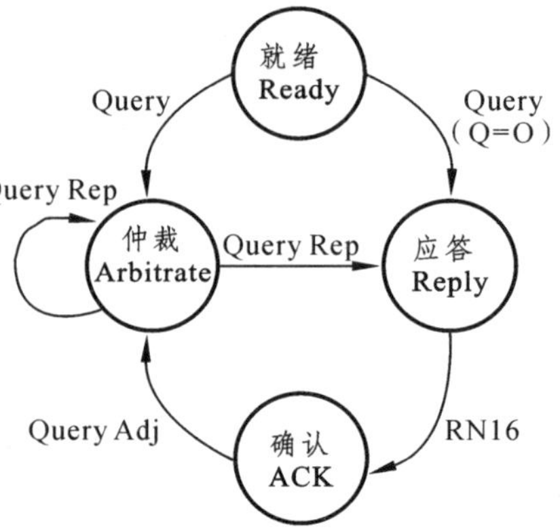

图 1 UHF RFID 盘存标签状态图

1.2 ISO/IEC 18000-6C 标准的防碰撞时序图

在 ISO/IEC 18000-6C 标准中，标签依然是依赖读写器发出的射频电磁场来提供运行能量，因此读写器在盘存阶段通常是发送一条指令（Command）后继续发送连续波（CW）等待标签响应。在读写器和标签的这种交互中，标准制定了严格的时序关系如图 2 所示。

T1：读写器发送指令到标签响应的时间；

T2：读写器解调标签响应数据的时间；

T3：在 T1 后，发送下一条指令前，读写器将等待的时间；

T4：读写器发出指令间的最小间隔。

以上四个时间参数主要取决于读写器事先确定的调制方式和速率，一般方案设计者会根据场景预设几个固定值（profile value）供选择，以利于读写器初始化后能够快速进入盘存状态。

2 动态帧时隙 ALOHA 算法改进及实现

2.1 帧时隙 ALOHA 算法

ISO/IEC 18000-6C 标准的帧时隙 ALOHA 算法通过 Query 指令中的 Q 值控制帧时隙 slot 的长度。该算法主要是通过读写器（确切地说是主控单片机 MCU）来完成的，[5]该算法在盘存标签过程中主要步骤如下：

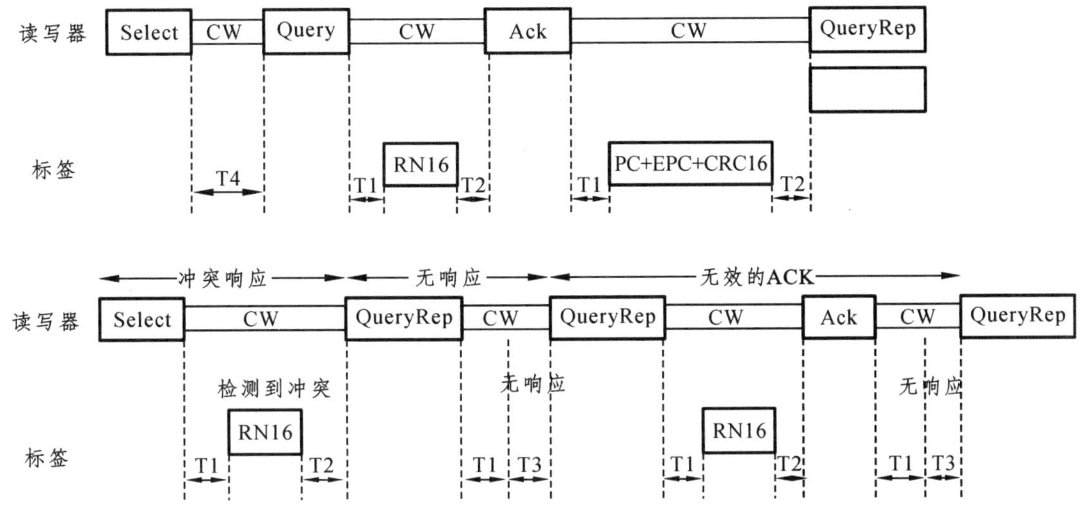

图 2　UHF RFID 读写器和标签的交互时序图

（1）读写器启动标签盘存周期：发送 Query 指令，其中 Query 中包含预设的 Q 值；

（2）标签槽计数器随指令变化：所有收到 Query 指令（Q 值取默认值 Qfp）的标签，自身的 RNG 从（$0\sim2^Q-1$）随机取值并载入槽计数器。载入槽计数器为 0 的标签将向读写器响应 RN16，状态转换为应答状态。

（3）读写器判断标签状态：如果有一个标签响应 RN16，则读写器认为未发生碰撞，则按（4）继续执行。而多个标签发送 RN16，读写器认为发生碰撞，执行操作（5）。如果没有标签应答，执行操作（6）。

（4）读写器在 T2 时间内，发送携带有标识标签 RN16 的 ACK 指令，标签收到正确 ACK 后，反射其 PC+EPC+CRC16 信息，完成一次盘存。

（5）多个标签发送 RN16，读写器认为发生了碰撞，说明此时有多个标签的槽计数器值为 0，此时读写器同样通过计算 Q=min（Qfp+C，Qmax）（Qmax 一般为 15）来决定即将要发送的指令；若 Q 取到 Qmax，表示此时槽计数器取值范围太小，则读写器发送 QueryAdj 减小 Q 值，增加槽计数器的取值范围以减小冲突概率；若 Q 值取到 Qfp+C，则发送 QueryRep 指令，将所有标签的槽计数器减 1，直到有标签响应 RN16，回到步骤（4）。

（6）没有标签响应 RN16，说明此时所有标签的槽计数器值均不为 0，此时读写器通过计算 Q=max（Qmin，Qfp-C）（Qmin 一般为 0）来决定接下来要发送的指令；若 Q 值取到 Qmin，表示此时槽计数器取值范围太大，则读写器发送 QueryAdj 指令减小 Q 值，若 Q 值取到 Qfp-C，则发送 QueryRep 指令，将所有标签的槽计数器值减 1，直到有标签响应 RN16，回到步骤（4）。

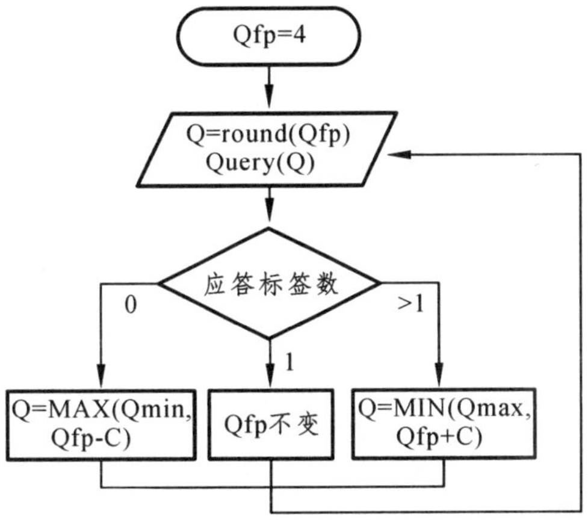

图 3　UHF RFID 读写器的帧时隙 ALOHA 算法

2.2　固定帧时隙 ALOHA 算法的实现

顾名思义，固定帧时隙即 slot 对应的 Q 值是固定的（默认初始值一般取 4），其设计思想主要是满足链路定时要求，采用 2^Q 次循环，使天线范围内所有标签都能有序不冲突地将其

RN16 反向散射。显然，固定帧时隙算法来做盘存会使效率很低，但动态帧时隙算法是在固定帧时隙算法的基础上设计的，并且在非盘存指令（例如 Read、Write 指令）中，也是采用固定帧时隙算法，因此有必要将固定帧时隙 ALOHA 算法的流程步骤做简要描述。

（1）初始化阶段，确定标准中 Query 指令相关的参数（Q 值，session，target），RN16TO（接收 RN16 超时）以及 EPCTO（接收 EPC 超时）的次数 counter。

（2）发送 Query 指令启动盘存，设定 slot=1<<Q，此时读写器天线辐射范围内的所有标签均将其槽计数器更新为（$0 \sim 2^Q-1$）内的一个随机值，若随机值为 0，则标签返回其 RN16。

（3）读写器固件（Firmware）在等待 T1 时间后接收标签返回的 RN16，此时若 RN16 超时或多个标签响应 RN16，则固件将 slot 自减 1，同时返回步骤（2）重新发送 Query 指令；若读写器固件能够收到正确的（且唯一的）RN16，则在 T2 时间内发送将 RN16 作为参数的 ACK 指令，而标签收到对应 ACK 时则反射其 EPC 数据信息。

（4）读写器固件等待 T1 后接收标签的 EPC 信息，此时若正确接收 EPC 信息，则 EPC 被认定为有效（GOOD），同时固件将 EPC 信息返回给上位机；若接收标签 EPC 超时，则 EPCTO counter 加 1，对 slot 自减后返回步骤（3）。

（5）读写器固件判断 slot 是否为 0，如果不为 0 则需要发送一条 QueryRep_FS 指令，使标签槽计数器的值全部减 1，从步骤（3）继续执行；如果 slot 为 0 则认为本次 QueryRep 指令已经达到了最大 2^Q 次数，本次轮询操作结束。

2.3 改进的动态帧时隙 ALOHA 算法的实现

基于动态帧时隙 ALOHA 的读写器防碰撞算法设计流程如图 4 所示，其相对于固定帧时隙算法的改进点主要在于：若读写器对初始值 Q 设置不合适，经过几次 Query 指令后，读写器会根据标签响应 RN16TO 和 EPCTO 的状况，自适应地将 Q 值增减至合适值，这样可以大大减少 Q 初值不合理情况下大量 RN16 超时浪费时间的情况。在本算法中，我们设置一个初始门限值 threshold=4，然后计算 value=count[RN16TO]-4*count[EPCTO]，以 threshold 和 value 的比较作为 Q 值变化的依据。若 value 大于等于 threshold，则 Q 减 1；若 value 小于 threshold，则 Q 加 1。然后将调整的 Q 值作为参数再次发送 QueryAdj 指令。

3 测试验证

软件设计完成后，我们根据本项目已有的 UHF RFID 硬件测试平台，对读写器的 MCU 固件进行了更新。为了更直观地看到盘存 Inventory 指令的完整周期，选用双通道数字示波器观察软件指令时序。通道 1（黄色探头）为读写器 MCU 固件发出的相关指令，通道 2（蓝色探头）为读写器串口发送给上位机的数据。

为了便于观察波形，我们使用单张标签，寄存器初始化 Q 值为 4（即从 16 个 slot 开始轮询）。图 5 给出了 MCU 固件在发送 Query 指令后，16 个 slot 时隙依次排列（黄色信号），在第 13 个 slot 得到了正确的 RN16 和 EPC 响应，因此 MCU 固件将此 EPC 数据由串口（蓝色信号）上传到上位机，该 Query 的完整周期大约在 20ms，符合单次盘存性能指标要求。

为了最大限度地呈现性能，在测试天线附近部署了 200 张 Alien 9962（卷带包装叠加放置），全部读取耗时 92 秒，符合本项目设计的性能要求。前 192 张只花了 30 秒，最后 8 张全部无遗漏盘存则耗时稍长。注意这里是无遗漏盘存，而不是读到重复数据（上位机自动过滤了重复数据），如果算上重复数据则 90 秒有近 4 000 张次标签响应正确的 EPC 信息。

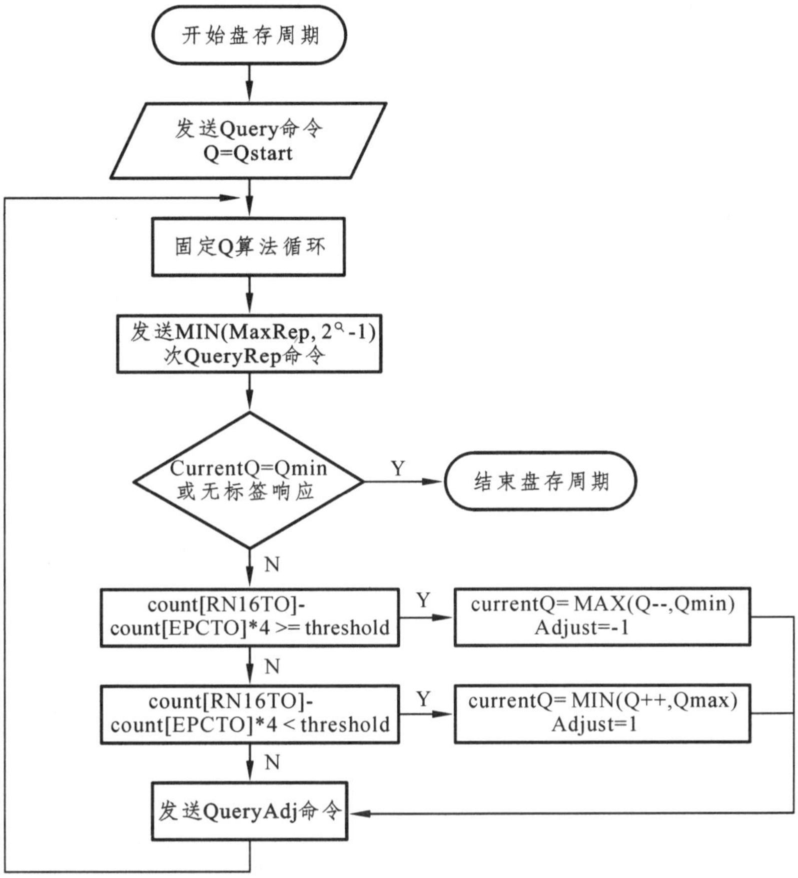

图 4 UHF RFID 读写器的动态帧时隙算法流程图

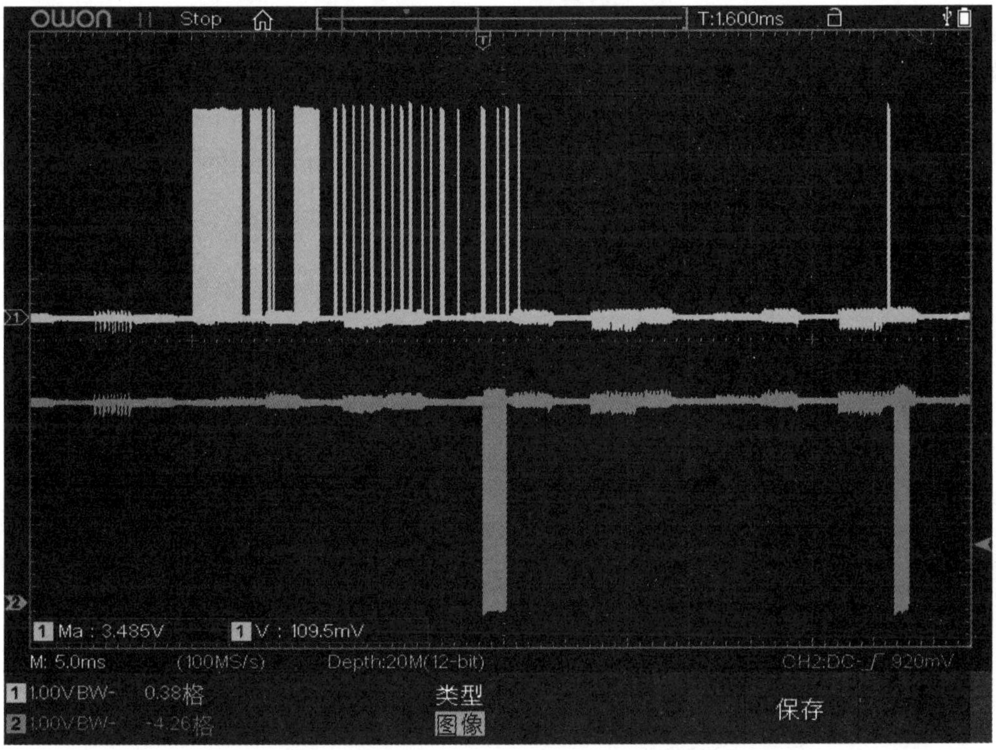

图 5 UHF RFID 读写器盘存指令示波器时序图

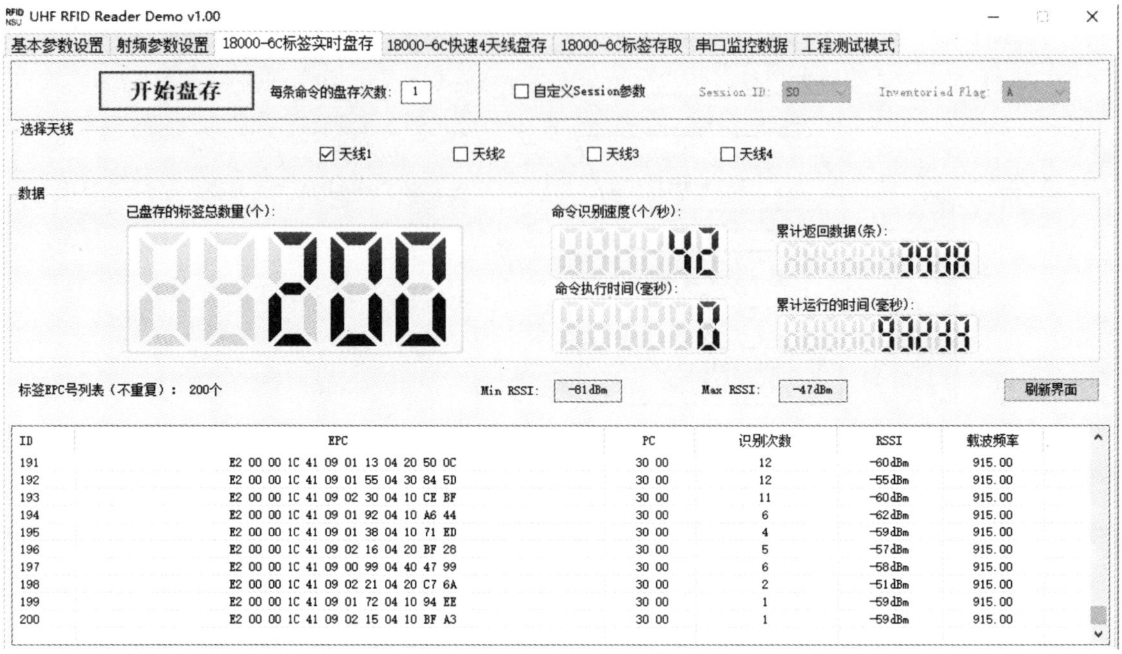

图 6　UHF RFID 读写器的上位机软件实时盘存截图

4　结束语

UHF RFID 技术正在工业和消费类产品领域加速渗透，快速准确盘存的读写器固件对设备供应商提出了严峻挑战。本文对 UHF RFID 读写器在盘存多标签场景下提出了一种快速盘存的固件设计方法。通过该快速盘存方法，不仅大大提高了多标签场景下的盘存效率，同时还保持了非常高的准确度，可以在规定时间内无遗漏的盘存所有标签。此方法对其他使用 ALOHA 协议的物联网产品开发有借鉴意义。

参考文献

[1] 黄玉兰. 物联网 射频识别 RFID 核心技术详解 3 版. [M]. 北京：电子工业出版社，2016：370-394.

[2] 付丽华，金明涛，李志，杨玥. RFID 技术及产品设计[M]. 北京：电子工业出版社，2016：265-275.

[3] （法）Dominique Paret. 超高频射频识别原理与应用[M]. 北京：电子工业出版社，2013：153-155.

[4] The International Organization for Standardization. ISO/IEC 18000-6: 2013, Information technology — Radio frequency identification for item management — Part 6: Parameters for air interface communications at 860 MHz to 960 MHz General [S]. Geneva: ISO copyright office, 2013.

[5] Impinj Limited. IN_DS_IPJ_Indy_Firmware_Datasheet_v2_6_0_20120504_R1 [EB/OL].（2012-05-04）.[2018-11-09] https://support.impinj.com/hc/en-us/articles/202755738-Indy-MAC-Firmware

利用数据库连接池技术提高 Web 应用性能

鞠磊

（成都东软学院计算机与软件学院 四川 成都 611844）

摘 要： 随着 Web 应用技术的飞速发展，人们对数据库访问的综合性能特别是并发性的要求越来越高。数据库连接池作为能有效提高数据库访问性能的技术得到了广泛使用。本文对目前流行的几种数据库连接池工具做了介绍和分析，并使用 JMeter 工具分别做了性能测试。帮助编程人员在开发 Web 应用时能正确选择数据库连接池工具。

关键词： Web 应用；数据库连接池；JMeter

Using database connection pool technology to improve web application performance

Ju Lei

(School of Computing and Software, Chengdu Neusoft University, Chengdu 611844)

Abstract: With the rapid development of Web application technology, the requirements for the comprehensive performance of database access, especially the concurrency, are higher and higher. Database connection pools are widely used as a technology that can effectively improve the performance of database access. This paper introduces and analyzes several popular database connection pool tools, and uses JMeter to test their performance. It can help programmers choose database connection pool tools correctly when developing web applications.

Key words: Web application; database connection poo; JMeter

引 言

随着信息技术的发展，基于 Web 的应用越来越广泛，对数据访问的要求也越来越高。数据库连接作为数据访问的关键有限资源，在多用户 Web 应用中的重要性越来越突出。在某一较短的时间段内，通过 Web 应用的操作请求对数据库的访问数量很可能成百上千次。而建立数据库连接的操作是系统开销最大的操作之一，对数据库连接的管理能显著影响整个应用程序的伸缩性和健壮性，影响到程序的性能指标。

1 数据库连接池

数据库连接池的基本原理是在内部对象池中维护一定数量的数据库连接，并负责分配、管理和释放这些连接，同时对外提供数据库连接的获取和返回等相关操作方法。连接池允许应用程序重复使用一个现有的数据库连接，而不是重新建立一个。通过释放空闲时间超过最大空闲时间的连接来避免因为没有释放连接而引起的连接遗漏。这项技术能明显提高对数据库操作的性能。数据库连接池主要特点有：资源重用（连接复用）、更快的系统响应速度、新

作者简介： 鞠磊（1977—），男，汉族，四川乐山，硕士，研究方向：分布式应用开发。

的资源分配手段、统一的连接管理，避免数据库连接泄露等。

2 数据库连接池工具

目前有很多优秀的开源数据库连接池工具供开发人员使用，最为常用的有 C3P0、Druid 和 HikariCP 等。

2.1 C3P0

一个开源的 JDBC 连接池，是一个成熟的、高并发的 JDBC 连接池库，支持缓存和重用 PreparedStatements。它实现了数据源和 JNDI 绑定，支持 JDBC3 规范和 JDBC2 的标准扩展来增强传统的 JDBC。从版本 0.9.5 开始，C3P0 完全支持 JDBC4 规范。目前使用它的开源项目有 Hibernate、Spring 等。

2.2 Druid

由阿里巴巴维护的开源高性能、分布式列存储的连接池。它提供一个高效、功能强大、可扩展性好的数据库连接池。已经在阿里巴巴部署了超过 600 个应用，并广泛应用在国内外各个公司，如阿里、滴滴、知乎、360、eBay、Hulu 等。

2.3 HikariCP

目前性能最好的开源连接池。它代码非常轻量，并且速度非常快。根据官方提供的数据，HikariCP 的随机数据库读写操作在现有常用的连接池工具中是最快的，并在 SpringBoot2.0 中被作为默认连接池。

表 1 列出了三种工具的主要特性比较情况。

表 1 特性比较

功能	C3P0	Druid	HikariCP
PSCache	支持	支持	无
监控	jmx/log	jmx/log/http	jmx
扩展性	弱	好	弱
sql 拦截及解析	无	支持	无
代码	复杂	中等	简单
版本/更新时间	0.9.5.5/2019-12-12	1.2.5/2021-2-17	4.0.3/2021-3-3

3 性能测试

为了进一步了解以上三种工具的实际性能，我们采用目前流行的压力测试工具 JMeter 来对它们做实际测试。

3.1 JMeter

Apache JMeter 是 Apache 组织开发的基于 Java 的压力测试工具。JMeter 可以用于对服务器、网络或对象模拟巨大的负载，来自不同压力类别下测试它们的强度和分析整体性能。

3.2 测试方案

我们基于 Web 应用，主要进行测试多线程情况下的性能。采用测试服务器端和客户端分离的方式，在服务器端采用目前最流行的几项框架技术：Spring、SpringMVC 和 MyBatis，以及 MySQL 数据库系统搭建了一个简单的 Web 应用，通过在 Spring 中配置的方式分别使用三种数据库连接池执行测试流程。在客户端通过 JMeter 模拟多线程发送请求到服务器端执行一条简单查询同时记录测试结果数据。测试环境如表 2 所示。

表 2 测试环境

	服务器端	客户端
CPU	Intel(R) Xeon(R) E5-2620 v3 2.4GHz	Intel(R) Core(TM) i5-6200U CPU @ 2.30GHz
内存	4G	8G
操作系统	Windows Server2012 R2	Windows 10 教育版

测试前置条件：

服务器端设置 MySQL 数据库默认连接数为 13，初始存储数据记录 10 000 条。

三种数据库连接池统一设置初始连接数为 5，最大连接数为 20。

在 JMeter 中分别设置线程数为：1 000、1 500、2 000、2 500、3 000、3 500、4 000，循环次数为 10，Ramp-Up 时间为 1 秒，则样本数量分别为 10 000、15 000、20 000、25 000、30 000、35 000、40 000。

每种样本数测试 10 次，去除吞吐量最低值和最高值的结果，取剩余 8 次结果的平均数为该样本数测试结果。

记录：响应时间的平均值、中位数、最小值、最大值，异常率、吞吐量等。

测试结果如表 3 ~ 5：

表 3　C3P0 测试结果

样本数	平均值/ms	中位数/ms	最小值/ms	最大值/ms	异常率	吞吐量/（线程/sec）
10 000	1 690.00	1 550.00	4.00	20 118.67	0.00%	483.68
15 000	2 598.00	2 434.00	4.00	20 826.33	0.00%	493.33
20 000	3 426.67	3 429.33	4.67	32 074.33	0.00%	505.76
25 000	4 304.00	4 275.33	4.33	40 371.33	0.00%	511.56
30 000	5 232.33	5 400.33	4.33	57 465.33	0.00%	502.57
35 000	6 302.33	6 424.33	4.67	54 919.33	0.00%	499.28
40 000	8 560.67	7 793.33	4.00	69 193.33	8.05%	361.43

表 4　HikariCP 测试结果

样本数	平均值/ms	中位数/ms	最小值/ms	最大值/ms	异常率	吞吐量/（线程/sec）
10 000	1 510.33	1 166.33	4.00	17 406.67	0.00%	525.97
15 000	2 337.00	1 833.33	4.33	19 190.00	0.00%	516.06
20 000	3 116.67	2 616.00	4.00	24 875.33	0.00%	520.80
25 000	4 165.33	4 169.33	5.00	24 011.33	0.00%	521.82
30 000	5 003.33	5 020.33	4.33	29 657.33	0.00%	519.55
35 000	5 743.67	5 911.00	5.33	36 460.33	0.00%	529.40
40 000	7 025.33	6 300.67	4.00	48 718.67	3.67%	382.50

表 5　Druid 测试结果

样本数	平均值/ms	中位数/ms	最小值/ms	最大值/ms	异常率	吞吐量/（线程/sec）
10 000	1 798.33	1 892.67	8.00	4 597.33	0.00%	498.60
15 000	2 706.33	2 851.33	7.67	6 554.00	0.00%	494.42
20 000	3 685.33	3 897.67	9.33	8 042.33	0.00%	485.02
25 000	5 014.67	5 200.33	9.33	8 963.67	0.00%	459.29
30 000	5 985.67	6 401.67	9.33	10 769.00	0.00%	456.69
35 000	7 986.67	7 843.00	5.00	21 175.00	4.74%	334.36
40 000	9 775.67	9 267.67	4.00	21 253.00	12.26%	324.82

3.3 测试结果分析

从结果可以看到，在样本数超过 35 000 后，三种工具都出现了异常，同时性能也会不同程度下降，Druid 的下降幅度小一些。在这之前，从平均值和吞吐量来看，HikariCP 的速度最快，从最大值来看，Druid 的性能更均衡。

4 结束语

从前文的测试结果和特性分析来看，Druid 因为有阿里巴巴的维护，功能最为全面、强大，性能更加平衡，同时有数量众多的应用实际部署，有更多、更久的生产实践，因此也更加可靠。如果纯从性能角度考虑，则 HikariCP 表现更加优异。而 C3P0 性能处于前两者之间，代码维护不太好，已经不是最好的选择。

参考文献

[1] 朱政科. HikariCP 数据库连接池实战[M]. 北京：机械工业出版社，2019：24-25.

[2] Leonard A. Configuring DataSource and Connection Pool[J]. 2020.

[3] 董鹏，李海涛. 高并发访问下数据库连接池的研究与设计[J]. 电脑知识与技术，2017（8）.

[4] 刘翠霞. Java 数据库连接池的原理与应用[J]. 无线互联科技，2020（4）.

数控雕刻与光固化 3D 打印在产品成型中的应用研究

余纯利

（成都东软学院数字艺术与设计学院 四川 成都 611844）

摘　要： CNC 加工技术是非常成熟稳定的加工成型技术，目前广泛地应用于军事、3C 行业、汽车行业、首饰饰品行业、服饰箱包行业、食品模具行业等。在现代的高校工业设计教学中也有不少的高等院校积极地与社会行业接轨，兴建 CNC 加工实验室以满足现代学校教育与社会行业的需要。近年来 3D 打印技术发展迅速，由于其容易上手，相对于 CNC 加工更易于操作，推广起来也相对容易，这也是 3D 打印技术迅速推广开来的主要原因之一。目前主流的几种 3D 打印成型方式中，SLA3D（光固化技术）打印精度相对较高，最终成型的产品表面效果较好。运用两种成型技术在产品打样中分别加工相同的模型，综合分析其技术优劣势、文件处理、后期处理、技术难度等方面进行对比分析，总结出两种技术优劣势，以及未来发展趋势，对相关的从业者起到一定技术评定和参考作用。

关键词： CNC 加工；3D 打印；产品打样

Application Research of Small Tool CNC Processing and SLA 3D Print in Product Forming

YU Chunli

(School of Digital Art and Design, Chengdu Neusoft University, Chengdu 611844)

Abstract: CNC processing technology is a very mature and stable processing technology, currently widely used in military, 3C industry, automobile industry, jewelry industry, apparel luggage industry, food mold industry, etc. In the modern university industrial design teaching, many universities and colleges are actively integrating with the social industry, building CNC processing laboratories to meet the needs of modern school education and the social industry. In recent years, 3D printing technology has developed rapidly. Because it is easy to use, it is easier to operate than CNC machining, and it is relatively easy to promote. This is also one of the main reasons why 3D printing technology is rapidly promoted. At present, SLA3D (light curing technology) printing accuracy is relatively highest among several mainstream 3D printing molding methods, and the surface effect of the final molded product is better. Use two molding technologies to process the same model in product proofing, comprehensively analyze its technical advantages and disadvantages, document processing, post-processing, technical difficulty and other aspects to conduct comparative analysis, and summarize the advantages and disadvantages of the two technologies, as well as future development trends. Related followers play a certain role in technical assessment and reference.

Keywords: CNC processing; 3D printing; product proofing

基金项目： 教育部高等教育司产学合作育人项目《激光加工协同创新中心》（教高司函〔2018〕47 号）。

作者简介： 余纯利（1989—），男，汉族，四川成都，讲师，硕士，研究方向：工业设计和数字雕塑。

1 小刀具 CNC 加工技术

CNC，是一种依靠程序控制的机床，即数控机床，数控机床是计算机数字控制机床（Computer numerical control）的简称，是一种由程序控制的自动化机床。其数控系统能够逻辑地处理具有控制编码或其他符号指令规定的程序，通过计算机将其译码，从而使机床执行动作完成加工零件。通过刀具、激光、钼丝、水、气体等将毛坯料加工成半成品或者成品零件等。

所谓的小刀具 CNC 加工即采用 CNC 加工的基本原理，不同的是所采用的切削刀具相对比较小，刀具回转直径一般在 0.05 ~ 6.00 mm，小刀具加工建立在机床本身稳定性较好、精度较高的基础之上，只有在保证机床运动比较稳定的情况下一些特别的小刀具才能正常地进行加工，否则极小的刀具刀尖会因为机床的不稳定导致材料切削的不均匀，造成频繁断刀，此类设备能加工的产品其精度也相对较高，也就是行业内通常所说的小刀具精加工，小刀具精加工的一大加工特点就是少吃快跑，即吃料相对较少，速度相对较快，所以相比于其他大型 CNC，这类设备走刀速度通常较快一般能达到 2 ~ 10 m/min。本文在加工过程中采用的加工中心成型尺寸 600 mm×900 mm×50mm，空程速度 6 m/min，加工速度 3.6 m/min，重复定位精度 0.01 mm，三轴加工精度 0.02 mm。

2 SLA 3D 打印技术

SLA 3D 打印，即光固化 3D 打印，其基本原理是建立三维实体模型，通过相应的配套切片软件对实体模型进行切片处理，切片的厚度即打印层厚，也决定着打印出来的产品精度，这个过程实际上也是生成 G 代码的过程，将切片数据导入到打印设备，控制伺服电机的运动，通过激光照射液态树脂槽内的树脂，使得液态树脂固化，从而层层堆积出模型。材料一般采用光敏树脂，是目前 3D 打印中精度相对较高的一种，研究和生产 SLA 技术的组织、企业、团队已然众多。国内相关机构有华中科技大学、珠海西通、智垒等；国外有 3DS、Formlabs 公司等。

光固化 3D 打印设备对环境的要求相对较高，需要室内保证一定的温度湿度和亮度，否则会对树脂槽内的树脂造成不必要的损失。以实验中所用的机器设备成型体积为 140 mm×140 mm×170 mm，层厚为 20 μm，最小特征尺寸为 300 μm，特点：打印质量相对高、成品流畅较美观,耗材为光敏树脂。相对于其他如 FDM 设备来说，其成型精度相对来说已经属于较高的级别。

3 两种成型技术中的文件处理

从 CNC 加工技术与 3D 打印技术对材料的加工上来看，最显而易见的特征区别在于 CNC 加工是通过设置加工程序，使得刀具将毛坯料层层切削，依次为开粗加工、残料补加工、半精加工、精加工、清角清根加工的一个过程，这是一个减料加工的过程，即减材制造。而 3D 打印技术包括主流 SLA 3D 光敏树脂打印、FDM 3D 熔积成型打印、SLS 3D 激光粉末烧结打印等，一些其他的如食品打印、砂型打印等其原理也基本可以归为前面的三种类型，不管是通过激光烧结还是激光照射固化或是加热融化都是通过对材料一层一层地固化堆积而成的，所以 3D 打印可以说是一个堆料的过程,即通常所说的增材制造。

由于其基本的成型方式不同，对文件的处理也有差异，CNC 加工在完成一些孔加工、线条加工、区域加工的时候只需要有点和矢量线文件即可进行编程输出 G 代码进行加工，而加工一些具有体量或曲面的文件需要有严谨的曲面即可对文件进行编程，通过 CAD/CAM 软件计算出当前设定的刀具以及运动参数在曲面上的三维坐标点（如图 1），曲面编程与加工中三维坐标点的精确度和 CNC 机床对坐标点的反馈决定了曲面加工的精度，这样的计算只需要有曲面和矢量线条即可，两个曲面之间只要是边缘连续合的，即使没有进行连接组合或者处于离散的状态均可进行刀具路径计算，进行数控编程的 CAD/CAM 软件常用的有 UG（Unigraphics NX）、CATIA、PowerMILL、ArtForm、 hyperMILL、Mastercam 等，所采用的曲面格式以 STP 或者 IGS 一类的几何曲面为最佳，也可以加工诸如 STL 或者 OBJ 这样的网格曲面，数控编程包含 2 轴编程、3 轴编程、4 轴编程、5 轴编程等。其中涉及众多加工参数的设置、刀具的干涉与避让、加工路径的优化、路径的后处理等，对编程人员的要求较高。

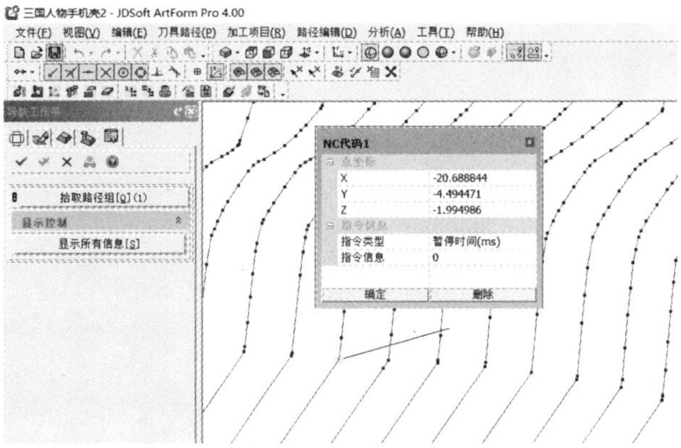

图 1　路径上的三维坐标点

编程的基本过程如下：

① 首先检查模型文件是否准确完整，阅读图纸以及具体要，根据现有设备和材料对加工工艺进行规划分析，应该选用什么样的刀具、切削量、效率的确定。

② 分析曲面曲率，确定刀具大小范围，建立毛坯形状，顾名思义大于需要完成该加工任务的材料，根据材料和装夹需要留 1 ~ 5 mm 的加工余量。

③ 根据材料进行选择加工步骤，一般加工次序为分层区域粗加工、残料补加工、半精加工、精加工、清角清根加工，在实验中所采用的材料为红檀木，只需要进行精加工即可。

④ 对材料加工工艺进行分析，实验中所采用的材料为红檀木料，文件的总深度为 11 mm，实验中采用三轴 CNC 设备，手机壳加工只能采用双面加工，由此加工深度为 11÷2=5.5 mm，所以实际加工深度为 5.5 mm，并且最深的是手机保护壳文件的轮廓一圈以及摄像头的部分，除此以外的加工深度小于 2 mm。由此可以将加工分为两部分，其一为曲面精加工部分，可以直接采用开半锥度平底刀（30°度 0.2 mm）进行精加工，其二则为摄像头与轮廓部分可以采用直径 2 mm 的平底铣进行区域铣加工和轮廓切割。所以在编程的时候，浮雕的一面只需要两条加工路径，即曲面精加工路径和轮廓切割路径，在实验中精加工与轮廓切割时间共计 125 分钟，通过简单的表面处理得到如图 4 中的效果。

图 2　数控编程模型

图 4　加工完成效果

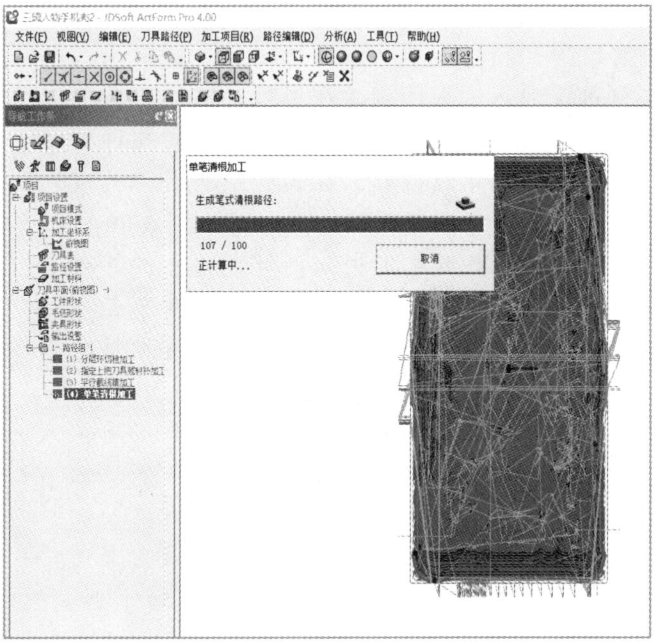

图 3　路径的计算

3D 打印需要将模型进行切片处理，这就决定模型是以实体的模式存在的，如果和 CNC 加工一样是一个曲面，进行切片后曲面就没有了厚度，所以 3D 打印之前需要将模型进行实体化处理。最终处理的文件一般为 STL 或者 OBJ 格式，这两种格式的文件同属于网格曲面，同一文件相比较，网格曲面所占的内存远远大于几何曲面，在数控编程中如果曲面采用的是网格曲面，那么在计算刀具路径的过程中也会耗费更多的时间，如果采用的是几何曲面则刀具路径运算则要快许多。

图 5　3D 打印的模型

图 7　打印成品展示

图 6　加支撑切片模型

在 3D 打印的文件处理上，文件需要尽可能面数较少，同时需要保证其精度，这就要求在这中间找到一个平衡点，在进行一些标准曲面或者由几何曲面转换的网格曲面的时候文件更容易进行导入切片处理，在实验中所打印的模型是网格曲面虚拟雕刻完成。文件达到 500M，完全不能导入切片，通过减面处理将文件缩减到 50M，才能切片。在减面处理文件时不免损失其精度，如图 2 是未减面的文件，图 5 是减面后的文件，通过图 2 与图 5 的对比，其清晰度效果明显下降。

从打印准备就绪中能看出 3D 打印的基本精度即层厚为 0.1 mm，一般情况下可以根据实际的需求和效率进行一定的调整，调整范围为 0.02 ~ 0.1 mm，总耗材 28.68 mL，总层数 1 471 层、总耗时 342 分钟，所耗时间在实际打印过程中会有一定的差异，一般会比理论值多出 30 分钟左右，这其中包含预热、加液等。

通过两种成型方式下得到的产品效果图 4 与图 7 进行观察，首先 CNC 加工中采用 30°-0.2 的刀具，行间距 0.1 mm，走刀速度 3m/min。光固化 3D 打印中切片厚度 0.1mm，两种成型方式下成型尺寸均为 145 mm×70 mm×11 mm。在上述实验参数下比较得到出：① 两种成型技术在上述技术参数下，其细节的反映情况除部分细节外基本相同；② CNC 加工中模型边界特征清晰，但是小于刀具旋转直径的特征基本完全丢失，如人物背后的墙砖缝隙，在 3D 打印中能够体现出来；③ 在材料的运用方面实验中的 3D 打印设备只能使用光固化树脂液体颜色一般常用的有灰色、白色、透明树脂等，而 CNC 加工技术可以处理木材、塑料、金属、玻璃、陶瓷等，所以在材料的适应范围上要广泛得多。

4 数控加工与3D打印优势与劣势

CNC数控加工技术由于其发展的时间相对较久，技术稳定性较高，得到普遍的推广与应用，综合来看CNC加工有下列优缺点：

① 灵活性较强，加不同的零件或者不同形状和尺寸，只需改变加工程序即可，特别适合于新产品研制、样机制作等。

② CNC设备本身性能较稳定，其加工产品质量也较稳定，加工精度高，重复定位精度高，适合于高精密产品的加工要求。尤其闭环系统和在线测量技术在CNC机床上的成熟运用，更显著地提高了产品的成型精度，目前国产的一些设备已经可以完成镜面铣削。

③ 在进行多品种、小批量生产情况下生产效率较高，小进行批量加工时可以设计统一的夹具，使用最佳切削量即可高效率地进行生产，而进行大批量的生产时可以结合柔性制造单元和在线监测形成智能制造生产线，大幅减少生产准备、机床调整和工序检验的时间。

④ 现在四五轴CNC加工技术的发展运用，使得CNC可以加工更多的复杂的面，具有更强的适应性。

⑤ 加工材料的广泛性各类工程塑料、绝大多数合金、钢材包括淬火钢、玻璃、陶瓷、木材、石膏、石材等，均可设定不同的参数和特殊的刀具进行加工。

⑥ 数控加工的缺点是机床设备费用根据其精度成正比精度越高费用越昂贵，要求编程人员、维护维修人员具有较高水平。

⑦ 生产加工费用相对较高，由于其加工方式为去料加工会切掉大量的材料，造成一定的浪费。另外，设备所需的冷却液在高速加工时会激起油雾对环境和操作人员都有一定危害。

3D打印存在着许多不同的技术，它们的不同之处在于可用的材料和堆积的方式。常用材料有尼龙玻纤、尼龙材料、石膏材料、少量金属、橡胶类材料、光敏树脂等。但很多材料无法实现打印，现有的打印材料都是比较昂贵和稀缺的。另外，现在很多材料的打印都存在强度堪忧的状态，无法支持常用的各种各样的材料。3D打印技术也会涉及知识产权保护这一问题，现实中的很多东西都会得到更加广泛的传播。人们可以随意复制任何东西，并且数量不限。如何解决3D打印所涉及的知识产权问题，也是亟待解决的问题之一，找到合理的材料解决方案和知识产权的保护方案，3D打印技术的发展将会更加迅速。

5 结　论

任何一种成型制造工艺都有其优势所在，也必然有其局限性，本文主要目的也是综合运用和分析比较两种成型方式的效果，优缺点等为行业从业者提供一定的技术比较和参考；并且，进行一定的结合尝试，将两者有机结合，得到介于两者之间的一个成型技术。通过前面的实验得到的一些参数也为后续的研究提供了一定的技术支撑，也便于进行一个直观成型方式的选择。本文在进行实验中还突破了浮雕模型向实体模型的转换和编辑，能够顺利地将浮雕文件输出输入进行3D打印，在后续的研究中将进一步将两种成型技术进行融合。

参考文献

[1] 燕小勇. 3D打印技术与机械加工的互动发展研究[J]. 信息系统工程，2020（12）：125-126.

[2] 牛璞. 数控机床与打印的一体化制造研究[J]. 价值工程，2020，39（07）：246-247.

[3] 刘壮，高长水. 面向工程思维培养的“激光加工与3D打印技术”教学研究[J]. 机械设计与制造工程，2017，46（12）：113-116.

[4] 阴璇，孟文俊. 增材制造设计（DfAM）设计自由度和研究现状分析[J]. 机械设计，2021，38（05）：1-9.

[5] 徐文鹏. 3D打印中的结构优化问题研究[D]. 中国科学技术大学，2016.

[6] 余纯利. 基于CNC技术的旅游纪念品个性化定制研究[D]. 四川师范大学，2017.

[7] 乔东凯，张子杰，李国乐，汪洋. 3D打印激光雕刻CNC雕刻一体化设备设计[J].

广东石油化工学院学报，2019，29（04）：45-48.

[8] 3D 打印、CNC、激光切割一体式制造设备 Versa3D[J]. 中国铸造装备与技术，2017（05）：41.

[9] 王龙威. 3D 打印技术与 CNC 技术未来的关系走向[J]. 科教导刊（中旬刊），2017（08）：143-144.

基于 MyBatis 的大数据批量插入

鞠磊

（成都东软学院计算机与软件学院 四川 成都 611844）

摘　要： 随着信息技术飞速发展，对批量数据的处理要求越来越高。MyBatis 作为优秀的持久层框架，提供了三种批量数据插入的方式。本文对三种批量插入方式做了性能测试并对结果做出分析，以帮助编程人员在开发应用程序时高效使用 MyBatis 框架。

关键词： 批量数据；MyBatis；性能测试

Mass data insertion based on MyBatis

Ju Lei

(School of Computing and Software, Chengdu Neusoft University, Chengdu 611844)

Abstract: With the rapid development of information technology, the requirements for batch data processing are higher and higher. As an excellent persistence layer framework, MyBatis provides three ways for batch data insertion. In this paper, the performance of three batch insertion methods is tested and the results are analyzed. Help programmers use the MyBatis framework efficiently when developing applications.

Key words: batch data; MyBatis; performance test

引　言

随着时间的推移和技术的发展，应用程序对数据访问的要求日益增加，数据量越来越大，对数据批量操作的要求也越来越高。目前的应用通常将持久层框架与数据库交互，对批量数据的操作性能成为选择持久层框架的重要标准。

1　MyBatis 框架

MyBatis 是一款优秀的持久层框架，它支持定制化 SQL、存储过程以及高级映射。MyBatis 避免了几乎所有的 JDBC 代码和手动设置参数以及获取结果集。它可以使用简单的 XML 或注解来配置和映射原生信息，将接口和 Java 的 POJOs(Plain Ordinary Java Object，普通的 Java 对象）映射成数据库中的记录。MyBatis 是目前最受欢迎的持久层框架之一。

2　利用 MyBatis 进行批量插入

MyBatis 框架主要提供有三种方式进行数据批量插入：① 反复执行单条插入语句；② xml 拼接 SQL；③ 批处理执行。下面我们分别对这三种方式进行实际测试。

测试环境如表 1：

作者简介：鞠磊（1977—），男，汉族，四川乐山，硕士，研究方向：分布式应用开发。

表 1 测试环境

	服务器端	客户端
CPU	Intel(R) Xeon(R) E5-2620 v3 2.4GHz	Intel(R) Core(TM) i5-6200U CPU @ 2.30GHz
内存	4G	8G
操作系统	Windows Server2012 R2	Windows 10 教育版

测试前置条件：

数据库使用的是 MySQL8.0.22，JDK 版本 1.8，运行在 SpringBoot 环境下。

表结构如下：

```
CREATE TABLE `t_user` (
    `userid` int(10) unsigned NOT NULL AUTO_INCREMENT COMMENT '用户 id',
    `username` varchar(30) NOT NULL COMMENT '用户名',
    `userpwd` varchar(30) NOT NULL COMMENT '密码',
    `phone` varchar(11) NOT NULL COMMENT '手机号',
    `del_flag`char(1) DEFAULT NULL COMMENT '删除标记',
    PRIMARY KEY (`userid`)
) ENGINE=InnoDB AUTO_INCREMENT=14 DEFAULT CHARSET=utf8mb4;
```

我们分别采用三种方式向上表中一次性插入 50、100、500、1 000 条记录，并记录下所消耗时间。

2.1 反复执行单条插入语句

在测试类中主要操作代码如下：

```
for (User user : userList) {
    mapper.insert(user);
}
```

MyBatis 的 xml 配置：

```
<insert id="insert">
    INSERT INTO t_user (username, userpwd, phone,del_flag) VALUES(#{username}, #{userpwd}, #{phone}, #{delFlag})
</insert>
```

2.2 xml 拼接 SQL

拼接 SQL 的 xml：

```
<insert id="insertByBatch" parameterType="java.util.List">
    INSERT INTO t_user VALUES
    <foreach collection="list" item="user" index="index" separator=",">
        (#{user.username},#{user.userpwd},#{user.phone}</foreach>
</insert>
```

2.3 批处理执行

利用 ExecutorType.BATCH，主要代码如下：

```
public void add(List<User> userList) {
    SqlSession session = sqlSessionFactory.openSession(ExecutorType.BATCH,false);
    UserMapper mapper = session.getMapper(UserMapper.class);
    for (int i = 0; i < userList.size(); i++) {
        mapper.insertSelective(userList.get(i));
        if(i%1000==999){//每 1000 条提交一次防止内存溢出
            session.commit();
            session.clearCache();
        }
    }
    session.commit();
    session.clearCache();
}
```

2.4 测试结果及分析

测试结果如表 2：

表 2 测试结果

方式	50 条	100 条	500 条	1 000 条
反复单条插入	1 013ms	2 266ms	8 141ms	18 861ms
xml 拼接 SQL	208ms	232ms	410ms	605ms
批处理	159ms	208ms	305ms	432ms

从上表可以看出：

（1）反复单条插入的代码实现非常简单，但是时间复杂度是 O（n），所消耗时间远超另两种方式；

（2）xml 拼接 SQL 插入的时间复杂度是 O（logn），时间效率比反复单条插入有大幅提高；

（3）批处理插入的效率的时间复杂度是 O（logn），时间效率比 xml 拼接 SQL 的方式又有提高。

3 结束语

从前文的测试结果和分析来看，MyBatis 作为目前最流行的持久框架之一，对数据的批量处理有着很好的支持，其中框架提供的 ExecutorType. BATCH 批处理方式执行效率比较理想。

参考文献

[1] 张旭刚，张昕，高若寒. 基于 Spring Boot 与 MyBatis 框架构建动态读写分离模型[J]. 微型电脑应用，2021，37（2）：4.

[2] 陈小虎，邓惠俊. 基于 mybatis 的数据持久层研究[J]. 成都电子机械高等专科学校学报，2020，023（002）：29-32.

[3] 王天顺，程杰，张志文. MyBatis 在《Web 中间件技术》课程中的应用[J]. 教育教学论坛，2019，000（038）：204-205.

[4] Lan Q, Amp N F. Research and Application of JavaEE Data Persistence Layer based on My Batis and Spring[J]. China Computer & Communication, 2017.

货车车型识别算法的设计与实现

张轶

（成都东软学院计算机与软件学院 四川 成都 611844）

摘　要：本文研究了一种利用摄像头获取的货车图像信息，从图像中将货车的外形特征信息提取出来进行车型识别的算法，并利用该算法在车型识别系统中得到了良好的实验效果。

关键词：图像信息；特征信息；车型识别

Design And Implementation of Truck Type Recognition Algorithm

Zhang Yi

(School of Computing and Software, Chengdu Neusoft University, Chengdu 611844)

Abstract: This paper studies an algorithm that uses the truck image information obtained by the camera to extract the shape feature information of the truck from the image for recognition. The algorithm has achieved good experimental results in the vehicle recognition system.

Keywords: Image Information; Characteristic Information; Vehicle Identification

引　言

21 世纪以来，各种视频监控设备出现在街道路口，在我们的生产生活中的作用越来越重要。[1]在很多应用中，运动目标的外形信息经常需要从视频监控所获取的图像中提取出来。在智能交通领域，从动态视频中提取车辆的图像特征，在车牌识别或者车型识别中都广泛应用。[2]在进行车型识别的时候，货车与其他类型的车的不同之处在于货车存在着货箱问题，因此在对货车进行特征提取的时候，应重点考虑货车货箱的定位算法和提取方法。

1　货车特征信息简介

货车和轿车的车头和车厢均有不同，通常存在有两种类型的货箱的货车：有顶的货车车厢（见图 a），无顶的货箱（见图 b）。而货车车头一种顶部为一平面的货车车头（见图 a），另一种车头前部比后部要低一些的货车车头（见图 c）。在本车型识别系统中，摄像角度是从上往下的，获取的信息不足，只能提取到货车的车头的前车窗长宽比、位置、大小等信息。而货车货箱又分有顶货箱和无顶货箱，其中有顶货箱得到的是货箱顶部的颜色信息，无顶货箱获得的是其中货物外部的颜色。此外还有一些特殊种类的轿车，其车身后部有一小货箱，也被归为货车类。（见图 d）

作者简介：张轶（1975—），男，汉族，四川成都，讲师，硕士，研究方向：图形图像处理，软件工程。

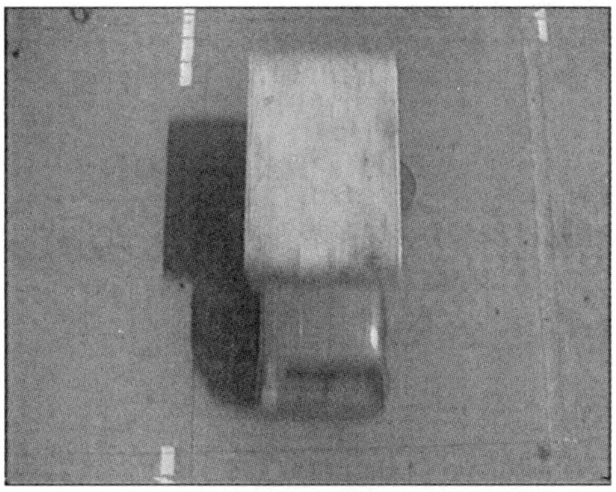

图 a　有顶货箱

图 b　无顶货箱

图 c　类似于轿车车头的货车

图 d　有小货箱的货车

图 1　货车图像

2　特征提取算法

在日常数据统计中，我们发现货车车头多为蓝色和绿色，因此可采用颜色特征信息来定位车头。在本车型识别系统中对不同车头分成两种情况处理。一种情况采用货车算法①进行处理：第一步采用提色块法定位车体；第二步根据分割的矩形框在动态矩形框中的位置，对提取的色块部分为货箱或车头进行判断；第三步在判定是货箱时，就在其前部提取色块，再次定位车头，进一步判断货车的有效性；第四步在判定是车头时，则使用提边缘法来定位货箱，然后判断是否货车。

其算法流程图如下：

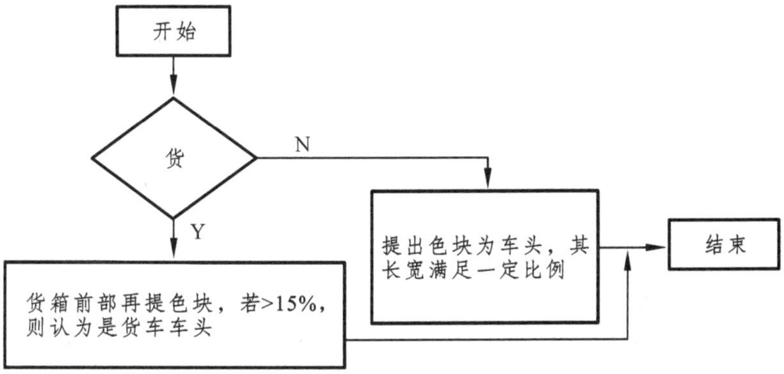

图 2　算法①

后一种情况采用货车算法②：根据提取到的边缘信息定位车体，找到车体后，在找到的车体中再利用颜色特征信息提取色块，如果色块分布的区域满足一定条件，且比例相符，就认为该车是货车。其算法流程如下：

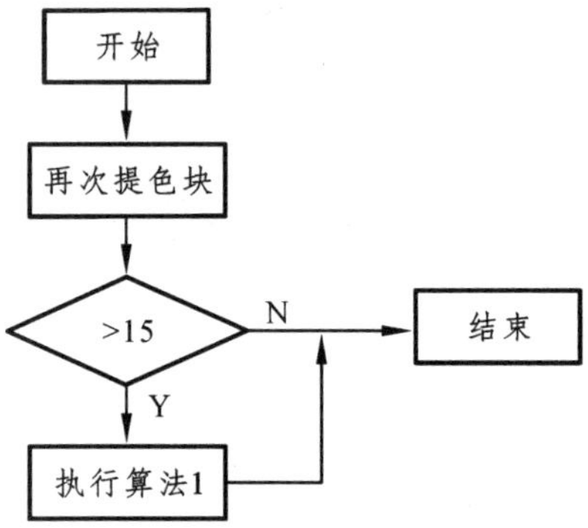

图 3 算法②

在本车型识别系统中，是根据货车车头部分与货箱部分颜色不同来识别货车的。由此可知在货车货箱与车头的颜色区别不大的时候，尤其是对那些无顶货箱的车，本识别系统就无效。这种情况的成因有多种，比如车头的颜色与货箱为同一颜色；无顶的货箱中货物的颜色与车头无区别；车头顶部被堆上货物的情况；货车（包括车头和货箱）被覆盖上相同颜色的防水布来避雨防水。车型识别系统会把在以上几种情况下的货车误识别为客车。可以增加车辆侧面信息来解决该类问题，比如增加货车车头与货箱的高度信息，利用其高度不同来判断，还有就是利用车侧边信息：货车的侧面没有车窗，客车的侧面有侧窗等特征来区别货车与客车。

3 结 论

本文讨论了货车的特征信息的特殊之处，并在此基础上，设计了两种识别算法。并在车型识别系统中利用该算法对汽车图像进行了识别，实验数据如下：货车、轿车、客车图像各 20 副，对共计 60 幅汽车图像做了分类识别，结果正确识别货车汽车图像 18 幅，误识别是将货车误识别为客车。从实验效果来看该算法是可行的。

参考文献

[1] 赵娜，袁家斌，徐晗．智能交通系统综述[J]．计算机科学，2014（11）：7-11.

[2] 曹治锦，唐慧明．视频图像中的车型识别[J]．计算机工程与应用，2004（24）：226-228.

[3] 刘怡光，游志胜．一种用于图像目标识别的神经网络及其车型识别应用[J]．计算机工程，2003（03）：30-32.

基于人脸情绪检测算法的参数研究

周婷　师小江

（成都东软学院计算机与软件学院　四川　成都　611844）

摘　要： 情绪状态识别目的是让计算机拥有分析和了解人类情绪和意图的能力，深层次的分析人类的心理活动，从而在娱乐、教育、智慧医疗等领域发挥作用。不同的情绪识别算法以及同一个算法参数不同，识别效果便不同。本文主要研究两种机器学习算法（KNN，SVM）及算法中不同参数给情绪识别效果带来的影响。实验证明了通过检测人脸的 68 个关键点，能够找到当前分类任务中的最优参数值。

关键词： 情绪识别；机器学习；算法参数

Parameter Research of Facial Emotion Detection Algorithm

Zhou Ting　Shi Xiaojiang

（School of Computing and Software, Chengdu Neusoft University, Chengdu 611844）

Abstract: The purpose of emotional state recognition is to enable computers to have the ability to analyze and understand human emotions and intentions, and to deeply analyze human psychological activities, so as to play a role in entertainment, education, intelligent medicine and other fields. Different emotion recognition algorithms and different parameters of the same algorithm have different recognition effects. This paper mainly studies two machine learning algorithms (KNN, SVM) and the influence of different parameters on emotion recognition. The experiment proves that the optimal parameter value can be found by detecting 68 key points of faces.

Key words: Emotion recognition; Machine learning; Algorithm parameter

引　言

人脸情绪识别技术很好地将计算机技术与生物学融合在一起，此技术通过网络模型提取和识别采集人脸情绪面部特征图像，根据人类习惯性的面部变化，判断图像所表达的情绪。[1] 人脸情绪一直是人行为分析的重点，人脸情绪识别技术在各领域都有着广泛的应用。在心理学领域，情绪识别技术和其他行为分析技术能够帮助研究人员获取更多方面、更加准确的数据。在儿童教育领域，利用情绪识别技术可以对教学成果进行评估，并针对儿童的不同反应，选择适合他们的教育方式；在医疗领域，可以通过人脸情绪识别评估患者的疼痛程度或抑郁程度。除此之外，情绪识别还可应用于护理领域、交通驾驶等领域。现有技术中，因为情绪识别设备的复杂，应用不够广泛，使用也不够方便。因此，提供一种使用方便、适用范围广、识别准确率高的基于图像识别的情绪识别判定方法是非常有必要的。

作者简介： 周婷（1987—），女，汉族，四川成都，讲师，硕士，研究方向：机器学习，图像处理。

师小江（2002—），男，汉族，成都东软学院学生。

1 人脸情绪检测算法简介

人脸情绪检测基本原理是将图片数据转换为数值型数据，运用机器学习算法 KNN(K-NearestNeighbor)、SVM(Support Vector Machine)，使用特征提取器，通过计算人脸边框边长、嘴巴咧开程度、嘴巴的张开程度、眉毛的挑眉以及皱眉和眉毛的高度和距离占比，用机器学习算法对数据进行训练，得到一个训练模型。最终通过模型用测试集数据加以验证，计算表情所属的概率，从而判断人物表情进行分类。不同的机器学习算法训练出的模型不同，进而分类正确的概率也不同。

本文将研究两种算法，分别是 KNN 和 SVM 算法对人脸情绪识别的影响，以及参数设置的不同对图片识别效果的影响，并试图找到一个最优参数。

1.1 KNN 算法

KNN 算法也称为 K 近邻算法，它的主要思想是如果在一个样本空间的 K 个最相近的样本中大多数属于某个类别，则将这个样本也归为这一类。样本点与样本点通过计算欧式距离的大小判断样本点属于哪一个类别。其中算法中各点间的距离采用的是欧式距离 d，计算公式如下：

$$d=\sqrt{\sum_{i=1}^{n}(x_i-y_i)^2} \tag{1}$$

在 K 近邻算法中，不同的 K 值带来的效果大不相同，K 值过大，模型过于简单，在图片识别上表现出识别不准确，误差大。而如果 K 值过小，容易受到噪声点的影响，使训练的模型过于复杂，导致训练模型表现很好，但与实际的识别效果却相差甚远。KNN 方法主要靠周围有限个邻近的样本，而不是靠辨别类域的方法来确定所属类别，所以对于类域的交叉或重叠较多的待分类别而言 KNN 比较有利，但容易出现误分。

1.2 SVM 算法

SVM 也称为支持向量机，它是基于统计学习 VC 维理论与结构风险极小化原理的算法，将基于最大化间隔获得的分类超平面思想与基于核技术的方法结合在一起，在图像数据预测和决策方面有很好的泛化能力。支持向量机要解决的问题是：通过找到一条直线或平面（这条直线或平面又叫作决策边界）使得离该线最近的点到该线或平面的距离最大。其中决策边界的方程如下：

$$y(x)=w^T\cdot\phi(x)+b \tag{2}$$

w 代表由各个特征的权重组成的向量，b 为偏置项（常数），w^T 表示向量的转置。

当 $y(x_i)>0$ 时，样本类别 $y_i=1$，当 $y(x_i)<0$ 时，样本类别 $y_i=-1$。其中 $\phi(x)$ 是对数据做了变换，将点到直线或平面的距离优化为：

$$\frac{y_i\cdot(w^T\cdot\phi(x_i)+b)}{w} \tag{3}$$

$\|w\|$ 表示求解 w 的二范数，即向量中各个元素平方和的 1/2 次方。根据拉格朗日乘子法优化目标得：

$$\arg\max_{w,b}\left\{\frac{1}{\|w\|}\min_i[w^T\cdot\phi(x_i)+b]\right\} \tag{4}$$

对分类任务而言，支持向量机要求在分类正确的前提下，考虑最大的间隔，为考虑图像中的一些噪声点对情绪识别的影响，需要引入松弛因子 ξ，从而得到一个新的目标函数：

$$\min\frac{1}{2}\|\omega\|^2+C\sum_{i=1}^{n}\xi_i \tag{5}$$

当参数 C 趋近于很大时，意味着分类严格，不能有错误，此时模型训练代价增大。而当参数 C 趋近于很小时，意味着可以容忍一些噪声，减小噪声对图片识别的影响，同时也意味着可能增大了识别的不准确性、识别错误的情况。

2 仿真结果及其分析

在分类任务中，我们对人脸的 68 个特征点进行分析计算，选取嘴巴的开合程度、眼睛的睁开程度、眉毛的高度以及距离占比等作为特征，进行模型训练后实际达到的表情识别的效果如图 1—图 3 所示。通过图 1 到图 3 可以看到，两种算法都能准确地识别出人的各种表情。

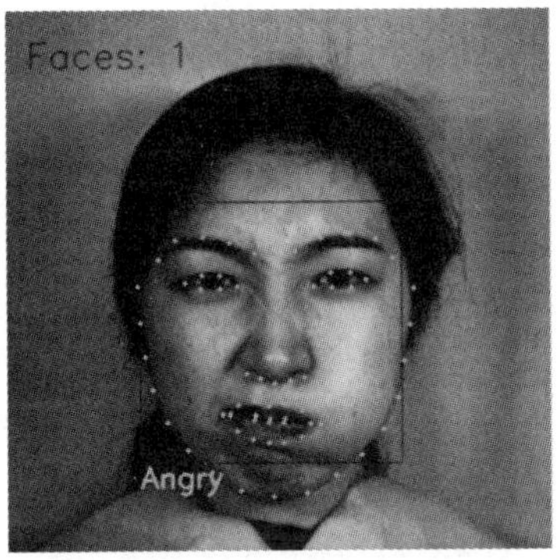

图 1　生气情绪检测

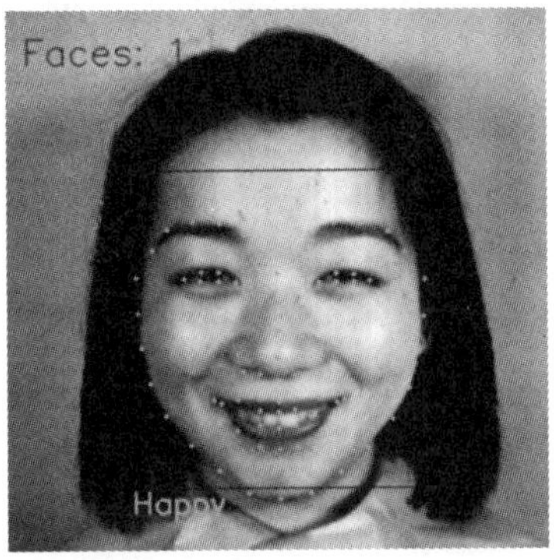

图 2　开心情绪检测

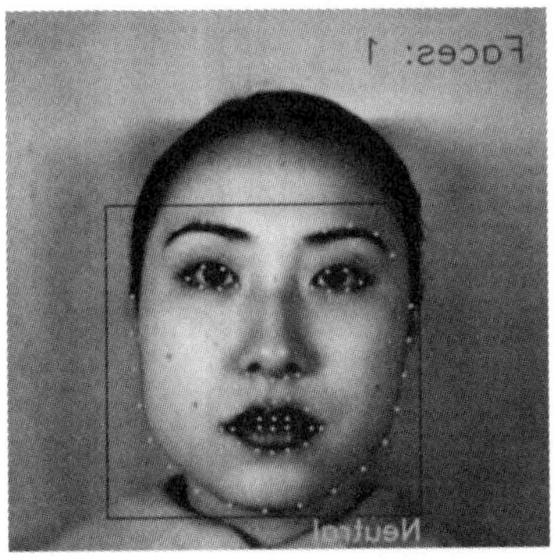

图 3　中性情绪检

通过切分数据集，用 80%数据集，针对 K 近邻算法，选取不同的 K 值进行有监督学习，用训练好的模型对剩余数据进行预测，通过预测的结果与数据实际标签进行对比，得出了在不同 K 值下模型的得分情况如图 4 所示，横坐标表示不同的参数取值，纵坐标表示得分情况，其中得分(score)=预测出的标签数量/图片实际标签数量。通过图 4 可以看出，在当 K 值等于 3 时，模型出现了拐点，当 K 值大于 3 后，模型也出现了下跌趋势。模型在 K 值等于 3 时，效果最好，得分为 0.96 左右。

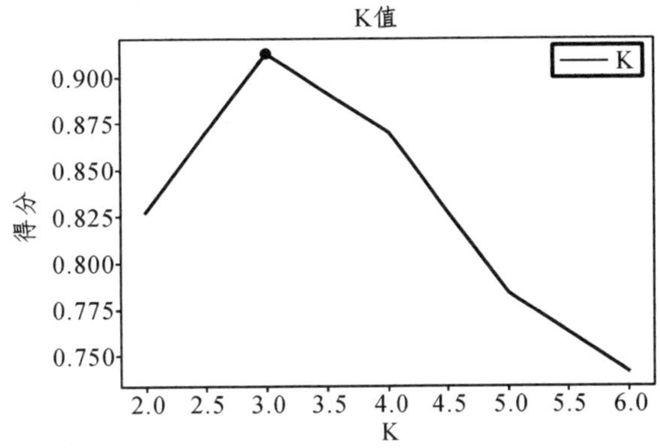

图 4　KNN 算法中 K 值对检测效果的影响

同样大小的数据集，再次使用支持向量机算法，选用不同的 C 值经过多次实验的得分如图 5 所示。当 C 取值在 1 200 左右时得分较高，得分为 0.83，表情检测达到了一个最好的效果。

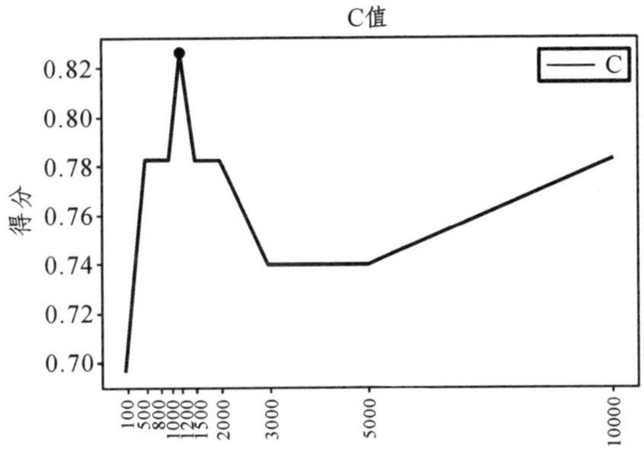

图 5　SVM 算法中 C 值对检测效果影响

3　结束语

人脸情绪检测对表情识别的准确性越高就越能更好地服务于生活，而不同的参数对模型的影响效果可以为情绪识别算法的参数优化工作提供借鉴，从而省去大量的调参工作，提高工作效率。本文主要研究两种机器学习算法（KNN，SVM）及算法中不同参数对情绪识别带来的不同效果。首先给出了 K 近邻算法、支持向量机的算法公式；其次分别对于公式中的参数设置不同的值进行对比实验，通过检测人脸的 68 个关键点，计算人脸器官不同状态的开合程度，利用不同的参数训练出模型；最后对比每个模型在具体表现情况，得出在当前分类任务中参数设置的最优值。

参考文献

[1] 王玉琪. 基于深度学习的人脸情绪识别研究[J]. 电子制作，2020(14): 36-37, 63.

[2] NASUHA A, A R IFIN F, PRIAMBODO A S, et al. Real time emotion classification based on convolution neural network and facial feature[J]. Journal of Physics Conference Series, 2021, 1737(1): 012008- 012016.

[3] SAID Y, BARR M. Human emotion recognition based on facial expressions via deep learning on high-resolution images[J]. MultimediaTools and Applications, 2021.

[4] YU G P. Emotion monitoring for preschool children based on face recognition and emotion recognition algorithms[J]. Complexity, 2021(5): 1-12.

[5] 刘大诚. 人工智能情绪识别应用研究[J]. 中国高新科技，2019(13): 59-62.

[6] DO L N, YANG H J, NGUYEN H D, et al. Deep neural network-based fusion model for emotion recognition using visual data[J]. TheJournal of Supercomputing, 2021(04): 1-18.

[7] 赵学斌. 基于深度学习的人脸识别算法研究[D]. 北京邮电大学，2018.

计算机组成原理混合式教学的实践探索
——以一节课为例

周婷

（成都东软学院计算机与软件学院 四川 成都 611844）

摘 要：针对计算机组成原理教学过程中的痛点，本文引入了混合式教学的理念，并以一节课的具体教学设计为例，探讨计算机组成原理混合式教学改革。旨在提高该课程的教学质量和教学效果，培养学生自主学习的意识，从而满足新时代对计算机专业人才的需求。

关键词：计算机组成原理；混合式教学；教学效果；教学设计

A Practical Exploration of Hybrid Teaching of Computer Composition Principle—Take One Class for Example

Zhou Ting

(School of Computing and Software, Chengdu Neusoft University, Chengdu 611844)

Abstract: In view of the pain points in the teaching process of computer composition principle, this paper introduces the idea of hybrid teaching, and discusses its reform by taking the specific teaching design of a lesson as an example. The aim is to improve the teaching quality and teaching effect of this course, cultivate students' awareness of independent learning, so as to meet the needs of social development.

Key words: Principles of computer composition; Mixed teaching; Teaching effect;Instructional design

1 引 言

计算机组成原理包含硬软件间相互协作的运行机制，并与后续的操作系统、编译原理、计算机系统结构等课程交叉渗透、密切相关，直接影响计算思维能力的培养效果，[1]是计算机专业的核心基础课程，是计算机专业学生计算思维能力培养的基石。该课程的教学目标是使学生熟练掌握计算机的基本原理，深刻理解硬件执行程序的过程，为将来从事计算机系统的芯片设计、架构和开发打下基础，培养学生分析、设计、开发和运用计算机系统的能力。目前国内有很多关于计算机组成原理理论和实验教学的研究，厦门大学在理论教学方面，重新构建了计算机组成原理课程体系、教学模式和产出评价标准，结合了以学习产出为基础的教育模式（OBE），[2]对工程教育专业进行了认证；采用 BOPPPS 教学设计，太原理工大学开展翻转课堂教学，通过结合输出评价标准（OBE），使学生提高学习效果，参与度提高。本文运用混合式理念改造课程，在教学实施中全方位提升课程目标的达成度，结合 MOOC、

作者简介：周婷（1987—），女，汉族，四川成都，讲师，硕士，研究方向：机器学习，图像处理。

线上线下混合式设计、“互联网+教学考核”模式等多种元素。

2 混合式教学模式

针对传统计算机组成原理课程教学中存在的问题，突出利用网络教学平台和教学资源优势，迎合当今时代科技潮流和课程特点，提出了以学生为教学主体，教师更多充当指导者角色的混合式教学模式。[3-5]学生学习情况考核将贯穿教学全过程，主要分为线上课前预习、线下课堂互动以及课后实践反馈三大环节。课前，要求学生自主学习，将学习情况融会贯通，以教师综合、精选、发布的教学视频和网络平台的教学课件为主；教师在线下课堂时，需要灵活调整教学活动的组织方式，针对学生预习的情况，相应调整教学重点；而在课后实践反馈环节，老师更多的是以督导的身份参与进来，注重对学生知识掌握的跟踪。

3 混合式教学方式改革

混合式教学模式将“以教为中心”转变为“以学为中心”。教师作为引导者实现参与式教学，学生作为自主学习者，由被动接受转变为主动学习，培养锻炼学生成为课堂教学的主体，从“课前—课堂中—课后”三个教学阶段入手，注重学生学习过程的效果反馈。本文将以存储器章节的一节课为例设计教学过程，表 1 所示为该节课的教学主体内容。

表 1 教学主体内容

主体	项目	内容
教师	确定教学内容	存储器分类及存储系统的层次结构，存储器的主要技术指标；静动态存储器的结构、工作原理；CPU 读写存储器的基本过程，静态存储器的扩充及与 CPU 的连接
	线上发布资源	导学资源及教学视频、教学课件、SRAM 和 DRAM 的工作原理、存储器的扩展和译码连接等
	确定线下教学活动	回顾上节课知识点（5 分钟）、汇报学习情况（10 分钟）、教师授课（40 分钟）、小组讨论（10 分钟）、教师答疑精讲（10 分钟）、安排课后任务（5 分钟）
学生	课前任务	观看本节视频（中国慕课、超星学习通学习视频：主存储器的介绍、分类以及结构层次），整理记录知识盲点
	课前思考	存储器的层次结构主要体现在什么地方？为什么要分这些层次？计算机如何管理这些层次？
	进行线下课堂活动，完成课后实践作业	

3.1 学生课前自主学习

混合式教学模式开展，要求学生在课前进行知识点的学习，大致清扫自己的学习情况，将知识盲点进行整合。在此过程中，老师需要将教学资源发布到超星学习通、微信、腾讯会议等线上平台。学生进行课前自主学习，不仅要观看上述教学资源，了解本节课的学习知识点，同时要完成课前测试题，将课前的成果进行大致梳理整合，教师以学生整体的课前预习情况为背景进行线下课堂教学活动的组织，学生也可以在课堂上获得疑问的解答。

以成都东软学院计算机组成原理课程中主存储器教学为例，课前资源可有教材、中国慕课、超星学习通等，向学生明确发布学习任务以及学生课前思考题，具体任务清单如表 2：

3.2 线下课堂师生互动、生生互动

在计算机组成原理课程的混合式教学模式改革中，教师充当引导者的角色，以指导学生学习为主要任务。因此教师在线下课堂要注重

授课过程的灵活调整，主要针对本节课的重点、难点以及学生在课前预习阶段的问题进行课堂活动的开展，包含知识点的授课、提问解答、课堂测试，同时多形式开展课堂实践活动，如小组课堂讨论、小组实验实践等。学生在线下课堂以主动学习的身份出现，混合式教学强调师生互动、生生互动，学生主要任务是参与课堂活动，诸如回答问题、提出自身的知识盲点、进行思考、根据课堂教学内容记录个人学习笔记、与小组成员进行拓展讨论等。主存储器的线下教学过程主要有几大流程，回顾上节课知识点——汇报课前学习情况——教师进行本节课的知识授课——进行小组讨论——教师答疑解惑——发布课后作业，具体安排如表 3 所示：

表 2　学习任务清单示例

课前资源： 1. 计算机组成原理教材 2. 中国大学慕课网——哈尔滨工业大学——计算机组成原理（上）——第四章 4.2 主存储器
学习任务： 1. 了解存储系统的层次结构、存储器分类；2. 理解 SRAM 和 DRAM 的工作原理及特点；3. 掌握对主存储器进行扩展和译码连接。 思考： 1. 存储器的层次结构主要体现在什么地方？为什么要分这些层次？计算机如何管理这些层次？2. SRAM 和 DRAM 的工作原理是怎样的？3. 什么是存储器的位扩展和字扩展？4. 如何设计一个存储器？

表 3　主存储器线下课堂教学流程

回顾上节课知识点（5 分钟）	1. 总线通常分为单总线和多总线结构；2. 总线控制方式；3. 总线通信方式
汇报学习情况（10 分钟）	存储系统的层次结构；存储器分类；储器的位扩展和字扩展
教师授课（40 分钟）	存储器的分类；存储器的层次化结构；存储器与 CPU 的连线
小组讨论（10 分钟）	将同学分成 5 人一个小组，讨论自主学习时的重点、难点，发布存储器设计案例，小组讨论并需要在课后完成设计方案
教师答疑精讲（10 分钟）	疑问：在主存储器设计时，如何将存储器芯片与 CPU 连接起来？
安排课后任务（5 分钟）	1. 复习本节课的知识点（完成教材的课后练习题、线上教学平台的学习清单） 2. 上交课堂小组讨论的方案、准备小组展示完成下一节课前任务清单（线上）

3.3　课后学习实践反馈

首先，对于课前预习阶段发布的诸如需观看哪几个教学视频的学习任务，在课后阶段要进行追踪登记，注意学生是否完成、完成度如何。其次，对于掌握较差的知识点进行归纳记录，及时上传针对难点的讲解视频，灵活调整教案，回归线下课堂后会进一步巩固这些重难点内容。[10]再者，对于整体完成度不高的同学，教师可以私下利用通信工具与学生一对一沟通和交流，及时给予学生学习上的帮助和指导，实现个性化教学。[11]

在课后实践反馈部分，除了对学生学习任务完成度的追踪登记外，还要求学生将学习情况进行可视化展示。如主存储器模块的学习，存储的设计是教学中的一个难点，不容易理解，对学生来说存在一定的难度。因此，在进行本节课的教学过程中，在理解概念的基础上给出了一个主存储器设计案例，要求学生根据要求设计出满足条件的主存储器，以小组的形式完成，在线下课堂给出题目，给予学生一定的课堂讨论时间，同时教师可以线下答疑部分问题，而学生需要课后由小组给出具体的设计方案，对于怎样设计，教师可以在线上平台给出示例，将过程进行解说操作，给学生适当的引导，从简单情况入手，逐渐增加设计难度。针对上述的主存储器的设计题，课后实践反馈阶段大致如表 4 所示：

表 4　主存储器的课后实践活动任务

项目	组织	实施	
实践作业	小组设计	成员分组分工	根据班级人数平均划分为 10 个组完成设计
		小组设计方案	题目；设计背景；设计原理；具体设计；总结
		小组展示	在线下课堂小组派出一到两人进行设计方案展示
	小组点评	老师点评各组设计过程中出现的问题和各组的优点，总结要点：1. 存储器与 CPU 的连接。2. 地址线的连接。3. 数据线的连接。4. 控制线的连接。5. 合理选择存储芯片	

4　结束语

针对计算机组成原理课程普遍存在教学内容广泛抽象、知识覆盖面广、教学方法过时以及缺乏实践的问题，[6-7]本文以一节课为例，采用“线上线下协同教学、理论与实践融会贯通”的教学方式，利用网络在线教学与传统面授教学将“课前—课中—课后”有机结合，激发学生的学习积极性和主动性，增进师生间、生生间的互动与交流，提高计算机组成原理课程的教学质量，达到对学生工程能力和创新意识的培养，使其能够更好地适应并满足信息社会对计算机专业人才的需求。

参考文献

[1] 马晓丹，高云丽，曹洪军，等.“计算机组成原理”课程混合式教学模式探讨[J]. 江苏科技信息，2019，36（2）：65-70.

[2] 赵玲峰，杨剑冰，邓炯，等. 基于 OBE 理念的混合式教学模式改革初探[J]. 中国多媒体与网络教学学报(上旬刊)，2020(5)：21-23.

[3] 崔容容，任艳焱. 计算机组成原理课程翻转课堂教学探讨[J]. 信息记录材料，2020，21（5）：236-237.

[4] 张俊瑞.OBE 理念下“计算机组成原理”课程教学模式探索[J]. 计算机时代，2020（12）：72-75.

[5] 张俊瑞. OBE 理念下“计算机组成原理”课程教学模式探索[J]. 计算机时代，2020（12）：72-75.

[6] Fishman B J, Davis E A, Chan C K K. A learning sciences perspective on teacher learning research[M]//The Cambridge Handbook of the Learning Sciences. Cambridge: Cambridge University Press, 2014: 707-725.

[7] 李锐，娄树勇. 计算机组成原理课程教学改革与探讨[J]. 蚌埠学院学报，2021，10（3）：94-97.

社会科学

解铃还须系铃人
——如何保持戏曲进校园的持续性和实效性

朱敏

（成都东软学院基础教学学院 四川 成都 611844）

摘 要： 国家中宣部、教育部、财政部、文化部联合发布的《关于戏曲进校园的实施意见》已经有 3 年多时间。这几年各地按照文件的要求，积极开展了戏曲进校园活动，取得了一定的成绩，但是存在着不少问题，主要是当代年轻人对待传统戏曲的兴趣和爱好问题。本文从传统戏曲艺术自身创造性转化和创新性发展出发，探索让年轻人对传统戏曲产生兴趣爱好的方法和途径，从而确保戏曲进校园的持续性和实效性。

关键词： 戏曲进校园；持续性；有效性

From self-improvement to the level of popularity
—How to maintain the continuity and effectiveness of Chinese opera in campus.

Zhu Min

(School of General Education, Chengdu Neusoft University, Chengdu 611844)

Abstract: The National Central Propaganda Department, the Ministry of Education, the Ministry of Finance and the Ministry of Culture jointly issued the "Opinions on the Implementation of Chinese Opera on Campuses" for more than 3 years. In recent years, in accordance with the requirements of the documents, various places have actively carried out the activities of entering the opera on campus, and achieved certain results. However, there are many problems, mainly the interest and hobby of contemporary young people in traditional opera. Starting from the creative transformation and innovative development of traditional opera art, this article explores ways and means to make young people interested in traditional opera, so as to ensure the continuity and effectiveness of opera entering the campus.

Keywords: Chinese opera into campus; continuity; effectiveness

1 我国戏曲进校园的现状及存在的问题

2017 年中宣部、教育部、财政部、文化部联合发布了《关于戏曲进校园的实施意见》（以下简称《意见》），《意见》的总体目标要求：2017 年，在试点的基础上，有条件的省区市大中小学以及中央部委所属高校，争取实现所有学生免费欣赏 1 场优秀戏曲演出。2018 年戏曲进校园活动蓬勃发展，戏曲教育丰富多样，争取实

作者简介： 朱敏（1982—），硕士，助理研究员，成都东软学院，研究方向：思政教育方向、汉语言文学方向。

现全国所有大中小学每个学生免费欣赏 1 场优秀戏曲演出。2020 年，戏曲进校园常态化、机制化、普及化，基本实现全覆盖。

自《意见》发布以来，各地宣传、教育、文化部门广泛开展形式多样的学校戏曲教育活动，组织学生观看优秀戏曲演出，邀请戏曲名家戏曲工作者开展戏曲知识普及和戏曲赏析讲座，有的学校组织课外戏曲培训班或学生戏曲社团，有的学校戏曲教育已走进课堂，纳入了教学计划。

这一系列的戏曲教育活动，推动了戏曲文化在学校教育中的普及，让学生感受到了我国传统戏曲的魅力，丰富了学生的课余生活，拓宽了素质教育的内容，对于传承中华优秀传统文化和提高学生的艺术观赏价值、审美教育价值和德育渗透价值起到了积极的作用。戏曲进校园活动虽然取得了一定的成效，但是离《意见》的目标还存在着不小的差距，有的学校由于条件的限制，学生至今还没有现场观摩戏曲的机会。至于戏曲进校园实现常态化、机制化、普及化就更谈不上，多数学校只是一次性活动。即使开展了戏曲进课堂和学生社团活动的学校，也由于师资匮乏、没有专业人才指导，影响了戏曲教育的持续性。

当前，保持戏曲进校园的持续性、实效性、常态化的最大问题是年轻人特别是大学生对戏曲的兴趣爱好问题。由于网络、数字化技术的快速发展，新媒体的传媒渠道和传播方式逐步扩大，新的艺术形式不断产生，使人们接收信息的方式发生了巨大的变化，致使以舞台为载体的传统戏曲受到了极大的冲击，使中华传统文化戏曲艺术失去她应有的风采和光环。

与此同时，学生的审美情趣也发生了变化，喜欢流行时尚的元素，喜欢直观性强、节奏快的艺术作品，而对节奏缓慢、阳春白雪、曲高和寡、远离现代生活的传统戏曲艺术渐行渐远。如何让年轻人对戏曲产生兴趣爱好，保持戏曲进校园的持续性和实效性确实是值得我们思考的问题。

2 从京剧文化现象获得灵感和启发

传统戏曲受到了新媒体的冲击和影响，年轻人失去了对传统戏曲的兴趣和热爱。但是，我们从一些京剧文化现象中发现传统戏曲并不是没有观众，而关键在于戏曲艺术如何创新，永葆传统文化的青春和活力。

2.1 “样板戏”影响了整整一代人

从“文革”中过来的人对京剧《智取威虎山》《红灯记》《海港》《沙家浜》《奇袭白虎团》等“样板戏”情有独钟，对其中的某些唱段，谁都能哼上几句，每当“样板戏”再次演出时，心中都会掀起波澜，产生强烈的情感共鸣。“样板戏”为什么能获得巨大成功呢？因为“样板戏”对古典戏曲进行了改造和创新，反映现代历史题材和革命历史中的英雄人物的感人事迹，这种接地气的题材，能深深地感染观众的心灵，所以受到大家的热烈欢迎和高度赞赏。

2.2 京歌的魅力来自传统与流行的交流

什么是京歌？京歌就是京剧与歌曲的结合，京歌利用现代音乐元素表现京剧的唱腔和曲调，它既是京剧的突破和创新，也是现代歌曲的突破和创新。京歌独特的音调特征，时而缠绵婉转，时而大气磅礴，具有极强的韵律感和艺术魅力。京歌的代表作《故乡是北京》《梨花颂》《前门情思大碗茶》《大宅门》以及电视《胡雪岩》的主题曲《去者》等。不分年龄大小，只要一听到这些京歌的旋律，百听不厌，精神就会为之一振，让听众从京歌中感受到中国传统戏曲艺术的魅力。

2.3 王珮瑜——连接传统京剧艺术与现代观众之间的桥梁

王珮瑜是我国培养的第一位女性老生，余派京剧第四代传人，23 岁获得戏曲梅花奖，25 岁当上上海京剧团一团副团长。京剧虽然是我国具有国粹地位的传统艺术，然而大环境越来越好，京剧的传承却越来越难了。王珮瑜在这种尴尬的情况下，她勇敢地挑起了传播京剧的重担，为观众打开了一扇窗，引导人们跨入了京剧的殿堂，吸引了年轻人对京剧的关注和热爱。她不仅具有京剧表演家的大家风范，而且也能熟练驾驭各种流行娱乐形式。她创立了“余脉相传”“余音绕梁”“瑜你台上见”等演出品牌传播京剧，同时还参加“朗读者”“跨界歌王”“戏曲进校园”等活动。她从多角度让人们了解京剧的多面性，用最深入浅出、喜闻乐见的方式在人们心中播下了传统戏曲艺术的种子。王珮瑜已成了年轻人眼中“最酷的青春偶像”，又传统又时尚的“跨界京剧传承人”。她的粉丝以年轻人为主，大学生占了很大比例。很多人因为喜欢她而了解京剧，对京剧产生兴趣。

此外，李玉刚运用京剧的戏妆、舞蹈和唱腔在美国纽约演出《新贵妃醉酒》，让世界惊艳；谭维维的《华阴老腔》唱响春晚；裘继戎在 2020 跨年晚会将戏曲与舞蹈相融合的节目《惊·鸿》进行的文化苦旅和反思，这些都是戏曲在变革过程中新出现的文化现象。

3 如何让年轻人关注和热爱传统戏曲的思考

从前面一系列文化现象我们已经悟出了一个道理，现代社会可供选择的娱乐形式太多，传统戏曲如果想得到年轻人的关注和热爱，再现她的辉煌。重新焕发她应有的光彩，就必须对传统戏曲进行变革和创新。解铃还须系铃人。既然传统戏曲受到了新媒体、网络、数字化的冲击，受到了题材陈旧的影响，面对多种现代艺术形式的竞争，我们就应该在这几方面寻求解决困境的办法和对策。

3.1 借助新媒体的优势搭建戏曲传播的新平台

在当代社会，人们的生活节奏越来越快，用有限的空闲时间去剧场观看戏曲演出已不是首选，这样现场的观众会越来越少，极大影响戏曲的传播和推广。现在新媒体技术的快速发展，给资讯的传播带来了翻天覆地的变化。人们通过电脑、手机可获得各种信息，可以随时随地欣赏各种艺术表演，可以参与各种娱乐活动，这给传统戏曲的传播带来了极大的挑战，同时也带来了难得的机遇。移动互联网时代，手机成为人们的掌中宝，通过手机实现与外界的沟通。我们必须抓住这个契机，借助新媒体的传播优势，建立戏曲传播的新平台，这样我们就可以足不出户，在家中欣赏各种传统戏曲，戏曲的受众面将大大提高。

3.2 对传统戏曲要坚持创造性转化和创新性发展

对传统戏曲要取其精华、去其糟粕，转化创新，不断赋予新的时代内涵和现代表达形式，使中华民族最基本的文化基因与当代文化相适应，与现代社会相协调。传承戏曲文化首先要继续保留历代的经典剧目，因为它是中华传统戏曲的精华，最能体现她的特点和优势。保留的同时还应对前人的文化积淀进行创造性转化和创新性发展。另一方面要不断创作反映革命题材、历史题材、现实题材、爱国主义题材、青少年题材，现实性和教育性更强，更受年轻人欢迎的现代戏曲作品。

3.3 传统戏曲艺术与现代艺术的融合

中华传统戏曲艺术随着经济社会的发展而受到前所未有的冲击。当争奇斗艳的现代艺术层出不穷的时候，传统的戏曲艺术已不是人们在影视出现之前唯一的娱乐选择。为了让更多的人对戏曲艺术产生兴趣，必须对戏曲进行创新，让戏曲艺术与现代艺术相结合，把戏曲艺术的元素嵌入音乐、歌曲、舞蹈等艺术中，产生新的艺术表现形式，如戏歌的产生就很受大家的欢迎和好评。这样多侧面、多角度、全方位展示戏曲艺术的精髓和魅力，既扩大了戏曲艺术的影响，又让年轻人从各方面增加对戏曲的接触和了解，逐步把他们引进博大精深的戏曲艺术殿堂。这完全符合人们的认识规律，从接触到了解，从关注到认识，从兴趣到热爱。

综上所述，只要我们对中华传统戏曲文化坚持创造性转化和创新性发展，极力培养年轻人对戏曲艺术的兴趣爱好，国家倡导的戏曲进校园就能保持持续性和有效的发展。

参考文献

[1] 国务院公报：中宣部、文化部等四部委联合发布《关于戏曲进校园的实施意见》，2017年.

工程实践教学模式下的“动画短片创作”课程教改探究

奉代远

（成都东软学院数字艺术与设计学院 四川 成都 611844）

摘　要： 动画专业的二维动画方向的学生在大三环节需要进行项目整合，其中二维动画的中后期制作阶段属于非常关键的部分，包含了设计稿、原动画、背景绘制、音画合成、片头片尾、最终输出以及海报制作，除了对前面所学的专业基础课进行整合，同时也是对后续的毕业设计做一个前期的铺垫。

关键词： 二维动画；中后期；整合

Animation short film creation under engineering practice teaching mode Research on Curriculum Reform

Feng Daiyuan

(School of Digital Art and Design, Chengdu Neusoft University, Chengdu 611844)

Abstract: In the direction of two-dimensional animation, students majoring in animation need to integrate projects into the junior year. Among them, intermediate and postproduction stage of two-dimensional animation is a very key part, including design draft, original animation, background drawing, sound and picture synthesis, film beginning and ending, final output and poster production. In addition to integrating the professional basic courses learned earlier, At the same time, it also paves the way for the subsequent completion.

Key words: 2D animation; Middle and late stage; integration

引　言

“动画短片创作”课程属于二维动画方向的学生在大三阶段的项目实战课中后期部分，它承接前期的基本设定以及分镜，以完整的二维动画短片成品为准，作为大三阶段的综合性项目制作，也为后续的毕业设计打下重要的基础。

1　教学目标以及达成度

1.1　课程定位

“动画短片创作”课程分为两部分，分别是“动画短片创作Ⅰ”和“动画短片创作Ⅱ”，它们属于大三整学年的四门课程中的后两门，承接前面的“动画前期设计Ⅰ”和“动画前期设计Ⅱ”的内容，通过中后期的制作环节来完成最终的二维动画短片成品，为后续学习以及毕业设计打下重要的基础。

作者简介： 奉代远（1980—），男，汉族，四川成都，讲师，学士，研究方向：二维动漫。

大三的四门课作为对大一和大二两个阶段所学课程的实际应用，通过具体又完整的项目进行对应的知识技能点的系统化整合，以此推进后续小学期项目以及毕设项目的完成，其本身所具备的作用以及意义都是非常重要的。

“动画短片创作Ⅰ”：该门课属于二维动画中期制作环节，包含了设计稿、原画、动画。

设计稿所具备的任务是将分镜进行一个标准化制作，使角色 pose 能够和场景透视之间进行一个合理的对应，动作比例严格对照初期设计图，为后续的原画、动画、背景成品表现做重要的铺垫。同时这个阶段还要把相关的背景完整线稿制作出来，为后续的背景色彩稿绘制做准备。

原画环节遵从基本的动画运动原理，将分镜关键 pose 进一步细化，使得动作能够更加完整明确，能够按照角色的自身特性以及分镜的设计，对照剧情所需来进行相应的表演，由于不同环节的针对性有所不同，这个部分主要是以角色大动作表演为准，通常以草图的形式来进行表现，注意在做原画的时候除正常的角色动作表演外，还应注意和场景之间有准确的对应，避免位置穿帮。

动画环节就是针对原画进行一个动作的细化，通过清稿，中割的形式将完整的角色动作表现出来，这个阶段的动作必须要做到最基本的一拍二，要能够完整细化，同时将角色对应的色块填上。

“动画短片创作Ⅱ”：这门课属于二维动画中期以及后期的制作环节，包含了背景绘制、音画合成、片头片尾制作、最终输出以及海报制作。

背景绘制延续上一门课的设计稿场景部分，当设计稿进行人物以及场景的标准化制作后，人物部分自然就在原画以及动画环节进行制作，而考虑到时间关系，于是就把背景绘制的环节放到这一门课来完成，背景绘制的时候按照标准的场景线稿，随后对照初期的概念设计图来进行相应的色彩制作，注意整体风格要统一，同时要把里面所对应的光影关系表现准确，要和原动画制作有所对应，这个在设计稿阶段基本上是可以有所指示的。

音画合成环节就是将制作好的动画以及背景进行合成，同时将对应的音乐、音效也加进去，使得这一部分的动画能够以成片的形式来表现。

片头片尾制作环节主要是针对二维动画短片的初期标题，后期工作任务分配来进行说明，使得片子能够完整，有头有尾。

最终输出环节就是将音画合成的内容以及片头片尾进行合成，然后按照规定的尺寸来进行最后成品输出，通常格式为 mp4，至于画面尺寸，目前以 1920×1080 为主。

海报制作环节针对的是在自身项目中进行关键内容提取，然后以宣传画的形式来进行的内容表现。

1.2 专业技能

通过这两门课的学习，学生对于二维动画短片的中期制作环节能够有一个完整的整合，且通过具体项目的实施来对前期所学对应课程的知识技能进行强化，对于人体结构、空间透视、动作表演、色彩制作、后期合成等能够有一个完整的认识，为后续的毕业设计项目打下重要的基础。

1.3 职业道德

学生能够正确看待二维动画中后期制作过程中出现的问题，锻炼学生主动观察、分析、解决问题的能力，通过实际的二维动画中后期制作来学习相关知识技能点，培养对应的实战操作能力。

2 教学重点难点

2.1 重 点

教学重点包括：人体结构，动态表演，空间透视，人物和场景之间的对应关系，色彩表现，光影关系，动画和音乐音效的对应，片头片尾制作的时候要和整个片子的风格准确融合，海报的画面构成。

2.2 难 点

教学难点包括人体结构，动态表演，空间透视，人物和场景之间的对应关系，色彩表现，光影关系。

3 教学方法与手段媒介

3.1 教学方法

教学方法是理论实践相结合，在知识讲解的同时伴随课堂演示，以直观的方式进行相关内容的表现。

3.2 手段媒介

手段媒介是黑板，投影屏幕，电脑以及数位板的结合应用。

4 教学组织方式

教学方式包括多媒体教室课堂以及线上混合教学。

5 实践环节

学生针对“动画前期设计 I”“动画前期设计 II”的内容进行延续，随后在此基础上进行二维动画中后期环节的制作，以最终完整的二维动画短片成品为准，除课堂上的内容讲解外，教师在关键的课程节点之后应进行相关点评以及整体问题的归纳讲解，以此来强化学生的概念和记忆。

6 教学设计

6.1 设计稿

在前期设计图以及分镜的基础上进行相关人物 pose 以及场景线稿的标准化制作，使其能够为后续的原画以及背景绘制环节作铺垫，如图 1 所示。

图 1　设计稿制作

6.2 原画制作

在设计稿标准化人物 pose 的基础上进行更加具体的人物动作设计，其中要根据剧情以及分镜来进行相关对应，此时的原动画以关键动作为准，动作不流畅，造型潦草，但是能够达意，前后标注上节奏控制器（轨目），为后续的动画制作环节做一个前期准备，如图 2、图 3 和图 4 所示。

图 2　原画制作一

图 3　原画制作二

图 4　原画制作三

6.3　动画制作

有了原画之后，需要对人物的动作进行更加完整且完善的制作，此时首先要把潦草的原画进行线稿清理，随后再通过中割的方式将其流畅通顺地表现出来，且动作的完整程度要以最终成品为准，具体如图 5 所示。

图 5　动画线稿制作

在有了动画线稿之后，还需要针对线稿进行色彩稿的完善，具体如图 6 所示。

图 6　动画色彩稿制作

6.4　背景绘制

在设计稿环节完成了人物 pose 标准化制作，同时还有场景线稿的标准化制作，且场景线稿最终还需要进行色彩表现，此时需要单独准备一个环节来进行这部分内容的完善，在上色的时候要严格参考初期的概念设计图，注意色彩要统一，光影关系严格按照分镜的标准来对应，如图 7 所示。

图 7　背景绘制

6.5　音画合成

将前面的人物动画成品以及对应的背景完整色彩稿进行合成，然后加上背景音乐以及音效，使其成为完整的二维动画初期成片，如图 8 和图 9 所示。

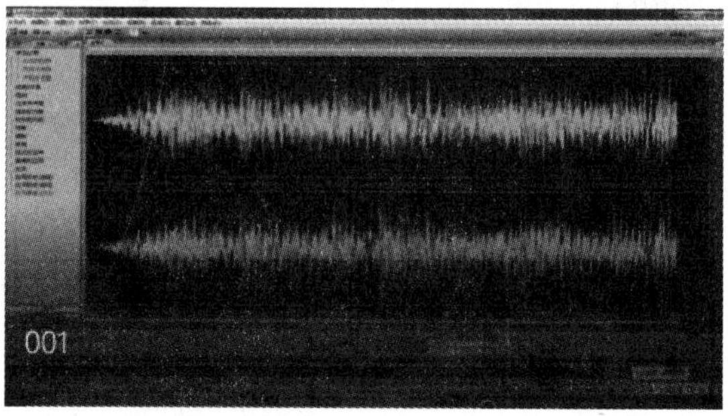

图 8　声音编辑

图 9　音画合成

6.6　片头片尾制作

针对相关的二维动画短片进行片头字幕以及片尾相关制作信息的展示，如图 10 所示。

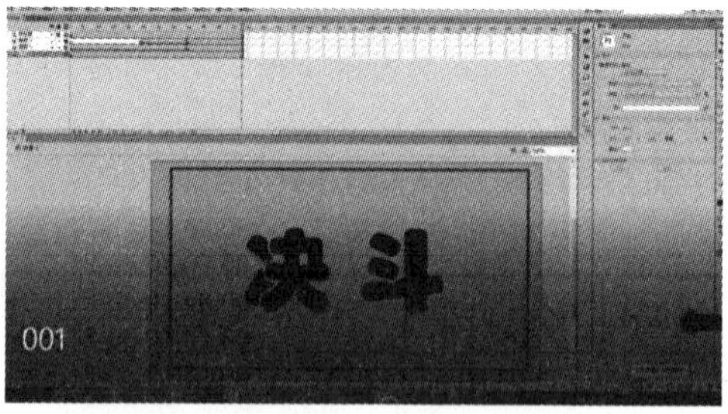

图 10　片头片尾制作

6.7　最终输出

将完整的音画合成部分以及片头片尾进行整合，然后将其输出，成为完整的二维动画短片成品，格式通常为 mp4，如图 11、图 12 和图 13 所示。

图 11 最终输出一

图 12 最终输出二

图 13 最终输出三

6.8 海报制作

针对相应的二维动画短片进行重要信息的提取，使其成为海报的形式，注意其中的构图，图像和文字之间的对应，要疏密有致，结构合理，如图 14 所示。

图 14 海报制作

7 归纳总结

这一部分知识整合了前面所学的人物 pose 标准化制作，场景线稿标准化制作，原画、动画、背景绘制，音画合成，片头片尾制作，最终成品输出以及海报制作，属于一个承前启后的阶段，通过一个完整的二维动画短片来进行总结，为后续的学期项目以及毕业设计打下重要的基础。

8 作业布置

学生根据“动画前期设计 I”和“动画前期设计 II”的基础内容进行后续推进，完成对应的设计稿、原动画、背景，然后在此基础上进行音画合成，片头片尾以及海报制作，最后以二维动画短片成品为准。

9 课外学习要求

学生除课堂上面的基础知识学习外，还应该多看一些经典的动画片，一般都以迪斯尼的二维片以及宫崎骏的电影为主，多去看看里面不同的动作表演、画面构成、色彩应用等，自己分析一下其中的构图、原画、色彩等，如何将里面有用的元素进行自我消化吸收，然后转换到自身的项目当中去，不断地对其进行完善。

10 考核方式

“动画短片创作 I ”：

（1）形成性考核成绩计算方法。

计算公式：设计稿制作 50% +原画制作 50%-考勤扣分。

（2）终结性考核成绩计算方法。

计算公式：角色造型的准确性 25% +中割线条的准确性 25% +上色的完整性 25%+整体角色动作流畅度 25%。

（3）总成绩计算方法。

计算公式：形成性考核成绩×60%+终结性考核成绩×40%。

“动画短片创作Ⅱ”：

（1）形成性考核成绩计算方法。

计算公式：场景制作 50% +声画合成 50%-考勤扣分。

（2）终结性考核成绩计算方法。

计算公式：画面构成合理性 25% +动作表演生动性 25% +背景色彩协调性 25%+后期合成完整性 25%。

（3）总成绩计算方法。

计算公式：形成性考核成绩×60%+终结性考核成绩×40%。

影视片视听语言不流畅的解决策略

赖丹

（成都东软学院数字艺术与设计学院 四川 成都 611844）

摘　要：在影视片后期剪辑的过程中，甚至有的成片里会存在视听语言不流畅的情况。造成视听语言不流畅的原因很多，清楚原因后对以后影视作品的创作及充分发挥剪辑技巧的作用有重要意义，本文针对不同原因形成的视听语言不流畅提出不同的解决策略，以期影视作品获得良好的视听效果。

关键词：影视；剪辑；跳切

Strategies to solve the problem of audio-visual language fluency in films and TV series

Lai Dan

(School of Digital Art and Design, Chengdu Neusoft College, Chengdu 611844)

Abstract: In the film and television film editing process, and even in some films, there will be audio-visual language fluency. There are many reasons for the poor fluency of audio-visual language, and it is of great significance to make clear the reasons for the creation of film and television works and give full play to the role of editing skills, moreover, different strategies can be put forward according to the different reasons for the poor audio-visual language, in order to obtain good audio-visual effects.

Key words: film and Television; editing; cutting

在剪辑的过程中或者一些成片里会出现视听语言不流畅的情况，虽然观众对这些问题有一定的包容度和理解力，但制作者为了流畅叙事和观众良好的观影体验，都要尽量避免视听语言的不流畅。要解决视听语言不流畅的问题，就要清楚造成视听语言不流畅的原因，再据此提出解决策略。下文分别从视觉语言和听觉语言两方面进行具体分析。

一、视觉语言不流畅的原因及解决策略

造成视觉语言不流畅的原因多是分镜脚本的撰写或拍摄时没有对画面的流畅性进行严谨的考量，或剪辑过程中产生了失误。常见的导致画面不流畅的情况有跳切、越轴及夹帧。

1. 跳切

跳切会“跳”是因为两个镜头内的主体相同，而摄影机的距离及角度上差距不大，当两个镜头连在一起时，在银幕上便会明显地“跳”

作者简介：赖丹（1989—），女，汉族，四川成都，成都东软学院数字艺术与设计学院数字媒体艺术系，讲师，硕士，研究方向：纪录片创作。

一下。[1]通俗点理解即相似机位、相似景别的镜头组接在一起会出现“跳”了一下的视觉效果，跳切产生的视觉上的跳跃感受会降低对影片的沉浸式体验。造成跳切的原因可能是拍摄素材的失误，也可能是在剪辑过程中把一段完整的同机位、同景别的素材中间剪掉了一部分。

如果跳切的出现不具有特别的意义，就要解决跳切带来的不流畅问题，具体可以从以下几个方面入手。

（1）补拍。

有条件的情况下可以进行补拍。故事片补拍要考虑人力、物力、财力等方面的问题，而纪录片由于事件已经发生过，难有机会进行补拍，如果是情景再现可以根据情况补拍。补拍之前构思或者设计好机位的摆放及景别的选取，避免补拍的素材剪出来仍然使画面不流畅。一般机位的摆放遵循 30°定律，即在 180°圆弧里为各种景别寻找拍摄角度时，应该在开始拍摄同一被摄物体的新镜头之前理想化地把摄影机沿着半圆移动至少 30°。当摄影机从之前的机位移开至少 30°时，对同一个被摄主体的视角会被认为有“足够的差异”。[2]这样组接起来的镜头可以避免出现跳切。

（2）叠化等过渡技巧。

跳切属于硬切，镜头之间没有添加任何过渡技巧。而一般为了减弱跳切带来的视觉跳跃感，会在跳切镜头之间添加比较柔和的过渡技巧，常用的过渡技巧有叠化、淡入淡出等，一定程度上可以弱化“跳”的视觉效果，使画面的转换不那么突兀。

（3）插入与前后镜头相关的镜头。

可以用插入镜头来缓冲跳切带来的视觉跳跃感，而且插入镜头要与画面内容联系紧密，不能为了缓冲跳跃感而随意插入镜头。还需注意插入镜头和跳切镜头长度的匹配，插入镜头或者跳切镜头都不宜太短，避免产生“夹帧”的效果。

2. 越轴

在一些文献里把越轴和两极景别也归类到跳切的方式里。广义上讲这样的分类有一定的依据，越轴镜头和两极景别镜头组接在一起可能会产生视觉上的不自然。而严格来说，跳切是同机位、同景别的镜头组接，产生“跳”了一下的不流畅的视觉效果，和越轴可能产生的方向混乱及两极景别的景别跨度大但不一定“跳”的视觉效果是不一样的。

越轴的不流畅感体现在越轴前后被摄主体方向的不一致导致的视觉上的混乱感。越轴前 A 在左边，越轴后 A 又跑到右边去了，两个镜头衔接起来 A 一会儿在左边，一会儿在右边，从而产生方向上的混乱，会扰乱或中断观众对影片的连贯体验。

目前也有影片里面出现越轴，但是并没有让观众不适应。合理越轴可以减轻或避免方向的混乱，除常用的几种越轴技巧外，也可以在组接越轴镜头的时候增加能体现被摄对象方位、环境的定位镜头。比如全景镜头，将被摄主体全都置于能看到人物相对位置关系、人物所处环境的镜头中，观众由于清楚被摄对象空间关系，后面的镜头即便越轴了也不会产生方向的混乱。而且除定位镜头发挥作用外，剧情、人物动作等能够较好地吸引观众的话也可以减弱观众对越轴方向问题的关注，从而减弱越轴带来的视觉上的不流畅体验。

3. 夹帧

夹帧效果有两种，一种是由于素材没有剪干净导致前后镜头间有多余的帧存在；二是夹帧镜头长度远远短于前后镜头。在剪辑时由于疏忽或素材本身的限制导致前后镜头间存在一个非常短的镜头，这个镜头可能是一帧或者几帧，预览的时候会存在单独看前后镜头都是正常的视觉体验，但和短镜头连续播放会出现突然“跳”了一下的视觉效果。这种“跳”的程度取决于前后镜头的长度以及这个短镜头本身的长度。前后镜头如果都很长，中间的镜头很短，那么可能会出现夹帧的效果。而如果前后镜头和中间镜头长度都很短，则这一片段整体节奏很快，不存在夹帧效果。

解决夹帧产生的画面不流畅的方法有逐帧检查，将多余的帧剪掉。如果短镜头的原始素材足够长，可以根据前后镜头长度将短镜头调到适当长度，播放的时候才不会出现不流畅的视觉效果。在分镜头撰写和拍摄的时候一定要确保镜头的长度不会影响后期剪辑。

二、听觉语言不流畅的原因及解决策略

在剪辑过程中对声音的处理不当造成的听觉语言的不流畅现象较常见，也有一部分因素是前期调研不充分或拍摄现场条件确实有限导致的。声音首尾的过渡、声音长度的处理、不同环境音响的衔接等都会影响听觉语言的流畅性。

1. 声音首尾缺少过渡

如果一段素材声音的剪接点都是硬切，可能存在声音的开始和结尾都显得突兀的情况，呈现突然开始、戛然而止的听觉效果，而且这样的听觉效果让人感觉不舒服。

对于声音首尾缺少过渡产生的听觉不流畅效果，可以给声音的开始和结尾打上关键帧，声音开始音量逐渐增大，声音结尾音量逐渐减小，让声音整体效果流畅、自然。打声音关键帧的长度取决于该片段的节奏。节奏舒缓，打关键帧的声音长度可以长一点；节奏紧凑、干脆，则打关键帧的声音长度短一点。

2. 声音长度处理不当

一段完整的声音如果随意选择剪接点，那么有可能破坏声音的完整性。比如，“声”字，剪辑的时候只保留完整发音的一部分，那么这个字的声音就是不完整的，会出现开始或结束得很急促、很突然、很匆忙的效果，最后出现只听到“sh”或者只听到“eng”，一样会破坏声音流畅性。

在剪辑声音的时候，特别是对白的时候，把音量放大仔细聆听，声音从哪个地方结束，从哪个地方开始，甚至也可以对声音进行逐帧播放，恰当地选择剪接点保证声音的完整性。还可以把音频的波形图调整出来，观察波形图的波峰和波谷，一般在波谷处剪切声音是完整的。

3. 环境音响衔接不畅

环境音响是剪辑中不可或缺的音响效果，少了它声音会显得失真。不同的时间、地点拍摄的环境音响可能会有比较大的差别，在后期剪辑时一样会产生不流畅的听觉效果，因为环境音响衔接不流畅。

环境音响的音量、音色等因素都可能会影响声音的流畅性。在拍摄前提前进行场地的勘查，斟酌环境音响是否利于后期处理及对片子最终效果的影响。也可以对环境音响进行单独收音，方便后期处理。如果只有声音和画面在一条轨道上的素材，后期单独处理环境音响会有一定难度。录音师也可以搜集一些环境音响以作备用，以备有可能用上环境音响素材对原声进行替换。

三、结　语

以上是剪辑实践中及成片里常见的影响视听语言流畅性的因素，除此之外，也有其他因素引起视听语言不流畅的情况，不同情况解决方法也各不相同。解决问题的过程中要综合考虑引起问题的核心因素及其他因素，从而让视听语言更加流畅。如果是特意造成的视听语言不流畅，或视听语言不流畅已经不可避免，但是能达到某种特殊的效果，这种情况另当别论。就目前影视片视听语言的表达来看，不流畅是要尽力避免的，以达到流畅的叙事，力求让观众有沉浸式的观影体验。

参考文献

[1] 大卫·波德维尔，克里斯汀·汤普森著. 电影艺术：形式与风格[M]. 北京：世界图书出版公司北京公司，2008：294.

[2] 罗伊·汤普森，克里斯托弗·J·鲍恩著. 镜头的语法[M]. 北京：北京联合出版公司，2020：93.

“同屏技术”在IT类民办高校英语阅读与写作教学中的应用

李阳

（成都东软学院外国语学院 四川 成都 611844）

摘　要：民办高校的办学宗旨，在于培养高素质“应用型人才”。而“应用型”人才的熏陶，需要在课堂上清晰地给学生展现出来，IT类大学，更是需要体现IT在培养学生层面的益处。在“云”时代背景下，通过现代教育技术手段，教师可以轻松运用各种App完成，而其实现的工具，就是随手可带的手机、平板、电脑等。本文旨在浅要讨论“同屏技术”在IT类民办高校英语阅读和写作教学中的应用，从背景、方案、效果三个方面论证“云技术”在IT类民办高校英语阅读和写作教学中的可行性和实用性，特别是采用“同屏技术”进课堂，让师生真正融为一体，体现教学相长的重要性。

关键词：同屏技术；云端；英语教学

Application of “Screen-mirror Technology” in English Reading and Writing Teaching in IT Private Colleges

Li Yang

(School of Foreign Studies, Chengdu Neusoft University, Chengdu 611844)

Abstract: The purpose of running private colleges and universities is to cultivate high-quality “applied talents”. The cultivation of “application-oriented” talents needs to be clearly shown to students in class. IT universities need to reflect the benefits of it in cultivating students. Under the background of the “Cloud” era, through modern educational technology, teachers can easily use various apps to complete the task, and the tools to realize it are mobile phones, tablets, etc. This paper aims to discuss the application of “Screen-mirror Technology” in English reading and writing teaching in IT private colleges and universities, and demonstrate the feasibility and practicability of “Cloud Technology” in English reading and writing teaching in IT private colleges and universities from three aspects: background, scheme and effect, especially the importance of using “Screen-mirror Technology” into the classroom, so that teachers and students can truly integrate and learn from each other.

Key words: Screen-mirror Technology; Cloud; English Teaching

1 “同屏技术”的由来和教学实践的硬件可行性

“同屏技术”源自智能电视的“投屏”，一般是由手机端发出信号，然后通过WiFi将终端信号传输到电视、电视盒、其他内网的大屏幕，其常见的子技术有三种：DLNA、AirPlay、Miracast，其中AirPlay是苹果iOS系统的专利，

作者简介：李阳（1987—），男，汉族，四川成都，讲师，硕士，研究方向：英语教学法。

DLAN 和 Miracast 则开放给其他平台使用。DLAN 在智能电视用得较多，手机上的视频，通过"推送"方式，无线传输到电视，传输完成后，由电视播放、解码，手机还可以干其他工作。而 Miracast 则是完全"同屏"，类似于即时演算、即时共享的两个屏幕，手机的操作，完全同步到大屏幕端。对比之下，Miracast 更适合高校的教学，因为现在很多高校的教师机没有配备触摸屏，而智能手机都是触摸屏，放大、缩小、滑动、笔记批注，这些智能手机都能完成，能够环保地无限次使用。但是没有配备触摸屏的教师机，则无法做出类似的操作。所以，笔者便有了用"手机教学"，然后"同步到教室投影仪"，实现"纸质级渲染教学"的念头。

迈入 21 世纪，互联网高速发展，网络的类型，从先前的 ADSL 铜线拨号上网，到 FTTB（光纤到楼），再到现在轻松 100M 入户的 FTTH（光纤到户），已然是天壤之别。高速网络使设备间传输的不再是单一的数据，更是图像、画面，甚至是实时高清动态演示，即"同屏"显示。高端的商务会议演示，很多都使用"同屏"显示完成交流和汇报，触控技术搭配"同屏"显示使传统的 PPT 播放略显落后。高效、华丽、简洁，成为"同屏"的代言词。与此同时，在教育界，大学英语的改革亦如火如荼地进行着，其中以"应用"为特色的民办高校，更是肩负了"改革创新、与时俱进"的重任。于是，"同屏技术"进课堂，便应运而生。

2 "同屏技术"在 IT 类民办高校英语阅读和写作教学中的实施

"同屏技术"在英语阅读和写作教学中的运用，指的是在英语课堂上，利用"同屏"显示，教师脱离讲台的束缚，直接参与到学生的讨论和学习中，而对于投影仪屏幕的 Word、PPT 或者网页等元素，则用手机"同屏"无线显示，能掌控课堂，更能利用手机触控技术进行无线的笔记书写。

2.1 "同屏技术"在 IT 类民办高校英语阅读教学课堂上的设计

传统的阅读课程，教师只能手持书本，学生亦是如此，通过纯口头的指导、传授、学习，完成整个教学，所以经常听到"看到第五行第三个单词""勾画重点，从…到…"之类的教学语言。然而，这种教学方法效率其实很低。随着计算机引入课堂，PPT 成为主流，虽然学生能通过教师机的鼠标指针看到屏幕的文字了，但是教师为了能用鼠标+PPT 完成阅读讲解，往往被锁定在教师机上，不能和学生互动，而且鼠标完成笔记批注，可谓捉襟见肘，效果自然仅限于量变。

"同屏技术"则是一个高效的质变方法。弱化教师讲台地位，融入学生当中，参与学生的讨论、研究，此为"翻转课堂关键之一"。搭配"同屏"技术，即先在教师机打开同屏软件 App，然后无线桥接手机和教师机，让教师机呈现同步手机的画面。此举使教师机可以随走随用，而且利用触控，教师在手机上轻轻松松地完成阅读文章的放大、缩小、笔记勾画、圈注，学生也感叹现在教育技术的高效和先进。

笔者所在的成都东软学院，可以采用的就是这种技术，教师先通过高速网络完成"同屏"，然后按照正常的阅读课模式分布任务包，各个学习小组完成任务包的阅读和讨论，然后开始"翻转课堂"，此时，就弱化教师讲台的形象，融入学生中，一边和学生讨论分析，一边在"双屏幕"中完成笔记的勾画和讲解。以前一节课只能讲解一篇英语阅读，现在可以把效率提高到一节课两篇，而且学生接受度没有丝毫下降，可谓是非常有意义的质变。

2.2 "同屏技术"在 IT 类民办高校英语写作教学课堂上的设计

传统的写作课堂是老师布置一篇作文，学生在自己的作文本上写下内容，然后课代表收齐后，抱到办公室，老师批改，然后再由课代表抱到教室，下发，学生再看老师的批注。可是这种传统的作文教学方法非常落后，弊端也很明显：浪费了大量纸张，不利于环保；老师批改费时费力，而且很难记住学生的错误点；学生取回作业本有延迟，以至于拿到本子后都不记得自己曾经写了什么；更不用说作业本的保存问题，每隔几年堆放不下只能集中销毁。这种种问题，需要革命性的质变教学方法来颠覆。

同样，笔者所在的成都东软学院，2019 年起已经为每位老师配备 150M 高速宽带，以及在校园内随到随用的虚拟机，可以在校园内任意地点和教室使用属于自己的虚拟机，同时每间教室投放了高速 WiFi，也是 150M，可以轻松和教师机高速互联，实现高清无延迟的“同屏”共享，有了硬件的助力，大学英语写作课的“翻转课堂”可谓得心应手。完成“同屏”后，教师启用写作类 App，比如常用的批改网、蓝墨云，便可实时同步的完成作业的批改、批注、点评，而且台下的同学也可以看到整个同步的画面，对于共同性的问题更容易达成共识和了解。

3 “同屏技术”在 IT 类民办高校英语阅读和写作教学中的效果

作为最早一批民办高校，笔者所在的成都东软学院使用的蓝墨云客户端，以及学院的高速网络，双剑合璧，很好地“翻转”了大学英语的阅读与写作课程，也解决了很多之前传统教学的疑难杂症。一是“同屏技术”颠覆了传统的“满堂灌”“填鸭式教学”，二是“同屏技术”优化了效率，把科技的神奇作用发挥得淋漓尽致。相比以前，学生学习的积极性大幅度提高，收获良多，随处都能见到拿出移动终端学习英语阅读的学生，真正进入了“无纸化教学”阶段。新世纪，新时代，民办高校作为应用型大学的先驱，更应该在“创新”上理性前进，利用先进的办学理念、现代的教学硬件，改革中求发展，发展中进行改革，为我国培养更多的高素质人才。笔者坚信，“同屏技术”用在“大学英语课堂的教学”会越发成熟和普及，让更多的学生爱上英语学习。

参考文献

[1] 周勇，郑丹. 运用智能手机探究物体的运动规律[J]. 物理教学，2019，(1)：77-78.

[2] 焦晓源. 利用同屏技术结合应用软件增强课堂教学的情境性[J]. 物理·技术·社会.2020（03）：73-75.

[3] 毛丽娟. 刍议同屏技术在初中英语教学中的有效运用[J]. 新课程：中学，2018，(5)：94.

[4] 叶崇勋. 交互式电子白板在初中物理教学中有效应用的实践研究——同屏技术在初中物理课堂教学中的应用[J]. 儿童大世界（下半月），2017，(3)：62-63.

移动网络环境下的大学英语移动教学多元化探究

曹颖

（成都东软学院外国语学院 四川 成都 611844）

摘 要：移动网络的发展使整体的教学模式变化巨大，移动学习也成了学习者获取知识的重要途径。本文借此了解目前大学生使用网络平台的现状，并对大学生使用移动平台与英语学习的情况进行了调查研究，有意识地引导学生利用互联网，尤其是手机学习软件来提高学习自主性，尝试与大学英语教学相结合的方式来弥补传统英语教学的不足，实现教学多元化，增强其有趣性、实用性和时代性。

关键词：移动学习；大学英语；多元化

A Study on the Diversification of College English Mobile Teaching in Mobile Network

Cao Ying

（School of Foreign Studies, Chengdu Neusoft University, Chengdu 611844）

Abstract: The development of mobile network makes the whole teaching mode change greatly, and mobile learning has become an important way for learners to acquire knowledge. This article investigates the current situation of using the network among college students, and explores the relations between the use of mobile platform and English learning. Students are consciously guided to use the Intemet and to improve their learning autonomy, especially by using the mobile phone learning software combined with the curriculum to achieve the diversification, complementing the traditional English teaching with the features of fun, utility and time.

Key words: Mobile Learning; College English; Diversification

引 言

在知识共享、共创的后信息时代，教师早已不再是知识的权威，且必须面对教育和教学环境的开放性所带来的挑战，同时教师也应认识到，冲击和挑战也意味着机遇和发展。当传统教学模式不再能满足国家、社会的发展趋势，青年教师便承担着探索新的教学模式的重任。先进的教育科技手段和成果可以提升教学和学习效率。网络平台、慕课、微课、移动数字课程等可以助力教师实现翻转课堂和教学最优化，有效地利用有限的课堂时间，并充分调动学生课后学习，实现多元立体的教学和学习互动。因此，平衡课堂教学和学生学习的输入与输出，激发学生课后学习的自律性，利用碎片化时间学习、提升自己，并向个性化、自主性学习发展，让课堂与课下的时间能有效结合是本文探究的重点，以期能指导学生有效学习，以学生为学习主体，以学习为中心，也为大学英语课程多元化教学建设提供一定的参考性意义。

作者简介：曹颖（1987—），女，汉族，四川成都，讲师，硕士，研究方向：翻译及英语教育。

1 移动平台的使用现状

随着互联网技术的高速发展和不断更新，尤其是进入智能手机时代后，移动网络的运用已是不可阻挡的发展潮流。目前的大学生基本是人手一台电脑、一部智能手机，这其实已经成为一种共性的交流工具，一种标配。可以清楚地认识到，由于移动学习（M-Learning）不受时空、地域的限制，并且信息量大、资源丰富、与时俱进等一系列优点，互联网和移动平台学习作为数字化学习的分支早已受到使用者的青睐。[1]因此，有效地利用学生们已有的硬件资源能为教学带来巨大好处，可以作为一种新的教学方式与传统教学相补充、将学生们的兴趣所在与英语教学有效结合，从而建立一种具有弹性的英语学习机制，为学习者提供全方位的学习环境以及多元化的教学模式。各大权威出版社，包括上海外语教育出版社、外语教学与研究出版社等都相继推出与课程体系相配套的学习软件，只需通过手机扫描二维码就能将资源下载到手机客户端，这也论证了手机等移动平台学习的重要性和必要性。

市面上现有的英语学习软件种类繁多，学习者基本能找到适合自己学习的软件，基本能满足听、说、读、写的需求。比如基本的英文词典类型，在手机上只要搜索词典类的 App，就可以选择合适的软件安装到手机上，下载离线包，并且还可以分级别或者个体需求，比如下载四、六级单词，雅思、托福词汇等，就可以随时随地查看和记忆词汇，这是传统中的纸质词典不具备的便捷性。现在做得比较成熟的词典还可以检测和督促学生词汇学习情况，打卡记忆，还能自动生成需巩固或者复习的单词，满足了学习者个性化和多样化的需求。当然，学习者还可以根据个体情况，下载更多的学习软件，并且具有声音、文字、图案、视频等能有效引起学生学习兴趣、激发学习动力，且部分学习软件还有平台互动，能实行同行的交流和评价，有效地补充了课堂时间短、互动较少的弊端。

2 移动网络学习的应用调查和价值分析

2.1 移动学习对学生学习动机的影响

移动学习指在数字化学习的基础上，随时随地利用小型化的移动计算设备进行不同目的地学习；移动学习指在数字化学习的基础上，随时随地利用小型化的移动计算设备进行不同目的地学习。[2]

Alexzander Dye 等人对移动学习有详细的阐述：移动学习不受空间和时间限制，借助联网计算机，使用者能随时随地进行学习，且能将学习内容快速呈现给教师，达到师生间的双向交流。[3]由于移动学习是借助同一应用或者设备的辅助，学生们能够在任一时间或地点进行自主学习，并且能与教师或同伴们进行双向交流，具有随意性、实时性，同时兼具个性化。那么，移动网络在学生生活中占据怎样的位置呢？学生最常使用的移动学习平台有哪些呢？移动学习能否对学生学习起着促进作用？针对此类问题，本研究选择非英语专业大一、大二的学生作为研究对象，对其使用移动网络和学习做了问卷调查和随机访谈，共计 118 名学生参与，其中部分结果如表 1 和表 2 所示：

表 1 英语移动学习你倾向的学习途径什么？

选项	平均综合得分
学习 App	4.33
网络课程	3.33
微信公众号	2.28
微博推送	1.64
其他	1.03

表 2 你运用移动学习英语的主要内容是什么？

选项	小计	比例
词汇	91	77.12%
口语	71	60.17%
听力	86	72.88%
阅读理解	33	27.97%
文化知识点	45	38.14%
本题有效填写人次	118	

调查结果显示，学生还是比较肯定移动学习平台的在教学中的作用，支持移动学习，在课余中积极使用英语学习 App，增加自己的文化知识，获得学习满足感，提升自主学习的能力。学生在移动学习过程中也摸索出更多的学习方法，并培养独立思考以及与同学们之间的协作学习能力。学生认为利用移动平台的自主学习还利于提高学习兴趣、加强同学和师生间的交流，还能把自主学习的自觉性和能力迁移到其他学科或者项目中去。

2.2 移动学习在教学中的意义

借助移动网络学习平台，学生可自发地选择学习内容、设定学习目标、设定个性学习策略，这是在传统教学中无法做到的，弥补了传统课堂教学的不足。总体上看，移动学习有以下积极意义。

（1）改变传统教学中单纯以教师为中心的单一模式。[4]常规教学上，教师是知识的主要传播者，学生更多的是被动的接收和学习，教师可以为学生答疑解惑，但是时间较长。学生可以借助平台，有更多机会直接与教师进行双向交流，增强师生之间的联系。

（2）激发学生的学习兴趣。当代学生已是互联网发展和电子产品兴起的社会中的新兴一代，对各类互联网产品的运用较为熟练和喜爱。因此，有效的引导学生将学习兴趣与移动网络相联系，不仅能够激发学生的学习兴趣，也能开展新的教学方式，取得良好的教学效果。同时，有效地沟通和互动也能调动学生的积极性。

（3）提高教学工作者的工作效率。教师可以借助平台的便捷性，以及一些应用的统计功能，短时高效地搜集更多的学生信息和教学反馈，这对教师在之后教学方法的改变、教学内容的完善等起着促进作用。

（4）培养学生自主学习的习惯。学生可以自行设定学习内容，并且利用碎片化时间学习，且移动学习的 App 较多，可以提升自己听、说、读、写多方面的能力，养成良好的学习习惯。

3 移动互联网环境下的大学英语教学多元化

移动互联网的迅猛发展给教育带来了深远影响，打破了传统教学的单一模式，教学地点早已不局限于课堂，而是由学生创造了更多自主学习的“第二课堂”；教师的课堂知识传输者和课堂秩序主导者角色也迁移到课外的移动学习中，形成了新的师生关系和互动教学模式，为学校在其他方面开展移动学习创造良好的基础条件。因此，结合移动互联网给教学带来的便利，探索与时俱进的教学模式，实现教学的多元化便显得十分必要。

（1）完善教学方案和内容设计，结合移动学习，提高学生学习接受度。充分了解学生的英语基础，把各类平台提供的丰富学习资源融入整体教学之中，让传统教学和移动教学有效地衔接起来。合理设定教学目标，教学内容、教学情景、教学评价标准。在教学内容的设计上，考虑学生的实际学习需求，并结合当今大学生比较关注的内容，合理进行移动学习资源的整合，提高学习的趣味性以及学生主动参与的热情。同时将教学知识分成细化的模块，更利于学生合理组织碎片时间学习。在教学内容设计中，将个体任务和团体任务有效结合，有目的地培养学生们个人学习和协作学习能力。

（2）加大宣传，为校园环境中的移动学习创造良好条件。学校是教学实施、学生发展的平台，所以推动校园移动学习的宣传，创造良好的移动学习氛围对移动学习的普及非常重要。学生的移动学习意识不仅需要课堂老师的提点，更需要学校大环境的大力支持。加强校园移动网络建设是移动学习开展的基础，高校应组织和培养专门的技术人员，维护学校移动网络和资源建设。[5]其次，多开展利用移动平台学习的校园活动，提高学习者对移动学习的接受度和学习体验。

（3）注重教师在课堂课外的主导作用。教师在课堂的整个学习过程中起着主导作用，在课外的移动学习中便起着导向和链接的作用。教师可以指导学生完成团队建设，并选择执行能力较强的学生充当教师助手，辅助教师完成教学资料的建设和选择，扩大英语学习资料库。同时，教师也应为学生搭建学习展示平台，可以是课堂或者其他移动网络方式，让学生展示自己的学习成果，如英语配音作品的播放、英语写作的展示等，增强学习者自信和学习的满足感。此外，教师仍然需要保持与学生的互动，如通过微信、QQ 群等社交网络方式，及时为学生提供多种学习策略和指导在学生中出现的问题。

4 结 语

在现代化信息技术的大环境下，移动网络学习对大学英语教学的影响不仅会继续存在，还必将成为未来大学教育的前进方向。学校应在原有的传统教学模式上，不断融入更多创新的、开放式的学习方式，让现代大学英语教育与移动自主学习相辅相成，充分激发学生的学习动机，提高学生的学习自主性和自学能力；教师也需要在整个过程中充分参与，发挥教学导向作用，实现教学的多元化，让学生的思维更加开阔，获取更丰富的学习资源。只有学校、教师、学生合力作用，才能更快实现大学英语教育的目的，培养更高素质的应用型人才。

参考文献

[1] 许玲，郑勤. 大学生接受移动学习的影响因素实证分析[J]. 实践研究，2013（4）：61-65.

[2] 刘豫钧，鬲淑芳. 移动学习——国外研究现状之综述[J]. 现代教育技术，2004(3)：12-16.

[3] 梁昆，胡艳. 教育信息化背景下移动学习应用于大学英语教学的可行性研究[J]. 内蒙古农业大学学报（社会科学版），2017（2）：107-109.

[4] 朱学伟，朱昱，徐小丽. 微信支持下的移动学习平台研究与设计[J]. 中国远程教育，2014（4）：79-83.

[5] 倪清泉. 大学英语学习动机、学习策略与自主学习能力的相关性实证研究[J]. 外语界，2010（3）：30-35.

基于 OBE 理念的商务翻译教学反向设计

曹 颖

（成都东软学院外国语学院 四川 成都 611844）

摘 要：OBE 教育模式主要强调以学生的预期学习产出为驱动力，从而促使教学过程中各个环节的设置更清晰合理。本文结合翻译专业人才培养要求和市场需求，探索了该理念在商务翻译教学中实施的可能性，并基于学生在本课程应取得的学习成果，设定教学目标。为促进学习成果的达成，本文分析了商务翻译教学中的教学现状、存在问题，进行反向教学设计，具体分析了以学生为主体的学习过程中，教学成果驱动和促成环节。在评价机制方面，根据 OBE 理念指导，本课程确定了多维度的学习效果评估。最后本文提出了几点思考，以期本课程对于提升学生思维、能力和学习产出中的意义，以期实现课程学习成果。

关键词：OBE 理念；商务翻译教学；反向设计

The Reverse Teaching Design of Business Translation Based on OBE

Cao Ying

(School of Foreign Studies, Chengdu Neusoft University, Chengdu 611844)

Abstract: OBE (Outcome-based Education) education mode mainly emphasizes that students' expected learning output is the driving force, thus promoting the setting of each link in the teaching process to be clearer and more reasonable. This paper explores the possibility of implementing this concept in business translation teaching in combination with the training requirements of translation professionals and market demand. The teaching objectives are set based on the learning results the students should achieve in this course. In order to promote the achievement of learning outputs, this paper analyzes the current teaching situation and existing problems in business translation teaching, carries out reverse teaching design, and specifically designs the driving and enabling links of teaching results in the student-oriented learning process. In terms of evaluation mechanism, according to the guidance of OBE concept, this course has determined multi-dimensional evaluation of learning effect. Finally, this paper puts forward some thoughts in order to improve the significance of this course in students' thinking, ability and learning output, and finally achieve the learning results of the course.

Key Words: OBE; Business Translation; Reverse Teaching Design

引 言

2020 年由教育部高等学校教学指导委员会发布了《翻译专业教学指南》（以下简称《指南》），旨在为翻译专业创新人才培养、深化专业改革、推进课堂革命提供参考和依据。冯庆华教授对《指南》做了详细解读，指出“翻译本科学生在经过专业训练，能够胜任时政新闻

作者简介：曹颖（1987—），女，汉族，四川成都，讲师，硕士，研究方向：翻译及英语教育。

类综合性文本和一般难度的政治、经济、文化等专业文本的笔译工作”[1]。文件对“翻译能力”术语与释义进行了界定：学生所期待达成的在语言转换时能灵活运用翻译知识、方法与技巧，这些能力包括双语能力、策略能力以及超语言能力（行业认知、百科知识等）、工具能力等。[2]同时，在纲领性文件的指导下，商务翻译课程具有明确的教学目标、多样化的教学方法以及评价体系等，这与在欧美取得普遍认可的工程教育理念，由教育家 William Spady 于 1981 年首先提出的 OBE（Outcome Based Education）成果导向教育理念 [3]一致。这也证明 OBE 也完全适用于商务翻译的教学改革和实践中，并能促使改变传统教学中“教师为中心”“学生为参与者”的灌输型、一言堂教学模式，创造出以学为中心、重内部驱动、重产出的多元化教学的新型模式。

1 OBE 教学理念下商务翻译教学的可行性

OBE 教学理念所强调的是在教育过程中，学生最终所取得的学习成果才是教学设计和教学实施的目标。[4]实质上，商务翻译教学也完全可以遵循这一教育理念，对教学进行反向设计，明确“产出预设—教学设计—教学组织—教学评价—教学完善—达成目标”的教学思路，颠覆传统“从上到下”的教育模式制定，打破了原有线性的、静止的，强调系统性和完整性的封闭学科模式。OBE 理念的运用一定程度上弥补了专业特色需求，有助于学科新理念、新形态、新方法的建设，以及培养出适合市场需求的应用型人才和专业化人才，最终推动学校人才培养水平。

1.1 了解市场需求，精准课程定位

中国翻译协会的资料显示，全国职业翻译有 6 万多人，专业翻译公司 3 000 多家，但胜任翻译工作的人才缺口却高达 90%。这意味着市场上翻译需求量大，但缺乏优秀的翻译人才，面临着“供求两难”的情况。翻译市场的规范化，离不开各个参与方的努力。各翻译企业应该审时度势，重新定位，规范管理，完善制度；翻译从业人员应提高专业素养、业务能力，培养良好的职业道德；学校加强协作，结合市场需求，精准专业定位，培养具有特色、高水准的应用型人才。

1.2 预设学习产出（intended learning outcomes），确定教学目标

OBE 教育理念是以成果为导向，基于产出的教育，重在学生学习成果、成果实现途径、评价或量化标准。阿查亚指出 OBE 教育理念主要围绕学习产出预设来进行，分为四个实施步骤：产出定义（defining）、产出实现（realizing）、产出评估（assessing）和产出使用（using）。[5]商务翻译课程培养的学生应是满足社会需求的人才。学生需要在毕业后能基本适应商务翻译工作，为个人深造和行业贡献打下牢固基础。由此可见，商务翻译教学具有非常明确的预期产出和培养目标，将 OBE 教学理念融入商务翻译教学中是切实可行的，并将在以下几点中加以阐述。

2 OBE 理念下的商务翻译教学改革与实践

传统的商务翻译教学中一般更注重课程体系的完整性和连续性，使课程内容与市场需求脱节、与专业方向匹配度不高、教学知识体系落后于现代科技，因此亟须从整体上对目前的教学内容、教学设计和成果评价进行改革。

2.1 甄选教学内容，反向教学设计

我校属于应用型大学，商务英语专业培养的是具有国际视野、能够从事商务实践工作的人才。商务翻译是商务实践工作的重要一环，而商务笔译最重要的就是商务文本的分类，根据不同类型商务文本的特点，讲授与其相适应的翻译策略与翻译技巧。一定程度上，国外打破固定教参模式，从最新的真实商务案例中提

取素材的教学模式值得效仿。因此，对于本门课的教学内容甄选，主要按企业各部门翻译任务来归类不同商务文本，直接引入真实案例，同时通过对译文的比较分析，讨论适用不同商务文本的翻译策略和技巧，主要将商务笔译的三大特性展现出来：商务题材的多样性、行业知识和术语表达的专业性、翻译实践的时限性，目的是不仅让学生得到大量实用性较强的练习，更能体验翻译情景的真实性。

2.2　确定教学策略，实现学习产出

本课程打破以知识传授为主要特征、教师为中心的传统学科课程模式，转变为以项目任务为中心，重新进行教学设计，组织课程内容，考查学生在教学活动中学习成效。教学内容以企业真实任务需求与案例为核心，实施以任务为中心的课程设计。商务翻译文本题材主要是横向覆盖公司各个部门涉及的商务翻译，纵向贯穿同一家公司的业务活动、商务术语，使学生之后面对任何一个新领域的商务笔译任务，都能自主运用相关技能。整体课程主要环节设计如图 1 所示：

OBE 理念强调学生获得学习成果的过程和途径，除了课堂教学的讲授和互动，还采用探究式、问题式和项目式教学方法，增加平时成绩区分度，激发学生的内在动力，促使教学效果达到最优化和培养目标的实现。[6]也应重视非课堂教学，使学生真正成为学习的主体、积极参与者。OBE 是将学生置于一个完整过程的任务之中，通过以团队的形式完成，展现学生展示思考、质疑、研究、决定和呈现的能力，所以本课程也正是基于此理念对教学方式重新进行了设计。具体设计如图 2、图 3 所示。

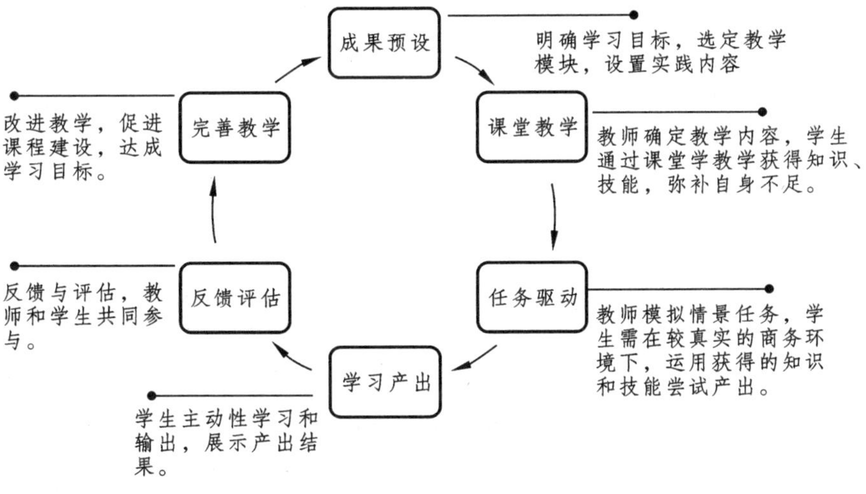

图 1　基于 OBE 理念的反向教学设计与主要环节图

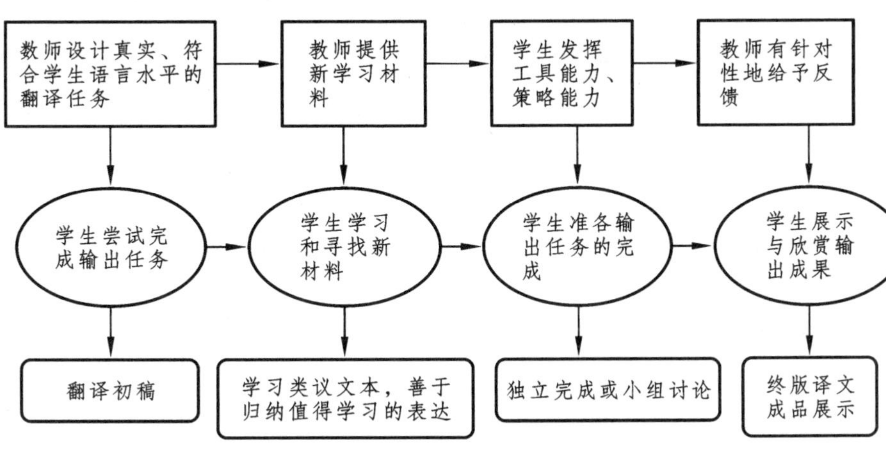

图 2　基于 OBE 理念体系教学设计过程——驱动

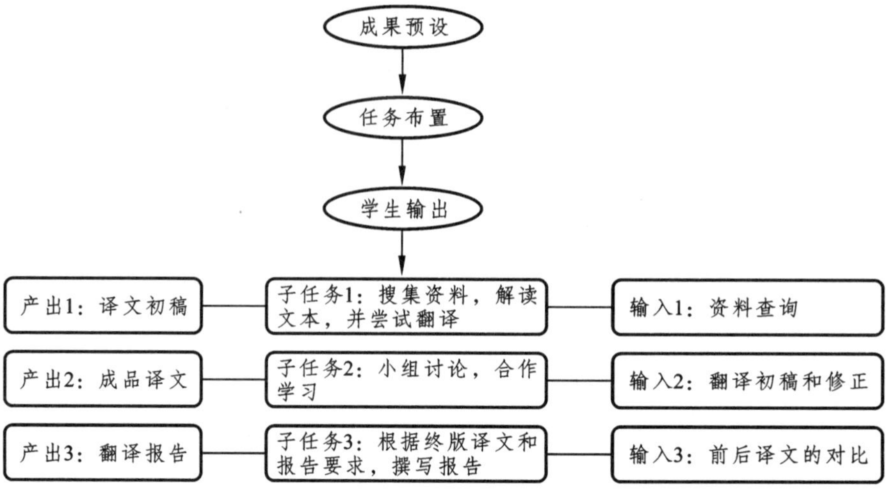

图 3　基于 OBE 理念体系教学设计过程——促成（教师为中介）

2.3　评估机制多样化，检验学习产出

传统教学考评终结性考核所占比例远高于形成性考核，终结性考核所占比重过高，会使学生忽视平时学习的过程，而在后期短时间通过机械化记忆完成测评。OBE 理念刚好能够为这一点提供理论支撑，它要求学生应该获取的是解决开放问题的能力，通过完成具有挑战性的任务，如项目组织、项目翻译、案例研究和翻译报告等，展示学生的能力。所以在整体的考评中，应多注重形成性考核，同时考评机制也应多样化。对于真实性学习评价方法可从以下六点着手：强调真实性、注意整体性、反思性自我评价为主、个体评价为主、重视形成性评价、形式多样化。[7] 由此，本课程也设计了个性化的测评模式，具体如图 4：

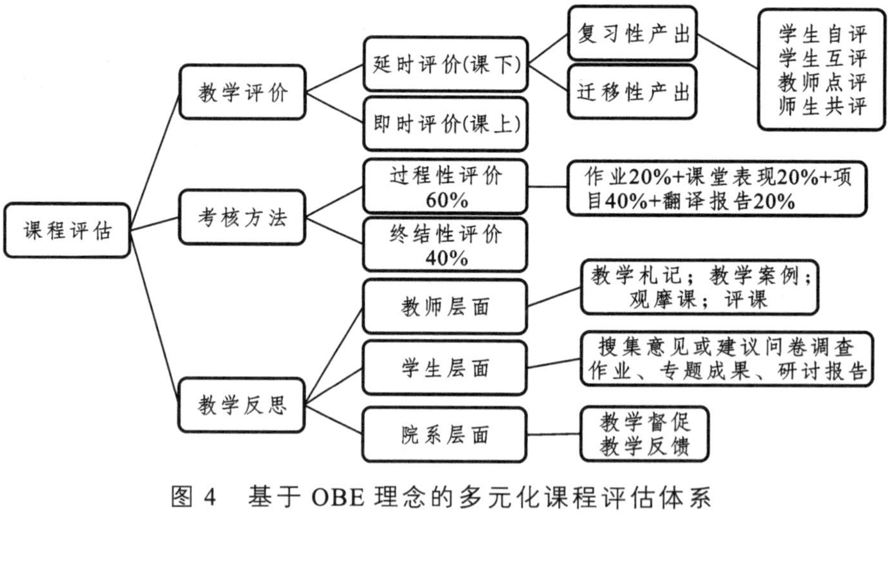

图 4　基于 OBE 理念的多元化课程评估体系

3　OBE 理念在商务翻译教学中的运用引发的几点思考

经过教学实验，OBE 理念完全可以指导商务翻译教学，但如何能更完善地融合，还需要不断地摸索。该理念对商务翻译教学的指导中，也引发了我们对课程的一些思考：

第一，开展实验平台，采用“线上+线下”混合式教学，充分利用第二课堂。随着互联网的推进，各大信息交流平台也被广泛用于教学中，如云班课、腾讯会议、问卷星等，还可以借助在线课堂平台资源，如 MOOC 平台、TED、中国微课等，可以作为学生第二课堂的自学资源，打破传统课堂的限制，推进研究型教学模式。

第二，建立稳定的校企合作实践基地，实现校-企同育人。商务翻译具有较强的实践性，企业能为学生提供真实的商务平台，让学生能学有所用，从做中学。同时，这种模式也有利于企业的发展壮大。“校企合作”模式注重人才的实用性与实效性，做到了应社会所需，与市场接轨。

第三，就业追踪。对毕业生就业情况的持续追踪，最好形成毕业生 5 年左右达到的职业和专业成就的总体描述。[4]通过市场人才需求调查，反哺教学，更新理念、明确全新的教学内容和培养目标，反向搭建能力结构，才有利于教学的深入发展。

参考文献

[1] 赵朝永，冯庆华.《翻译专业本科教学指南》中的翻译能力：内涵、要素与培养建议[J]. 外语界，2020（3）：12-19.

[2] 肖维青，冯庆华.《翻译专业本科教学指南》解读 [J]. 外语界，2019（5）：8-20.

[3] Spady, w. Choosing Outcomes of Significance [J]. Educational Leadership, 1994(51)6: 18-22.

[4] 李志义. 成果导向的教学设计[J]. 中国大学教学，2015（03）：32-39.

[5] Chandrama Acharya Outcome-Based Education（OBE）: A New Paradigm for Learning-CDT Link. 2003. Vol.7，No. 3.

[6] 张倩. OBE 理念下应用统计学教学改革实施效果评价——以广东理工学院标准化工程专业为例[J]. 对外经贸，2020（7）：136-138.

[7] 赵炬明. 关注学习效果：美国大学课程教学评价方法述评 美国“以学生为中心”的本科教学改革研究之六[J]. 高等工程教育研究，2019（6）：9-23.

浅析设计心理学在婴幼儿产品设计中的运用

易艳丽

（成都东软学院数字艺术与设计学院 四川 成都 611844）

摘 要：每一个婴幼儿的健康成长都关系着祖国的未来，健康成长是核心是关键。健康成长需要物质与精神两方面的合力，婴幼儿使用的产品包罗万象、琳琅满目，但真正完全适合他们使用的产品却不多。如何做到以需求为中心、以人为中心，以问题为导向的设计是亟须解决的问题。本文通过对婴幼产品发展现状的归纳、分析，从设计心理学的视角来探讨婴幼儿产品设计的方法，希望对此领域的研究提供一定的参考价值。

关键词：设计心理学；婴幼儿；设计

Application of design psychology in infant product design

Yi Yanli

(School of Digital Art and Design, Chengdu Neusoft University, Chengdu 611844)

Abstract: The healthy growth of every infant is related to the future of the motherland. Healthy growth is the core and key. Healthy growth needs the joint force of material and spirit. At this stage, infants and young children use a wide range of products, but there are few products that are really suitable for them. How to achieve demand-centered, people-centered and problem-oriented design is an urgent problem to be solved. Through the induction and analysis of the development status of infant products, this paper discusses the methods of infant product design from the perspective of design psychology, hoping to provide some reference value for the research in this field.

Key words: Design psychology; baby; Design

引 言

随着科学技术的发展、生活水平的提高、信息化设计的出现，设计的体系日益完善，产品的分类也越来越细。婴幼儿人群的认知、思维、记忆、行为模式有别人于成年人，为这类人群设计的产品需要既符合他们的思维模式、认知模式、概念模型，也要符合他们的生理、心理、情感需求。设计心理学是联结产品与用户之间的桥梁，在设计的整个过程中切实践行以人为本的理念。

1 设计心理学概述

设计心理学是设计专业的一门理论课，是设计师必须掌握的学科。设计心理学是建立在心理学基础上，是把人们心理状态，尤其是人们对于需求的心理，通过意识作用于设计的一门学问。它同时研究人们在设计创造过程中的心态，以及设计对社会和个体所产生的心理反应，反过来在作用于设计，使设计更能够反映和满足人们的心理。

通过设计心理学，能够更好地探究用户的

作者简介：易艳丽（1986—），四川人，研究方向：交互设计、产品设计，专业：艺术设计。

心理需求，让设计的过程体现出人文的关怀，最终表现在设计成果中，使产品能够和用户产生更多的精神交流。从本质上来看，设计心理学的目的是让生产者、消费者和设计者达到协调的统一，力争让每一个消费者都可以买到称心如意的产品。所以，设计心理学会从消费者的心理和行为规律入手，探究设计过程的优化，同时也能够紧密地把握住时效性的市场需求，对于不断完善婴幼儿产品设计也有着积极的意义。

2 婴幼儿产品分类

目前中国市场上，婴幼儿产品基本有家具和日常用品两大类。家具类包括床、桌、椅、游戏台等。日常用品则又可分为实用性产品和娱乐性产品，实用性产品如婴儿车、餐具等，娱乐性产品主要是玩具。

3 运用设计心理学分析婴幼儿产品设计

随着“三孩政策”的提出，国内婴幼儿产品市场正迎来新一轮的发展机遇，越来越多的新因素被引入婴幼儿产品创新中。由于产品的设计者、消费者、使用者的分离，使得真正适宜婴幼儿使用的产品较少，具体从以下三个方面来谈。

3.1 婴幼儿产品的造型设计

目前市场上的婴幼儿产品的造型千姿百态、形态各异。有的仿生、有的写实、有的抽象。从色彩上来看，主流设计趋势是色彩丰富、色彩高饱和度、高明度，对婴幼儿的视觉产生了强吸引。从肌理方面来看，有逼真的动物元素肌理、有自然形态肌理、有人造形态肌理、有赋予想象的千奇百怪肌理，对婴幼儿的触觉神经产生了强刺激。从材料方面看，主要选择柔软舒适度高的。这些令人眼花缭乱的产品，却让消费者望而生畏，疑惑产品的形态语意。

3.2 婴幼儿产品的功能设计

婴幼儿群体生理、心理发展变化快，因此婴幼儿产品设计面临时效性短、细分过度、功能单一等问题。婴幼儿成长很快，导致一些产品使用几个月就束之高阁了。婴幼儿产品的功能细分过度，给很多家庭带来了经济上的压力。婴幼儿产品功能设计单一，往往要完成某种任务，需要几个产品配合，消费者、使用者体验不佳，增加储存、清洁成本，同时降低用户对产品的兴趣、忠诚度。

3.3 婴幼儿产品的安全设计

婴幼儿产品的安全设计与前面两点也是相互联系的。安全性是造型、结构、功能、材料等因素综合性考虑的结果。婴幼儿群体的生命是脆弱的，需要更多的保护与关注。目前在婴幼儿产品设计中，会考虑到材料的安全，选择一些无毒无污染绿色环保材料；结构的安全也有涉及，比如可以拆卸的零部件不会太小，以避免吞咽造成伤害；造型上一般使用圆润的形态，没有尖锐的边角。但缺乏更加全面更加系统的安全设计，设计的深度和广度严重不足。

4 设计心理学运用于婴幼儿产品设计的方法探究

从整体上来看，婴幼儿产品设计比较全面地考虑了用户的需求，包括满足用户的心理、情感需求。但是目前的设计还存在很多问题，没有进行深入的用户调研、用户研究，出现了婴幼儿产品的浪费问题，产品与消费者、使用者之间的鸿沟。产品如何与用户建立更好的关系，产品如何设计才是好的设计，以下从设计心理学的角度尝试总结一些婴幼儿产品设计的方法。

4.1 婴幼儿产品的造型设计方法

婴幼儿产品的造型设计，不仅要考虑造型对婴幼儿的吸引力，而且要意识到产品的造型是儿童认识世界的来源。产品通过造型向用户传达信息，用户接受造型信息的刺激，会形成相关的行为方向、情绪反应。比如一款卡通造型鲸鱼玩具，有棒、人、鲸鱼元素，塑造出来的画面大体是人在用工具追赶鲸鱼。婴幼儿看到这样一组玩具，在生活中就会去模仿、按这样的方式去做，在他们的思维里没有这样做是不对的意识。因此作为设计师，在去做形态设计时，需要考虑传达的信息是否是正向的、有没有积极的教育意义。

色彩设计的趋势是丰富、鲜艳、明亮，当下的设计大多是以成人的视角，去假设婴幼儿都喜欢鲜艳、明快的色彩。但是婴幼儿每个阶段对色彩的偏向是不同的。色彩设计应根据不同阶段进行设计，要符合婴幼儿的视觉特征。根据研究显示，不同性格的婴幼儿对色彩的偏向亦是不同的，因此在进行色彩设计时，要对婴幼儿的个性特征、具体年龄阶段、家庭环境进行详尽调研。婴幼儿产品的肌理设计，要符合儿童的心理特征，这个阶段的心理需要的是安全、保护，在进行具体设计时，需要去研究哪些肌理效果会带给人安全的感觉，哪些肌理效果会让人不安等。

4.2 婴幼儿产品的功能设计方法

首先，婴幼儿产品的功能设计，不仅要考虑是否易懂、是否易用，更要考虑使用时是否有趣。这也是情感化设计中行为设计追求的目标。行为水平设计，需要满足功能的易用、使用的效率，更加注重用户在使用产品时是否有趣，或者有较好的互动。婴幼儿群体使用的产品大多数是由大人购买的，在使用时大多数也是由大人去操作、示范。设计师在设计的时候，需要考虑大人、婴幼儿两个群体，如何兼顾两者，使两者都能在这个过程中有较好的体验，或者进行好的沟通、好的互动。

其次，婴幼儿产品的功能设计，需要整合一些优势功能，提供多项选择，因为婴幼儿的特点对新鲜事物充满好奇，对一件物品很难持续关注、充满兴趣。然后，婴幼儿产品的功能设计，需要考虑使用时效。比如通过 DYI、通过再设计，实现产品的二次生命，践行可持续发展理念。

4.3 婴幼儿产品的安全设计方法

婴幼儿产品的安全设计，大多数围绕造型、结构、材料来设计。在实际设计中，应考虑婴幼儿的生理、心理接受程度，从更广的范围来理解安全设计。色彩的安全性、声音的安全性、光线的安全性、肌理的安全性等。色彩安全性，婴幼儿对色彩是很敏感的。但是每个阶段对色彩的偏向是不一样的，色彩带给他们的体验也大相径庭。心理学家认为，颜色能够影响人的心理和行为，从这个方面来说，在色彩选择上要慎重，在进行搭配之前进行数据研究，概念模拟。声音安全性，婴幼儿在六个月的时候会对电视、收音机的声音敏感，在七个月的时候会对愤怒的声音感到害怕，因此在进行婴幼儿产品安全设计时，需参考舒适阈，舒适阈一般在 40～70 分贝。声音太高会影响婴幼儿的颞叶区，使听力受损。光线安全设计，婴幼儿不应长时间在暗光线、强光线下，会影响视力。因此在进行婴幼儿安全设计时，产品光线要适宜，不要为了追求视觉冲刺，而本末倒置。肌理的安全性设计在造型设计方法板块中已有涉及，这里就不赘述了。

5 结论与展望

设计心理学是系统性分析消费者心理、行为的理论学说，它对于婴幼儿产品设计的完善有着十分重要的作用。本文通过对婴幼产品发展现状的整合、分析，从设计心理学的视角来探讨婴幼儿产品设计的方法，希望对此领域的研究提供一定的参考价值。

参考文献

[1] 佟雪松．婴幼儿用品的情感化设计研究[D]．东北师范大学.2017.

[2] 唐纳德·A·诺曼．情感化设计[M]．北京：电子工业出版社.2005.

[3] 王莉．基于儿童认知心理学的图形语言设计研究[D]．西南交通大学.2017.

大学新生生涯规划教育探索

张勇　周小英　孙子舒

（成都东软学院外国语学院 四川 成都 611844）

摘　要：每年九月，各大高校都将迎来新生，他们往往充满了迷茫和困惑，其中有对所学专业的困惑，有对如何度过大学时光的迷茫，更多的则是对大学毕业后未来职业生涯如何选择、规划的迷茫、困惑甚至恐慌。如何让新生快速适应大学生活，明确大学目标，能够独自规划未来的职业生涯，帮助新生度过有意义的大学四年时光，这将是我们大学第一课的重要任务。本文从新生生涯规划教育的角度，探索构建大学新生生涯教育体系，为大学新生生涯规划教育提供实践依据。

关键词：大学新生；生涯规划；探索

Exploring Career Planning Education for College Freshmen

Zhang Yong　Zhou Xiaoying　Sun Zishu

(School of Foreign Studies, Chengdu Neusoft University, Chengdu 611844)

Abstract: Every September, major universities will welcome freshmen students from all over the country. These students are often confused about their majors and how to spend their time in college, and sometimes they even feel panic about how to choose and plan their future career after graduation. How to quickly adapt to college life, set clear college goals, and be able to plan their future career on their owns, and how to help them spend a meaningful four-year college life. This will be an important task in our university's first lesson. In this paper, from the perspective of freshman career planning education, we explore the construction of a career education system for college freshmen to provide a practical basis career planning education for college freshmen.

Key words: Freshman; Career Planning; Exploration;

引　言

职业生涯规划最早起源于 1908 年的美国。有“职业指导之父”之称的帕森斯针对大量年轻人失业的情况，成立了波士顿职业局，首次提出了职业指导的概念，从此职业生涯规划开始系统化。[1]舒伯的生涯发展理论将生涯的过程视为从出生到死亡，包括成长期（0 ~ 14 岁）、探索期（15 ~ 24 岁）、建立期（25 ~ 44 岁）、维持期（45 ~ 65 岁）和衰退期（65 岁以上）。[2]大学生的生涯发展属于探索阶段。这个阶段主要的生涯发展任务是从多种机会中探索自我，逐渐确定职业偏好，并在所选定的领域中开始起步。

作者简介：张勇（1981—），男，汉族，四川成都，讲师，硕士，研究方向：职业生涯规划、就业与创新创业。
周小英（1995—），女，汉族，四川成都，助教，硕士，研究方向：思想政治教育、职业生涯规划。
孙子舒（1991—），女，汉族，四川成都，助教，研究方向：思想政治教育、职业生涯规划。

1 大学新生生涯规划教育现状

1.1 虽普及但形式大于内容，很难唤醒学生对生涯规划的重视

从2008年起，全国很多高校将“大学生职业生涯规划”纳入新生入学教育，到目前全国所有高校都开设了不同形式的大学新生生涯规划教育，均列为了选修课、必修课，但作为课程开展的形式却未达成统一，有的高校通过几场生涯规划大讲座、有的搞几个生涯规划活动、有的开设两三次理论课，这样做无疑形式大于内容，很难唤醒学生对生涯规划的理解、重视，更谈不上如何用生涯规划相关理论、工具来规划自己的大学生活。[3]

1.2 理论课时不充足，缺乏实践环节

虽然教育部早有对生涯规划理论课时的明确要求，但就目前来讲，很多高校均未达到教育部要求的最低理论课时数，导致很多章节、很多重要的知识点都只能点到为止，更谈不上灵活运用生涯测评工具来帮助自己进行生涯探索。[4]

理论课时开设不充足是普遍现象，实践环节少或没有更是通病，没有合理设计、安排实践环节，谈何理论联系实际。

1.3 生涯规划教育未贯穿大学学习全过程，未形成体系

绝大多数高校开展的新生生涯规划教育仅停留在大一学年，而更多的是理论教育，未将生涯规划贯穿大学学习全过程、人才培养全过程，没有形成生涯教育体系。[5]

2 大学新生生涯规划教育的必要性

2.1 帮助大学新生快速适应大学生活，需要规划

大学新生入校后，对陌生的大学校园环境、老师、同学和不同于高中的作息制度，感到新鲜、充满好奇的同时又显得不适应，其表现之一为不停地应聘各个社团、学生组织，导致个别新生“疲于奔命”在各个社团的会议中、活动中，第一学期期末就挂了很多科，究其原因是新生缺乏生涯规划的意识，不懂得规划的方法，为帮助新生较好地适应大学的新环境，有针对性地选择社团，合理安排作息，就要让新生学会规划。

2.2 大学新生对现实的迷茫，对未来的“恐慌”必须克服

第一堂新生的职业生涯规划课，所有的老师都会问学生关于毕业后的打算，畅想对未来生涯的规划，每每到此，同学们都陷入了深思、沉默，因为刚刚经历了12年寒窗苦读的学生，面对老师的提问，更多地表现出对现实的迷茫和无助，对未来的“恐慌”。[6]为何会迷茫、恐慌？因为他们还不清楚大学四年毕业后将面临怎样就业的环境的变化、行业的发展、世界的变化，与其在那空想自己不能左右的客观条件，还不如立足现在，面对未来必须提前进行生涯规划，制定短期、中期、长期的生涯目标，只有这样在未来的大学学习生活才不会迷失。

2.3 大学毕业后的多元选择，应该提前规划

现在的就业不再有“铁饭碗”一说，也不一定要或能专业对口，找什么样的工作，是继续深造还是就业，是选择进国有企业、外资企业、考公务员还是自主创业，工资多少，企业文化怎样，发展前景如何等，这些十年前大学毕业生很关心的问题似乎对于“00后”的大学生来说一切都变得“无所谓”。一些毕业生甚至毕业就当起了啃老族、瓦片族，选择躺平。看似多元的选择，实则无从选择，与其面对毕业后无业可就、毕业等于失业的尴尬境地，还不如大一时就做好毕业时的规划，从而再细化大学四年应达成的阶段性目标。

3 如何构建大学新生生涯教育体系

3.1 新生开展生涯教育的最佳时间

生涯规划教育从个人发展来讲，从小学阶段开始最合适，其次应是中学阶段，重点在初中，但就目前我国生涯规划教育的情况来看，大学之前接受生涯规划体验的学生都很少，更无从谈起生涯规划教育，那么大学新生的生涯规划教育就显得重要且迫在眉睫。何时开展生涯规划教育最为合适？笔者认为，越早越好！有条件的高校大一新生入校后第一周课就开设，最晚建议第一学期完成，其目的让新生懂得生涯规划的重要性，并愿意花时间去规划，从而树立生涯规划意识，帮助新生快速适应大学生活，树立生涯目标。

3.2 生涯教育体系的构成部分

3.2.1 利用好课程，讲好生涯教育

生涯规划课程教师要根据课时数量合理设计教学内容，既要把生涯规划中的如何了解自我，了解外部（职场）环境讲清楚，又要教会学生做生涯决策；既要利用好课堂理论教学时机，把生涯规划理论、方法传授给学生，又要科学安排课外生涯探索活动，如生涯人物访谈、分小组的“我的生涯”活动，做到学中做，做中学，学以致用。

3.2.2 引用生涯测评系统，帮助新生客观分析自己

生涯规划教育在世界发展已有一百多年历史，已形成了科学、成熟的测评系统，当新生通过生涯理论学习后，对生涯规划有了一定理论基础和初步认知，配合生涯测评系统，将能更加准确地帮助新生了解分析自我、了解职场环境、树立学习目标、制定行动计划。

3.2.3 举办生涯规划大赛，营造规划氛围

大一下学期举办校级生涯规划大赛，参赛对象以大一新生为主，高年级同学可自愿参加，通过生涯规划大赛的举办，在全校营造生涯规划氛围，让参赛同学懂得规划、擅于规划，最终得益于规划。

3.2.4 制定可量化的生涯分阶段目标

通过一系列的生涯规划理论学习、生涯实践活动、生涯规划大赛等，让新生制定可量化的生涯分阶段目标，如大学毕业时的目标，基于该目标设立大一、大二、大三、大四不同年级的阶段性目标，以及达成这些阶段性目标配套的切实可行的计划。

3.2.5 做好跟踪反馈，根据实际修正目标

明确、清晰的目标并配以切实可行的行动计划固然重要，但目标达成情况怎样？哪些达成了，哪些没有达成，没有达成的原因是目标制定得不符实际，还是自己为实现目标而做出的努力不够？老师要协助学生做目标跟踪反馈，对目标达成度高的同学，要给予奖励，对目标达成度不高的要进行一对一谈话。

3.3 抓住生涯教育体系的重点、难点

3.3.1 教会新生做好自我剖析

自我剖析是做好生涯规划的前提，也是生涯规划中的重点和难点，要利用好测评工具做好性格（适合做什么）、兴趣（喜欢做什么）、能力（可以做什么）、价值观（最看重什么）等方面的测评和分析。

3.3.2 主动了解外部职场环境

要充分利用网络、亲戚朋友圈、假期社会实践主动走出校园，了解职场环境、专业发展趋势，行业、国家政策等，为职业决策做好准备。

3.3.3 能自我决策

当了解、剖析了自身情况后，结合外部环境（行业变化、国家政策等），能够做出符合自

己未来职业规划的决策。

参考文献

[1] 杨光富. 弗兰克·帕森斯与现代学生指导制度的建立[J]. 贵州大学学报（社会科学版），2017，35（01）：135-139.

[2] 周艳. 基于舒伯生涯发展理论的女管制员职业生涯管理探索[J]. 民航管理，2020（08）：72-75.

[3] 谭梦园，汪斌，郭小辉. 论大学生职业生涯规划课程在高校新生入学教育体系中的重要作用[J]. 课程教育研究，2014（29）：5-6.

[4] 陈培玲，许文傧. 大一新生职业生涯规划教育的探索与实践研究[J]. 现代职业教育，2021（09）：92-93.

[5] 杜薇. 民办院校大一学生职业生涯规划教育的探究[J]. 国际公关，2020（11）：41-42.

[6] 王宇恒. 大学新生入学适应性与生涯规划教育研究[J]. 产业与科技论坛，2020，19（06）：143-144.

关于高校辅导员网络美育教育工作的思考

涂慧敏

（成都东软学院计算机与软件学院 四川 成都 611844）

摘　要：美育教育作为提高当代大学生审美能力和审美情趣的重要手段，也是当代大学生素质教育的重要组成部分。面对现今高校美育教育与当前教育改革发展的趋势不相适应的现状，本文旨在通过利用高校辅导员本职工作的便利优势，充分发挥网络平台的高效、快捷、便利以及具有强大的资源共享功能等特点，积极开展好大学各专业之间的协同交流与合作，通过开展系统化，多元化、理论与实际相结合的网络美育工作，做好学生的思想引领，实现网络美育与思政教育的完美融合，从而进一步促进大学生的和谐健康成长。

关键词：高校辅导员；网络；美育教育

Thinking on the Online Aesthetic Education of College Counselor

Tu Huimin

(School of Computing and Software, Chengdu Neusoft University, Chengdu 611844)

Abstract: Aesthetic education, as an important means to improve the aesthetic ability and aesthetic taste of contemporary college students, is also an important part of contemporary quality education.In the face of the university aesthetic education and the current educational reform and development trend, this article aims to give full play to the network platform efficient, fast, convenient and strong resource sharing function, actively carry out the collaborative communication and cooperation between university majors, through the systematic, diversified, theoretical and practical network aesthetic education, so as to lead students' thinking, realize the perfect integration of network aesthetic education and ideological and political education, so as to further promote the harmonious and healthy growth of college students.

Key words: College counselors; network; aesthetic education;

1　开展网络美育教育的必要性

对于当代大学生而言，由于从小或多或少都接受过网络文化的熏陶，因其特殊的网络成长环境的影响，尊重现实、讲究效益已成为当代大学生的重要价值取向。但现在的“00 后”大学生很多都缺乏与他人良好沟通的技巧，对人与事物的态度过于敏感，对自身的要求又过高，所以在人际关系的相处中往往不能尽如人意，很多学生借此希望能够规避在现实生活中所要面对的压力、不满和困惑，而有些不良网络平台因为巨大利益的驱使诱骗一些没有形成正确思维价值导向的大学生沉迷在其所营造的虚拟世界中无法自拔，最终造成不良后果。而且随着现代网络文化的兴起与发展，一些不良媒体无视法律道德规范的底线，利用网络的便

作者简介：涂慧敏，女，中共党员，毕业与四川音乐学院，硕士研究生，现为计算机与软件学院计算机科学与技术系素质教师。

利性，散播一些急功近利、网络霸凌、诈骗以及不利于创建和谐社会的种种言论，还有诸如对没有道德底线的网络红人的过分崇拜，这些都时刻冲击和颠覆着中国传统的审美观念，不利于大学生形成正确社会主义核心价值观。因而，我们作为高校辅导员，如何利用好网络自媒体等现在大学生都喜闻乐见的形式，开展网络美育思政教育就尤为迫切和重要。

2 开展网络美育教育的优势和途径

当今的网络美育总体是立足于覆盖面极广的网络环境，网络美育教育可以是多元化的，它不受传统美育理念和规则的束缚，它又具有很强的包容性，由于在线上的美育交流可以匿名进行，这尽可能地消除了老师和学生之间由于身份差别所产生的一些顾虑，使得师生之间的相互交流更加自由、平等和坦诚，而我们的高校辅导员们也能够从中更直观地在学生思政教育工作中实时影响学生的精神风貌和审美情趣，这些方面充分体现出了传统美育无法代替的优越性。由于这两年特殊的社会形势，网络美育工作也成了我们高校辅导员开展网络思政教育尤为重要的表现形式。本文认为开展网络美育教育，可以从以下几个方面着手。

2.1 美育教育融入网络思政教学

高校辅导员要充分利用网络优势，不断提高自身对美育教育知识的了解和储备，将美育教育融入实际网络思政教学过程，如日常线上班会、思政学术讲座中向学生们实时传播美育相关知识，做到网络美育与思政教育的同步开展。

2.2 建立规范的网络美育教育平台

高校辅导员要充分利用网络自媒体关注度高，传播范围广等优势，建立规范化、制度化、健康向上的学校美育教育方面的微信公众号、微博、钉钉等网络平台，相关网络平台要做到符合国家方针政策的宣传导向，要以宣传美育教育方面的重要理论知识、联系校园关注热点、充实师生的美育文化生活等为宗旨，进行文章、视频等内容的实时推送，使其成为高校美育教育的重要传播基地。

2.3 积极开设网络美育教育新课程

高校辅导员要结合自身的工作经验和专业优势，积极组织开设相应的网络美育教育新课程，并将学生的学习成绩纳入素质教育学分的考核范围，在教学内容上，我们应该要结合美学、教育学、艺术学、心理学和计算机科学、数字艺术等学科的专业知识，并且邀请多学科专业老师共同作为专家顾问团，来逐步完善规范网络美育教育理论课程的相关内容。

2.4 大力开展线上网络美育实践活动

高校辅导员应结合学校的实际情况，线上组织成立网络美育教育相关社团，有针对性地开展网络美育实践活动。成都东软学院作为 IT 专业化应用类高校，为了更好利用网络优势来引导当代大学生建立健全正确的审美观和价值观，学校也进行了一系列的关于网络美育工作的探索。我们学校各院系辅导员和指导教师们积极引导学生们充分展示自身的专业特长和艺术才能，大量收集符合美育教学内容的图片、文章、视频短片等，其优秀作品会以系列活动主题展的方式出现在校内各美育学习平台和系公众号上进行展示，这不仅展现了东软学子的个人风采，丰富了学生们的课余生活，尤其是这次特殊疫情期间，通过开展一系列的线上美育活动，也不断提高着学生们的审美能力和欣赏水平。比如，我系积极开展的“书画青春”系列美育活动，以抗击疫情为主题的文学、书画、摄影、音乐等艺术作品的征集，“兴趣大分享”作品征集还有“读书月”等系列活动，就得到了同学们的积极踊跃的参与，反响热烈。

3 树立网络美育教育的正确价值观

网络美育教育的宗旨还要做到增强大学生整体的综合素质，传播正能量和社会主义核心价值观，在大学生们成长的重要阶段增强他们辨别“善、恶、美、丑”的能力为其主要教育目的，高校辅导员应当在网络美育教育中正确引导当代大学生自觉规范和约束自己的网络行为，只有这样才能逐渐树立起科学的、被社会认可的价值观。

4 结论与展望

通过本文的具体分析可以看出，现今高校的美育教育在网络文化的冲击影响下不得不改变传统美育教育的方式方法，新兴的网络美育教育因其呈现方式的多样性和时效性有效地吸引了“00后”大学生们的关注度，这种新型教育方式能够更好地帮助我们高校辅导员开展网络思想政治教育工作。在这个以互联网为知识传播重要途径的新时代，高校应当更加重视和加强网络美育教育和思政教育学科的充分融合，改变传统美育中出现的短板，通过加强构建网络美育思政传播体系等举措，充分发挥美育教育在高校思政教育工作中重要作用是十分必要的。

参考文献

[1] 赵源. 新媒体时代高校思政教育中美育的渗透[J]. 新闻研究导刊，2020（24）：216-217.

[2] 杨芳. 基于微信公众号的新时代大学生网络思想政治教育实践探索[J]. 益阳职业技术学院学报，2020（02）：20-22.

[3] 成勇. 全媒体背景下大学生网络思政教育实践策略探究[J]. 改革与开放，2019（22）：81-82+107.

[4] 啜一芃. 新媒体视域下高校辅导员思政教育工作的创新研究[J]. 新闻研究导刊，2018（19）：223-224.

基于 Peerceptive 在线评价系统开展英语写作同伴互评的效果研究

曹颖

（成都东软学院外国语学院 四川 成都 611844）

摘 要：同伴互评在英语写作教学中的运用一直受到争议，但随着近几年关于此类研究的深入，也逐渐展现出同伴互评本身的价值。本文借助 Peerceptive 在线互评系统，介绍了该系统的主要设计要素，以及学生使用该平台在英语写作中同伴互评的可行性和有效性。主要探索问题为以下四个方面：平台设计维度的合理性，写作互评中情感与认知，同伴互评反馈的类型和接受度系，写作兴趣和积极性。研究结果表明，在线互评系统使学生对写作评价维度有更全面的认识，同伴评语与作文修改提高率大体上呈正相关，同伴反馈能激发写作欲望。同时，研究最终表明，基于在线系统的同伴互评与教师讲评能达到更优效果。

关键词：Peerceptive；英语写作；同伴互评；效果研究

Effects of Peer Review on Academic English Writing: A Study Based on Peerceptiv

Cao Ying

(School of Foreign Studies, Chengdu Neusoft University, Chengdu 611844)

Abstract: The application of peer review in teaching of English writing has always been controversial. But the deeper research in this field in recent years has made the value of peer review prominent, which is gradually shown and accepted. With the aid of Peerceptive the online peer evaluation system, this paper briefly introduces the main design elements of the system and the feasibility and effectiveness of students' peer evaluation in English writing by using the platform. The main issues to be explored are as follows: rationality of review dimensions, emotion and cognition in peer review, types and acceptance of peer feedback, and effects on writing interest. The study shows that the online peer review system enables students to have a more comprehensive understanding of the dimensions of writing evaluation. Peer comments are generally positively correlated with the improvement rate of writing revision, and peer feedback can stimulate writing creation. At the same time, the study finally reveals that the joint work of peer review and teacher review can make Students' English writing more efficient.

Key Words: Peerceptive; English Writing; Peer Review; Learning Effects

引 言

同伴互评，又被很多学者称为同伴反馈、同伴评估和同伴批评。美国亚利桑那州大学的学者 Hansen 将其定义为：同伴互评是指在写作过程中学习者互动和提供信息，承担本由受过

作者简介：曹颖（1987—），女，汉族，四川成都，讲师，硕士，研究方向：翻译及英语教育。

专门教育的老师或助教担任的角色和责任，以书面或口头的方式去评价和修改他人的文本。[1]学生在接收到同伴一稿作文时，并提出修改指导意见。一般来讲，学生会主要从语法、词汇和结构等角度着手。但仅从有限的视角去评阅作文，对于学生写作能力的提升似乎收效甚微，由此本研究尝试从新的角度，借助在线互评系统，探索在先进的计算机技术辅助的情况下，学生合作互评的可行性和效用性，学生对于平台设计维度的合理性认可度，学生的情感与认知在写作互评中如何体现，学生对同伴评语中所反馈的类型和接受度之间的关系，学生的写作兴趣和积极性是否有所提高。

Peerceptive 是国外一款以数据驱动的同伴学习工具，支持广泛的作业类型，包括写作、演示等，设计的初衷是减轻教师评阅压力的同时，积极吸引学习者，并提高教学效率。让学生参与同伴学习，打破对选择题评估的依赖，促进高质量的在线或课堂学习，并有助于对任务完成度的形成性评估。鼓励学生在基于写作的评估方面与同伴进行高质量的互动，同时生成学习数据以供观察，并迅速识别没有达到任务完成度预期效果的学习者。与传统的同伴互评相比，其具有三种优势。

第一，配对形式多样化，根据系统的设置，能实现 3 ~ 6 人互评，随机互评与“控制”互评，全体互评与小组互评、训练互评、学生互评与“学生+教师”评价。[3]

第二，评价标准的灵活引用，评价维度从微观语言层面至宏观语言层面，有比较科学的评价维度可供参考，包括合理的权重设计、定量与定性评价的结合、清晰的评价维度描述，有利于学生对评分标准的把握。

第三，支持学生匿名互评，使学生能客观双盲匿名进行有效评价，减少情感交流的顾虑。

第四，写作与评价语料的采集有利于教师监控学生的学习行为，从整体上把握学生学习进度和学习效果。

1 研究过程及方法

1.1 研究对象

本研究中的学生均为英语专业大三学生，共 30 名参加了本次实验，历时近两个月。首先是教师带领学生学习该在线平台的使用，熟悉互评步骤，主要流程如图 1 所示。

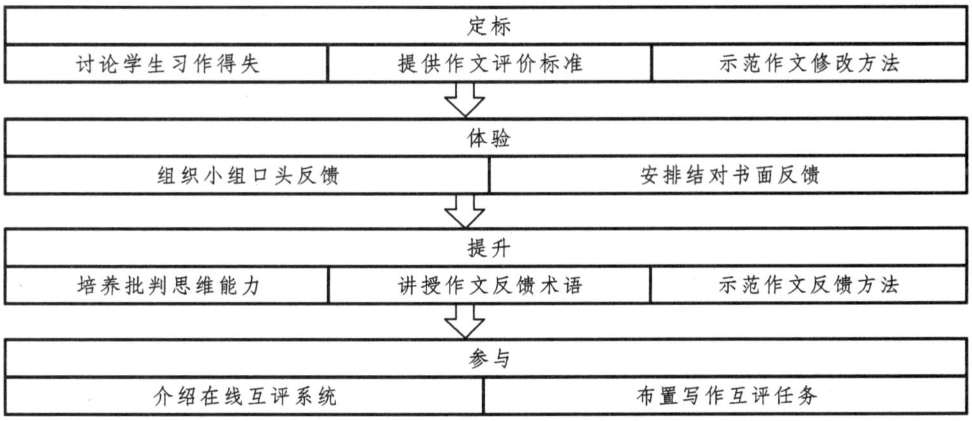

图 1

1.2 评价维度和任务布置

由于学生之前没有系统学习过作文的审阅，也没有接受过任何专业训练，因此，老师带领学生仔细理解作文的评价维度有利于提升学生的评价质量，从而增强互评的有效性。写作的评价维度主要从以下四个大的方面：内容（主要涵盖论述的条理性、说服力、个人经验的相关融合度），结构（过渡词汇和短语的使用、结构的连贯性和衔接），语言（词汇和句子结构的准确性和多样性等），其他构成部分，如标点的使用、单词的拼写、字母的大小写等。评价维度整体非常细化，每一部分下面的评分要点清晰，对学生们来说容易理解和使用。

学生的最终成绩，主要通过以下方式得出。

第一部分，综合考核每个学生的两轮成绩（每轮“成绩”为系统生成的最终成绩，是学生写作成绩、评价成绩和任务成绩的综合得分），通过以下两个指标计算：

① 两轮成绩变化：考察某位学生的第一轮写作、互评、回评和任务成绩与其第二轮成绩的变化情况。计算方法为两轮成绩相减乘以归化参数。

② 两轮成绩平均分：考察某位学生的第一轮写作、互评、回评和任务成绩与其第二轮成绩的平均分。计算方法为两轮成绩相加乘以归化参数。

第二部分，采用依存距离量化考核学生两稿作文的句法复杂度变化情况。依存距离是句法处理复杂度的重要指标[2]计算学生作文的句法复杂度，作为量化写作水平提高情况的一个重要参数。具体计算以下指标：

① 学生两稿评分句法复杂度变化幅度，即考察某位学生在系统中的一稿作文句法复杂度与二稿作文句法复杂度的变化情况。计算方法为两稿相减乘以归化参数。

② 一稿、二稿句法复杂度平均分，即考察某位学生在系统中的一稿作文句法复杂度与二稿作文句法复杂度的平均分。计算方法为两稿相加乘以归化参数。

1.3 同伴反馈及数据搜集

写作任务主要分为两轮：

从学生层面：上传初稿—阅读作文—提供反馈—进行回评—修改作文；

从教师层面：互评培训—任务布置—定期查看—及时反馈—阶段小结。

通过两轮作文的互评数据搜集，不难看出学生的写作整体分数是有所提升的，各个写作评价维度指标得分呈上升趋势，如图 2 和图 3 所示。

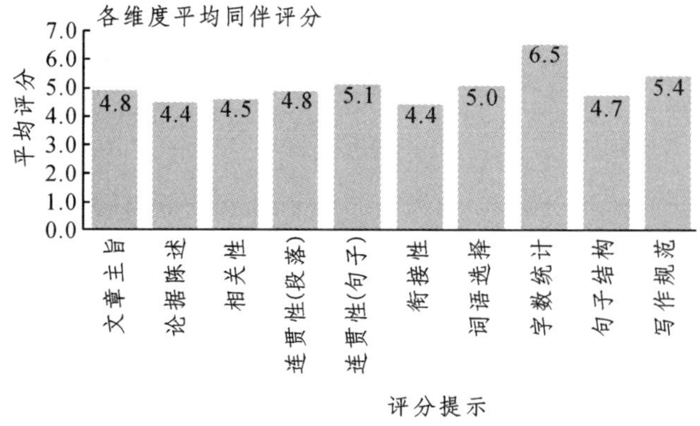

图 2 家庭教育—写作一稿

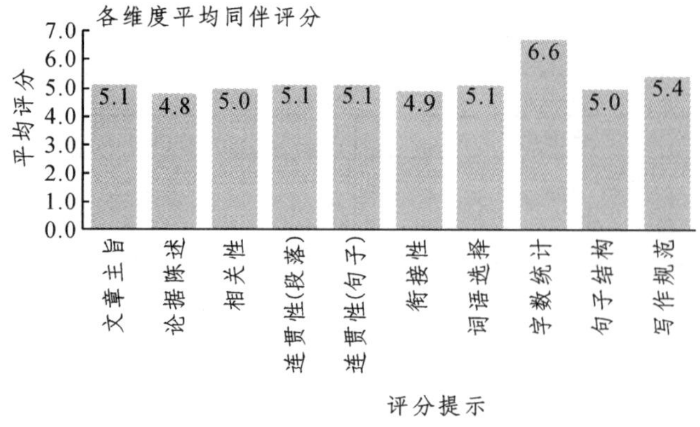

图 3 家庭教育—写作二稿

2 研究结果和讨论

在为期近两个月的实验中，参加实验的学生基本都按要求按时完成了任务。通过同伴互评的方式，同学们在最后的写作分数明显高于互评前，这说明同伴互评的合作式评价方式能帮助学生提升英语写作能力，并且在互评过程中，进一步深化了学生对写作评价维度的熟悉，提升学生自主独立思考、对文本客观公正的评价、运用语言元功能表达和交流的能力。在后期的点差访谈中，教师更进一步了解了学生使用互评系统后的经验和感悟，主要总结如下：

第一，清晰的评价标准是学生能够客观全面评价同伴作文的重要依据，同时也是督促和提升自我写作能力的一面镜子。

第二，平台支持学生匿名互评，提供了严肃、真实和有感情的读者和评者，同时也开拓了多元解决方法，增加了反思时间，能更充分地学习他人写作、练习修改。

第三，增强了自我效能感，强化了批判思维，能更充分地发挥自我调节机制。

第四，学生角色的变化，由评价对象到评价主体，能够提高学生学习的积极性，增强学习气氛和学习动机。学生对写作有了更多认知和成功的情感体验。

同时，学生们也指出，在线互评系统的便利和评价标准的全面性对于写作互评起到了积极正向作用，但学生的英语水平和元认知能力对于互评质量也有着不容忽视的影响，单一评价工具只能起到辅助作用，无法真正替代教师对于文章指导的灵活性和专业性。因此，在线互评系统与教师讲评的结合可能会更好地促进学生写作能力的提升。

参考文献

[1] Keh, C.L. Feedback in the Writing Process: A Model and Methods for Implementation [J]. ELT Journal 44(4), 1990: 294-304.

[2] 徐春山，梁君英（2015）依存距离最小化是人类语言的普遍规律吗?[J]浙江大学学报：197-199.

[3] 百丽茹. 基础英语写作同伴互评反馈模式的可行性及有效性检验[J]. 解放军外国语学院学报，第 36 卷第 1 期，2013：51-58.

基于 SPOC 理念的程序设计课程混合式教学模式探索

朱曼　邓宇鹏

（成都东软学院信息与商务管理学院 四川 成都 611844）

摘　要：本文基于 SPOC 理念，提出了以学银在线平台为主，B 站、CSDN、微信公众号等平台为辅的混合式教学模式，并将该模式应用于程序设计课程教学。本文从课程设计、课程资源、教学评价等方面，探讨了改善混合式教学模式的教学策略，力求实现从“教”向“学”的彻底转变。

关键词：SPOC；程序设计；混合式；教学模式；

Exploration of Blended Teaching Model of Programming Course Based on SPOC Concept

Zhu Man　Deng Yupeng

(School of Information Management and Business Administration, Chengdu Neusoft University,Chengdu 611844)

Abstract: Based on the concept of SPOC, this paper proposes a blended instructional model , which is mainly based on the online platform of Xueyin Online, supplemented by Bilibili station, CSDN, WeChat and other platforms, and applies this mode to the teaching of programming courses. This paper discusses the teaching strategies to improve the blended teaching mode from the aspects of curriculum design, curriculum resources and teaching evaluation, and strives to achieve a complete change from “teaching” to “learning”.

Key words:SPOC; programming; blending; instructional model

引　言

SPOC 模式是通过课前自主学习、线上测验等方式让学生提前了解和掌握基础知识，课堂时间主要用来答疑互动、小组讨论、协作学习等有针对性的深度学习，有利于培养学生在信息化时代的自主学习能力和实践能力，有助于学生创新意识与批判性思维的养成。[1]

目前绝大多数混合式教学存在在线教学“鞭长莫及”问题。[2]同时程序设计课程存在学生学起来困难、学习动力不足的问题。基于以上原因，本课程通过制作微视频、在线测验、分享交流、学习排名等趣味性、强化竞争性等方式，降低学习难度，激发学生的积极性。

1　课程目标及主要内容

课程主要目标是使用 Python 以解决各行业工作中都会面临的数据分析和文档自动化处理

作者简介：朱曼（1987—），女，汉族，四川南充，讲师，硕士，研究方向：信息分析。
邓宇鹏（1985—），男，汉族，新疆乌鲁木齐，讲师，硕士，研究方向：数据挖掘。

问题。课程内容主线：掌握 python 基本编程知识，具备数据处理能力——掌握通过工具和 python 第三方库获取数据的方法——结合数据处理，进行数据可视化。课程各个知识单元以案例为驱动开展，包括 python 编码规范、控制语句、序列结构、函数、字符串、文件操作等基础知识单元，同时将基础知识单元与中文分词、词云画像、自动化办公等第三方库结合，掌握基本的数据分析能力，同时学生学习这些第三方库后，可以自行展开对其他第三方库的探索学习，课程最后结合 xpath 和正则表达式，使用数据采集工具和 python 第三方库两种方式爬取数据，满足一定的数据采集需求，并使用 matplotlib 对数据进行可视化。

2 课程设计

2.1 课程在线资源整体布局设计

课程通过多平台布局在线资源。以“学银在线”为主展开线上教学，同时在微信号、B站、CSDN 各有侧重点地发布课程相关资源。其中 B 站内容以趣味性案例为主，以巩固和延伸 python 知识内容，激发学生的学习兴趣；CSDN 以数据分析主题为主（如“使用 Python 绘制股票交易图形”）和知识点归纳（如“Python 搬砖之旅：列表数据类型专题”），对课程知识进一步总结，让学生了解 python 在数据分析领域的应用，激发其深层次学习的欲望；微信公众号同步学银视频，扩大学生学习的空间。各平台有机组织，支撑教学目标的达成，同时，所有平台均对校外开放，以扩大课程的服务范围和影响力。

2.2 课程微课设计

课程微课设计以案例驱动，寓理论知识及应用技巧于实际问题的解决之中，如图 1 所示。

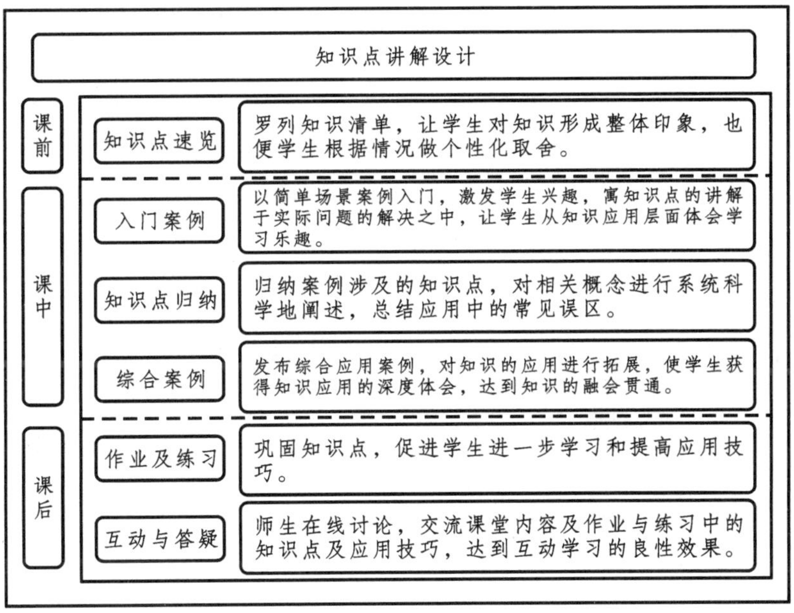

图 1 微课设计

对知识点的讲解流程设计为：知识点速览—入门案例—知识点归纳—综合案例—作业练习—互动与答疑，各环节实施目标如下。

（1）知识点速览：罗列知识清单，让学生对知识形成整体印象，也便学生根据情况做个性化取舍。

（2）入门案例：以简单场景案例入门，寓知识点的讲解于实际问题的解决之中，让学生从知识应用层面体会学习乐趣。

（3）知识点归纳：归纳案例涉及的知识点，对相关概念进行系统科学的阐述，总结应用中的常见误区。

（4）综合案例：发布综合应用案例，进一步提高知识应用的能力。

（5）作业练习：巩固知识点，促进学生进一步学习和提高应用技巧。

（6）互动与答疑：师生在线讨论，交流课堂内容及作业与练习中的知识点及应用技巧，达到互动学习的良性效果。

3 课程资源

SPOC 模式倡导学生自主学习、互动学习，以学生学习为中心。因此为学生提供充足的自主学习资源是实施 SPOC 模式的重要前提，对学生的学习效果进行实时的检测与反馈是提升 SPOC 模式学习效果的重要保障。

提供形成闭环的在线学习资源，如图 2 所示，引导监督学生自主学习。资源包括：每节微课的学案，每节学习效果自测题、视频、PPT、单元测试、期中测试、期末测试。学生可及时查看成绩及试题解析，让学习形成闭环。学生还可在讨论区与师生进行沟通交流，如图 2 所示。

同时这些学习资源具有开放性，学生可不受学习的时空限制，自由掌控学习进度，实现学生的个性化学习。教师则通过学生线上学习，及时分析学生的学习数据，有对性地讲授课程重难点，师生可以进一步地实现线下的互动交流。

4 课程考核

课程考核是以课程目标为导向，测评学生是否达到了课程所设定的知识、能力及素质目标。[3-4]课程考核包括形成性考核和终结性考核两部分，具体考核项目和标准如表 1 所示。其中，线上考核项目和标准如表 2 所示。

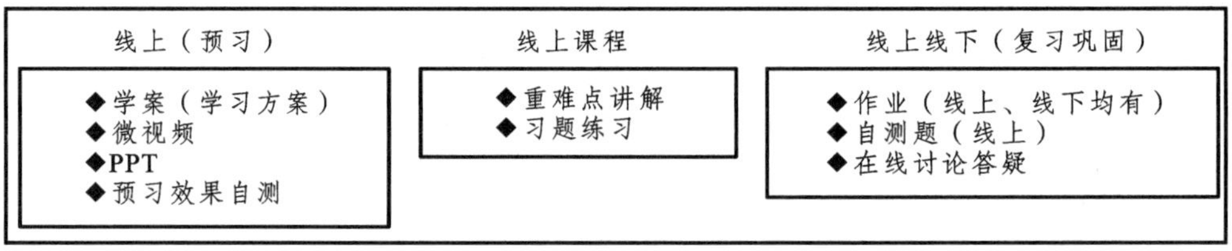

图 2 在线资源

表 1 课程考核项目和标准

类别	考核项目	考核标准	考核时间安排	权重
形成性考核	考勤	旷课一次扣 2 分，事假、病假、迟到等不扣分	第 1～16 周	5%
	课堂表现	课堂表现（基础分 3 分，一次好的表现加 1 分，一次不好的表现减 1 分	第 1～16 周	5%
	在线学习	在线学习	第 1～16 周	30%
	期中考试	期中测试（线下）	第 1～16 周	10%
终结性考核	期末考核	开卷笔试	第 17 周	50%

表 2 线上考核项目和标准

考核项目	考核标准	考核时间安排	权重
课程在线资源观看	课程视频/音频全部完成得满分，单个视频/音频分值平均分配，满分 100 分	第 1～16 周	25%
知识模块测试	每次预习知识点后进行的自测	第 1～16 周	10%
章节学习次数	学习满 200 次为满分	第 1～16 周	5%

续表

考核项目	考核标准	考核时间安排	权重
讨论	发表或回复一个讨论+20 分，获得一个赞+1 分，最高 100 分	第 1～16 周	5%
在线测试	平时在线测试（随机取 10 次 取平均分），每次测试给两次机会取最高分（考核学习态度）	第 1～16 周	45%
课堂互动	投票、问卷、抢答、讨论、随堂练习等课程活动	第 1～16 周	10%

5 结束语

本课程已完整在线运行 3 期，目前正在进行第 4 期的混合式教学，课程在线课程资源覆盖了课程所有章节，也取得了较好的教学效果。但对学生而言，满足相对复杂的需求还具有一定的挑战性，因此在后期的混合式教学过程中，课程会进一步增加训练学生的逻辑思维能力的内容，同时也会补充大量的有关习题讲解的微视频，有针对性地解决学生们遇到的问题。

参考文献

[1] 谢禾生等. 基于 SPOC 理念的职业教育混合式教学模式探索[J]. 课程教学，2021（04）.
[2] 冯晓英等. 教师混合式教学改革发展框架及准备度研究[J]. 中国电化教育，2021（01）.
[3] 丁华. 混合式教学模式下大学生学业评价改革研究[J]. 中国大学教育. 2021（05）.
[4] 丁妍等. 混合式课程教学设计质量与倾向的研究[J]. 课程与教学，2021（01）.

商业设计中微渐变色的使用方法与技巧

付娆　柳聪

（成都东软学院数字艺术与设计学院　四川　成都　611844）

摘　要：近年来，随着设计行业的竞争越发激烈，商业设计中微渐变色彩的使用越发频繁，这是一种简约且高度可用的色彩设计方案，有着不一样的使用技巧和特色，更加贴合这个时代的风格和需求。本文通过介绍常见的微渐变的样式与设计趋势，以及在设计实践中具体的应用技巧，为商业色彩设计带来一种新的创意方式。

关键词：微渐变；设计趋势；视觉体验；应用技巧

Methods and Techniques of Using Soft Gradient Colors in Commercial Design

Fu Rao　Liu Cong

(School of Digital Art and Design, Chengdu Neusoft University, Chengdu 611844)

Abstract: In recent years, with the increasingly fierce competition in the design industry, the use of soft gradient colors in commercial design has become more frequent. This is a simple and highly available color design scheme with different useing skills and characteristics, which is more suitable for the style and needs of this era. This article introduces common soft gradient styles and design trends, as well as specific application skills in design practice, to bring a new creative way to commercial color design.

Key words: Soft gradient; design trend; visual experience; application skills

引　言

色彩是设计不可缺少的要素之一，色彩的渐变是将两个以上的色彩，按照一定的原则重新组合搭配，这些颜色之间淡入或淡出，在互相作用下构成新的色彩关系。而微渐变是渐变的升华，在扁平化基础上延展出来的风格。近年来的商业设计中或多或少都会出现微渐变，渐变正以一种新的方式再次流行起来，并影响着大部分的商业设计风格。

1　微渐变设计的样式与设计趋势

微渐变使图片更加有深度和层次感，使用户有意识地注意到特定的色彩和视觉焦点，当这种微渐变出现在各种各样的地方的时候，用户对于品牌的记忆度会逐步加强，从而更好地感知和理解设计，品牌能够更好地同用户产生联系。近年流行的微渐变主要有以下几种样式与设计趋势。

作者简介：付娆（1985—），女，汉族，四川成都，讲师，硕士，研究方向：视觉传达方向
柳聪（1984—），男，汉族，四川成都，讲师，学士，研究方向：动画方向。

1.1 叠加局部的微渐变色块

作为一种设计趋势，在图片上叠加单色色彩，到叠加微渐变色，是一个自然升级的过程。虽然目前微渐变的样式很多，但是最流行的是将图片和文本排版在微渐变色的背景上。色彩是有情绪的，所有微渐变色基本都可以与单色系照片较好的匹配，在图片中叠加微渐变色块，能赋予图片情感和情绪，加强整体感，从而让用户注意到其他的更加重要、关键的元素，强化页面的可读性和关键信息的识别性。

1.2 双色调

不同的配色方案带来的体验是截然不同的。微渐变能够让色彩之间产生联系，甚至能够创造出全新的色彩感受。双色调微渐变是最常用的微渐变类型之一，由两种颜色组成，它们相互平滑过渡。使用双色调微渐变最稳妥的方法是将微渐变与单色系图片组合，或将它们作为照片叠加层应用。如果设计师混合 3 种以上颜色，效果可能非常强烈，但如果搭配不当也会引起视觉混乱。因此多色渐变需要更多的约束规则，难度更大。在大部分情况下，少即是多，而双色调微渐变的缺点是过高的使用率容易出现雷同设计。

1.3 半透明微渐变

设计要平衡色彩和图片之间的关系。色调是否适合图片主题？叠加后能否看清图文细节？这些都可以使用半透明微渐变解决。它可以作为照片上的叠加层，或与其他微渐变形状和背景重叠，同时降低透明度，隐约露出底图。这种方式在图片中具有褪色效果，消除了设计中过多的混乱感，并且在页面中可加入一些独特、有个性的元素。

1.4 网格型微渐变

网格型微渐变是在 AI 软件中利用网格工具设计的微渐变，操作难度略高。通常将多种颜色混合，然后选择色彩起伏的形状，色彩的起始的位置及叠加位置，最终会形成一种类似于流体的形态。就形状而言，网格微渐变是有方向性的，从左到右，从上到下，又或者呈放射状，千变万化。由于它们通常具有动态外观，因此可以用作独立的主体图案，上面无须叠加过多复杂的图文信息也足够吸引眼球。

1.5 微渐变模糊

这种形式具有强烈的艺术感。尤其在海报设计中，当某些抽象的主题无法用具象形态表现时，微渐变模糊可以用来描述各种情感和抽象概念。它可以描述情绪、宇宙、声音、光等，并且让每种颜色都渗入灰调，优雅地相互调和、相互交融，在失去了各自原本明艳而浓郁的颜色之后也成就了另一种柔和美，创造出抓人眼球的设计感。

1.6 微渐变球体

微渐变色彩的变化本身是非常有趣的，它们即使单独用作设计元素，也可以让页面充满情感吸引力和视觉冲击。当你的整个设计缺乏个性化和视觉冲击时，一个美观的微渐变球体能够帮你创造独特的主视觉。它是三维形状的立体网状圆球，类似于某种行星和气泡。因此它们通常用于高科技的、具有未来感的、前沿性的设计项目中。这种类型的微渐变色彩最理想的方法是在色相环上选择对比色或者近似色来制作球体。

1.7 多色块微渐变

微渐变的颜色不仅可以用于单个色块，还能运用于一组色块。在界面设计中，可运用一组近似色将每个菜单项清晰区分，让界面平衡，这样的画面利用微渐变分割不同的信息模块。保持大模块区域面积相等，模块内部可以细分出不同内容层级，配上对应功能图标识别性高，更有节奏感和舒适性。这既保持了具有秩序感的统一性，又避免了视觉单调。

1.8 文本字体微渐变

微渐变可以在背景中使用，而前景图文同样可以使用，例如在标题式的文本设计中，将微渐变色彩叠加在字体当中，即使图形本身的创意和形式感并不强，色彩和文字的新组合同样能够让整个场景更加时尚，在色彩的选取上，控制好前景与背景的色彩对比度，这样才能保证文本信息的易识别性。

2 微渐变设计的技巧总结

微渐变是一种富有感染力又非常实用的配色方案，可以创造时尚感和现代感，但是又不会有信息过载的风险，很大程度上得益于它自然的特征。在设计的时候，如果目标用户有着清晰的地域或者性别偏向，设计师要充分考虑不同的色彩引起用户的不同的心理与情感效应，可以有目的地利用色彩知识发挥微渐变色的功能和优势。如果受众广泛，则可以尽量使用通用性更强的色彩进行搭配。在实际的商业设计中，微渐变有以下几点设计技巧。

2.1 图片的选择

使用微渐变叠加于图片，首先选择具有清晰焦点的图片，焦点周围尽量避免其他元素的干扰。其次是图片的颜色，最安全的做法是将其调整成单色调模式。设计微渐变主色调时，整体色彩倾向应该根据版面的定位、风格以及内容而定。

2.2 渐变跨度一致

可以通过在软件中使用“色彩饱和度”或“色彩平衡”工具来微调颜色。同一个界面上的微渐变尽量保持明度跨度一致。这样即使是多种色相的组合，也能让页面保持较高的协调度。对于新手设计师而言，这种配色方法更容易上手，并且不容易超出行业或者品牌的设计规范和设计预期。

2.3 简洁化配色

一个页面上尽量不超过 4 种色系，否则会显得混乱无序。如果想尽可能地突出彩色，可以使用低饱和度的灰色系进行大面积调和，这种配色方式极为克制，所有的色彩都是中间调，可以衬托出其他颜色的分量感，在整个画面中，相互制约、互相抵消，让视觉达到平衡。同时也可以用来传达简洁的理念。

2.4 切忌喧宾夺主

微渐变是用来加强视觉效果和强化用户体验的，并不是设计的主体。尤其是在印刷品设计中使用渐变色要非常小心，由于印刷品的特殊性，无法避免色差，细微的差异也会导致色彩感觉的变化，甚至会变成其他的色彩。因此不建议过于强烈的渐变效果。

2.5 控制渐变幅度

微渐变的变化幅度非常重要。幅度太大速度太快，会失去微渐变视觉上的规律性，给用户以不连贯感和突兀感。反之，如果微渐变的幅度太小，看不出色彩变化，会产生单一重复之感。这需要设计师了解各种微渐变的特点、使用场合、制作技巧等。

2.6 模拟自然色

微渐变经常会给人以柔和自然的感觉，自然界中的物体受环境色、光源、反射、投影等因素的影响，几乎都不是单一色彩。微渐变本身就是对自然的模拟，所以配色时，可以从自然的照片中选取合适的色彩，利用微渐变创造深度和立体感。在配色之初需要确定画面的基调，根据基调来确定氛围感的主色和点睛色。

3 结　论

好的形式需要依附好的功能，微渐变仅仅是视觉表现的一种手段，为什么使用微渐变，在什么地方使用微渐变，如何使用，才是我们设计时思考的重点。虽然色彩理论是一套相对复杂的学科，但设计师可以结合知识更加高效地使用配色，创造出更加多样和复杂的配色方案，尤其是一些意想不到的微渐变配色，不仅贴合美学上的需求，而且可以对用户产生心理影响，让品牌看起来更加独特，带来更加独特的用户体验。

参考文献

[1] 林家阳. 设计色彩教学[M]. 上海：东方出版中心，2018.
[2] 梁景红. 写给大家看的色彩书 1——设计配色基础[M]. 北京：人民邮电出版社，2020.

混合式教学模式下的教学互动设计
——以英语语音课为例

张欣雨

（成都东软学院外国语学院 四川 成都 611844）

摘　要：信息化的发展要求英语教学突破传统的线下教学模式，与传统模式相比，混合教学模式的“互动性”更高，精心设计的互动将有助于提升教学效果。“口语（语音与交际）”是基于成都东软学院英语专业学生的学情，结合人才培养方案设立的具有创新性的课程，将语音知识与口语交际能力培养融为一体。本文以其为例，介绍基于混合教学模式，本课程从教学法、技术与资源支持、评价和伦理价值四个方面如何实现教学中的有效互动。

关键词：混合式教学；教学互动；英语语音课

Interaction Design Based on Blended Learning Mode: Take English Pronunciation Course as an Example

Zhang Xinyu

(School of Foreign Studies, Chengdu Neusoft University, Chengdu 611844)

Abstract: The development of informatization requires English teaching to break through the traditional offline teaching and learning mode. Compared with the traditional mode, the blended learning mode is more “interactive”, and well-designed interaction will help improve the learning effect. Oral English (Pronunciation and Communication) is an innovative course based on the English major of Chengdu Neusoft University and combined with the talent training target. It integrates pronunciation knowledge with oral communication training. Taking it as an example, this paper introduces that based on mixed teaching mode, how to realize effective interaction in teaching and learning from four aspects - teaching methods, technology and resource support, evaluation and ethical value.

Key words: Blended Learning; Interaction Design; English Pronunciation Course

引　言

传统的英语语音课程多采用线下授课方式，以教师讲授—学生练习—教师反馈的模式为主，但随着信息化技术的发展，需要灵活调整教学方式，结合高新技术手段，与时俱进，积极探索“互联网+”的教学模式和线上线下相结合的混合教学。

混合式教学模式（blended learning）广为接受的定义之一为：面对面教学与计算机辅助教学相结合。与传统教学模式不同，混合式教学更加强调“互动”，这也是混合式教学模式的核心。互动的形式多种多样，包括传授者与学习者之间的互动、学习者与学习者之间的互动、

作者简介：张欣雨（1994—），女，汉族，四川成都，助教，硕士，研究方向：英语文学，英语教学。

学习者与学习内容之间的互动，甚至学习者与教学平台之间的互动。互动的目的是交流、阐述、反馈以及学习者控制（learner control），也是为了外在激励、构建团队以及进行探索发现。[1]高效、高质量的互动能让学习经历变得更加鲜活有趣，让知识接纳变得更加自然深刻，可以成为鼓励学生养成自主学习习惯、不断探索的原动力。语言知识本身就是在互动与交流中实现传播的，英语教学课堂更加注重互动性。

“口语（语音与交际）”是成都东软学院开设的英语专业与商务英语专业的必修课，面向大一学生，旨在为英语专业学生打下坚实的口语基础。该课程在改革之前主要采用线下授课模式，现进行线上线下教学相结合的混合教学模式改革，从教师讲授的单一活动向以“互动”为核心的多维活动进行转变。但混合教学模式下的“互动”有何不同特点？如何用互动去实现教学、评价甚至外在激励的目的？要想创造有价值的混合教学环境，实现有成效的混合教学，需要从以下八个维度思考：教学法、技术、交互界面设计、评价、管理、资源支持、伦理价值、制度安排[2]。本文主要从教学法、技术、资源支持、评价、伦理价值这些方面探索如何实现混合教学模式下的互动。

1　教学方案中的互动设计

“口语（语音与交际）”的课程内容分为两部分，即“语音知识”与“交际口语”，其中口语语音知识是重点，交际口语是延伸。课程的教学目标为要求学生掌握基本音素的发音、基础语音知识、英语语音发音特点。在学生掌握正确的发音知识后，以日常生活话题为交流内容，进行练习与巩固，同时锻炼学生的交际能力。传统的线下授课模式已不能满足学生对这两方面内容的需求，故需要在教学形式与方法上进行革新。本课程的教学采用线下课堂+线上第二课堂相结合的模式，线下课堂仍然是教师能够把控的主要形式，线上第二课堂将依托蓝墨云班课平台，由教师引导、学生组织与参与，围绕“互动”开展线上学习，进行相应的教学反馈。

1.1　教学方法

教学法的改革是互动主体的保障。本语音课主要采用任务式教学法、讨论学习和翻转课堂，整个教学环节由教师主导变为教师引导。互动主题由教师提问、学生回答这种传统模式，变为在一项项教学任务带领下，形成学生与教师、与其他学生、对教学内容之间的主动积极的互动，学生不再是知识的被动接收者。对于部分教学内容，还可以直接采用翻转课堂的形式。

1.2　技术与资源支持

教学法的顺利实施，离不开技术与资源支持，技术和资源支持丰富互动形式。混合教学模式下，本课程通过蓝墨云班课平台和趣配音App，辅以包含发音演示音频、视频在内的多媒体资料，将课程的互动变为线上线下兼有的互动，让互动形式变得更加多样化，提升学习者学习热情的同时，不受时空限制。

1.3　评　价

教学评价改善互动效果。有创新教学方法作为基础，有扎实的技术与丰富的资源为支持，要实现高效互动并达到教学目标，评价这一环节必不可少。此处“评价”不仅指教学评价，还包括对教学环境（软硬件设施）的评价。科学合理、客观公正的教学评价和教学环境评价有助于准确反馈教学效果和学生习得情况，有利于后续课程设计的改进。

1.4　伦理价值

伦理价值引领互动方向。根据 Badrul Khan 的观点，混合教学中八维之一的“伦理”维度有多重含义，教学过程中不仅需要注意道德价值观引导、课堂礼仪的引导，还需要把握学习者差异。[2]英语口语教学过程传递不同的文化背景、文化观念、交际礼仪，认识中西方文化的异同，提升跨文化交际能力。此外，学习者差异也是常常容易被忽略的一点，当学生进行线上学习时，不同学习者的能力参差不齐，学习状态和进度也不如线下直观。对此，教师需要设置合理的线上任务，并鼓励学生自我提升。

2 教学实践安排

以本语音课程教学环节为例，本文接下来阐述英语语音课程是如何基于上述维度实现高效互动的目的。本语音课程的课前与课后的自学与教学互动都在线上实现，课堂中的互动在线下实现。

课前学生需要进行线上预习与自学。教师布置预习任务，并将音标发音演示视频、常用交际口语等学习资料提前放于网络教学平台，让学生线上自主预习，为课上教学做好铺垫。

课中内容分为两部分，语音知识的教学占据约 70% 的课堂时间，交际口语的教学占据约 30%的课堂时间。在教师的引导下，以任务式教学引导学生学习语音知识，并做相应示范，通过设置绕口令等热身活动、语音示范朗读（学生）、抽查音标认读、交际场景头脑风暴等任务，最大化利用课堂时间将基础知识内化于心。同时，课上还通过小组合作完成任务的形式让互动不再局限于师生之间。针对特定的教学内容，例如交际口语的场景应用，采取翻转课堂的形式，让学生成为课堂主导，发挥主观能动性，让学习者与教学内容产生良好的互动效果。

课后通过线上教学平台开展第二课堂。利用云班课网络教学平台的讨论功能，组织学生开展线上英语角活动，每周设置至少一个日常生活场景中的话题，学生以发送语音或者文字的形式进行在线交流与互动，提升英语交际能力和应用能力；课程前期学生需要以结对子的形式完成发音练习，线上提交练习录音。后期随着学生对基础语音知识的掌握，将以 3 ~ 5 人小组形式利用英语配音软件完成有一定难度的电影片段配音任务，同样线上提交。线上提交的作业不仅便于教师查看反馈，也方便学生之间查看、相互学习，实现学生与知识以及学习者之间的互动。

本语音课程设计注重多元化评价方式，检验互动有效性。除期末考试口语测试外，评价方式还包括小组作业、唱歌作业以及课堂参与情况，涉及教师评价、小组互评等多种评价方式，从知识、能力和价值多维度形成对学生学习情况更加公正的评价。另一方面，每个教学周期的中期和期末，通过调查问卷的形式收集学习者对在线网络平台、配音软件等软件设施使用情况的反馈，以便了解互动成效，不断改进。

针对不同学习者自身的学习能力和基础差异，教师要注重产出导向，以学习者“自身进步”为标准，而不是以“考试分数”为标准，鼓励学生根据自身的学情不断提高。在线上第二课堂的实施中，组织学生通过结组、结对子的形式相互促进、相互监督、共同进步。

线上线下双重课堂的开展，提供给学生丰富的在线资源，不仅为口语的应用拓展使用场景，在互动中进步，还让学生养成终身学习的习惯，培养学生自主探索的精神。

3 展 望

上述教学设计是突破传统教学模式的探索，在实际教学中已经展开了一学期的线上线下混合教学实践。但为了进一步检验可行性与操作性，还需要进行多个教学周期的充分实践，获取翔实的数据作为支撑，根据教学反馈不断改进完善。

语言在交流中实现其价值，口语课程则更需要注重互动交流的设计。混合式教学模式为英语口语课程尤其是语音课程的互动提供了新思路。通过以上的课程设计和实施安排，英语语音课的混合式教学模式从上述维度出发，以互动为中心，目的在于提升学生的学习积极性和学习效果。唯有融入创新理念，混合式的教学模式才能在英语教学中大展身手，让师生均能受益。

参考文献

[1] Bonk Curtis J. & Graham, Charles R. The Handbook of Blended Learning: Global Perspectives, Local Designs[M]. San Francisco: John Wiley & Sons, 2012: 4-10.

[2] Khan, Badrul H. & Saida Affouneh, eds. Challenges and Opportunities for the Global Implementation of E-Learning Frameworks[M]. Hershey, PA: IGI Global, 2021: 15-20.

[3] 孙洋子. 以交际为导向的英语语音课程设计——以《口语(语音与交际)》为例[J]. 英语广场，2021(18)：91-93.

“物联网概论”课程教学改革探索

罗利

（成都东软学院计算机与软件学院 四川 成都 611844）

摘　要：“物联网概论”是每一位物联网专业学生的必修课，也是物联网技术的启蒙课，该课程对于物联网专业学生来说非常重要。它是一门交叉性和综合性较强的课程，该课程的教学方式与效果决定了是否能够激发学生对物联网专业的兴趣，以及是否能够为后续专业课奠定一个较好的理论基础。本文分析了该课程的特点和存在的问题，并从教学安排和教学方式等方面探索提高课程教学质量的改革措施，对“物联网概论”的实际教学具有指导意义。

关键词：物联网概论；教学方式；教学改革

Exploration on teaching reform of “Introduction to the Internet of Things”

Luo Li

(School of Computing and Software, Chengdu Neusoft University, Chengdu 611844)

Abstract: “Internet of Things Introduction” is a required course for every student majoring in the Internet of Things. It is also an initiatory course of the Internet of Things technology, which is very important for the students majoring in the Internet of Things. It is an interdisciplinary and comprehensive course. The teaching method and effect of this course determine whether it can inspire students' interest in the Internet of Things and lay a good theoretical foundation for subsequent professional courses. This paper analyzes the characteristics and existing problems of the course, and explores reform measures to improve the teaching quality of the course from the aspects of teaching arrangement and teaching methods, which has guiding significance for the practical teaching of “Internet of Things Introduction”.

Key words: Internet of Things introduction; Teaching method; Teaching reform

引　言

物联网技术被认为是改变人类未来生活方式的新兴技术，在当前的社会生活中有着广泛的应用，它在继计算机、互联网之后，掀起了世界信息产业的第三次浪潮[1]，国家急需物联网工程专业方向的人才，物联网工程专业在很多高校应运而生。2010 年 7 月，北京理工大学、哈尔滨工业大学等 30 所高校成为首批获准开设物联网工程专业的高校，部分高校于 2011 年首次招生。物联网工程专业属于典型的交叉学科，涉及计算机、电子、测控、通信、软件等多个专业的知识。

“物联网概论”是物联网工程专业中一门很重要的基础课程，主要讲解物联网概念、结构体系及对应体系结构的感知层、传输层和应用

作者简介：罗利（1988—），女，汉族，四川成都，讲师，硕士，研究方向：物联网技术。

层的射频识别、无线通信、中间件、云计算等关键技术，[2]开设该课程的主要目的是使学生熟悉物联网的基本概念并初步了解物联网涉及的相关技术，学生通过本课程学习能够掌握物联网的基本概念，明白在物联网系统中需要掌握哪些方面的技术，使学生在后续专业课程的学习中，有一个比较清晰的学习目标，了解每门课在整个专业学习中地位和重要性。“物联网概论”作为一门新的基础课程，开设年份不长，在教学过程中自然会存在一些问题，导致很多学生一方面心有诸多疑惑，另一方面又对这门课程不够重视，甚至对自己的物联网专业失去了继续学习的兴趣。[3]如何通过该门课的教学，让学生掌握物联网基础知识的同时对物联网专业形成浓厚的兴趣，是一个值得每位物联网方向的老师思考探索的问题。基于此，本文分析了“物联网概论”课程的特点和现阶段存在的教学问题，并提出了几种教学方式改善当前的教学问题。

1 “物联网概论”的课程特点及课程知识体系

物联网是一次技术革命，代表未来计算机和通信技术的走向，其发展依赖于诸多工程领域的技术创新，[4]在技术体系上融合了微电子、通信工程、自动控制和计算机科学等学科知识。开设“物联网概论”的目的就是想在学生进入具体学科知识的学习之前，让其对物联网有宏观上的了解，建立对物联网的基本认识，可以为后续课程的学习打好基础。该课程是物联网工程的一门基础概论课程，主要讲述物联网的基本概念、与之相关的关键技术、应用领域及未来的发展方向等。该课程涉及知识较多，决定了它的综合性和交叉性较强的特点，课程中的每个知识点，都要把握好讲解的深度，才能发挥好这门课的一个物联网技术启蒙作用。

“物联网概论”知识体系主要分为以下几个模块[5]：① 物联网概述及产业现状：该部分内容主要介绍基本的概念及物联网现状和发展等；② 物联网的体系结构：该模块主要介绍物联网的基本组成，理解感知层、网络层、应用层的功能，了解物联网所需环境及面临的挑战；③ 物联网关键技术：该模块主要介绍传感器技术、无线通信技术和物联网数据处理技术；④ 物联网典型应用：该模块主要介绍一些物联网典型应用包括智能交通、智能物流、智慧医疗和智能家居等；⑤ 物联网信息安全：该模块主要介绍物联网信息安全和传感器的网络安全等各大安全体系的知识。

2 “物联网概论”课程教学中存在的问题

“物联网概论”课程教学实际上还存在着诸多的问题。[6]

首先，该课程内容多，知识面广，学习难度较大。“物联网概论”课程教学内容涵盖了物联网工程专业后续课程的主要知识点，而很多高校往往只是把该课程当成一门简单的基础课，没有引起足够的重视，安排的课时量不够，提供的教学设施也有限，导致教师在授课过程中，只能追求数量而无法保证教学质量。而现在真正毕业于物联网工程专业的师资也很少，大部分老师都是在跨专业授课，要做到授课内容与时俱进就更难。

其次，物联网是近几年发展起来的新学科，物联网工程专业是新专业，学生学习的最终目的还是想要找一份专业相关的好工作，而毕业于该专业的学生数量现在并不多，所以我们没有很多较好的就业案例来激励他们。在入学前很多学生对该专业并不了解，将来能够做什么工作也不是很明了，容易缺乏学习的激情。

最后，由于这门课理论性较强，很多教师还是采用传统的教学模式，以“老师讲，学生听”的方式把一大堆枯燥难懂的理论知识照本宣科，而这门课的授课对象往往都是大学一年级的学生，他们没有专业知识的积累，对相关领域的技术掌握几乎为零，对老师讲授的这些专业理论很难深入理解，长此以往就会对未来的专业学习产生畏难情绪，失去了学习的兴趣和信心。

3 “物联网概论”课程教学改革措施

首先，在教学安排和师资上，因为我们无法改变该课教学内容多且综合性强的特点，只能给该课安排合适的课时量以满足老师的授课需求和学生的学习需要，课时量至少应该达到64个课时。在师资力量方面，尽可能安排相关授课教师参加一些物联网技术相关的论坛和培训，提升教师的专业实践能力，与相关企业保持沟通，实时调整教学内容，做到教学内容与社会需求接轨。

其次，在激发学生学习激情这块，学校可以聘请一些大型物联网领域企业的招聘人员，到学校给同学们做一些宣讲，让他们感受到该专业在社会需求中的地位和优势。同时，老师可以邀请往届毕业生中比较优秀的学长学姐，给物联网新生们做一些演讲，介绍一下过去他们的一些专业学习历程，激发同学们学习该专业的激情和信心。

最后，教改的核心在于教学方式，我们可以采用以下多种课堂教学方法相结合的方式完成教学。

3.1 案例式教学

在案例式教学中，我们可以通过选择几个特定的物联网应用场景，让学生了解物联网技术在实际生活中的具体应用。案例可以通过幻灯片或者视频的方式呈现，在学习案例的过程中，结合着物联网系统中的三层架构来理解相关的理论知识，比如我们可以展示一个典型的智能家居系统案例，从感知层开始，让学生们认识相关的传感器如：① 压力传感器，用在水位开关装置中，如洗衣机和烘干机中泡沫量的监视；② 化学传感器，用于水质监控，监测参数包括浑浊度、颜色、PH 酸碱度等；③ 电磁传感器，用于洗碗机中控制喷水臂的移动。然后是感知层，给同学们讲解该系统用到的无线通信技术，如 RF 射频技术、蓝牙技术、WiFi 技术和 ZigBee 技术等。最后是应用层，这个层可以给学生们介绍智能家居系统中家具电器实现的智能控制功能，如灯具和窗帘的自动开关、家用电器的安全控制、洗衣机的泡沫监视，以及相关的云计算、大数据处理、智能控制技术。总之，就是从一个实际应用案例映射到物联网系统中具体的技术点，如图 1 所示，这样能够激发学生的学习兴趣，同时让他们更透彻地理解其中的知识点。

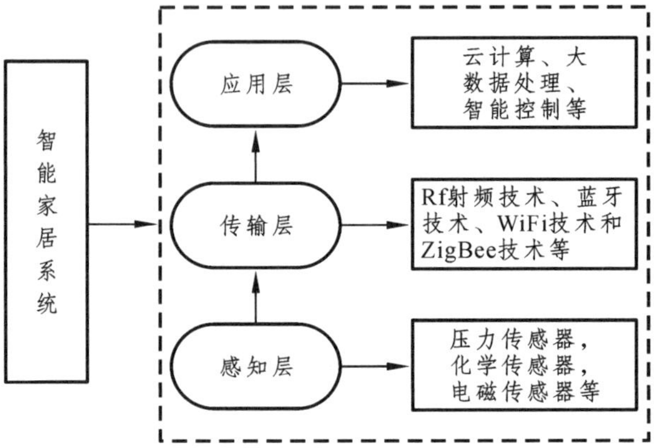

图 1 案例式教学技术架构图

3.2 任务驱动式教学

教师是课程的传授者，学生是课程的聆听者，但学生不能盲目接受知识，更要主动参与学习，养成自学、自我重构和创新知识的能力。没有压力就没有动力，如果只是简单地用言语鼓励学生课后主动学习，那样肯定无法达到预期的效果，要让学生把课余时间用于第二课堂，必须要有具体的学习任务的驱动，学生才能够按时去完成。教师可以把学生分成若干个小组，根据每个单元的学习内容，去给小组安排任务，以督促学生课后主动探究学习。由于该门课的理论性较强，教师可以下达学习任务书（如图 2 所示），让学生以纸质报告和上台讲解的形式完成任务。比如，让学生去学习探究感知层某类传感器的应用原理或者传输层的某一种通信技术的通信原理及优势劣势，下发一个报告模板，学生最后需要提交自己小组的报告，并上台分享自己小组学习研究的成果，教师再对小组的整体表现进行评分。在这个过程中，不仅激发了学生积极主动学习的热情，同时分组完成任务锻炼了他们团队合作的能力，分享式的教学模式也达到了翻转课堂的效果。

任务：学习研究物联网中某项具体的技术
报告要求如下：
（1）题目自拟
（2）主题可以是感知层某类传感器的应用原理或者传输层的某一种通信技术
（3）内容从以下几方面阐述：
1）该技术的发展历史和现状
2）该技术的实现原理和优势
3）该技术存在的问题和未来改进的方向
4）学习心得与总结
注：每个小组指派一名同学上台分享学习成果

图 2　任务驱动式教学任务书

3.3　实验式教学

实验是一种培养学生发现问题，分析问题和解决问题能力最有效的教学方式，大部分高校认为“物联网概论”是一门纯理论课程，因此没有设置任何的实验环节，很多学生会在大量的理论灌输中渐渐地失去学习的兴趣，甚至对长篇的理论知识的真实性产生了怀疑的态度，所谓眼见为实，实践出真理，针对这种理论性的课程，教师同样可以设计出合理的实验环节，让学生成为知识的“探索者”，来帮助学生更清晰的理解相关理论，同时也能激发他们学习的兴趣，提高学生的实践能力。该课程可以依托学校已有的物联网开放实验室，把实验分为两大类：演示性实验和探索性实验（如图 3 所示）。在课时安排上，实验课时可以占据该门课总课时的 30%左右，均在实验室进行。对于演示性实验，主要由教师在课堂上完成，教师在完成实验的同时引导学生思考并回答问题，理解实验中涉及的物联网基础知识，这种方式能够让学生集中精力听课，把实验过程与课本上的理论知识相结合，更清晰地理解相关的知识。探索性实验则交给学生自己完成，教师可以在旁答疑辅导，探索性实验需要教师提前准备好实验指导书，明确该实验的实验目标和内容，并设定必做环节和选做环节，学生在完成实验后需要撰写实验报告。探索性实验可以激发学生的学习动力，培养学生动手实践、分析问题解决问题的能力，在实践中找到学习的成就感。教师通过观察学生在实验中的表现，可以更清楚地了解学生的动手能力和对知识的掌握程度，在为学生答疑解惑中也能增加师生间的互动，活跃课堂氛围，增进师生感情。

演示性实验	探索性实验
1. 认识条码	1. RFID基础实验
2. 认识智能教室	2. ZigBee基础实验
3. 传感器基础实验	3. 人体红外传感器实验
4. ZigBee开发平台构建	4. 超声波测距传感器实验

图 3　实验式教学实验清单

4　结束语

教学改革需要教师在教学中不断去探索研究，物联网工程是一个新专业，“物联网概论”是一门新课程，未来的改革之路还很长。高校教育的宗旨都是要培养出能够适应社会发展的人才，教学必须与时俱进，物联网教师要根据社会对物联网人才的需求情况合理调整教学方式，以适应物联网工程的学科发展，培训出优秀的物联网技术人才。

参考文献

[1] 蒋科，俞建峰. 物联网在十大重点领域中的应用前景[J]. 物联网技术，2012（10）：81-83.
[2] 喻恒. 应用型本科教学下的物联网导论课程研究[J]. 信息与电脑（理论版），2015（3）：109-110.
[3] 闻继伟. “物联网技术概论”课程教改的几点探索[J]. 中国电力教育，2012（34）：80-81.

[4] 崔振辉，李华宇. 物联网发展现状研究[J]. 通信技术，2014，47（8）：841-846.
[5] 黄东军. 物联网技术导论[M]. 北京：电子工业出版社，2012：162.
[6] 肖雪梅，王芳. 浅谈《物联网概论》课程教学改革的研究[J]. 教育现代化，2020,（7）53：62-65.

管理会计工具在制造业 D 公司的应用研究
——以平衡计分卡为例

王洁

（成都东软学院信息与商务管理学院 四川 成都 611844）

摘　要：党的十八大以来，随着国家制造强国战略的深度推进，为传统制造业转型升级注入了新的动力。本文选取具有代表性的传统汽车零部件制造行业 D 公司，研究其在应用管理会计工具平衡计分卡开展战略落地及战略绩效评估过程中存在的问题，并针对其问题提出改进建议，意在为广大传统制造企业转型升级过程中应用该工具提供新的思路和借鉴。

关键词：管理会计工具；平衡计分卡；转型升级

Research on the application of management accounting tools in manufacturing D company
——Take the Balanced Scorecard

Wang Jie

(School of Information Management and Business Administration, Chengdu Neusoft University, Chengdu 611844)

Abstract: Since the 18th National Congress of the Communist Party of China (CPC), the transformation and upgrading of traditional manufacturing industry has been injected new impetus with the in-depth promotion of the national strategy of manufacturing power. This article selects the typical traditional D auto parts manufacturing industry, the research in the application of management accounting tools to carry out the strategic balanced scorecard to the ground and the problems existing in the process of strategic performance evaluation and analysis, and its characteristic was improved, intended to for the transformation and upgrading of traditional manufacture enterprise in the process of application of the tool provides new train of thought and using for reference.

Key words: Management Accounting Tools; The Blanced ScoreCard; Transformation and Upgrading

引　言

随着经济全球化进程的深度推进，我国制造企业日益面临与世界各国先进制造企业同台竞技，竞争日益加剧。世界各国包括英、美、德、日等先进制造业国家，均出台了本国版“工业 4.0”国家发展战略，可以预见，未来制造业的竞争将更激烈，只有优秀的企业才能生存。我国各企业主体只有主动作为，因势应变，弥补短板，持续转型升级，打造强大核心竞争力，

作者简介：王洁（1984—），女，汉族，四川成都，讲师，硕士，研究方向：财务管理、管理会计。

方能在未来的竞争格局中占据一席之地。我国作为制造业大国，迈向制造业强国势在必行。党的十八大以来，党和国家高度重视制造业发展，《中国制造 2025》等一系列具有重大战略意义的国家文件纷纷出台，从此翻开了我国制造业转型升级的新篇章，我国制造业转型升级进入了发展快车道。

为贯彻落实国家战略，财政部发布了系列文件，其中《管理会计应用指引第 100 号——战略管理》《管理会计应用指引第 600 号—绩效管理》《管理会计应用指引第 603 号——平衡计分卡》文件的发布，旨在为企业更好地应用管理会计的相关原理和工具评估战略绩效，开展战略管理提供指导和遵循。基于此，本文选择该工具基于管理会计视角研究其在传统制造业 D 公司转型升级中的应用及存在的问题进行分析，旨在帮助更多传统制造业型企业在转型升级中应用该工具进行战略绩效评估及战略管理时提供新的借鉴。

1 管理会计工具——平衡计分卡简介

作为管理会计的重要工具之一，平衡计分卡于 20 世纪 90 年代由哈佛大学教授罗伯特 ·卡普兰（Robert s. Kaplan）以及诺朗顿研究院专家大卫 · 诺顿提出后，很快风靡全球，成为各大企业争先使用的工具。据有关统计，世界 500 强企业 60%以上正在使用或使用过平衡计分卡，它创造性地将承接战略落地及评估战略绩效两大作用融为一体，并通过战略绩效评估不断反馈修正战略管理。平衡计分卡在管理会计众多工具中非常独特，它从四个层次维度，深刻反映了战略绩效的内部逻辑，层层支撑又覆盖全面，能帮助企业很好地评估战略绩效完成情况，指导企业不断改进提升，以达企业之战略目的。

2 平衡计分卡在 D 公司的应用及存在问题

D 公司是一家位于中西部地区的传统燃油汽车发动机零部件制造企业，由国有企业改制成立，拥有员工 500 余人。目前传统燃油汽车发动机零部件已进入白热化竞争阶段，公司产品成本居高不下，产品竞争力日渐衰落，公司发展遭遇瓶颈。为提升公司竞争力，在激烈的市场竞争环境中生存和发展下去，就必须进行转型升级，公司管理层启动了转型升级战略，并选择管理会计工具平衡计分卡作为承接战略落地及开展战略绩效评估的工具，由于缺乏相关经验，在实践操作中还存在一些问题。

2.1 缺乏沟通、员工认同度不高

该公司采用自上而下的方式制定平衡计分卡，由公司高层讨论后发布，员工在制定过程中参与程度不高，没有发表自身意见和建议的途径。在平衡计分卡发布后，公司也缺乏与员工的充分沟通，导致员工对平衡计分卡的认同度不高，对指标的理解也不一致，对应用平衡计分卡的重要性和必要性认识不足。据调查，该公司员工 80%以上从未了解或接触过平衡计分卡，在此基础上，沟通的缺乏导致员工普遍持怀疑态度，仅有 12%的员工认为使用该工具能帮助公司走出困境。

2.2 指标设置不科学、内部耦合度低

在指标的设计及选取过程中，往往从职能角度考虑，缺乏顶层设计，指标缺乏支撑战略落地的内在逻辑，更多倾向于较过去指标成绩的提高，而非面向未来战略发展目标进行设计。指标的选取重财务结果指标，轻过程驱动指标，重近期指标，轻长远指标，未能很好地进行“平衡”。虽然按照平衡计分卡四个维度设置了相应指标，但指标层层支撑的逻辑不强，指标之间的耦合度较低。

2.3 指标覆盖不全面、转型升级指标覆盖不足

从指标覆盖范围来看，偏向于提升短板类的“强身健体”指标，对关系全局、影响长远

的指标覆盖不足，如在产品品质方面，更强调加工废品率PPM（百万支废品数量）、产成品检验合格率等指标，缺乏对长远质量规划、质量控制体系建设等方面的指标考虑。在技术发展方面，主要考核新产品开发数量、新产品销售收入占比等指标，对技术长远发展影响较大的如研发（R&D）支出占比、专利数量等指标均没有纳入考核。对企业转型升级、高质量发展影响重大的环保绿色发展方面，仅对发生环保安全事故进行了指标考核，对单位产值能耗、单位产值废气排放、单位产值废水排放等具有长远战略意义的指标缺乏规划，也没有纳入平衡计分卡。

2.4 缺乏考核数据报告体系建设

数据的准确性直接影响战略绩效评估的有效性，数据报告体系建设是战略绩效评估的关键环节和重要组成部分。该公司在平衡计分卡实施过程中，对数据报告体系建设的重要性认识不足，没有建立起较完整和全面的数据报告模块及流程。在开展战略绩效评估时，由负责平衡计分卡的总经办部门向各部门收集需要的数据，缺乏规范化的数据收集整理、汇总报告流程、对数据的统计口径也不十分明确清晰。

3 平衡计分卡在D公司应用的改进建议

D公司在转型升级过程中，应用管理会计工具平衡计分卡积极主动进行管理，为公司转型发展提供了支撑。但经过以上分析，可以看出，D公司目前在使用平衡计分卡的过程中仍然存在较多的缺点和不完备的地方，为更好地开展转型升级管理，更有效地使用战略绩效评估，可做以下方面的改进。

3.1 统一思想、构建优良的应用环境

在应用平衡计分卡的过程中，统一思想，广泛达成共识至关重要。D公司应采取多种形式让员工充分了解平衡计分卡的应用目的和作用，在平衡计分卡的建立和实施过程中持续保持有效沟通，员工才会发自内心地支持和拥护该工具的实施，才能激发员工的主观能动性，为平衡计分卡的实施构建出良好的内部环境。

3.2 科学构建指标体系

首先结合D公司战略地图，详细分析公司成功的关键战略驱动因素，从平衡计分卡的四个维度（财务、客户、内部流程、学习发展）层层分解，分解时要注重各层次目标间的逻辑联系，上下相互支撑，左右相互协同。其次在指标的设计和选取过程，要做到财务与非财务指标并重，结果与驱动性指标兼顾，让平衡计分卡真正地“平衡”。

3.3 突出转型升级长期战略指标

在新工业革命喷薄欲出时，我国从制造业大国迈向制造业强国，由中国制造转型为中国创造。D公司转型升级也必须紧跟时代步伐，回应市场需求，要更加注重产品品质提升，引入先进的产品质量管理理念，建立先进的产品品质管控体系；要加大研发（R&D）投入力度，加快研发人才引入及培养，积极开展技术创新；要更加注重社会责任，提倡绿色发展，加强环境保护，降低单位产品能耗及污染排放。在平衡计分卡的构建过程中，可加入“六西格玛质量管理体系建设”“研发支出占比”“研发人员占比”“单位产值能耗”“万元产值污水排放”等指标。改进后的D公司平衡计分卡如表1所示。

3.4 完善数据信息报告体系

围绕平衡计分卡管理需求，D公司应设计各部门需要统计的数据项目报表，明确数据项目的来源及统计口径，规范数据信息报告的流程和规范，明确数据信息报告的责任及要求，建立完善的数据信息报告体系支撑平衡计分卡的实施落实。

表 1　D 公司经改进后的平衡计分卡指标

维度	层次	指标名称	指标编码	指标说明	计算方式	数据来源
财务维度	财务收入	主营业务收入	BSC-C01	按利润表主营业务收入进行考核	按考核期主营业务收入计算	财务部
	财务效益	净资产收益率	BSC-C02	按资产负债表公司净资产与收益数进行考核	净利润/净资产*100%	财务部
		资产周转率	BSC-C03	按资产负债表总资产和利润收入进行考核	销售收入/资产总额平均余额*100%	财务部
客户	市场	市场份额	BSC-K01	通过销售数量与市场整体销售数量之比进行考核	本公司销售数量/市场销售总量*100%	市场部
		新产品开发个数	BSC-K02	有多少新产品推入市场	当期成功推出的新产品个数	市场部
	客户	客户保留率	BSC-K03	反映公司的产品竞争力，通过客户的流失考核	（1-流失客户数/客户总数平均额）*100%	市场部
		市场满意度	BSC-K04	反映客户对公司的认可程度，通过客户满意度调查表考核	∑前 10 大客户满意度调查表得分/10	市场部
内部流程	质量	废品率 PPM	BSC-N01	反映废品占比	（1 000 000/产品生产数量）*废品数量	质量部
		6Sigma 进度达成率	BSC-N02	反映质量管理体系建设质量	完成的进度/计划进度数*100%	质量部
	技术	研发经费（R&D）占比	BSC-N03	反映研发经费的投入程度	研发经费/销售收入*100%	财务部
		研发人员占比	BSC-N04	反映研发人员充足性	研发人员数/员工总数*100%	人力资源部
	绿色发展	单位产值能耗	BSC-N05	反映公司能效	能源费用/产值	财务部
		万元产值污水排放	BSC-N06	反映公司环保洁净程度	污水排放吨数/（产值/10000）	财务部
学习与发展	人员	培训计划达成率	BSC-X01	反映员工受训程度	完成的培训项目/计划完成项目*100%	人力资源部
		高级职称资格占比	BSC-X02	反映高端人才占比	获得高级职称人数/员工总人数*100%	人力资源部
		员工技能提升率	BSC-X03	反映员工技能提升程度	（年末技能评估得分—年初技能评估得分）/年初技能评估得分*100%	人力资源部
		企业文化得分	BSC-X04	反映公司软实力强度，通过调查问卷考核	∑员工调查问卷得分/参与调查的员工人数	人力资源部

4 结束语

制造业是国民经济基石，当今国际竞争日益加剧，新工业革命喷薄欲出，我国从制造大国迈向制造强国，从中国制造迈向中国创造的任务更加急迫。管理会计工具平衡计分卡能很好地帮助传统制造业企业开展转型升级管控，但在实施过程中，要结合企业实际情况，融会贯通，方能取得较好效果。

参考文献

[1] 罗艳梅，孙永军. 先进制造企业平衡计分卡与内部控制的整合[J]. 财会月刊，2019（05）：44-51.

[2] 冯巧根. 基于智能制造的管理会计创新[J]. 会计之友，2016（11）：126-132.

[3] 苏自力. 平衡计分卡在我国高科技企业的应用及特征[J]. 会计之友，2016(14)：2-8.

[4] 钱思毓，丁福兴. 运用平衡计分卡进行企业绩效管理的适切性分析[J]. 商业经济，2019（07）：87-88+111.

[5] 孙海涛，刘柳. 基于平衡计分卡的企业业绩评价体系研究——以科技型中小企业为例[J].会计之友，2016（04）：107-110.

[6] 沈坤荣，李震. 供给侧结构性改革背景下制造业转型升级研究[J]. 中国高校社会科学，2017（1）：64-73，157.

基于专创融合的财务管理专业教育教学体系构建

王洁

（成都东软学院信息与商务管理学院 四川 成都 611844）

摘 要：转变教育思想、调整教育定位是推动高等院校双创教育发展的先决条件。目前，以互联网、大数据、人工智能等为代表的新兴数字技术与财务管理融合日益紧密，新的经济形势对高校财务管理专业人才培养提出了新挑战。由技能型人才培养转型为培养具有创新创业意识的高素质财务人才成为财务管理专业教育的必由之路。本文在分析财务管理专业专创融合必要性的基础上，构建了财务管理专创融合教育教学体系，并提出专创融合实施的两个必要条件，旨在为应用型本科财务管理专业的专创融合提供借鉴思路。

关键词：创新创业；专创融合；财务管理

Construction of financial management specialty education and teaching system based on the integration of specialization and innovation

Wang Jie

(School of Information Management and Business Administration,
Chengdu Neusoft University, Chengdu 611844)

Abstract: Changing educational thinking and adjusting educational orientation are the preconditions for promoting the development of entrepreneurship and innovative education in colleges and universities. At present, the integration of emerging digital technology represented by the Internet, big data, artificial intelligence and financial management is increasingly close, and the new economic situation poses new challenges to the training of financial management professionals in colleges and universities. It is the only way for financial management education to transform from skilled personnel training to high-quality financial personnel with innovative and entrepreneurial consciousness. Based on the analysis of the necessity of financial management specialty, this paper constructs the educational system of financial management specialty, and puts forward two main necessary conditions for the implementation of financial management specialty, in order to provide reference ideas for applied undergraduate financial management specialty.

Key words: innovation and entrepreneurship; integration of specialty and innovation; financial management

引 言

党的十八大以来，党和国家高度重视创新型人才的培养工作，多次召开会议、发布文件，作出一系列战略部署，为我国高校人才培养工

基金项目：四川省民办教育协会 2021 年研究课题“民办高校财务管理专业“专创融合”教育教学体系的构建与研究”（MBXH21YB20）；成都东软学院 2021 年度校级教研教改课题“应用型本科财务管理专业“专创融合”教育教学体系的构建与探索”（NSUJG2021-004）。

作者简介：王洁（1984—），女，汉族，四川成都，讲师，硕士，研究方向：财务管理、管理会计。

作指明了方向。在党和国家政策的引领下，我国高校创新创业教育蓬勃发展，成果丰硕，培养了一批批具有创新创业思想、综合素质优良、具有新时代眼光的复合型现代化人才。但在实施过程中，创新创业教育并不是一蹴而就、一劳永逸的，还存在诸多问题。如创新创业教育与专业教育融合的问题、各专业创新创业特点不突出的问题、各专业创新创造培养方式单一的问题、专业教师创新创业思想意识薄弱的问题等。要解决这些问题，就需要高校根据专业特点展开创新创业教育，将创新创业教育全方位融入专业人才培养的全过程中。

1 财务管理专业进行专创融合人才培养的必要性

1.1 专创融合是贯彻落实国家教育政策的必然要求

2015 年，国务院印发了《关于深化高等学校创新创业教育改革的实施意见》(国办发〔2015〕36 号)文件，开启了我国高校深化创新创业教育改革的新征程。随后，教育部先后印发了《关于建设全国万名优秀创新创业导师人才库的通知》(教育厅函〔2016〕90 号)、《国家级大学生创新创业训练计划管理办法》(教高函〔2019〕13 号)等系列文件，旨在帮助、指导各高校规范、高效开展创新创业教育。截至 2020 年底，全国双创示范基地已达 212 个，全国创新创业教育已蔚然成风。创新创业教育不仅是新时代新经济对教育事业提出的新课题，更是贯彻落实国家人才教育发展大计的必然要求。

1.2 专创融合是互联网时代财务管理专业改革的必然要求

互联网 2.0 时代的到来深刻改变了财务管理的应用环境，深刻影响着财务管理的发展趋势。互联网和大数据的发展，使财务管理者核算和分析各种财务数据的效率获得很大的提升。同时新时代也对财务管理人员提出了新的挑战。首先，实体经济与虚拟经济、线上技术和线下管理的日益融合，要求财务管理的应用范围不断扩大，除企业投融资外，还要求财务管理人员在财务预测、辅助决策、风险控制等方面发挥作用。其次，大数据、人工智能等新技术的发展，使传统的财务管理岗位很容易被替代。财务管理专业只有培养复合型的财务管理人才才能适应社会发展，这就要求高校不仅要根据社会需求调整专业课程，大量加入专业相关的互联网和大数据等相关课程，更需要积极回应创新创业的时代要求，将创新创业教育深度融入财务专业教育。

1.3 财务管理专业的性质和特点要求进行专创融合

财务管理专业作为高校管理学科普遍开设的重要专业，担负着为国家培养高素质财务管理人才的使命和责任，具有广阔的发展空间。同时，财务管理专业也是与“双创”能力培养关联度很高的专业。在“双创”人才所应具备的专业知识和核心技能中，财务预测与经济可行性分析、投融资分析决策等是必要和重要的组成部分，也是财务管理专业教育的核心课程。然而，综观当前我国大部分高校财务管理专业的育人体系，其培养目标虽然普遍强调要培养“宽口径、厚基础、突专业、强技能”的应用型专业财务管理人才，但在课程教学体系设置方面却较偏重基础性、系统性与理论性，在创新性、应用性、针对性方面存在明显缺陷。在“专创融合”的新目标下，高校财务管理专业人才培养模式和课程教学体系只有通过创新与改进，才能培育出符合现代社会需求的“双创”型专业财会人才。

2 基于专创融合的财务管理专业教育教学体系构建

2.1 将专创融合理念体现在财务管理的人才培养目标中

双创教育理念与专业教育的结合首先要体

现在专业定位和人才培养目标的设计上。财务管理专业需要开宗明义提出人才培养目标，即“思想品德优秀，掌握财务管理各领域知识与技能，能满足经济社会发展、建设、管理等需要，具备互联网思维、数字技术思维，创新创业精神的高素质应用型专门人才”，明确将创新创业精神和创新创业能力的培养融入人才培养目标。

2.2 改革现有课程体系，建立“多维度”的专创融合的课程体系

构建多维度专创融合的课程体系，包括四个方面。

第一维度，构建完善的创新创业课程群，如笔者所在高校已经开设的“创业基础”（一）（二）、“创业实践”（一）（二）、“思维创新与开发”、“创业者的成长之路”等课程，创新创业相关的课程已比较完善。

第二维度，通过双创理念与专业理论的融合，将双创基础课程思想嵌入专业核心课程，形成“专创融合”课程新模块。在这个模块的系列课程中要进行课堂改革，注重启发和培养学生的专业创新精神和应用专业知识进行创新的思维。财务管理专业也是与“双创”能力培养关联度很高的专业，在“双创”人才所应具备的专业知识和核心技能中，财务预测与经济可行性分析、投融资分析决策等是必要和重要的组成部分，这刚好是财务管理专业核心课程中所包含的主要内容。所以，应提升课堂教学目标由原来的“掌握专业知识、技术”变为“掌握基础上的专业创新思维和能力的培养”，并对传统的课堂教学方法及模式进行变革，提炼出可以应用启发式、案例式、讨论式等多元化教学的课程内容。

第三维度，革新专业实训课程，融入创新创业元素。如在“会计实训”“ERP 综合实训实训”“企业经营模拟沙盘实训”“综合实训”等课程中，可以创新创业项目为基础，将专业知识的实践贯穿其中。

第四维度，开设创新创业相关的选修课程和专题讲座，比如可开设“创业团队建设”“创业与融资”等选修课程，鼓励对创新创业有兴趣的同学积极参加。

2.3 通过“项目+比赛+证书”构建专创融合的实训实践平台

第一，通过参加竞赛来锻炼学生跨学科学习的能力，并检验专创融合的教育成果。打造“教—训—赛”一体化的团队，并根据专业特色和学生个人兴趣，组成不同的训练团队，参加“互联网+”“三创赛”“财务综合技能大赛”等比赛，各团队通过竞赛作品展示自己的学习成果。

第二，融合并增设针对专业创新实践和训练的“专创融合”专业实践课程组。通过 1+X 证书的学习、SYB 培训项目等提升学生专业理论知识应用于实践的能力。

第三，鼓励学生通过学校创业中心进行孵化创业公司或在校企合作单位进行实习，让学生完成从理论到实践、从校园到企业的过渡。

2.4 以能力为导向，精准化培养的教学

首先，在教学过程中，要突出以能力为导向。教师要突出对学生专业能力和创新能力的培养，在教学过程中可以采用案例教学、项目教学、头脑风暴等教学方法。着重启发学生自主思考能力，激发学生的主观能动性，增强其自主思考及解决问题的能力，培养其的创新创业能力。

其次，专创融合教育要遵循“精准化”的原则进行培养。随着各高校创新创业教育的稳步推进，高校创新创业教育逐步从简单地开设创业课程这样“粗狂式”教育逐步向“精准化”教育发展。这需要以专业为依托，而不同于理工类专业，财务管理专业很难实现专利发明类的创业成果，短期内较难实现技术成果的转化。这就需要针对财务管理专业构建多维度精准化的专创融合的教育教学体系，取得高校财务管理专业专创融合的新突破。另外，不是每个学生都有同样的创新创业的能力和兴趣，不是每一个人都能最终培养成商业精英，在培养过程

中，既要因材施教，又要有教无类，不搞无差别、齐头并进式的“大水漫灌”，应根据学生的知识基础、兴趣志向、年级层次等开展针对性个性化培养，保障学生在学懂专业知识的基础上，接受创新创业教育思想的启动和熏陶。在评价过程中，应充分结合过程和结果，定量与定性相关指标维度，在平衡各维度培养的学分比重，强调基础的同时，注重差异化的因素。

3 财务管理专业专创融合教育教学体系的保障条件

3.1 制度保障

各项制度保障是专创融合顺利进行的基础保障。首先，学分制度是落实专创融合课程体系的根本。学校通过设置创新创业课程的必修学分，完成学生对创新创业课程的基础知识学习。通过设置创新创业课程的选修学分，鼓励学生积极选修专创融合选修课程。其次，激励制度是调动学生和老师的动力源泉。创业团队的组建、创业活动的实施都需要学生和老师积极主动参与。学校应该制定具体详细的创业比赛、专业技能赛等活动的具体奖励措施，对获奖的学生和相应的指导老师给予奖励。

3.2 资源保障

首先是师资保障。创新创业课程和专创融合课程都需要教师具备创新创业的相关知识和能力。但目前各高校创新创业方面的教师缺口较大。就笔者所在学校，创新创业教师就存在一定缺口。学校可以通过聘请兼职教师，邀请创业老板、企业专家、创业成功的校友来学校开展讲座，拓宽老师和学生的视野。另外，加强对教师的培训，尤其是对管理类学科的教师进行创新创业方面的培训以解决师资难题。

其次是社会资源。高校的教育不能脱离社会，专创融合的教育更需要企业和政府参与。高校应积极了解政府的创业政策和经费补贴，引导学生争取创新创业优秀项目经费支持，鼓励广大师生积极参与政府组织的各项创新创业活动。同时加强与企业之间的合作对接，推进协同育人，积极拓展校企合作实训基地和创新创业实训平台的建设。

4 结束语

专创融合是应用型本科院校培养创新型人才的必经之路。基于专创融合的财务管理专业人才培养是一个系统的工程，只有在人才培养目标、课程体系建设、实训实践平台、教学方法和评价等维度融入创新创业的理念和思维，才能达到财务管理专业教育与创新创业教育相融合的目的。高校要构建有特色的财务管理专业专创融合教育体系，开展全方位、全过程、多样化、多层次的专创深度培养教育，才能培育出具有较高创新创业意识的高素质财务人才。

参考文献

[1] 国务院办公厅.国务院办公厅关于深化高等学校创新创业教育改革的实施意见[EB/OL].[2015-05-13].http://www.gov.cn/zhengce/content/2015-05/13/content_9740.htm.
[2] 黄兆信. 中国创业教育研究 20 年：热点、趋势与演进路径[J]. 教育研究，2018，(1)：67.
[3] 张治国. 高校创新创业教育精准化探析[J]. 中国高校科技，2017，(11)：87.
[4] 李利荣. 专业教育与创新创业教育的分立与融合[J]，中国成人教育，2018，(20)：71，70-72.
[5] 刘斯文. 精准化培养：破解大学生创新创业教育之难[J]. 中国高校科技，2016，(9)：76.
[6] 王莹莹，张利华. 地方高校创新“双螺旋”式软件人才培养模式探索与实践[J]. 实验技术与管理，2019，36(5)：37-41.
[7] 游艺. 不断探索双创教育融入人才培养的新模式[N]. 光明日报，2016，12-23(7).
[8] 周青. 双创人才培养的宁大模式[N]. 浙江教育报，2018，11-12(3).
[9] 徐瑞雅，盛峥. “专创融合”造就应用人才培养链[N]. 新华日报，2018，12-14(27).

面向对象程序设计课程课件研发和 TOPCARES 教学实践

范畅

（成都东软学院计算机与软件学院 四川 成都 611844）

摘 要：自多媒体教室的出现，PPT 模式的教学应运而生。较之传统写黑板板书，极大地提高了老师传授知识的效率，教学手段和方式随之改变。但 PPT 教学方式也有其固有缺陷，一是 PPT 做得不精简会造成老师和学生都去读 PPT 上的文字，二是老师在讲授的时候学生的视觉和听见不容易同步，这与 PPT 的好坏无关。本文基于多年的教学经验，针对编程课程的课件进行了研究和开发，并结合 TOPCARES 指标实践教学。

关键词：PPT；视觉；听觉；同步

Research and Development of Object-Oriented Programming Courseware and Teaching Practice of TOPCARES

Fan Chang

(School of Computing and Software, Chengdu Neusoft University, Chengdu 611844)

Abstract: Since the emergence of multimedia classrooms, the teaching application of PPT mode came into being. Compared with traditional blackboard writing, it greatly improves the efficiency of teachers' imparting knowledge, and the teaching means and methods change accordingly. However, the PPT teaching method also has its inherent defects. First, if the PPT is not simplified, both teachers and students will read the words on the PPT. Secondly, it is not easy for teachers to synchronize students' vision and hearing when teaching, which has nothing to do with the quality of the PPT. Based on many years of teaching experience, this paper the studies and develops the courseware of programming course, and combines the practical teaching with the TOPCARES index.

Key words: PPT; vision; hearing; synchronization

引 言

电子课件[1]通常认为是 PowerPoint 演示文稿（PPT），这是狭义的理解[2]。从广义上讲其包含 PPT 在内的凡是可以辅助或服务教学的如图片、文本、网页、视频、项目文件夹等资源，囊括教师“教”和学生“学”的完整素材。本文以面向对象程序设计课程为例，从课程设计、课堂设计、TOPCARES 指标[3-5]与教学情景融入三个方面阐述课件和教学创新[6]，而不拘泥于传统的讲台上基于 PPT 的理论知识满堂灌的教学模式。

作者简介：范畅，男（1974—），四川广安人，计算机专业，软件工程研究方向，工学硕士，副教授。

1 课程设计

1.1 课件特点和优点

特点：按“课次”讲授，每一次2个课时内容设计；每一次对应一个教师版项目文件夹和学生版项目文件夹。

优点：“课次”授课，粒度更细，一目了然便于记写；双版本资料，即教师版和学生版。便于资料积累丰富；项目文件夹代替PPT，打破传统讲台PPT满堂灌模式；IDEA开发工具中授课，代码驱动便于理解知识；课堂四个环节，环环相扣；鼓励学生分享作业和敲代码时问答，互动性高；教学资料中简短动画演示，编程去枯燥性而生趣味性；教师屏幕共享给每个学生端，听视觉更能同步专注；老师和学生在开发工具中教学，共同参与度高；超星网教平台提供的资料非常丰富，含视频资料等；整个课件更新方便，可维护性和可扩展性好。

1.2 课件结构

课件由教学资料和学生资料两部分组成，即教师版和学生版双版本构架，它们都对应了第1到第32次项目文件夹以及其他参考资料。如图1所示。

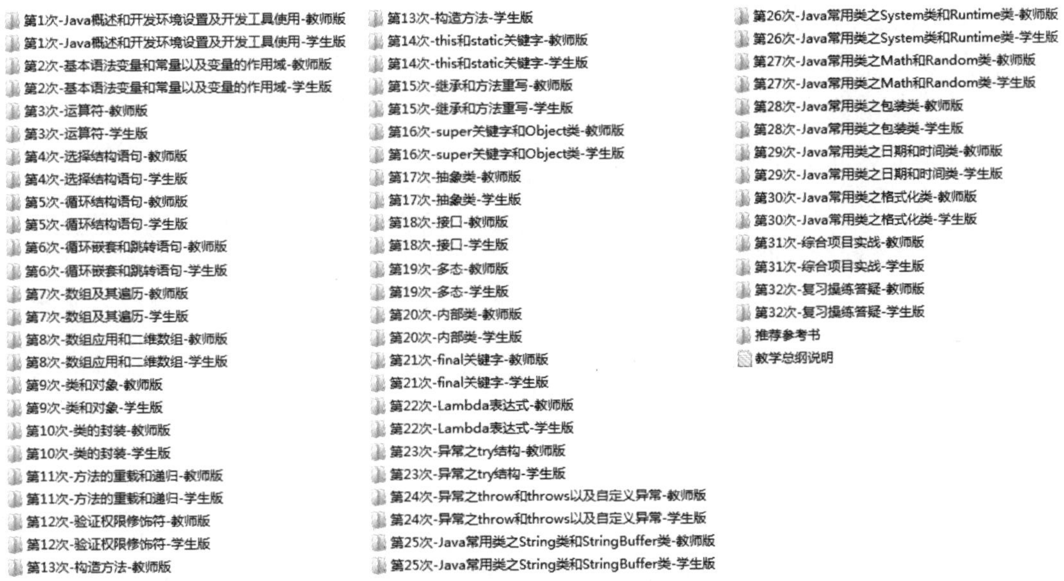

图1 教师版和学生版双版本项目文件夹

教学版是项目文件夹集，其中包含了源代码、文本、图片、视频、本次PPT等资料，体现于清晰、新颖、逻辑性强的特点，并突出每次内容及其每个授课环节。学生版是项目文件夹集，其中包含了课堂操练和课外操练（作业）、本次PPT资料。本人发给学生完整的学生版，在其毕业后的专业工作岗位上仍有很高的参考价值，是教学质量延续的重要参考因素；本人不但重视学生动手实践和总结，还十分重视学生对学习资料的归类整理。除此之外，本人还会在超星平台上附加有趣的如游戏程序包、简单算法练习，便于好学的学生课外专研，进一步提高他们的编程兴趣。

在Window操作系统中，分别打开某次的教学版和学生版的目录进行对比，如图2所示。教师版的四个文件夹体现的是四个课堂环节；学生版较简洁，是以课内外操练为目标的设计。学生版里并没有给过多的代码资源，目的是让学生自己动手操练，提高实践编程能力！

图2 教师版和学生版目录对比

2 课堂设计

老师和学生将某次的项目文件夹在开发工具 IDEA 中打开，以投屏方式进行教与学。课堂实施依次为回顾、讲课、操练、本次总结和布置作业，四个环节环环相扣、逻辑紧密；每一个环节的分布时间可以视内容情形大致设置，某次课堂设计如图 3 所示。

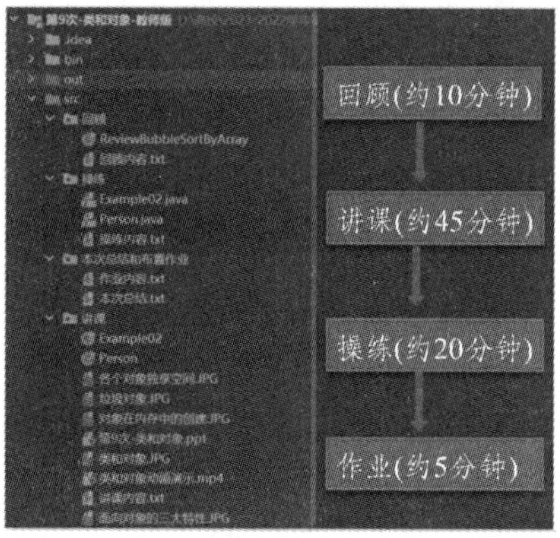

图 3 某次课堂四个环节及其时间分布设计

每个环节的时间会因每一次的授课内容之难易多少有变化；若留给学生的课堂时间较多则可以插入“跟我敲”小环节；若留给学生的课堂时间较少则会将学生课堂操练放在课后完成（合并次数同理）。

2.1 回 顾

回顾即通过讲解上一次布置的作业进行复习（如图 4）。鼓励学生分享自己的代码（平时成绩加分项），可以上讲台也可以坐在原座位上通过视频软件共享屏幕讲解完成；最后老师点评和讲解参考答案。这种方式使每次布置的作业不流于形式，没完成的同学和完成了的同学还可以课后完成和完善，一般是有多种思路、多种解法的。

2.2 讲 课

老师按照图 5 所示列表顺序讲解程序代码。

打开某一个程序代码（Java 类文件），一般由这几部分组成：概念简介、实例代码、程序运行结果、试试、小结。其目的是通过实例代码讲清楚晦涩难懂的理论概念，并培养学生多敲代码和善于总结的学习习惯。如图 6 所示。

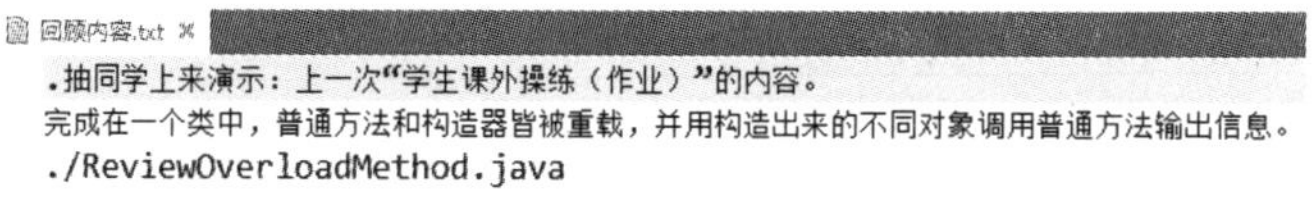

图 4 回顾环节之回顾内容和参考答案文件

图 5 讲课环节之内容列表

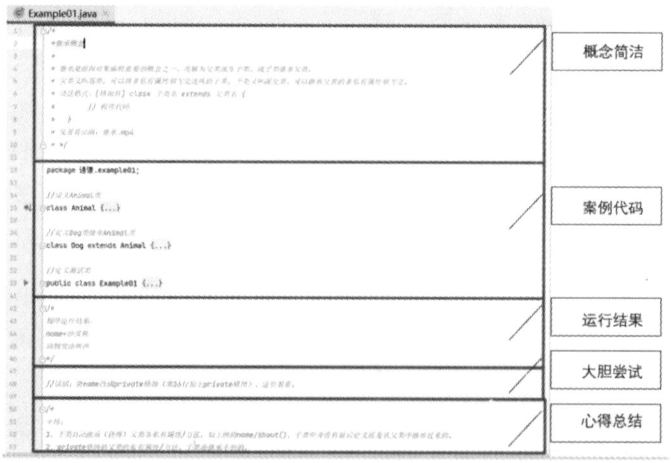

图 6 讲课环节之知识简介

概念一定要简洁，可以辅助十秒左右的动画去理解，去掉编程枯燥性而萌生趣味性，加深印象；小结可以写多写丰富。讲课过程中，老师往往会修改/新建程序代码对比方式去理解某个知识点；还会故意犯代码错误，提问错误原因和如何改正甚至让学生来改正等。这些教学方法互动性强、师生共同参与度高。

2.3 操　练

操练旨在课堂上完成本次相关内容的敲代码练习。老师提供了含注释的参考答案，要求学生读懂理解思路之后，就在该软件框架下完成敲代码练习，若有疑问现场答疑，含“师徒传授”之工科教学思想。课内外反反复复敲练，要求最后达到不看源代码就能敲出来的熟练程度！如图 7、图 8 所示。

2.4 本次总结和布置作业

老师总结本次课堂之后布置这一次的课外作业。先不提供参考答案，旨在培养学生独立思考、查阅资料自学和编程逻辑思维的能力。如图 9 所示。

操练内容.txt

```
■重写父类方法
./Example02.java
■super.含义
./Example03.java
■super()含义
./Example04.java
```

图 7　操练环节之任务内容

Example02.java

```java
package 操练.example02;
//定义Animal类
class Animal {
  //定义动物叫的方法
    void shout() {
        System.out.println("动物发出叫声");
    }
}
//定义Dog类继承动物类
class Dog extends Animal {
    // 定义狗叫的方法
    void shout() {
        System.out.println("汪汪……");
    }
}
//定义测试类
public class Example02 {
    public static void main(String[] args) {
        Dog dog = new Dog(); // 创建Dog类的实例对象
        dog.shout();         // 调用Dog类重写的shout()方法
    }
}
*/
```

图 8　操练环节之操练代码

本次总结.txt

1、继承在面向对象编程中很重要，同学们要领会继承的含义和优点。
2、同学们在代码设计时，仍然要思考可否将继承用上，特别是有公共特性的应用。
3、方法重写，是在子类中完成的。
4、方法重写，在继承中用得十分广泛，一定要区别前面我们讲过的方法重载。许多公司面试会考。
5、super提供了访问父类成员和构造方法的方式。
6、特别要注意访问父类构造方法时，父类无参的构造方法强烈建议显示写出来，免得运行出错。
7、Object祖类派生下去的方法，使得每个子类都有。同学们要清楚知道重写toString方法的意义，可以通过简单编程验证。

作业内容.txt

```
◆创建1个父类、1个子类，在它们其中写一些简单的成员变量和方法。 再在测试类中写一个静态方法，用以传递父类和子类引用做参数。
框架提示：
class Base{
    //...
}

class Sub extends Base{
    //...
}

public class Test{
    public static void test(Base b){
        //...
    }
    public static void main(String[] args){
        test(new Sub());
    }
}
```

图 9　本次总结和布置作业环节

3 TOPCARES 指标和教学情景设计

TOPCARES 是东软学院的特色，就是将 TOPCARES 中的各项指标实施于各种教学情景中。而教学情景的设计创新是任课老师的关键任务之一！如图 6 所示的“头轻脚重”（概念轻总结重）的讲课框架更适合教学情景的设计。围绕 TOPCARES 教学情景可以灵活多变以满足不同班级基础的需要。本门课程所涉及的 TOPCARES 三级指标及教学情景设计例如图 10 所示。

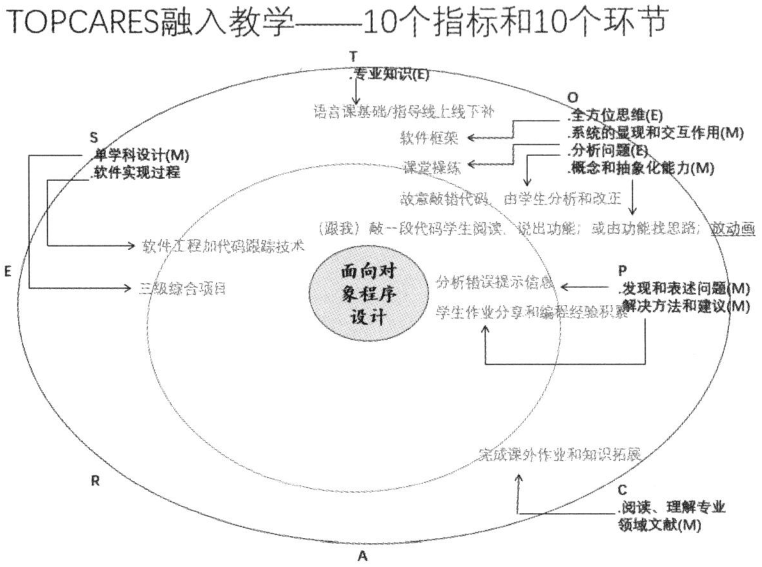

图 10　TOPCARES 指标和教学情景设计

4 结束语

综上所述，本文就课件创新、课堂环节创新、双版本资料、趣味性互动性设计和融入 TOPCARES 做了阐述，尤其课件创新更加适合编程课程的需要，学生无论在预习还是自学上给了坚定的方向，对他们以后工作上的影响也是深远的。重实践和资料积累符合编程课程的需要，符合应用型人才培养的需要，符合企业岗位需要。然而教学实践是一个不断完善创新跟进时代需求的过程，本文案例所涉及的教学软硬环境还要在实践中针对不同情况完善改进。

参考文献

[1] 胡晓辉，万嵩．基于软件工程及其模型的课件开发研究[J]．高教学刊，2015（23）：95-96.

[2] 张峥，周明慧．以培养应用能力为导向的工商管理创新创业实训课程建构[J]．中国高等教育评估，2016，27（4）：55-58.

[3] 王蔚．TOPCARES-CDIO 教材评估体系的探索与构建[J]．辽宁师专学报（自然科学版），2016.

[4] Tao W. The Exploration and Practice of Integrated Talents Nurturing Model Based on TOPCARES-CDIO[J]. Computer Education, 2010.

[5] 陈旭辉. TOPCARES—CDIO 模式：连接大学教育与社会需求的“枢纽”——基于东软学院人才培养模式改革与大学服务社会功能的关系探究[J]．中国高教研究，2012，000（011）：68-71.

[6] 唐敏．未来课程改革的走向——创建中国特色课程[J]．速读（上旬），2017，000（012）：263.

面向对象程序设计慕课的建设与应用研究

范畅

（成都东软学院计算机与软件学院 四川 成都 611844）

摘 要：大规模开放在线课程，即慕课的兴起对大学教育的教学模式产生了深远影响，本文在调研了慕课的价值、意义以及国内外慕课平台现状的基础上，就建设一门慕课进行了理论研究和实践操作，最后分析了慕课面临的问题和改进设想，有利于慕课平台的改进和更多的慕课资源应用于高校。

关键词：慕课；慕课平台；高校

Research on the Construction and Application of Object-oriented Programming MOOC

Fan Chang

(School of Computing and Software, Chengdu Neusoft University, Chengdu 611844)

Abstract: The rise of massive open online courses, i.e. Mu class, has had a far-reaching impact on the teaching mode of university education. Based on the investigation of the value and significance of Mu class and the current situation of Mu class platform at home and abroad, this paper makes theoretical research and practical operation on the construction of Mu class, and finally analyzes the problems and improvement ideas faced by Mu class, It is conducive to the improvement of Mu class platform and the application of more Mu class resources in colleges and universities.

Key words: MOOCs; Mu class platform; Colleges and Universities

引 言

将世界上最优质的教育资源传送到地球最偏远的角落，让人们有更好的终身学习机会，通过慕课方式的学习实现其人生价值，这是慕课的理念。[1]中国大学目前的教学模式，[2]引入大型开放式网络课程教学模式[3]是大势所趋！慕课，改变着高校教学模式，提升着学校和任课老师的教学平台；提供给校内外学生较好的学习平台。[4]

1 国内外知名慕课平台现状分析

1.1 国内慕课平台现状分析

国内知名的慕课平台有很多，这里对中国大学 MOOC、慕课网、慕课中国、爱课程、学堂在线五个慕课平台做了调研，分析如下。

（1）中国大学 MOOC（慕课）。

平台简介：由网易发起；课程考核标准严格设置；学生合格可免费获取由学校发出主讲

作者简介：范畅（1974—），男，汉族，四川广安人，计算机专业，软件工程研究方向，工学硕士，副教授。

老师签署的合格/优秀证书，也可付费申请纸质版证书；汇集热门课程形成百科全书按期推出。

主要特点：致力于打造国家精品课程在线学习平台；针对升学/择业和终身学习栏目；个性化设计好，资源相对丰富。

（2）慕课网。

平台简介：北京慕课科技中心发起；将互联网特性全面地应用在教育领域；致力为教育机构及其求学者服务；其口号是“程序员的梦工厂”。

主要特点：科技类慕课平台；操作方便；适合 IT 课程。

（3）MOOC 中国。

平台简介：致力向国内学员分享最好的慕课；资源丰富、学习自由；网站对于学员开放程度很高；冷门课程较多；其口号是“慕课改变你，你改变世界”。

主要特点：搜索功能强；页面设计友好；冷门课程容易搜索。

（4）爱课程。

平台简介：由教育部、财政部“十二五”期间启动实施的“高等学校本科教学质量与教学改革工程”支持建设的高等教育课程资源共享平台；平台集中展示了“中国大学视频公开课”和“中国大学资源共享课”，并对课程资源进行运行、更新、维护和管理；提供优质教育资源共享和个性化教学资源服务。

主要特点：资源丰富；涵盖面广；大学数量较大；功能较全。

（5）学堂在线。

平台简介：教育部在线教育研究中心的研究交流和成果应用平台；致力于汇聚国内外优秀课程，让每一个中国人都有机会享受优质教育资源；与清华大学等国内外知名院校有合作。

主要特点：内容丰富，资源涵盖面广，知名大学数量较多。

除了上述五个知名慕课平台，不乏一些后起之秀如泛雅超星平台，借助其教学资源和流量优势，未来可能提升为知名的慕课平台，笔者认为也值得关注。

1.2 国外慕课平台现状分析

2012 年美国三大网络平台 Coursera、Udacity、edX 兴起，其中 Coursera 支持中文，同网易和果壳都有官方合作，而 Udacity 和 edX 与我国的一些国际一流高校有合作。

它们各自的优势和适合群体因篇幅限制，本文就不一一介绍了，有兴趣可以访问它们的官方网站。这些国外知名的慕课平台，是 IT 领域深入学习的有效补充！

2 慕课建设和应用研究

2.1 研究目标

本文研究的目标是慕课模式对大学生学习的影响，对任课老师教学的作用和慕课平台本身机制的完善，以及如何实现多方（学生、老师、学校和平台/公司）持续共赢的模式。

2.2 主要内容

主要内容有：建设一门慕课——“面向对象程序设计”；在教学的过程中不断完善；针对不同班级基础有不同的教学策略；后期更新和运维。

建课操作[5]部分截图如图 1、图 2、图 3 所示，点击红色方框按钮导向操作；单元框架搭建完后到后台系统丰富每堂课的教学内容资源；最后是上课和完成日常教学任务。

在教学过程中不断完善教学资料，适应 IT 和专业变化的需要。

后期根据慕课平台规则[6]和结合班级情况，调整教学策略，实现后期更新和运维。

2.3 研究方法

调研方法：建设慕课之前，前期的调研，包括线上访问各个慕课平台与笔者要建设的课程相关的优秀课程，了解它们的风格和内容，和线下用过慕课的学生以及制作过慕课的老师的走访咨询，从而选择一个适合自己目标的慕课平台。慕课建设之后，后期的调研，包括线上线下学生的反馈信息收集。

实践方法：建设一门慕课，借助于某个慕课平台和相关技术、人力、物力及财力。

改进方法：不断关注行业动态发展，学习先进技术和业务，从而不断更新和提升慕课门户网站。

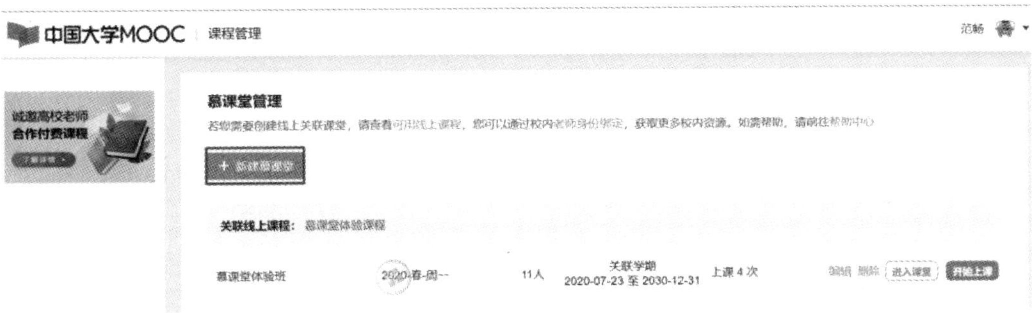

图 1 新建慕课

图 2 新建慕课信息

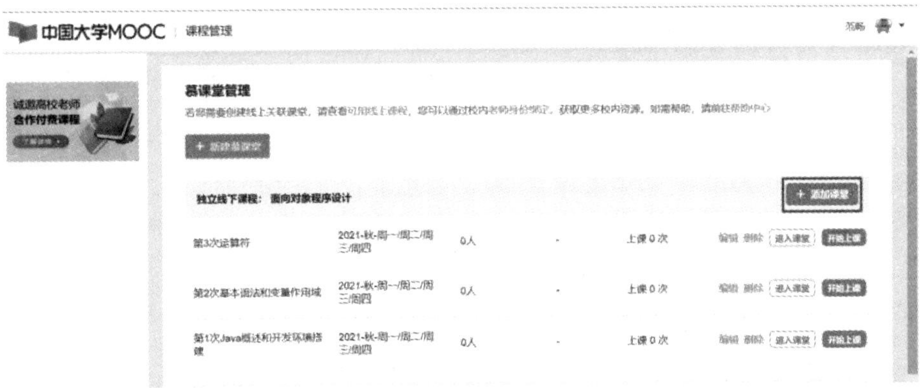

图 3 添加课堂

2.4 重点难点分析

课题研究的重点和难点在慕课课程的设计与建设以及运维。前期调研是必要的重要的，综合各种优秀慕课，取其优点再创新设计自己的慕课，一定要符合课程特点和规律去设计；然后在慕课平台上建设课程；最后根据反馈信息运行和维护，这是个反反复复长期的过程。

2.5 研究步骤

（1）调研慕课。通过线上访问知名慕课平台和线下咨询的方式对慕课的历史、特点、作用等全盘了解。

（2）设计慕课。将课程“面向对象程序设计”作为一门慕课，进行整体框架性构思和设计。

（3）建设慕课。选择某个慕课平台，在其上创建慕课，并逐步完成其中的内容建设。

（4）发布慕课。建设完慕课以及有一定的储备学生资源之后，发布慕课以开放课程。

（5）慕课教学。在慕课平台上完成日常教学任务。

（6）反馈信息。收集反馈信息作为慕课改进的文件记录。

（7）运行维护。紧跟时代步伐，根据需要重复上述第 1 到第 6 个步骤，反反复复长期维护，使慕课门户立足于时代需要。

以上研究步骤只是个大概提要，实际操作中还要与慕课公司的业务人员保持长期联系，获得他们的建议、技术支持等，同时也可以向慕课公司提出用户需求从而改进慕课平台。由此可以看出，慕课是高校和公司共同的事业，需要建立长期的战略合作关系才能共同做好。

2.6 预期价值和成果

学生能够很方便地在线系统化学习一门课程；课程信息化教学的手段和资源积累的方式；打造本门课程为精品课程做好铺垫；提高任课老师/课程团队的知名度；提高学校知名度；推动慕课平台的发展。

3 面临问题和改进设想

3.1 面临问题

目前慕课在建设和应用上面临的主要问题，经调研分析存于以下几个方面。

（1）课程面向的学生是全世界范围内的，一旦学生很多，课程团队老师评阅作业、讨论回帖、解答问题、测验改卷等教学任务很重，压力很大。

（2）评分机制，特别是非科技类的人文、艺术等学科的评分机制不太完善，还不能适应每门课程特点规律的需要。

（3）考试作弊，线上这种特点决定了不好对那些没好好学习、想拿到证书但必须要通过考试的学生进行严格监考。

（4）侵权问题，慕课资源丰富，但课程团队所花大量时间精力建设的慕课容易被抄袭，从而造成学员流量丢失。

（5）许多慕课平台自身规则不灵活，不能尊重各个学科特点规律，如视频要求，编程课程重在代码敲练、演示、讲解。

（6）慕课平台提供的辅助教学软件有待丰富，如 IDE 教学、自动改卷打分等，尤其是对理工科类很实用。

（7）多方共赢的模式需进一步探索和改进，尤其慕课课程团队的付出和回报能否成正比问题。

3.2 改进设想

一分为二看待慕课，慕课才能更好地改进和完善。就 3.1 中所描述的七个问题，分别简单谈谈改进设想。

（1）完善慕课平台，开发像机器人程序“值班”辅助课程团队完成些教学环节任务，如常见问题机器回复等。

（2）根据每个学科特点规律，制定相应评分模板库，系统可以不时更新，还可以由课程团队个性化定制模板。

（3）提供完善的监考制考试，可以参考 Udacity 和 edX 现在的监考制考试。

（4）制度加技术解决如利用水印或数字签名/加密技术，保护知识产权。

（5）慕课平台按学科门类不同而制定不同的课程表现风格的规则，力求符合学科规律性和表现形式多样化。

（6）慕课平台改进可以引入更多的第三方软件，以适应不同课程的在线需要。

（7）多方共赢模式倾向课程团队，以提高慕课团队积极性，这样慕课平台、学生、学校和课程团队才能持久化共赢！

4 结束语

慕课模式虽然作为新事物风靡多时，改变着传统的教学思维，但是它仅仅是加入在线学习，是获得教学资源的学习方式之一，而学习不等于应用！特别是工科编程类课程，更需要在获得资源之后大量实践、善于总结，反反复复操练才能熟练和提高，有机会更要跟进企业项目。因此技能和实践更实用，能立刻产生价值，从而提高学习兴趣。

慕课平台让课程实现其价值。课程内容质量推动着慕课平台提升。毋庸置疑，现代化信息技术改变了教学理念和模式，而开放和分享变得越来越重要，我们的教育需要拥抱这样的改变。

参考文献

[1] 荣宪举. 慕课的特点及国内外发展历程[J]. 科教导刊（上旬刊），2016（09）：59-61.

[2] 史淑珍. 慕课的价值审视与实践困境[D]. 西南大学.

[3] 刘晓燕，徐颖，马川，等. “慕课”的在高校中的发展及其面临的问题[J]. 教育现代化，2018，v.5（12）：183-184.

[4] 郑立，周咏梅，舒雅，等. 慕课发展的历程及未来展望[J]. 北京工业职业技术学院学报，2015（03）：76-79.

[5] 慕课平台开发团队. 中国大学MOOC教师使用手册[D]. 2014.

[6] 慕课平台开发团队. 中国大学MOOC课程建设指南[D]. 2014.

新时代大学生班风建设的路径创新与实践

杨成　张勇

（成都东软学院计算机与软件学院 外国语学院 四川 成都 611844）

摘　要：伴随着交流方式和行为习惯的改变，新时代大学生班级管理中出现了新的矛盾因素，导致大学班风建设面临新的挑战。规范辅导员队伍团体管理和能力水平建设，多措并举推动良好班级风气形成，可形成新时代大学生良好班风，也有利于学生个人全面成长。

关键词：新时代；大学生；班风；路径；创新

Path innovation and practice of College Students' class style construction in the new era

Yang Cheng　Zhang Yong

(School of Computing and Software, School of Foreign Studies, Chengdu Neusoft University, Chengdu 611844)

Abstract: with the change of communication methods and behavior habits, there are new contradictory factors in college students' class management in the new era, which leads to new challenges in the construction of university class style. Standardizing the group management and capacity-building of counselors and taking multiple measures to promote the formation of a good class atmosphere can not only promote the formation of a good class atmosphere for college students in the new era, but also conducive to the overall growth of students.

Key words: new era; college student; Ban Feng; route; innovate

1　当前大学校园班风问题及成因分析

当下，新媒体的普及改变了彼此交流的方式和频率，新生代大学生也善于通过新方式表达自己的情绪，但“隔空喊话”和“自说自话”的形式和内容也骤增，客观上增加了意见分歧和统一管理的难度。这就导致在大学班风建设中面临着新的问题。

1.1　价值观的矛盾，导致判断基准出现代差

由于学生的家庭环境、教育背景、交往渠道等各有不同，在此基础上形成的价值理念和处世方式会呈现千差万别的特点。在学生与学生之间，学生与教师、学校之间都会有或大或小的观点冲突。这种理念上的冲突在以核心价值观为基准所建立的学校统一规则与班级集体同一制度上，会外化为心理上的漠视反应与行为上的消极应对，可能会产生我行我素、拉帮

作者简介：杨成（1986—），男，汉族，湖北钟祥人，助教，硕士，研究方向：大学生思想政治教育；
张勇（1981—），男，汉族，四川德阳人，助理研究员，硕士，研究方向：大学生职业生涯规划与就业指导。

结派、两极分化等问题，难以形成良好的班级风尚，班级管理效率低下。

1.2 渠道与选择的矛盾，导致信息系筛选困难

便利的信息获取渠道使学生可随时随地获取各种信息，但是也带来了相应的问题。一方面信息的真假性和时效性尚待确认，一方面精准地推送又使信息趋于一致而实际上却压缩了视野的宽度。大学阶段是学生三观塑造与定型的关键时期，在核心价值观为基准的三观形成以前，缺乏对信息的正确判断和选择，而种种正反掺杂的信息输入也会不断冲击学生三观的形成过程。如缺乏有力的引导和适度的教育，学生的思想和三观会长期处于迷茫无措的状态，进而出现人云亦云、盲目跟风甚至沉迷利益至上的问题。

1.3 私人习惯与公德的矛盾，导致个体行为不当

校园是集体生活的环境处所，而学生则来自大江南北，语言风俗、饮食习惯、生活爱好乃至民族特点都各有差异，需要彼此之间相互理解和良好沟通。事先解释、事中分享、事后共融，既可拉近心理上的距离，弥补地域间的不足，又可丰富班级和校园文化，打造多姿多彩的文化氛围。但由于受到社会习气和猎奇尝鲜心理的诱导，抽烟喝酒、生活邋遢、污言秽语等个人不良习惯也并不鲜见，在集体生活中不仅会引起他人的厌恶和排斥，也会影响班级的整体形象。

1.4 师生理解度的矛盾，导致信任度丧失

若不能细心观察学生的真实所思，耐心关注学生的切实所需，持续跟进学生的落实效果，师生之间的心理距离会不断加大甚至产生鸿沟，严重损害乃至丧失辅导员的威信与公正力。在班级管理中出现学生不服从、不支持甚至不理睬教师的严重后果，进而产生自由散漫、自暴自弃的问题。

2 大学生班风建设的根本在于辅导员队伍建设

辅导员是大学生思想、学习、生活、心理等方面的引导者、疏通者、组织者，处于与学生直接接触的第一线岗位。辅导员工作涉及学生在校活动的方方面面，既有章程明确、步骤衔接的组织、教育、宣传工作，也有临时突发现场解决的杂乱工作。要加强学生班风，首先要对“领头羊”角色的辅导员队伍进行规范管理和培训交流。

2.1 规范辅导员队伍的组织管理

规范管理制度和管理体系，严肃辅导员队伍的组织性和纪律性。明确责任分工，各司其职，既可以明晰责任提升效率，又可以锻炼工作能力，条件具备可建立轮岗制度。建立合理的激励和竞争机制，完善绩效考核标准。完善工作流程，建立每周例会制度，总结布置工作任务，分享交流工作方法和经验，鼓励畅所欲言，及时调节工作压力和心理状态。统一思想认识和情绪，营造和谐轻松的工作氛围，保障高效彻底的执行力。重视科研水平和协作力度，布置科研任务，给予科研奖励和补助。完善后勤保障，消除生活后顾之忧，保持辅导员队伍的稳定性。

2.2 辅导员工作能力的纵向建设

向上学习党和国家政策、学校办学理念和方针、学院和部门的工作安排，在思想和行为上同学校保持协调一致。向下深入学生学习和生活中，从宏观上把握班级整体情况，合理、及时调整班级氛围和风气；微观上对每个学生的具体情况了解透彻，做到有的放矢、因材施教。要通过开设课程、组织活动、日常谈话、

兴趣交流等方式在学生中展示自己的才华，加深师生间的感情基础和融合程度，用心做事，用行为引导，建立良好的群众基础。

2.3 辅导员工作水平的横向建设

重视师德师风和正确的政治方向，提升自身的思想水平和理论水平。言行一致、身体力行，要具备强烈的职业责任感。重视家校沟通，建立持续有效的家校联络机制，一方面让家长及时了解学生在校真实情况，提高其重视度和满意度；一方面宣传学校的办学方针，在家长口碑相传中提升学校的口碑和办学质量。熟悉学院内外各岗位、各部门的办事程序和人员联系方式，在交流中建立畅通的沟通渠道，在比较中提高工作水平。

3 多措并举，全面推动，形成良好班风

良好的班风可以为学生提供优质的学习氛围，也可以凝聚学生对集体的荣誉感和归属感，建立和谐长久的友情，创造美好的回忆。在这种环境下，学生乐于展示自己的才能为班级服务，乐于利用自己的特长为班级争光，让学生在个性发展和集体荣誉中优势结合，融洽共存。

3.1 明确对班风方向的指导，重视学生干部选拔和培养

首先，在入学教育和班会、团会等集体活动中，清晰明确地指出班风建设的原则规章、步骤目标。总结问题和不足，认真听取学生的意见，统一学生的想法，给出具体的建议并督促落实。

其次，在公平、公正、公开的基础上选出思想端正、责任心强、能力突出的学生干部，实行一总多分的工作方式，观察其工作情况，及时改进其工作方法，协作建立其在班级中的威望和号召力，保持其旺盛的工作状态。

3.2 积极发挥学生骨干的先进作用，广泛开展班级和团组织活动

首先，积极发挥学生党员、学习能手等骨干的先进作用，组建以优生为主、优差互补的学习小组和兴趣小组，加强对自控力差、自主性弱的学生的外力监督。同时要注意每个学生都有其长处，采取鼓励为主、批评为辅的策略，保护其自尊心，培养其自信心。自尊和自信的积累自然会使其维持对学习的兴趣和动力，与班集体协调行动不掉队。

其次，把学生从宿舍的蜗居中拉出来。一方面锻炼学生的身体素质和交际能力，摆脱宅在宿舍沉溺于网络游戏中；一方面增进班级成员间的感情，在特长展示中刮目相看，消除彼此的隔阂与分歧。同时，为班级在校园比赛中奠定基础。

3.3 发挥奖惩制度的规范作用，关注学生的实际困难和需求

首先，组织学生按照《学生手册》自主讨论制定班级具体的规章和考核标准，依据学生在班级的表现，进行 KPI 考核加减分，在奖助学金、评优入党的优先性上进行适当的调节，通过物质和精神上的奖惩来激励全体学生争优创先。还可根据考核标准了解每个学生具体的落后点，在后期加大相应的培训教育和实践操作，保持班级成员的平衡。

其次，家庭条件困难的学生会因为囊中羞涩而自卑不前，家庭条件好的学生会因为铺张浪费而互相攀比，彼此间的歧视和隔阂也随之而来，极易导致班级分化。一方面教导学生建立适度的校园消费观，减少经济差距；一方面建立班级专项经费，借给困难学生用作一时急需，按时归还即可。鼓励困难学生通过优异表现争取奖学金来增加收入，同时树立自信阳光的心态。

参考文献

[1] 鲁晓川，王栋．新时代高校班级核心价值

观视域下优良班风建设新模式[J]. 教育观察，2020，9（41）：64-67.
[2] 宋勤璟，张金汕. 浅谈大学政治辅导员如何在班级育人工作中发挥正向引导作用[J]. 科教文汇（上旬刊），2021（02）：41-42.
[3] 朱海璐，周惠玉. 新时代大学生班风建设的策略探究[J]. 科教导刊（中旬刊），2020（17）：163-164.
[4] 杨显瑜. 辅导员如何做好大学班风建设工作[J]. 文教资料，2019（01）：142-143.

基于矛盾视角下大学生学风建设路径探析

杨成　张勇

（成都东软学院计算机与软件学院 外国语学院 四川 成都 611844）

摘　要：“00 后”新生代已然成为校园主体，有着鲜明个性特征的他们，在大学校园的学习环境下存在诸多矛盾因素，导致当下学风问题较为突出。强化素质育人核心建设，多方协同构建起良好学风机制，将有助于新时代大学生良好学风的形成，也将进一步推动大学生综合素质的有效提升。

关键词：矛盾；大学生；学风；路径

On the construction path of College Students' style of study from the perspective of contradiction

Yang Cheng　Zhang Yong

(School of Computing and Software, School of Foreign Studies,
Chengdu Neusoft University, Chengdu 611844)

Abstract: the "Post-00" new generation has become the main body of the campus. They have distinct personality characteristics. There are many contradictory factors in the class management of the university campus, which leads to the prominent problem of the current study style. Strengthening the core construction of quality education and building a good style of study mechanism will not only help to form a good style of study for college students in the new era, but also further promote the effective improvement of College Students' comprehensive quality.

Key words: contradiction; college student; Style of study; route

1　矛盾视角：当前大学生学风问题及深层原因

目前，从年龄结构上看，大学生群体基本为“00 后”新生代。无论是教育资源、成长环境，还是价值选择、心态行为，都与以往的学生有很大的差异。甚至，在同一学段的本、专科“00 后”学生之间也因个性、能力、兴趣等不同而各有特点。这些新现实导致的差异，使得大学在学风建设过程中面临着前所未有的挑战。

1.1　专业与兴趣的矛盾，导致学习行为失当

在专业选择上，有的是由家长意愿强加给学生，有的是调剂所致，有的是按字面理解过度追逐社会热门所致。在实际学习过程中，学生会因为基础差、眼界高、心态松等情况而陷入自暴自弃、夸夸其谈、得过且过等境地。如果得不到及时、合理的引导，学生将会把注意力和精力集中到打游戏、谈恋爱、吃喝玩乐等方面，进而养成逃课、课堂睡觉等恶习。

作者简介：杨成（1986—），男，汉族，湖北钟祥人，助教，硕士，研究方向：大学生思想政治教育。
张勇（1981—），男，汉族，四川德阳人，助理研究员，硕士，研究方向：大学生职业生涯规划与就业指导。

1.2 个体与群体进度的矛盾，导致学习效果差距拉大

在同样的教学环境和水平中，学生在知识基础、学习习惯和方法、个人意志等方面的高低优劣会在一定程度上影响各自学习的进度。进度越快自信越足，自信心不断积累而迸发强劲的学习动力。反之则会因缺乏成就感而产生消极颓废、自卑迷茫等心理，出现课堂上勉强对付、课外沉迷网络虚拟世界、考试投机取巧甚至作弊等问题。

1.3 教育模式的变化，导致学生适应期较长

大学前的教育目标明确——高考，教育监管力度强，教育关注度高。学生在整个学习阶段都受到多方外力所形成的合力监督，一方面确实激发了学生的潜能使其精力集中于学习上，另一方面却相对降低了学生自身学习欲望和动力的开发。进入大学后，骤然出现的自由宽容的教育环境、自主支配的课外时间和空间、急剧减少的外部监管力，加之自身自控力的缺乏，有的学生很容易迷失在轻松的环境中，并沾染不良习性，出现懒惰散漫、荣耻不明等问题，丧失学习动力。

2 素质育人：大学生学风建设的核心引领

多重矛盾的合力导致当代大学生在学风构建过程中呈现复杂多变的特点，缺乏长期的稳定性和坚持度。要保证学风建设能够快速成型，并以点带面覆盖全体学生，就必须发挥大学素质育人的核心引领作用。

2.1 协调素质育人主体的整合深度

突破以辅导员为素质育人主体的传统观念，以“三全育人”工作要求为出发点，统筹辅导员、思政教师、专业教师、学校管理人员等各类资源，聚焦新时代大学生学风教育的新特点和矛盾焦点，整合素质育人主体的广泛性和协调性。辅导员侧重学习观念、意识习性、效果监督等方面的教育管理，兼顾学生的个性特点和群体氛围的有机融合。思政教师侧重思想道德、政策形势、价值趋向等方面的教育引导，兼顾学生的微观心态和宏观视野的有机结合。专业教师侧重专业知识、行业动向、职业理想等方面的教学指导，兼顾学生的理论水平和应用能力的同步跟进。管理人员侧重生活情感、心理健康、事务办理等方面的辅导，兼顾学生的内部需求和外部环境的有序融合。

2.2 加强学生德育教育引领的力度

多渠道多类型结合实例对学生开展素质教育，树立正确的三观和良好的习性。在理论教育之外更要重视教师言行点滴之间对学生观念的潜移默化的作用，辅导员要成为正能量的发动机，用实际行动为学生树立模范，及时纠正学生的不良习惯。利用思政课堂和课堂思政的教学平台，翻转教学方式让学生主动发掘先进道德案例，增强学生德育的代入感和体会度，适当运用各类管理资源对学生进行驱动，帮学生树立正确的大局意识、公德意识和价值判断基准。

2.3 加强学生法治观念和法律常识的普及

让学生知法守法。良好的学风建立在学生自控自律的基础上，法律的威慑可以强制性地限制学生活动的范围，有效地冷却青年多动易躁的冲动心理，增进自控自律的意识，避免不必要的冲突和损失。可用实例加强诸如网贷、诈骗、网络赌博等违法行为的告诫教育，将学生注意力转移到有益身心的事物和活动中。

2.4 打造学生专而广的知识结构，培养阅读经典的良好习惯

大学生尤其是本科学生需要广泛的阅读量，以便拓展知识面，避免沦为坐井观天之辈。

在扎实学习专业知识的基础上，广泛阅读各类经典书籍，既可加深加宽自身的理论水平和知识广度，又可陶冶情操，塑造“腹有诗书气自华”的美好气质。

3 专业协同：建立良好学风需有序推进

在终身教育的时代下，树立优良的学风事关学生一生的学习理念和风格，大学时期正是脱离被动学习的氛围后树立主动学习学风的关键阶段。在自由宽松的环境下，如何快速地建立良好的学风，应着重从以下几方面入手。

3.1 进行专业导引和学科性质的深入讲解

让学生明确专业的学习要求、学习重难点和就业方向，理清整体的学习思路。进而根据自身学科基础的实际情况，结合家庭的就业期望和社会的需求，制定大学期间长远的学习目标和规划，在此基础上再细化为短期的可实现的学习规划。老师可依照规划中的异同点联络组建兴趣小组和学习小组，推动整体和个人学风的培养。

3.2 关注课堂效率和课外自习的有效结合

课堂讲解的基础知识以理论为主，学生要吸收消化并学以致用尚待充分利用课外时间去深化对照，去实践演练。要培养学生充分利用图书馆资源和各类电子信息自主钻研的学习方式和习惯，鼓励同学之间相互探讨，发掘知识的新亮点。在确保安全的前提下，合理支持学生课余时间兼职实习，在与社会需求同步的基础上锻炼实操能力，也可丰富工作阅历。

3.3 培养学生的学习方法和学术素养

教导学生树立脚踏实地的学习品质，尽快找到适合自身实际的学习方法，鼓励甚至要求学生尽力多参加专业方面的练习、竞赛、考试。同时还要注重扩展学生的视野，对学生的意愿进行摸底，指导学生有计划有步骤地完成专升本、考研、出国交流和留学等深造准备。在学习成果的基础上培养学生的学术兴趣，鼓励学生撰写、发表论文，关注学术动向，让学生能够在应用性锻炼和理论水平提升上同步发展。

3.4 加强校企联合培养和自主创新的深层推进

企业紧贴市场需求，具有信息快捷、方式灵活、处事高效等特点，校企联合培养可一并发挥学校的教学组织优势和企业的市场衔接优势，促进学生紧跟时代步伐和市场开发热点，在学习中创新思路，在创新中感受自信和收获。自信心和收获感是学习的最好动力，对学风的持续优化具有长期的反哺作用。

参考文献

[1] 李炜. 关于大学生优良学风建设的思考[J]. 江苏高教，2006（04）：100-101.

[2] 张育琴. 浅谈班级班风和学风建设[J]. 科学咨询（教育科研），2006（12）：23-24.

[3] 杨康. 高校大学生学风建设问题初探[J]. 长春理工大学学报，2011，6（02）：29-30.

[4] 陈超，张振飞. 学风建设：高校学生党建的着力点和突破口[J]. 思想教育研究，2012（11）：43-45.

基于微信传播特点的高校学生思想教育管理模式初探

蒋利明

（成都东软学院学工部 四川 成都 611844）

摘　要：随着网络技术与信息技术的快速发展，全媒体时代已经到来，微信凭借着便利化、社交化的特点，成为高校青年学生使用的主要工具，为学生提供了接收信息、沟通交流的平台。这也给大学生思想政治教育带来了新的挑战，对高校青年进行思想管理工作，要根据时代的特点，及时解决出现的问题。本文就对基于微信传播特点的高校学生思想教育管理模式进行分析。

关键词：微信平台；传播特点；高校学生；思想教育；管理模式

A Preliminary study on the ideological education management mode for young college students based on the characteristics of wechat communication

Jiang Liming

(Department of Student Affairs, Chengdu Neusoft University, Chengdu 611844)

Abstract: With the rapid development of network and information technology, the era of omnimedia has arrived. WeChat has become the main tool used by college students who rely on the characteristics of convenience and socialization, providing students with a platform for receiving information and communicating. It also brings new challenges to the ideological and political education of college students. To carry out ideological management work for college students, it's necessary to solve the problems that arise in a timely manner according to the characteristics of the times. This paper analyzes the ideological education management mode of college students based on the characteristics of WeChat communication.

Key words: WeChat platform; communication characteristics; college students; ideological education; management mode

引　言

微信是一款以多媒体信息为核心的移动应用，拥有大量的注册用户，成为人们日常生活沟通不可缺少的必需品，也是人们进行宣传获取信息的主要途径。为了顺应时代的发展潮流，高校将思想政治内容与微信平台相结合，能够取得良好的效果。高校是科学文化的殿堂，最主要的任务就是培养全能型优秀的人才，同时要帮助学生树立正确的人生观、世界观和价值观，对学生的思想教育有正确的引导。作为思想政治教育的工作者，要充分了解网络发展给学生带来的影响，树立探索微信教育功能的理念。将微信作为思想政治教育平台，这也成为新时期高校学生思想教育的新课题，本文重点讨论了微信传播的特点，以及高校学生思想教

作者简介：蒋利明，男，成都，硕士研究生，副教授。主要研究方向：大学生思想政治教育研究。

育管理模式问题。

1 微信的传播机制与传播特点

微信是当下最受欢迎的网络交流工具，受到高校学生的喜爱，并对高校学生产生了很大的影响。它能够提供沟通交流平台，扩大信息的传播速度，但网络上各种复杂的信息对青少年的判断能力有一定挑战。微信的传播内容有高度的私密性，一些内容仅限好友可见。微信主要传播的渠道包括好友信息、朋友圈分享、公众号文章等。与其他平台不同的是，微信朋友消息和朋友圈的状态只能进行点赞或评论，评论的内容也只有共同好友可见。这也说明微信在传播范围上有一定的限制。微信的主要传播特点：首先是加强人际关系，它可以与手机通讯录直接绑定，借助微信的平台，人们可以与朋友进行更好地沟通，扩展新的交际圈。其次，微信的传播范围相对封闭，能够形成信任度较高的环境，只有相互关注的人才能看到具体的信息，同时微信的隐私保护能力较强，微信朋友圈有字数限制，人们在工作节奏如此快的情况下，很难阅读大篇幅的文章，这种碎片化的信息能够吸引人的注意力，人们也更容易记住这样的信息，这也是微信获得人们认可的原因之一。微信的传播机制决定了微信限制信息分享的功能，微信语音、视频不能进行复制与粘贴，因此传播效率不高，只有接收的双方可以看到，其他的用户无法获取这些信息，这表现了微信的弱大众传播特点。

2 微信在高校学生思想方面的影响

2.1 引领思想的形式介质

微信为学生提供了思想引领的平台，称为微信是因为其传播的内容都是以微形式体现，可以是微视频、微图片甚至微表情。学生们对这样的内容方式十分感兴趣，学校可以借助这样的模式，将思想引领的内容结合起来，以丰富多样化的形式让青年学生接受，这也是传统模式不可替代的。

2.2 实现思想引领的高效化

微信的微小处还在于传播对象的范围小，是有针对性的传播，让信息能够更加准确高效地传播到指定人群。如果利用微信平台引领学生思想，可以对学生的反馈进行深入的研究，确保教师及时掌握学生动态。如果发现学生有不良思想，可以及时进行沟通，这样既促进了学生与教师的交流，也让学生对教师更加信任，当然也体现了微信的实时性。

2.3 完成思想引领的交流对等

传统的课堂是思想引领方式，不能满足当代青年学生的需求。微信交流平台充分体现了以学生为本的教育理念。学生感受到了平等的交流模式，也能体会到来自教师的尊重与理解。教师可以通过语音传播的方式，增进与学生的感情。学生也能够放心地向教师表达自己真实的想法，这样更有利于思想引领工作的进一步展开。

2.4 节约思想引领工作成本

微信传播的渠道是利用微介质，其沟通的成本更加低廉，有问题及时交流，避免了复杂的程序，节约了交流经费。在微信平台上有很多公众号，公众号上优秀的文章很多，如运动类、教育类、生活类等，学生在课余时间可以阅读其中高品质文章，增长见识，扩大阅读量，这些都将作为他们思想政治教育的素材，同时节约了大量的时间与精力。

2.5 保证思想引领的真实性

微信采用实名制认证，与以往的虚假平台不同。这大大提高了思想引领的可信度，人们进行沟通与交流的时候更加放心，不会担心私人信息的泄露，如果说微博是面向大众的广播，那么微信朋友圈就是朋友之间的聚会，他将信息的范围缩小了，人和人之间的交流更加亲密，从而提高了思想引领工作的真实性。

3 微信传播给学生思想工作带来的新挑战

3.1 思想管理工作的局限性

现阶段，高校思想政治教育工作依然采用课堂教育的方式，传统的灌输式教学对空间和时间都有一定的局限性，传统的思想教育内容容易受到网络文化的冲击，网络信息多种多样，学生接触到的内容更加复杂。为了不让学生思想观念受到影响，高校对教育方法与模式要不断创新。

3.2 加大思想监管力度

加大思想监管力度对学生思想工作来说十分重要。微信具有监控功能，但仍有很多不良的信息进行传播。如果不进行及时的监测，很容易对高校青年学生的思想产生消极影响，在之前的微信功能中，有“摇一摇”和“漂流瓶”的设置，学生们可以与陌生人搭建起沟通的桥梁。这样能够提高学生的交流与沟通能力，但是也存在一定的危险性。双方可以通过匿名的方式将信息发送给随机的接收者，这种情况很难进行把握，因此微信将这一功能取消。

3.3 加快不良信息传播速度

微信平台发送消息十分方便快捷，这也给不良信息提供了便利。不良信息传播速度更快，很多文章和信息真实性受到质疑，这为学校开展思想引领工作增加了难度。如果青年学生接受了错误的新闻信息，可能会让他们失去辨别真假信息的能力，也会对他们的学习带来很大的影响。

4 高校学生思想管理策略分析

4.1 科学合理使用微信

自党的十八大以来，国家高度重视新媒体建设，作为教育工作者，要充分做好学生的思想引领者，高校可以利用网络平台，结合微信传播的特点，让人能够发挥出更大的价值，对高校学生来说，他们更容易被新鲜事物吸引，而微信这种有效手段，已逐渐被青年学生接受。作为教育工作者，要结合学生的思想动态，与时俱进，抓住机会，增加师生之间的亲密感，可以通过微信账号展开思想信息交流，真正实现科学合理地利用微信。

4.2 利用微信的多元化

在微信平台中，朋友圈是信息共享的主要方式。人们可以将图片、文字、视频等多样化的信息发布到朋友圈，作为高校教育工作者也可以将朋友圈作为宣传社会主义核心价值观的主阵地。通过对内容的转发与共享，完成学生的思想引领，这样的方式效率更高，也能帮助教育工作者提升自身素质，让微信平台真正成为正能量的平台，学生通过学习这些内容，可以树立正确的人生观念，还能积极地参与到讨论中。

4.3 组合方式开拓微信

随着网络技术不断发展，进行语音沟通已经成为人们沟通的普遍方式。微信中的语音通信功能受到学生的一致好评，学生在进行交流的时候，仅依靠文字的方式，效率比较低。如果利用语音或视频的形式将会更加便捷，而微信就为学生建立起了方便的沟通环境。人们可以建立起微信群，将公共信息发布到群里，也可以引导学生发现生活中的话题，让群里所有的人参与到话题的讨论。而这时，教育工作者只需要加以引导，帮助学生树立积极向上的价值观，对青年学生的思想有正面引导作用。

4.4 驾驭线上线下模式

线上线下相结合的教育模式是当前最受欢迎的模式之一，学生可以通过微信手段创新校园文化。教师线上可以通过微信平台组织校园活动，线下时可以解决学生所关心的问题。在线上发现问题及时回应，及时解决。线下多注意学生的思想动态，与学生进行沟通与交流。这样双重的沟通方式，效果更加明显。

4.5 跟进团队建设

要想加强高校青年学生的思想教育，就要组建起一支优秀的教育团队。要提升团队工作者的整体素养，在这支队伍中，作为教师要具备专业理论素养，还要掌握最新的媒体技术能力，能够对学生的思想动态进行引导，帮助学生树立起正确的人生观、价值观，让学生对网络上的信息有辨别能力。作为高校辅导员责任更加重大，辅导员的素质与学生有直接的联系。高校在挑选辅导员的时候要重点考虑综合素质，选择更加优秀的人才作学生辅导员。

5 结束语

综上所述，本文主要对基于微信传播特点的高校学生思想教育管理模式进行分析，可以看出，随着社会快速发展，微信、微博等工具已经走入人们的日常生活中，成为人们生活中不可缺少的部分，同时也影响到了高校思想政治教育，要想让学生树立起正确的思想政治观念，就要将微信平台与思想教育相结合，让微信平台成为了解信息、学习知识、培养良好兴趣的平台，真正实现思想政治教育功能。

参考文献

[1] 朱立炫．应用微信开展高校大学生思政教育存在的问题及对策[J]．科技资讯，2018，16（2）：228-229.

[2] 王严．阐述高校在大学生思政教育中受到微信的影响及对策[J]．长江丛刊，2018（12）：255.

[3] 卫琳琳．高校微信订阅号在大学生思政教育中作用和价值的思考[J]．青年时代，2016（18）：141+147.

[4] 王博．微信在高校学生思政工作中的应用分析[J]．课程教育研究，2018（35）：70-71.

[5] 程松泉，季益龙．微信支持下高校学生思政工作的创新探究[J]．当代教育实践与教学研究（电子版），2018，0（3）：35-36.

[6] 冉莉．微信公众平台在高校大学生思政教育工作中的运用[J]．管理观察，2019（15）：152-153.

"翻转课堂"模式在民办高校英语听说教学中的应用

李阳

（成都东软学院外国语学院 四川 成都 611844）

摘　要：民办高校有别于传统公办高校，其一直以实践为培养目标。而翻转课堂理念的引入，为民办高校注入了新鲜的血液，也得到了高速的普及，广大师生对其效果更是大加赞赏。迈入21世纪，在信息化高速发展的前提下，借助计算机、网络等设备和条件，民办高校更应该大力普及翻转课堂教育模式。本文旨在轻度讨论翻转课堂这种全新的教育模式在民办高校英语听说教育中的应用。重点从应用背景、实施方案、同学评价三个方面论证其优越性。

关键词：翻转课堂；听说教学；民办高校

Application of "Flipped Classroom" Model in English Listening and Speaking Teaching in Private Colleges

Li Yang

(School of Foreign Studies, Chengdu Neusoft University, Chengdu 611844)

Abstract: Different from traditional public universities, private universities have always taken practice as their training goal. The introduction of the concept of flipped classroom has injected fresh blood into private colleges and universities, and has also been popularized at a high speed. The majority of teachers and students greatly appreciate the effect. Entering the 21st century, with the rapid development of information technology and the help of computers, networks and other equipment and conditions, private colleges and universities should vigorously popularize the flipped classroom education model. This paper aims to discuss the application of flipped classroom in English listening and speaking education in private colleges. It focuses on demonstrating its advantages from three aspects: application background, implementation plan and peer evaluation.

Key words: Flipped Classroom; Listening and Speaking Teaching; Private Colleges

引　言

民办高校既然以实践为主，其必须探索出属于自己的教学特点，才能在自己的路上越走越远、越走越顺利。翻转课堂作为一种全新的教学模式，近些年在民办高校大力推广，由于民办高校办学理念高度的自由性，使得翻转课堂在民办高校迅速普及，作为一个民办高校的英语老师，本文着重讨论翻转课堂在高等院校英语听说教学中的应用。

1　"翻转课堂"在民办高校英语听说教学中的应用

翻转课堂的教学模式并不陌生，早在数年

作者简介：李阳（1987—），男，汉族，四川成都，讲师，硕士，研究方向：英语教学法。

前就已经被国外教育学家提出。只是引进到国内后，最开始不温不火，后来由于民办高校和部分公办高校的大力提倡，以及在 2007 年制定的《大学英语课程教学要求》中，明确提出了大学英语的教学应该以实践为主，训练学生的实践能力和应用能力，从而让翻转课堂流行起来，因为翻转课堂和大学英语的听说教学可以浑然天成，相互促进，将教学最大化优化。得益于其他民办高校和兄弟院校的教育先驱努力，本人研究翻转课堂和听说教学的交互应用时，已经是在较为成熟的理论基础上进行的进一步实践，从而少走了很多弯路，以下内容浅谈一下两者的结合思路。

1.1 “翻转课堂”和听说教学第一次交互：教学准备

传统大学的大学英语听说课程，教师满堂灌的现象无处不在。很多学生根本就没有在听听力之前做好预习工作，最多只是对单词进行了一些记忆。这样让很多老师开始正式授课的时候，因为学生的预习滞后，严重阻碍了教师的教学部署，从而很难提升教学效果。

翻转课堂可以从根本上解决这种弊病。比如，在课前的时候，任课老师通过云端教学平台提前布置预习作业，除单词可以制作成表格、让学生直接填写中文以外，还可以让学生提前观看和本节课相关的视频和听力。通过云端平台发布，让学生直接在课前预习一遍听力，这样在上课的时候可以大幅度增加师生互动的概率。笔者所在的成都东软学院，就是这样进行大学英语的教学工作的，我们使用外研社书本自带的平台——U 校园，在上课前我们就会把听力材料上传到 U 校园上面去，让学生可以在课前进行第一遍试听或者预习，在预习过程当中，遇到生词还可以提前进行查阅。真正到课堂上的时候，老师传统的讲解角色就会被弱化，更多的是学生进行现场的分享，包括解题技巧以及破题思路，都可以现场进行小组讨论，最终老师抽取相应的学生代表上台进行发言，该小组的思路分享给其他小组。这一点为教学工作的准备，提供了极大的便利。

1.2 “翻转课堂”和听说教学第二次交互：授课过程

传统的高中英语听说课，由于高考英语的存在，过于强调“听”这个阶段，对于“说”的能力一直不给予重视。而到了大学，学生开始自主学习以后，会发现自己的英语口语跟不上步伐，而中国目前是一个国际化的大国，除中文要好外，英语一定要说得很好才行。所以很多学生到大学很难适应大学英语的授课，不仅听不懂、自己说也说不流畅，口语表达能力较弱。这样不仅四六级考试会受到重创，以后研究生复试的口语这一关，也会大打折扣。

而翻转课堂也可以很好地解决这一弊端，在上课的过程当中，学生可以通过手机、平板电脑或者笔记本电脑，提前登录到云端教学平台，通过教学平台认证，学生可以直接用自己的电子设备先进行录音、试读。当学生满意自己的作品以后，可以点击上传，这样教师在云端就可以收到相关视频，通过点击播放就可以给全班进行共享。不仅该学生的声音可以被全班同学收听到，甚至全班同学可以针对该英语口语打分，用这种方法反向激励学生认真完成英语口语训练。在学生完成互评之后，老师从学生群里面选出相对最好的 5 个兴趣小组，让每个信息小组上台进行展示，并且传授口语训练的技巧，从而鼓励全班同学一起练习口语。这在以前传统的课堂教学以及很多公办院校是很难实现的。而民办高校，由于理念不同，首先强调学生的自主动手实践能力，正是由于这一理念的存在，让教师有机会真切地实践翻转课堂。

笔者所在的成都东软学院，是一所以 IT 为主、外语为辅的民办的院校。学校互联网硬件设备非常发达，每一个教室都配备了高速网口，同时全校高速 WiFi6 覆盖，教师机也可以有虚拟机。所以老师无论是用手机还是笔记本电脑或者教师机，都可以很轻松地完成相应教学。同时，可以通过云端和同学们进行互动，从而让翻转课堂更上一层楼，特别是听说教育，让老师在英语口语这一块得到极大的优化。

1.3 "翻转课堂"和听说教学第三次交互：课后作业

在翻转课堂的听说教育没有普及之前，很多高校的英语课后作业，仍然是传统的纸质版本，通过学生完成纸质版，交给课代表，课代表再送达到办公室让老师批阅。这一行为，不仅浪费了大量的纸张，也增加了同学们的负担，同时也束缚了教师的位置。

而翻转课堂实施以后，这一种弊端得到了极大的改善，老师下课以后，根本不用现场布置作业，直接回到办公室，通过U校园直接在云端完成作业的布置和设定，最终直接推送给学生，学生无论使用手机、平板电脑还是笔记本电脑，都可以收到相应的推送，然后在规定时间内开始点击任务、并完成任务。

笔者所在的成都东软学院，就是使用这种方法，由于我一个人带的学生数量超过 400，使用传统纸质版提交作业的方法并不切实际，所以每次课后，我通过U校园，直接把听力任务推送给学生，让学生在规定时间内限时完成，只要学生点击了开始，就必须在规定时间内完成，这样大规模节约了纸张，同时让学生可以更好地沉浸在学习的环境内。

2 "翻转课堂"在民办高校英语听说教学中的效果

成都东软学院实行翻转课堂已经有 5 年以上的历史，其间受到了同学和老师的一致欢迎和认可，最大化解决了生产力的问题，让科技发挥得尽善尽美，同时也基本上进入了无纸化教学的时代，让整个教学更加环境友好。

参考文献

[1] 张彩艳. 近五年国内翻转课堂研究的现状与趋势——基于 CNKI 数据库期刊文献的分析[J]. 教育导刊. 2018（05）.
[2] 安富海. 促进深度学习的课堂教学策略研究[J]. 课程·教材·教法. 2014（11）.
[3] 王永花. 深度学习理论指导下的混合学习模式的实践与研究[J]. 中国远程教育. 2013（04）.

“云技术”下新版“翻转课堂”在民办高校英语翻译教学中的应用

李阳

（成都东软学院外国语学院 四川 成都 611844）

摘 要：在我国，高等院校普遍分为两种，第一种是国家拨款、以理论为向导的公办类院校；第二种是公司或企业自主注资、以实践为向导的民办类院校。民办院校的优势为：以实践为向导完成教学，走在实践教学的先列。进入 2020 年，在千兆 5G 和千兆 WiFi 的助力下，“云”一词更加广为人知，“大数据”更加深得人心。在此环境下，大学英语的教学改革也一直未曾停息，“翻译”作为大学英语教学的一个重要环节，也是对接四六级、考研英语的一个重要指标，翻译教学的改革和探索一直都是大学英语老师所向往的。本文旨在浅要讨论“云技术”下新版“翻转课堂”在民办高校英语翻译教学中的应用，本文将从发展趋势、方案、成效三个方面论证“翻转课堂”搭配“云技术”在民办高校英语翻译教学中的可行性和成效性。

关键词：翻转课堂；云技术；英语翻译教学；民办高校

Application of the New Version of “Flipped Classroom” under “Cloud Technology” in English Translation Teaching in Private colleges

Li Yang

(School of Foreign Studies, Chengdu Neusoft University, Chengdu 611844)

Abstract: In China, colleges and universities are generally divided into two types. The first is public colleges and universities funded by the state and guided by theory. The second is private colleges and universities with independent capital injection by companies or enterprises and guided by practice. The advantages of private colleges are obvious: taking practice as the guide to complete teaching, walking in the precedent of practical teaching. In 2020, with the help of Gigabit 5G and Gigabit WiFi, the word “Cloud” is more widely known and “Big Data” is more popular. In this environment, the reform of college English teaching has never stopped. “Translation” is not only an important link in College English teaching, but also an important indicator of CET-4, CET-6 and postgraduate entrance examination English. The reform and exploration of translation teaching has always been the goal of college English teachers. This paper aims to discuss the application of the new version of “Flipped Classroom” under “Cloud Technology” in English translation teaching in private colleges and universities. This paper will demonstrate the feasibility and effectiveness of “Flipped Classroom” combined with “Cloud Technology” in English translation teaching in private colleges and universities from three aspects: development trend, scheme and effectiveness.

Key words: Flipped Classroom; English Translation Teaching; Private Colleges

---

作者简介：李阳（1987—），男，汉族，四川成都，讲师，硕士，研究方向：英语教学法。

1 "翻转课堂"的新版发展趋势

"翻转课堂"虽然历史悠久，经历了数代更迭，但到21世纪后，已经渐渐成为高等教育主流课堂的教学方法，被国内外高校广泛采用。到了全新的5G时代，由于互联网高度发达，大学英语的教学改革也必须与时俱进，高速网络带来的平台质变，使得大学英语的改革如离弦之箭。笔者所在的四川省成都市已经从2020年开始全面普及5G双千兆。"多屏一云"的理念已众人皆知。得益于科技，高校大学英语的教学也迈入了全新的时代，双千兆彻底打通了这一"网速"壁垒。为此，大学英语里面的"翻译教学"改革终于迈出了坚实的、彻底质变的一步。

2 "云技术"下新版"翻转课堂"在民办高校英语翻译教学中的方案

大学英语的教学通常都是以大班形式完成，大部分高校称为"教学班"，即两个班合在一起上课，理论上这样安排可以优化效率、减轻师资的教学负担，但实际上涉足专业环节或者需要细化的环节的时候，其弊端就慢慢展现了：拿本文所探讨的翻译教学为例，在学生完成翻译作业之后，老师批改一个学生翻译作业的时间大概是3分钟，一个教学班80个人，就需要240分钟，笔者一学期所带的教学班高达5个，这样算下来，完成一次翻译的批改需要超1 000分钟，而翻译教学仅仅是大学英语众多教学的一个环节而已。所以，从教学负担而言，翻译作业的批改实在让人头疼。但是，《大学英语课程教学要求》中有全面阐述："大学英语的教学目标是培养学生的英语综合应用能力，特别是翻译能力，使他们在今后工作和社会交往中能用英语有效地交流。"以上两点可以明显看出："翻转课堂"和"翻译教学"相辅相成，缺一不可。特别是以"应用""实践"为灵魂的民办高校，更是需要"翻转课堂"承载其先进的办学理念，优化"翻译教学"。

2.1 传统大班翻译教学作业批改的难关和痛处

翻译教学如果只是评讲范文，其实并不复杂，因为一篇范文可以对应多个学生，真正复杂的是对学生各自作业的批改。诚如上文所述，一次传统的翻译作业批改，会消耗一个大学英语老师1 000多分钟的时间，一次翻译作业的范文评讲，顶多15～20分钟。这两种时间的断层，有没有办法可以解决？新时代下，答案是"可以"。

笔者所在的成都东软学院，每一次大学英语课的教学，都要求学生把手机随身带上，其目的只有一个：把大学英语的课堂打造成线上线下混合式教学（PBL），俗称"智能课堂"。而智能课堂对于翻译的教学，真正能称为雪中送炭。以前1 000多分钟的批改时间，现在只需要1+1分钟即可。怎么实现的呢？答案是"AI辅助　批改"。

2.2 "翻转课堂"配合"云技术"，无缝、高效完成大班翻译教学作业的批改

作为最早一批的民办高校，笔者所在的成都东软学院使用的U校园App客户端很好地"翻转"了大学英语翻译教学课程，实现了智能课堂：课上老师把翻译题目和要求告知同学，在短暂思考之后，同学们直接在U校园App上完成翻译作业的作答，作答完毕后，学生直接提交，即可瞬间完成"AI辅助批改"，其中包含学生的分数、语法错误的归纳点、句型调整等。这波操作前后不到1分钟。而老师只需要看"AI辅助批改"之后的成品、找出学生之间的错误共性、共同的句型调整结构、归纳到自己的教案上面，而并非传统的一个学生一个学生的、一行一行地逐字批改。经过笔者的测试，一分钟的时间，笔者可以总结20～80个学生共同的语法错误，在点评范文的时候，同步点评学生的共同语法错误，实现了批改的质变。

2.3 “翻转课堂”配合“云技术”，让同学们参与翻译教学与批改

前文讲到了教师通过云端批改学生的翻译作业，快速、高效地实现了大班翻译教学任务的数据统计，也方便了老师在后台做相关的数据收集和聚合。然而，课堂的时间非常宝贵，除了可以收集学生的大数据外，笔者所在的成都东软学院一直践行的“翻转课堂”理念，也可以通过此方法灵活地运用起来，真正实现了学生主导课堂、参与教学任务，告别了以前的“填鸭式”教学。在学生提交翻译作业任务前，老师可以设置“老师独立评价”加“同学组间互评”。不仅如此，老师还可以分配评分比例，比如老师评分达 80%，同学评分达 20%。最终两项评分加起来，才是最终的学生得分。这样的好处，是让学生相互之间看到彼此的问题，相互之间参与了学习、参与了教学，大大增加了学生对英语的好感，也大幅提升了课堂的灵活度。

笔者所在的成都东软学院外国语学院公共外语教学部，就是采用的这个方法。在翻译研究过程当中，让学生参与进来，提升了学生对翻译整体的兴趣。在学生提交以后，除了老师独立批改，同学们还相互批改组员的翻译作业，找出其组员的错误点和语法问题点。这样良性循环，学生既明白了自己在英语上的弱点和失分点，也找到了别人的弱点和失分点，从而起到了提醒的作用，可谓一举两得。

3 “云技术”下新版“翻转课堂”在民办高校英语翻译教学中的效果

笔者撰写此论文时，时光飞逝，“翻转课堂”已在成都东软学院实行几年，越发受到了同学和老师的欢迎。一来，“翻转课堂”颠覆了传统的“满堂灌”情况，二来，“翻转课堂”提升了教学品质，改进了学生体验，使得原本枯燥的翻译教学变得活灵活现。以前翻译作业批改需要耗时两天左右，现在只需要几分钟就可以完成，这是前人难以想象的。得益于教学的极大优化，大学英语老师可以把资源和时间分配到更合理的部分，更加花心思在“金课”的打造上。笔者展望，“翻转课堂”配合“云技术”会越发成熟和普及，高校大学英语翻译教学的优化只是其中一个层面，还有更多的领域需要我们去探索，让更多莘莘学子体会到科技的力量。

参考文献

[1] 高维亮. 微课视角下的翻转课堂模式在大学英语教学中的应用研究[J]. 科教文汇.2018（08）：173-175.
[2] 徐娟. 基于微课的开放英语翻转课堂教学模式研究[J]. 湖州职业技术学院学报.2019（17）：45-49.
[3] 赵冰. 基于微课的大学英语翻转课堂教学模式有效性研究[J]. 湖北函授大学学报.2019（32）：182-184.
[4] 吴迪，韩明晨. 微课支持下的翻转课堂教学模式研究——以大学英语为例[J].吉林建筑大学学报. 2017（34）：94-96.

"再构造"摄影的符号学研究

——以摄影作品《静物》系列为例

李林芳

（成都东软学院数字艺术与设计学院 四川 成都 611844）

摘　要：再构造摄影是构成摄影（Constructed Photography）的一个分支，摄影师改变传统的从现实生活中截取时间片段的摄影方式，用前期或后期的方式把图像元素的重新构造的摄影方式。它的产生，引起我们对摄影艺术的认识的更新。而今道子的摄影作品《静物》系列是再构造摄影中的优秀作品，本文以摄影作品《静物》系列为例，对再构造摄影语言进行符号学研究。

关键词：再构造；符号学；《静物》

Semiotics study for re-construction photography

—— photography *still life* as an example

Li Linfang

(School of Digital Art and Design, Chengdu Neusoft University, Chengdu 611844, Sichuan)

Abstract: Reconstruction is one of Constructed Photography. The photographer changes the traditional intercept time snippet from real life way of photography, change the traditional real life from intercept time fragment photography, with the earlier or later of the reconstructed image elements of photography. Its emergence cause our understanding of the art of photography update. Now the road photography "still life" series is then constructed photography works of excellence, the photographic work "still life" series as an example, to construct photographic language Semiotics research.

Key words: re-construction photography; Semiotics; *Still life*

再构造摄影是一种创新，又说是构成摄影（Constructed photography），是摄影师们运用摄影这个媒介，把现实生活中的元素用摄影前期或者暗访后期的方式逻辑或非逻辑地结合起来，形成摄影艺术与绘画艺术相互渗透的摄影创作实践。日本著名摄影师今道子（Michiko Kon）的作品就属于再构造摄影一类，她的作品与其他人的作品（如纪实摄影作品）在结构上就有很大的不同。一方面，纪实摄影在创作过程中会尽量避免摄影师对拍摄对象的干扰，而今道子的《静物》系列作品都是经过她本人精心设计出来的静物场景，与绘画艺术的创作有类似之处（都是在空白空间里强加入自己的主观意向），对拍摄对象有主动性的干扰。另一方面，在主观的选择上，《静物》系列作品也与传统的摄影（或者说摄影发明以来所呈现的原始状态）有较大的区别，传统摄影对拍摄对象内容的选择权利与《静物》系列作品相比，后者的程度更大。因为两者在创作手法与内容上的差异，如果我们使用相同的创作或者解读方法，

作者简介：李林芳（1987—），女，汉族，硕士，讲师。研究方向：图片摄影。

就有可能会在结果上产生误差，所以本文采取符号学中语形学的方法来研究。希望本文的研究能够对再构造摄影的创作有所帮助，对再构造摄影的理论分析起到推动作用。

1 对《静物》系列作品的符号意义解析

1.1 解构、联系、重组

今道子的《静物》摄影系列作品都是以摆拍为主的黑白照片，作品中都由生活中随处可见的动植物穿插而成，使用的素材是有生命的物体，她用女性艺术家独特的细腻，把这些素材构成无逻辑的物体（有的物体也是带有女性特征的），并用黑白摄影的方式，以拍静物的手法，安静的展示在画面中：用鱼拼接成一顶帽子、用鱼的肚子拼接成一个文胸、用鱼头拼接成一顶帽子等……

1.2 在构造摄影的符号学意义和价值

从时间上来看，再构造艺术是对现代摄影的突破，又是对画意摄影的复古，跳出了描述与被描述、记录与被记录的身份，当摄影不再仅仅是记录、再记录的时候，当它成为语言工具的时候，它才是必需的，才能创造出摄影艺术的一种新的可能性。从符号学角度来看，再构造摄影有一点是逃不开的，即对符号的解构、联系及重组。在重组的时候，应符合一定的逻辑，寻找相似性和切合点，造成画面的真实性以及伪逻辑性的结果。我认为，正是因为画面精美，这种强烈的真实性与伪逻辑的结合，才是这种艺术形式在艺术表达上有别于超现实主义绘画、摄影，或者其他艺术形式的关键原因。

2 《静物》中符号结构的呈现

2.1 涵指现象

“内涵无表象则空，表象无内涵则盲。”在《静物》系列摄影作品中，例如《涌出床的鱼》一图，如果仅停留在表象层面，鱼、床表示的是一个物质的具体的表象，如若没有床给出的环境错位的伪逻辑性组合，这张照片就如同嚼蜡，毫无味道。

在涵指的符号学内，罗兰·巴特（Roland Barthes）详尽地阐述了涵指符号学和元语言，认为涵指系统里存在第一系统与第二系统，“一个被涵指的系统是一个其表达面本身由一意指系统构成的系统”，通俗地来讲，即其中一个意指系统包含或者被包含于另一个系统。罗兰·巴特还提道：“涵指现象尚未被系统地研究过……因为以人类语言提供的第一系统为基础的社会，将不断发展出一些第二意义系统，而且这种有时明显有时隐蔽的发展，将逐渐涉及一门真正的历史人类学。”

2.2 叠意系统

《静物》摄影系列作品中存在两个符号系统，并不存在像涵指系统所说的存在一个本身被另一个系统所包含的这样一个系统。我不认为涵指系统能完全解读，也未从其他现有的符号学分析法中找到直接解读的《静物》的方法。所以，在以涵指现象基础上构思的一种新的符号学研究方式——叠意系统。叠层符号学的前提是双重符号学。双重符号学的意义是指：其一，符号的指代具有转折性，这个意思是说当一个能指与之相连的所指之间，并不只有直接联系的，还有通过双重或者三重转折的可能性；其二，就是后面要详细讲述的，符号的能指可以是另一个语境下的所指，而所指也可能成为另一语境下的能指；其三，符号的能指与所指不可逆性，例如之前所看到的一个例子，在建筑门前画上耶稣，就代表了这里是教堂，但是教堂却不能代表这幅画。这对我们分析艺术作品时有不少的帮助。

2.3 绝对的任意性

索绪尔经常用语言发音的 tree 和“树”这种植物间的联系来说明能指与所指之间的绝对任意性。我们来看叠意系统的构成前提：绝对任意性。

如《鱼与礼帽》可以看到，用鱼的照片去意指帽子，鱼与帽子之间的关系是绝对无逻辑，绝对任意的。我相信，世界是偶然的产物，事物的发展有它必然的规律，但是它的发生具有绝对偶然性，在有/无理据性和相/绝对任意性之争中，我更重视后者。所指与能指之间存在绝对的任意性与发展过程中的相对任意性，而并不是本维尼斯特用"构词的类似性"（符合类比性记号的有苹果树、梨树、杏树等）就可以重新定义的真理。当语言结构在构词时运用了某种复合词或派生词的形式，从而建立起有逻辑的（他们所指称的有理据）符号的时候，我认为这个时候出现的构词的类似性仅仅是因为人类发展的懒惰的智慧本性所导致的（这一观点由法兰克福大学教授罗兰德·普林钦格提出，每个人来到世界上都相当于一个完美的能量体，生活就类似于能量的消耗仪，生活吞噬着人们的能量，当这些能量被吞噬而尽的时候，生命也就走到了尽头。因此，人类自然地去追求更长寿的方式，就必须懂得"如何减少对生命能量的消耗，减少对生命的'磨损'。人类这种灵长类动物为了减少对生命的磨损，滋生出了懒惰的特性。），这种发展是必然的。布依森的理论认为，理据性记号为内在意素，非理据性记号为外在意素。存在任意的和理据性的系统，也存在非任意的和非理据性的系统。但是如果说一个记号是理据性的，是当其所指与能指的关系是具有类似性的时候，这种类似性也必然经过这个记号最初的无理据时期，这个时期就是当记号不是因约定而是因单方面决定成立的时候，这时的符号系统是任意的，这与符号学的本质构成相关。所以我更肯定地认为符号具有相对/绝对任意性。当我们把符号学的方法论运用到绘画和摄影艺术上来的时候，同样的，只不过相对任意性占有的成分更高了一些，而且"选择"加入其中。在语言学中，构词类似性出现在派生词和复合词的部分领域中，而在摄影符号学中，有肖似记号作用于能指与所指之间，肖似记号让能指与所指之间形成一定的相似性联系，例如❤意指心脏的一种心理概念一样，这种相似可以是形态上的（如图例），可以是概念上的（如勾画的区域代表被强调的意思），表现层面可以与内容层面很逼真，如说我们所强调的摄影；也可以只是有一点点相似，如毕加索的绘画作品。肖似记号是相对任意性的，所指是不动的，需要主动因素对能指的外在表现做选择：红色的圆球可以是苹果心理概念的能指，手绘的圆圈与椭圆形的树叶也具有对苹果心理概念的意指作用，而使用何种抽象或具象形象去意指苹果的心理概念，这都是任意的。当肖似记号作用于信息的传递的时候，符号是相对任意的。肖似记号并非一种模糊的概念，例如有些机构所使用的标识是完全抽象的图形构成，但是能人地的引起它和所指之间的联系（例如☺传递着笑脸的概念）。

3 总 结

再构造摄影作为摄影出现以来近二十多年才出现的一种新型摄影语言，目前呈现出来的系统性研究它的理论较少，而用符号学的方法作为切入点进行研究的更加少见。但是这种新型摄影语言通过对元素违反常规意识形态的拼接，构成自己的独特的符号语言系统。对它的研究能够丰富摄影语言体系的完整性，是有必要和有意义的。本文在摄影符号学理论中只是沧海一粟，但希望本文能起到抛砖引玉的作用，引发更多的学者对再构造摄影的符号学研究。

参考文献

[1] 罗兰·巴特.《符号学原理》[M]. 北京：中国人民大学出版社，2008（1）.

[2] 顾铮.《世界摄影史》[M]. 杭州：浙江摄影出版社，2007（9）.

[3] 屠友祥译.《索绪尔第三次普通语言学教程》中译本》[M]. 上海：上海人民出版社，2017（3）.

[4] 艾苍玉. 试论语用学在语文教学中的作用[J]. 南京广播电视大学学报，2003（4）.

“Python 应用基础”课程教学设计

唐远涛

（成都东软学院计算机与软件学院 四川 成都 611844）

摘　要：“Python 应用基础”是商管系的一门专属财务+技术领域的复合课程，本文在教学设计中，将 Python 基础知识进行重新整合，与财务专业相融合，结合财务实际应用场景进行教学设计的案例，通过线上线下一体化的混合式教学模式，在教学实践中取得了较好教学效果。

关键词： Python；财务应用；专业融合；混合式教学

Teaching Design of Python Application Foundation Course

Tang Yuantao

(School of Computing and Software, Chengdu Neusoft University, Chengdu 611844)

Abstract: Python application foundation is an exclusive compound course in the field of Finance and technology in the Department of business administration. In the teaching design, the basic knowledge of Python is reintegrated and integrated with the financial major. Through the online and offline integrated hybrid teaching mode, a good teaching effect has been achieved in the teaching practice.

Keyword: Python; financial application; professional integration; hybrid Teaching mode

引　言

如今，计算机技术已经渗透到各行各业，其应用范围已远超科学计算的范畴。计算机编程类课程，对于许多非计算机专业来说也是非常重要的一门课程。在非计算机专业开设计算机编程课程，不同专业对程序设计的需求也各不相同。

随着信息技术和智能技术的飞速发展，程序设计在工程科学领域变得越来越重要。Python 语言也从众多编程语言中脱颖而出，由于其简洁性、易读性以及可扩展性，国外一些知名大学已经采用Python来教授程序设计课程。

1　课程设计背景

大数据时代的到来，人们通过计算机生态，对财务数据信息进行收集、挖掘分析，解决一些重复烦琐的任务成为趋势。Python 强大的数据分析以及数据可视化能力，在财务领域得到充分应用。在财务管理专业引入 Python 程序设计，并进行专业融合，是我院在财务管理专业课程设置的改革与探索。

作者简介：唐远涛（1980—），女，汉族，籍贯重庆，讲师，硕士，研究方向：软件测试。

2 教学设计

2.1 课程定位

“Python 应用基础”是商务管理系的一门专业选修课，授课对象是财务管理专业本科学生，该门课程深化教学改革，而打造出来的一门专属财务+技术领域的复合课程，也为学生考取 1+X 财务大数据分析证书打下基础。那么我们的教学目标，培养学生掌握 Python 编程语言，体验用计算机生态解决财务问题，提升就业核心竞争力，为人生带来更多可能。

2.2 课程设计

在教学设计方案中，其课程设计理念如图 1 所示。首先精选内容，化复杂为简单，重新整合 Python 基础知识。其次是挖掘财务应用，与财务专业相融合。再次就是让一切变得有趣，编排小戏剧，引入积极心理学。在此过程中注重培养学生实际操作能力。

在教学内容上，我们主要包括 Python 基础、控制流与函数，序列数据类型、文件处理、web 爬取信息，处理 Excel 电子表格，处理 PDF 文档几个部分。其具体教学内容安排如表 1 所示。

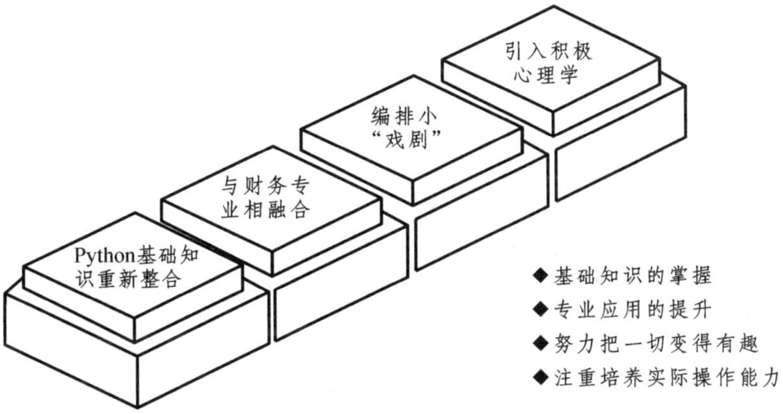

图 1 教学理念设计

表 1 教学内容安排

	学时	主要内容及要求
Python 基础	1	Python 概述（Python 特点、环境的安装与应用）
	2	Python 基础知识（变量、基本数据类型、常用内置函数）
	1	Python 编程规范
控制流与函数	3	控制流（分支，循环结构）
	2	函数（函数的定义、调用）
序列数据类型	2	列表与元组（列表与元组的定义、列表相关函数）
	1	集合（集合的定义、集合的运算）
	2	字典（字典定义与访问、字典相关的函数）
	1	字符串（字符串相关处理函数、字符串格式化）
文件处理	2	文件概述（文件分类、文件路径）
	2	文件读写（文件打开模式、读写过程）
web 爬取信息	2	用 requests 模块从 web 爬取信息
	2	用 Beautiful 模块解析 HTML
	3	用 Selenium 模块从 web 爬取信息

续表

	学时	主要内容及要求
处理 Excel 电子表格	2	Excel 表格数据读写、公式化
	1	Excel 表格图表可视化
处理 PDF 文档	1	从 PDF 提取文本
	2	PDF 文件创建、拷贝页面、叠加页面以及加密等

在项目设置上，我们从财务应用场景出发，结合 Python，提取了工资费用计提、现金流折现、固定资产计提折旧、无形资产摊销、证券投资组合的回报率、爬取上市公司年报几个项目。将 Python 与财务知识相融合，提高学生学习兴趣，充分调动学生学习积极性。

2.3 课程实施

教学实施中，我们采用线上线下一体化混合教学模式，将课程分为理论教学和实践环节两部分。在理论教学部分，关注 Python 知识点，有效利用在线平台。在实践环节，我们注重互动，关注财务行业应用，其实施理念如图 2 所示。其具体实施中，分为课前、课中和课后三个阶段，课前学生通过微课学习完成在线测试，教师通过平台数据，对学生学习情况进行精准定位。课中，针对学生情况，对部分知识点进行重点讲解，通过小戏剧带入，以项目为引领进行实践教学。课后，学生完成项目拓展练习。

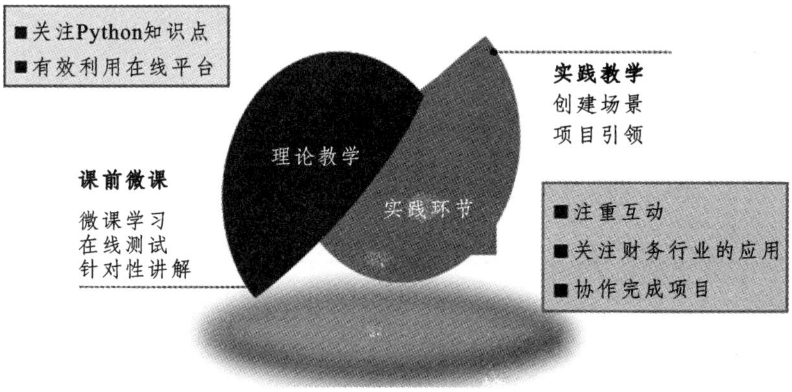

图 2　教学实施安排

在整个的教学过程中，教学关键点主要在于学生课下学习情况的掌握和实践教学课堂控制。我们通过借助在线平台，分组关注重点学生来进行解决。

首先，通过平台数据明确重点关注的学生，抓两头促中间。根据试卷统计信息，得到错误率较高的题，结合知识点进行分析。

其次，教学实施案例的选择上，优先选取财务专业学生熟悉的业务。例如，从上海证券交易所官网上下载公司年报，教学学生如何分析网站信息，下载年报，再将下载的年报从 PDF 格式转换为 TXT，从而进一步分析获取数据。这一方面提高了学生的学习积极性，另一方面强化了财务管理专业应用计算机生态解决问题的意识。

3　课程考核与教学效果

该课程教学考核方案，主要包括期末考试、在线测试和平时成绩三部分，在平时的成绩中，主要是学生课堂表现和项目作业两部分。在东软全方位、多维度的教学评价中，学生对课程内容满意。Python 应用基础作为一门年轻的课程，取得了较好的成绩，并且随着教学建设的进一步加强，在学生成绩、评教中都有一定的提升。

4 结束语

本文根据 Python 语言的自身特点，把 Python 的语法结构分为基本和高级两部分知识点，并根据其难度或涉及的领域进行了细分。针对目前高校非计算机专业开展 Python 教学的现状，结合 Python 的语法结构提出了一般化的教学内容设计方法，并以信息管理与信息系统和金融两个专业为例探讨如何利用该方法实现具体专业的 Python 教学内容设计。实践证明，Python 教学内容的设计如果可以做到以 Python 语法结构为基础，以本专业实际情况为出发点，能有效提高学生掌握 Python 语言的能力及应用计算机生态解决专业问题的能力。

参考文献

[1] 刘文飞，赵铭伟. 面向人文社科类专业的 Python 教学案例实践[J]. 计算机教育，2017：18-22.
[2] 孙建中. Python 语言编程在计算机理论教学上的应用探索[J]. 信息与电脑（理论版），2019：260-261.
[3] 张慎武. 基于 Python 的非计算机专业程序设计教学改革探讨[J]. 人力资源管理，2018：177.
[4] 李春光，曲巍. 面向非计算机专业的 Python 教学改革实践[J]. 电子世界，2019：51-52.
[5] 赵伟娜. 计算机信息技术与财务管理[J]. 信息与电脑（理论版），2018：186-188.

面向对象程序设计课程从混合式到融合式信息化教学的探索与实践

范畅

（成都东软学院计算机与软件学院 四川 成都 611844）

摘 要：多媒体教学方式代替了传统黑板板书教学方式，线上线下混合式教学方式又在逐渐取代单一的线下教学方式。本文在探究混合式教学的基础上，提出了一种利用现代化信息技术适应线上线下的融合式教学方式，并通过实践进行了分析和总结。

关键词：多媒体教学；混合式教学；融合式教学

Exploration and Practice of Object-oriented Programming Course from Hybrid to Integrated Information Teaching Information

Fan Chang

(School of Computing and Software, Chengdu Neusoft University, Chengdu 611844)

Abstract: The Multimedia teaching method has replaced the traditional blackboard writing teaching method, and the online and offline hybrid teaching method is gradually replacing the single offline teaching method. Based on the exploration of hybrid teaching, this paper puts forward an integrated teaching method using modern information technology to adapt to online and offline, and analyzes and summarizes it through practice.

Key words: Multimedia teaching; Mixed teaching; Integrated teaching

引 言

IT 信息技术和 DT 数据技术，推动着各个领域革新。[1]教育领域中教师的授课方式和学生的学习方式[2]也发生了深刻变化：教师借助多媒体设备和信息技术手段让传授知识和培养技能变得容易化、高效化和持续化；学生不再被动听课，参与性互动性提高，呈现在学生面前的知识更加清晰更加持久，并且学习不受时空限制。[3]因此，传统的教与学方式、手段和工具逐渐成了次要的辅助的存在。要适应信息化时代的需要，教学方式[4]必然要改变。本文在研究混合式教学方式[5]的基础上，提出了融合式教学方式。

1 混合式教学浅析

线下教学是指利用固定场所如教室聚集学生进行授课，其多用于实体学校；线上教学是通过互联网把含音视频等格式的教学内容广播到学生终端机上，其在培训机构、在线认证培训或特殊情况如疫情期间常常看到。它们各有优缺点，如表 1 所示。

针对上述线下线上优缺点，于是就有了混

作者简介：范畅（1974—），男，汉族，四川广安人，计算机专业，软件工程研究方向，工学硕士，副教授。

合式教学模式的提出。但是大学的要求是师生在指定的时间指定的教室去上课，更多的是线下授课模式。有的老师把授课资源放在如泛雅超星网络教学平台上，这种方式只是把授课资源从本地推到了网络教学平台，不是严格意义上的线上教学，只是线下教学用线上的资源而已。即便一门课程在整个学期，既有线下教学又有线上教学，它们往往是独立的、离不开表1所述优缺点的。很显然，这种混合式教学模式没有解决实际问题。

表1　线上线下教学优缺点

	优点	缺点
线下	交流、现场辅导、答疑、讨论方便；互动性和师生参与度较高；老师更方便展示肢体语言	受时空限制；授课内容往往不能回放；后排学生对授课老师的授课内容和声音展现的清晰度不高；点名耽误教学时间
线上	不受时空限制；课后可以回放授课内容；老师的授课内容和声音给每位学生展现的清晰度较高；学生签到方便	受网速影响大，教师端和学生端对网速都要有较高要求，否则延时大甚至卡顿；沟通交流互动性不太方便；老师难以监管学生实时学习情况

混合式教学的问题，根本原因是线上线下相分离！为此本文提出了融合式教学，并进行了设计和实施。

2　融合式教学实施

融合式教学是将线上线下相融合，老师和学生利用现代信息化技术手段进行的教与学模式。下面就这种模式的实践过程进行阐述。

首先是线下资源的充分准备。除了包含课件、教辅等所有教学资料，还要准备本文所提的这门编程课相关开发软件，以及至少一种投屏软件如腾讯会议。如图1所示线下部分教学资料。

图1　线下部分教学资料

然后创建线上课程和上传资料。面向对象程序设计课程创建在泛雅超星平台上，将线下的课件整合到线上，如图2所示。除此之外，还上传了学生版资料、教学素材、视频资源、视频回放等丰富的资料，给学生提供用学习通课外复习、预习和自学的平台，如图3所示。

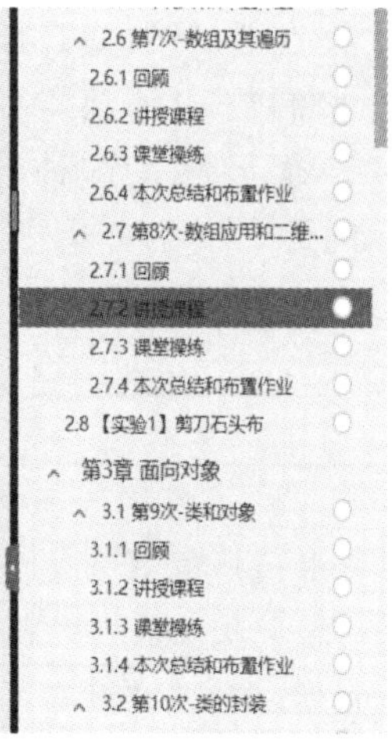

图 2 线下课件整合到线上

图 3 丰富的线上资源

图 4 线上回放视频链接

最后是融合式信息化教学的课堂实施。老师和学生在教室课堂都进入第三方通信投屏软件如腾讯会议，在开发工具中都打开本次教学内容；讲课前老师启动录制功能，直到授课结束关闭，课间休息时间可以暂停录制；在授课过程中除了老师屏幕，任何学生的屏幕都可以共享，还可以任意改变共享屏幕窗口大小或最小化而方便跟练或自练，因为是投屏而非控屏。

每一次课后，老师下载回放视频并将其上传至线上“讲课视频回放”文件夹里，做好链接，如图 4 所示，以便学生课后可以反反复复观看和复习巩固。

3 总结和改进思想

总之，融合式教学方式融合线上线下资源于一体，充分利用线上线下各自的优点使线上线下各自的优势都发挥到了课堂教室里，它是计算机辅助教学(CAI)信息化时代的表现形式，尤其适合实践性非常强的编程课程，而那种一支粉笔或一个 PPT 文件的传统教学模式不再适应信息化教学对编程课程的要求。

在教学实施过程中，主要问题是教室里网速问题，因此要求老师端和学生端网络快速而稳定。改进思路是不出外网而用内网，开发或找到更纯净更轻量级的且支持连麦和回放功能的投屏软件。另外对学生端电脑的监管，老师可以采用边巡场边讲解的方式。而老师可以走下讲台在任何一个学生端的电脑上进行课堂讲课，也是未来的改进方向。

参考文献

[1] 陈云.“互联网+”时代下高校混合式教学模式探究[J]. 佳木斯职业学院学报，2016，000（004）：P.203-205.

[2] 张博. 大学课堂线上线下混合式教学模式新探索[J]. 科教文汇（11）：2.

[3] 白琳. 基于个性化学习的双线融合教学模式[J]. 科技资讯，2020，18(36)：156-159.

[4] 包琼雪. 基于翻转课堂理念的混合式教学模式设计与实践——以《企业管理基础》为例[J]. 现代交际：学术版，2016.

[5] 张祥瑛，张祥令. 线上线下混合式教学质量监控的应用及成效[J]. 现代医药卫生，2020，36（4）：628-630.

浅析大学生就业心理问题的归因及对策

康达

（成都东软学院招生就业工作部 四川 成都 611844）

摘 要： 伴随着经济全球化趋势不断推进，我国也迎来了飞跃似的发展。与之相对应的，社会劳动力需求也迎来了变化。其中，基层的劳动力需求已逐渐趋于饱和，高新产业从业人员的素质也得到了显著的提升。作为当代大学生，一方面对于基层的劳动并非十分向往，而进入高新产业又不具备足够的才能。在这种社会背景之下，就业难的问题一直困扰着当代大学生，并引发多种大学生就业的心理问题。为了有效地缓解大学生的就业心理问题，本文利用文献资料法，研究分析大学生就业的相关心理问题，并提出与之对应的辅导对策。

关键词： 大学生；就业；心理问题

Brief Analysis on the Attribution and Countermeasures of College Students' employment psychological problems

Kang Da

(Department of Enrollment and Employment, Chengdu Neusoft University, Chengdu 611844)

Abstract: With the continuous advancement of the trend of economic globalization, the society of China has also ushered in a leap forward development. Correspondingly, the demand for social labor force has also ushered in changes. Among them, the labor demand at the grass-roots level has gradually become saturated, and the quality of employees in high-tech industries has also been significantly improved. As college students, on the one hand, they do not yearn for grass-roots labor, but they do not have enough talent to enter high-tech industries. Under this social background, the problem of difficult employment of college students has been perplexing contemporary college students, and has caused a variety of psychological problems of College Students' employment. In order to effectively alleviate the employment psychological problems of college students, this paper uses the method of literature to study and analyze the psychological problems related to college students' employment, and puts forward the corresponding counseling countermeasures.

Key words: College Students; Employment; Psychological Problems

1 文献综述

国内研究主要从就业心理概念界定，从当前大学生就业心理现状、影响因素、就业心理问题解决对策三个方面进行学术性研究。其中，关于就业心理概念界定方面，主要有西南大学黄希庭教授的观点：大学生的就业心理是指大学生在考虑就业问题，为获得职业做准备，以及寻求职业的过程中产生的各种心理现象。[1]

作者简介： 康达（1988—），男，籍贯：四川省成都市，学历：研究生，研究方向：高校毕业生就业。

陈杜育提出：职业心理辅导就是大学生在走向成长的教育过程中，一切与其未来职业有关的准备活动，以及正式成为工作者后一切与工作有关的主观认知和客观事项。[2]

在大学生就业心理现状及影响因素的相关研究中，张成山、尹忠凯、吴静等都进行了大学生就业心理现状的相关论述。[3]同时将影响大学生就业心理的因素分为社会、学校、家庭以及自身四个方面。

2 大学生就业常见心理问题

2.1 焦虑心理

焦虑是指主体对于客观事物所产生的不安心理或者无根据的恐惧心理。焦虑心理的产生通常是主体在意识到自己即将面临不可预知的环境或者会对个体产生不良影响的环境后所产生的一种心理状态。焦虑心理在大学生就业过程中通常产生于大学生对于自己缺乏自信、面对就业招聘时准备不足，或者对于就业环境的不可预知等因素的共同作用。

2.2 自卑心理

自卑是一种消极的自我评价，是缺乏自信心的一种心理特征。具有自卑心理的大学生，在就业过程中通常表现为性格内向，敏感多疑。在应聘过程当中，自卑心理也会诱导大学生不能够准确地展现出自己的特长。面对能够胜任的工作时，不敢勇于争取，表现得唯唯诺诺。在多种因素的作用之下，往往会使大部分自卑的大学生失去好的就业机会。另外，在就业过程中具有自卑心理的大学生一旦面临挫折，其心理压力就会明显加剧。

2.3 茫然心理

大部分大学生在刚刚毕业时就必须面临就业选择，在此之前，部分大学生并没有做好充分的准备。大学生进入就业选择阶段时，根本不知道如何就业，选择什么样的职业适合自己。在面临就业选择之前，部分大学生不能根据自身情况做出准确评判，这也会导致大学生在选择工作时做出错误的判断。此外，盲目地进行就业选择也会导致大学生在就业之后才发现自己所选择的职业和自己的期望有着很大的差距。

2.4 依赖心理

由于读书时期面对种种困难时，都会有父母以及老师的帮助，到了就业阶段，部分学生自然会产生依赖的心理，面临突如其来的就业挑战时，会不由自主地等待或者寻求来自家长或老师的帮助。

2.5 抱怨心理

有的学历不高、成绩不好或者在大学期间表现不够突出的大学生，在进行就业选择时并不具备优势。与此同时，由于其缺乏足够的进取意识，他们会将目光锁定在其他优秀同学身上。一方面羡慕他人拥有着足够的能力，一方面后悔自己当初的选择，以及在大学期间不够努力。怀着悲观的心态面对生活，抱怨自己，怨恨他人，一度在就业选择过程中表现出颓废的状态。

3 大学生就业心理问题的归因分析

3.1 焦虑心理成因

进入社会之后，大学生必须面临着更复杂的人际交往，学会为人处世的准则。这些新颖的内容对于初次接触社会的大学生来说，需要一定的心理承受能力。如果不能正确处理好自我与社会之间的关系，就会导致大学生对自我产生怀疑，最终产生焦虑心理。

大学生毕业即就业是一种社会趋势。然而，由于部分大学生对社会没有全面的认识，缺乏相应的社会实践，这就导致大学生在就业过程中出现盲目就业或者跟风就业的现象。与此同时，大学生对于自我认识剖析不足，一方面不清楚自己的理想就业方向，一方面对于自我能力认识不足，定位过高，能力不足以胜任相应的位置。这些导致大学生在就业过程中屡屡碰壁。

家庭因素也是导致大学生产生焦虑心理的原因之一。部分大学生家长不了解当下的就业环境，因而强迫大学生从事某一种行业或者达到某一种收入标准。一旦大学生在就业过程中出现偏离家庭成员期望的情况，必然会导致大学生与其家庭成员之间产生矛盾或者隔阂，这无疑会增加大学生就业过程中的心理压力，从而导致焦虑心理的产生。

3.2 自卑心理成因

自卑心理对于毕业阶段，将要步入社会的大学生而言，其本质是一种不够成熟的心理状态。大学阶段是人生中一个很重要的转折阶段，在此期间，大学生逐渐由稚嫩走向成熟。这样才能够使大学生在看待问题时能够拥有属于自己独立的见解。而自卑往往产生于大学生较差的自我评价，一方面否定自己的过去，一方面质疑自己的现在，同时对于自己的将来充满了不自信。

3.3 茫然心理成因

大学期间是对大学生个体进行知识培养以及自身素质培养的重要阶段。然而，部分大学生在校成绩并不够理想，同时掌握的专业知识也不够牢靠，导致在临近就业选择时，这部分大学生并不知道自己应该何去何从。另一方面，由于缺乏足够的社会实践以及足够的竞争进取意识，在面对就业选择时，部分大学生并不能够充分把握当下机遇，认识了解当下的社会环境，无法充分把握就业选择时的主动性，最终导致在临近就业时表现出茫然状态。

3.4 依赖心理成因

当代大学生学习经历很大部分都来自父母或者老师的安排，导致当代大学生很少进行社会实践，这也就造成了大学生对于社会现状并没有明确的认知和了解。久而久之，面对问题时大学生总是缺少独立的个人见解。在面对就业选择时，这一部分大学生第一时间就会想到老师或者父母。同时受到了来自社会环境中享乐主义、极端个人主义以及拜金主义等不良思想的影响，大学生会进一步丧失在就业过程中的竞争进取意识，不会从自己的角度出发，反而进一步依赖他人的帮助。

3.5 抱怨心理成因

抱怨心理的产生主要来源于大学生个体缺乏对自我的准确认知，同时抱怨心理也是大学生逃避现实的一种表现形式。就业过程中出现准备不足或者能力不符合相应的职位要求是一种或多或少都会出现的状况。对此，部分大学生抱怨自己能力不足，怨恨没有得到同学、老师或者家人的帮助，从而以这种错误的方式来转移就业中所遇到的挫折和困难。不能做到从个人的角度，提升自我综合素质或发掘自我优点，最终导致在面对就业失败时始终止步不前。

4 解决大学生就业心理问题的对策

4.1 社会方面

4.1.1 营造公平竞争的就业环境

随着市场经济不断发展，社会当中也偶有出现利用权力谋私、走后门、无序竞争等有失道德水准的竞争问题。这与当下民众对于公平正义以及个人合法权益追求的趋势和潮流大相径庭。大学生在就业过程中，用人单位应该摒弃身份歧视、注重家庭背景等不正当的用人观念。进而营造一个公平公正的就业竞争环境。

4.1.2 正确引导就业舆论方向

在过往的社会观念中，不少家长以及社会个体都认为，只要就读一个好的大学，就能够拥有一个好的工作，在此基础之上也就导致了社会舆论普遍认为大学的好坏就对应着工作的好坏。然而伴随着社会进一步发展以及思想文化的多元化发展，大学已经不再是影响学生们寻找工作的唯一因素。因此，诸如北大才子卖猪肉、法学硕士卖米粉这样博人眼球、吸取社会流量的报道应该进行一定程度的限制。从而避免群众对于就业出现认知上的偏差。

另一方面，正确引导就业在社会环境中的舆论导向也可以促进社会群体对大学生群体就业的关注程度，并使大学生群体能够获得来自社会的帮助和肯定，从而缓解大学生在就业过程中的压力。

4.2 学校方面

4.2.1 优化教学模式

学校应改变教条式的教学方式，提高学生专业知识的掌握程度。在此基础上，可更多结合社会实践，增加学生的社会实践经验以及专业知识在社会中的应用能力，从而帮助学生认识自我能力，在面对就业选择时有更加明确的方向。

4.2.2 优化就业指导课程

学校需优化择业就业指导课程，模拟大学生在就业过程中的各种环境，引导大学生提早认识社会中的各种工作现状。让大学生在就业时可以清楚认识到不同的工作岗位与自我的相适应程度，能够在后续真正就业的过程中选择最适合自己的岗位。

4.3 家庭方面

家庭是大学生的心灵港湾，大学生就业离不开自我选择，同时也离不开家庭的支持。因此，在家庭中，父母亲人要善于倾听来自大学生的声音，准确清楚了解大学生的所知所见所想，做到不将自我意识强加到大学生的择业就业选择之上，从而缓解大学生在就业过程中的心理压力，并为大学生就业提供独立的科学的选择空间，从而改善大学生就业过程中的窘迫情况。

4.4 个人方面

4.4.1 做好自我评价

一个准确的自我评价能够帮助大学生清楚地认识自我，了解自我。在准备就业时，大学生可以根据自身的特点来选择就业方向，选择能够充分发挥自我优势的工作岗位为目标，不随便制定过分超出自我能力范畴的计划，同时避免随遇而安的心理，在选择工作岗位时采取听之任之的态度。

4.4.2 增强就业规划意识

积极主动地了解自己感兴趣岗位的社会实际情况、发展趋势以及在用人方面的实际需求，并根据个人情况进行权衡和评估，选择适合自身的工作方向和岗位。根据自己的预期制定就业的阶段性目标，调整现实与理想之间的关系，做到有机衔接和协调转换。

参考文献

[1] 黄希庭. 大学生心理健康教育[M]. 上海：华东师范大学出版社，2004：151.

[2] 陈社育. 大学生职业心理辅导[M]. 北京：北京出版社，2013：5.

[3] 张丽娜. 大学生就业心理研究[D]. 渤海大学，2014.

新工科背景下“高等数学”第一堂课教学设计

王璐

（成都东软学院基础教学学院 四川 成都 611844）

摘　要：高等数学是高等学校工科类本科生必修的重要基础课程，将为学生相关后继课程的学习奠定必要的数学基础。高等数学的第一堂课，起着承前启后的作用，好的第一堂课起到激发学生学习兴趣，帮助学生建立信心，提高学生对课程认同感的作用。本文以成都东软学院“高等数学Ⅱ”课程为例，基于新工科背景对第一堂课进行了教学设计，从课程的重要性，主要内容和课程体系以及怎样学好高等数学等方面出发，旨在激发学习兴趣、建立信心，最终达到学好这门课程的目的。

关键词：高等数学；第一堂课；教学设计；新工科

Design of the First Class for Advanced Mathematics under the Background of New Engineering

Wang Lu

(School of Generd Education, Chengdu Neusoft University, Chengdu 611844)

Abstract: Advances Mathematics is one of the most fundamental mathematics courses in university, which is capable to lay a good mathematical foundation for further study. The first class of Advanced Mathematics plays an important role to connect math learning of the high school and university. A good first class will help students to stimulate learning interest, build confidences and shape the sense of identity of the subject. This paper took *Advanced Mathematics II* in Neusoft University as an example to design the first class under the background of new engineering. Through the introduction of course importance, main content, course system and learning method, students will be stimulated and finally succeed in Advanced Mathematics.

Key words: Advances Mathematics; the First Class; Course Design; New Engineering

引　言

第一堂课的教学至关重要，好的第一堂课起到承前启后的作用，能够增强学生学习自信，激发学习兴趣，帮助学生总体把握课程内容，提高学生对课程的认同感。通常来说，第一堂课要包括以下内容：

（1）建立联系。帮助学生建立本课程与已有知识建构的联系，建立课程与学生生活和专业的联系，建立教师与学生、学生与学生的联系，拉近师生心理距离，帮助学生树立信心并激发其学习兴趣。

基金项目：四川省民办教育协会2021年研究课题“新工科背景下民办高校数学基础课程‘金课’建设研究与实践——以成都东软学院为例”（MBXH21YB03）。

作者简介：王璐（1986—），女，汉族，四川西昌，讲师，硕士，研究方向：应用数学，大学数学教学研究。

（2）介绍课程的历史和意义，让学生了解课程的重要性，进一步激发学生的求知欲和学习兴趣。

（3）介绍课程的核心概念，让学生明白课程所涉及的学科要回答的核心问题、基本结构和思维方式。

（4）介绍学习方法和学习目标。介绍适合本门课程的学习方法和学习经验，帮助学生初步了解课程学习将要培养的知识、能力和素质。

本文以成都东软学院"高等数学Ⅱ"课程为例，基于新工科背景对第一堂课进行了教学设计，从课程的重要性、主要内容、课程体系以及怎样学好高等数学等方面出发，旨在激发学习兴趣、建立信心，最终达到学好这门课程的目的。

1 新工科背景下的高等数学课程

2017 年以来，我国积极推进新工科建设，探索工程教育改革的新模式、新经验，并提出了新工科建设理念。[1]新工科建设坚持问题导向，以学生为中心，以面向未来和国际先进水平为目标，通过工程项目和多学科交叉融合，培养学生的实践能力和创新能力。高等数学是高等学校工科类专业必修的基础课程，是新工科建设非常重要的基础课程，在落实立德树人目标、实现创新人才培养中具有不可替代的作用。[2-3]

新工科培养创新型人才的目标对高等数学课程提出了新的要求。[4]在新工科背景下，更新教学理念，开展教学改革，深度融合信息技术，优化教学内容，创新课堂教学模式和课程考核方式都将为新工科人才培养提供有力支持。

在高等数学的第一堂课上，应当充分结合新工科背景，介绍数学在信息技术、医疗图像、特征识别、人工智能、数据应用等新工科领域中的应用，让学生充分认识到数学的重要性，以此激发学生的学习兴趣。同时，介绍课程教学将采用的信息化技术，推荐与时俱进的学习方法和工具，帮助学生快速掌握学好高等数学的方法。

2 第一堂课教学设计

高等数学的第一堂课教学设计包括课程重要性、课程主要内容、课程考核要求以及课程学习方法四个部分。

2.1 课程的重要地位和作用

作为工科专业的学生，在大学期间将要学习三门数学基础课程：高等数学、线性代数、概率论与数理统计，很多学生困惑为什么非数学专业的学生要学这么多数学课。因此，在课程一开始，就需要让学生知道这门课程的重要地位和作用。

古往今来，无数的伟大的科学家高度评价数学。通过名家名言，让学生对数学的重要性有初步认识。例如，英国哲学家培根（Francis Bacon）说过"数学是科学的大门钥匙"，马克思主义创始人之一恩格斯说"要辩证而又唯物地了解自然，就必须掌握数学"。同时结合学生专业进行引用，比如给计算机类专业学生讲，就可以引用计算机之父冯·诺依曼（John Von Neumann）这样评价数学："数学处于人类智慧的中心领域。"数学实力往往影响着国家实力，世界强国必然是数学强国。数学对于一个国家的发展至关重要，发达国家常常把保持数学领先地位作为他们的战略需求。[5]通过介绍近两百年世界强国的数学成就，让学生充分意识到数学领先是国家强盛的重要保障。数学的重要性和基础性，还表现在它在各门学科中的广泛应用。通过介绍数学在信息技术、医疗图像、特征识别、人工智能、数据应用等新工科领域中的应用，让学生真切感受到数学的重要性。例如，世界上任何一枚火箭的设计和制造，都离不开著名的齐奥尔科夫斯基公式；没有快速傅里叶变换，就没有当今的互联网；华为的 5G 标准源于土耳其数学家 Arikan 教授在 2008 年发表的一篇数学论文。华为总裁任正非在一次采访中，高度评价了数学对于华为发展的重要性。他提到"在这 30 年里，我们能够突破，完全是因为数学有了突破。不管是手机软件还是手机上面的应用系统，都是以数学为核心基础，是在这个基础上面延伸发展出来的新的设备"。

最后，明确高等数学是一切高级数学的基础，让学生充分认识到数学以及这门课程的重要地位，彻底激发学生的学习兴趣。

2.2 主要内容和课程体系

在充分认识课程重要性之后，需要讲清楚课程的主要内容，通过浅显易懂的案例让学生感受课程的魅力。[6]

与初等数学主要研究常量不同，高等数学以变量为研究对象。高等数学包括微积分、空间解析几何以及常微分方程，其中核心内容是微积分。微积分主要研究物体在运动中的数量变化规律，包括均匀变化和非均匀变化，通常从微观和宏观两个角度研究问题。以质点沿直线运动问题为例，从微观角度求某时刻的瞬时速度，从宏观角度求某时间段内物体的位移，向学生展示微积分研究的方法和思想。利用已知研究未知，利用均匀变化研究非均匀变化。为了便于学生理解和学习，教师应介绍课程的教学体系，帮助学生总体把握课程，也是非常必要的。

2.3 课程考核要求

俗话说“没有规矩，不成方圆”，第一堂课要让学生明确课程的考核要求，以此引导和规范学生的学习行为。[7]

科学设计的考核方法，需要科学有效的落实。高等数学课程注重过程性学习的考核与评价，包括在线学习、任务节点完成、课堂互动、小组互评、作业和单元测试等方面。因此，学生在第一堂课要充分明白各个考核项目以及考核指标，熟悉信息化学习平台的使用。同时，明确考核要求，严格执行考核要求，也是培养学生规则意识的一个重要手段。

2.4 课程学习方法

好的学习方法是共通的，比如提高课堂学习的质量，勤思考多练习。高等数学作为一门数学科学，经过三百多年的发展，有高度抽象、理论严密、逻辑性强、应用性广的特点。[8]针对高等数学的特点，从课程的培养目标出发，给出学习方法的建议。

首先，鼓励学生深入钻研、领会实质，要学会从公式出发，看到问题的本质，领会分析问题，解决问题的思维方法，从而培养自己科学思维的方法；第二，思维和计算并重，要注重培养抽象思维、逻辑推理、严密思考和熟练的计算能力，并要与时俱进，学会用计算机为工具，完成大型计算；第三，要有意识地增强应用数学和计算机解决问题的能力，积极参加数学建模等竞赛，培养创新意识和动手能力；第四，要鼓励学生学会自我管理，提升独立自主学习的意识和能力。

3 结束语

高等数学第一堂课非常重要，开头开得好，课程就更容易得到学生的认可，学生也从心底出发想要学好这门课。在新工科背景下，激发学生的学习兴趣，帮助学生立志学好课程、增长见识，引导学生逐步树立正确的人生观、价值观、世界观，同样是高等数学课程的职责。因此，作为高校教师，在钻研教学方法和学科课程设计的同时应懂得第一堂课在大学生心目中的影响和意义，重视备好第一堂课，努力上好第一堂课。

参考文献

[1] 黄云清. 基于新工科理念推进大学数学教学改革[J]. 中国大学教学，2020，(Z1)：30-33.
[2] 王德华，付钰琛，薛鹏翔，等. 新工科大学数学科教融合教学模式探索与实践[J]. 教育教学论坛，2020 (39).
[3] 王洋，刘鹏飞，王玉杰. 新工科数学类课程体系构建和教材建设[J]. 高师理科学刊，2019，039 (005)：64-67.
[4] 嵇绍春，许三长. 新工科背景下大学数学课程教学改革探索[J]. 高师理科学刊，2019，39 (005)：68-71.
[5] 张恭庆. 数学与国家实力[J]. 紫光阁，

2014（9）：76-78.
[6] 叶其孝. 微积分教学中融入数学建模的思想和方法（待续）——融入从大学第一堂数学课开始[J]. 高等数学研究，2014，17（003）：40-47.
[7] 凯瑟琳·张，张良才. 高数人生的第一课[J]. 教育现代化，2019，v.6（86）：253-254.
[8] 王广富，王凤灵. 开篇谋局——上好《高等数学》第一堂课[J]. 课程教育研究，2020（08）：130-131.

大学数学基础课课程建设与改革现状

——基于 72 位数学教师的问卷调查分析

王璐　郑志静

（成都东软学院基础教学学院 四川 成都 611844）

摘　要： 大学数学课程是高等学校工科类、经济和管理类本科生必修的重要基础理论课，既是学生学习后继专业课程的基础，又是培养其创新能力的源泉。为推动课程教学改革，提高课程教学质量，本文从课程的基本信息、考核方式、教研教改情况以及教师工作状态四个维度编制问卷，对来自不同高校数学教师进行调查。通过分析问卷结果，结合大学数学课程的特点，针对大学数学课程建设及混合式教学改革，提出具体建议。

关键词： 大学数学；课程建设；问卷调查；混合式教学

Construction and Reformation of Mathematical Courses in Universities

——Based on College Teachers Questionnaires

Wang Lu　Zheng Zhijing

(School of General Education, Chengdu Neusoft University, Chengdu 611844)

Abstract: Mathematics is one of the most fundamental courses in university, which is capable to lay a good mathematical foundation for further study and develop innovative thinking abilities of students. This paper designed a questionnaire based on course information, evaluation method, construction and reformation of college mathematics and work condition of teachers. Questionnaires were delivered to 72 teachers from different universities. Specific measures were proposed on the analysis of the questionnaires.

Key words: College Mathematics; Course Construction; Questionnaires; blended teaching

引　言

高等学校工科类、经济和管理类本科生的数学基础课程包括高等数学、线性代数、概率论与数理统计，它们都是必修的重要基础理论课。通过这些课程的学习，不仅为学生相关后继课程的学习奠定了基础，还能培养学生自主学习、综合运用所学数学理论和方法分析与解决问题的能力。我国大学数学课程建设与教学改革已有六十余年的历史，取得了丰硕的成果。[1]进入 21 世纪，关于在大学数学教学中，如何适应新时代要求培养高素质创新型人才，如何在信息化背景下建设大学数学课程资源、开展教学改革，成为高校数学教育关注的重点问题。[2]

基金项目： 四川省民办教育协会 2021 年研究课题“新工科背景下民办高校数学基础课程‘金课’建设研究与实践——以成都东软学院为例”（MBXH21YB03）。

作者简介： 王璐（1986—），女，汉族，四川西昌，讲师，硕士，研究方向：应用数学，大学数学教学研究。
郑志静（1981—），女，汉族，浙江遂昌人，副教授，硕士，研究领域：计算数学、信息安全。

在新工科建设以及一流本科课程建设背景下，大数数学教学要做到“以学生为中心”，深度融合信息技术，打造一流课程，切实提高教学质量和育人成效。[3]

笔者有幸参加了“国家天元数学西北中心2021年（中西部）高校非数学专业数学基础课教师研修班”的学习，培训班中有来自全国58所高校的96名教师。借此机会，笔者向参会教师发送了问卷调查，用于了解国内高校非数学专业大学数学课程开设，为持续推进一流课程建设以及线上线下混合式教学改革提供参考。

1 研究对象

本调查研究的对象为来自全国58所高校的大学数学基础课程教师。利用问卷星编制发放问卷，发放96份问题卷，调查时间为2021年7月27日至8月3日，共收集到72份有效问卷。

2 调查结果与分析

问卷有12个问题，参考课程建设与改革的重点关注的领域设计问题[2][4][5]，涉及各高校数学基础课开设课程基本信息、考核方式、教研教改情况以及教师工作状态。

2.1 基本信息

本部分从学校类型、教师学位学历、教师年龄、年度教学工作量等维度设计问题，用于了解参与问卷调查教师及高校的基本信息。从结果来看，参与问卷调查的教师大部分来自教学研究、教学型以及应用型学校，其中应用型高校占比接近30%，说明本问卷的结果对于应用型本科院校具有一定参考意义。参与问卷教师中硕士及以上学历占比接近95%，其中博士占比39%，说明大学数学基础课程教师的学历普遍较高。参与问卷教师年龄主要集中在50岁以下，占比超过85%，说明中青年教师外出参与培训提升的积极性较高。教师年度教学工作量集中在180～480（学时/学年），说明参与问卷调查的大部分高校数学基础课教师工作量较多，如图1所示。

参与问卷教师主要承担“高等数学”“线性代数”“概率论与数理统计”三门课程的教学工作。此外，部分高校开设有“离散数学”“数学建模与数学实验”“复变函数与积分变换”“数学物理方程”“科学与工程计算方法”“数学竞赛”等课程。超半数以上高校“高等数学”的总学时超过160学时；“线性代数”课程开设学时主要有三种情况，分别为32、48、64学时，约55%的高校开设学时为48学时；“概率论与数理统计”课程中约55%的高校开设学时为48～64学时，具体如图2所示。

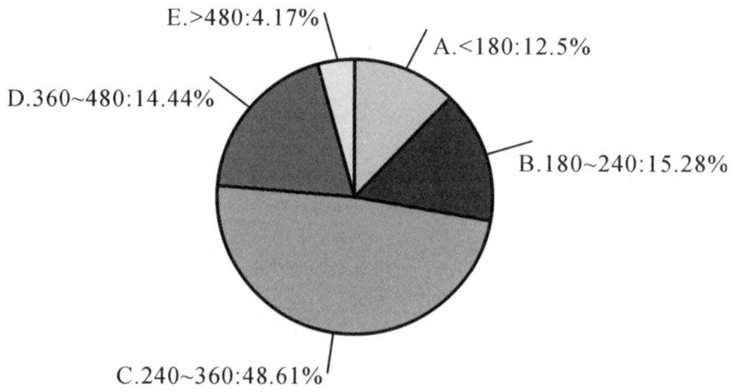

图1 教师年度教学工作量（学时/每年）

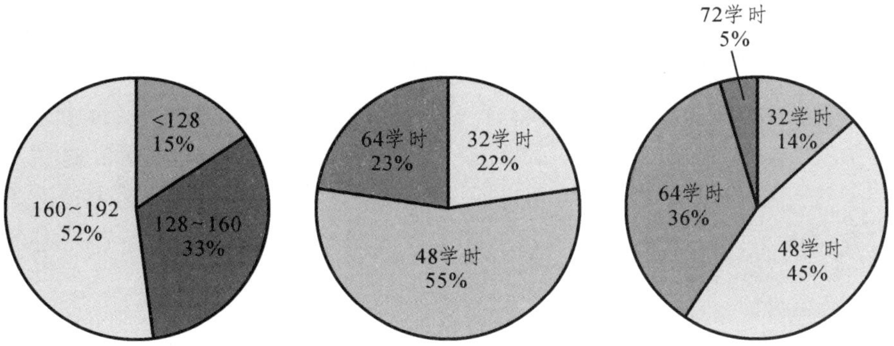

图 2　三门数学基础课程学时占比

2.2　课程的考核方式

为了解各高校开设大学数学基础课程的考核方式，从平时成绩占比及类型、期末考试题型及分值等维度设计问题。从分析结果中，发现作业、考勤和课堂表现是大学数学基础课程平时成绩考核的主要项目。其中，所有课程都对作业进行考核；80%以上的课程对考勤和课堂表现进行考核；有接近 60%的课程使用期中考试作为考核项目；16%的课程对线上成绩进行考核，如图 3 所示。

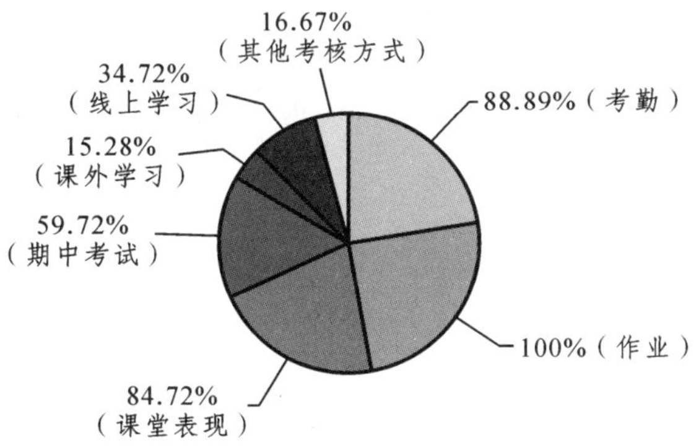

图 3　数学课程采用的考核方式（多选）

平时成绩在最终成绩中所占比例集中在 10%～40%，只有少数课程平时成绩占比超过 40%，说明数学基础课程的期末考核仍然是主流的考核方式。期末考试题型主要包括单选题、填空题、判断题、计算题、应用题和证明题，这些题型占比均超过 80%，其中计算题占比最高，接近 100%，说明各高校数学基础课程期末考试的题型相近，客观题分值占比基本不超过 40%，考核仍以主观题为主，具体如图 4 所示。

2.3　开展教研教改的情况

为了解各高校开设大学数学基础课程的开展教研教改的情况，尤其是混合式教学改革的实施情况，从课程立项、开展混合式教学改革力度以及教师开展混合式教学改革的主观意愿等维度设计为问题。

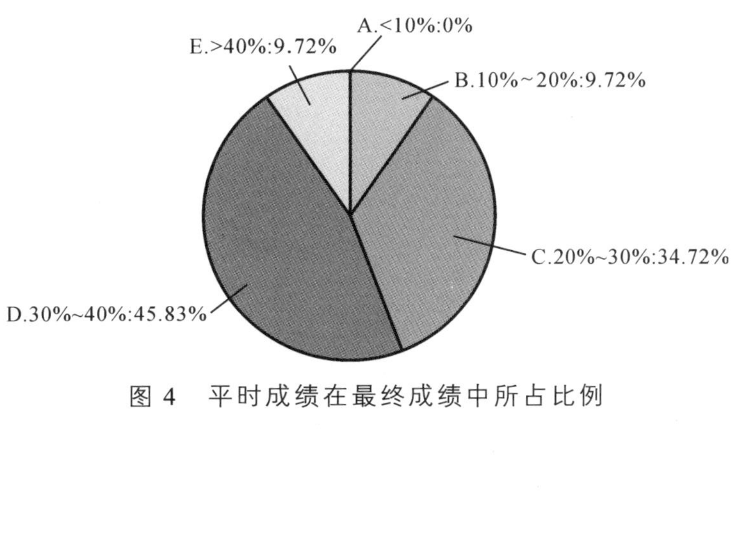

图 4　平时成绩在最终成绩中所占比例

80%的课程获得了校级以上的立项，其中22%的课程获得省级立项，12%的课程获得国家级立项，说明各校都比较重视大学数学基础课程的课程建设和立项，具体如图 5 所示。52%的课程已经开展了线上线下混合式教学，分析尚未开展混合式教学改革的课程，问卷反馈的原因主要有：① 资源准备不充分；② 线上教学质量难以监控；③ 部分教师认为数学课程不适合开展混合式教学；④ 部分教师认为大班教学不适合开展混合式教学。这说明，一线教师对于大学数学基础课程是否适合开展线上线下混合式教学的态度，还存有一定的分歧。

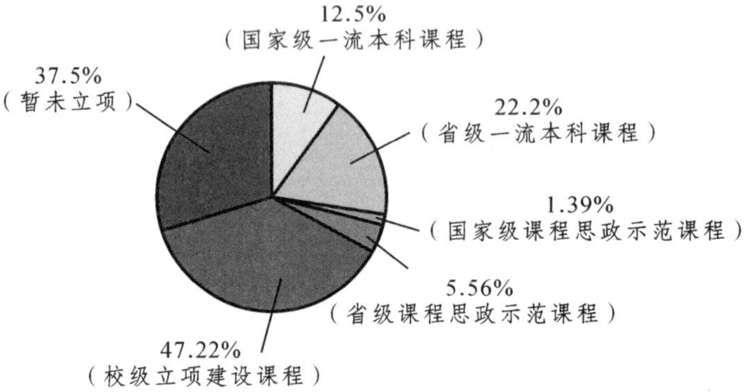

图 5 所承担课程建设立项情况（多选）

已开展线上线下混合式教学的课程中，线上学时占比基本不超过 40%，大部分课程占比在 20%～30%。有 30%的课程虽然开展混合式教学改革，但是线上学习不占学时，仅作为线下学习的补充，这说明部分教师即使开展了混合式教学，但是对于混合式教学的教学效果持保留意见，如图 6 所示。

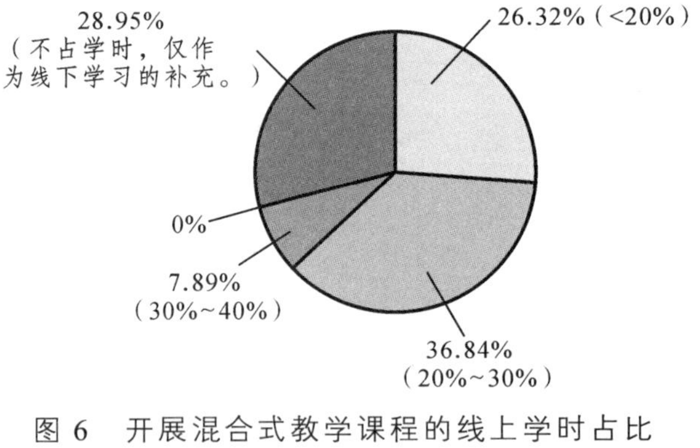

图 6 开展混合式教学课程的线上学时占比

接近 85%的教师有意愿开展线上线下混合式教学改革，不愿开展的主要是担心无法保证教学效果。总体来看，绝大多数一线老师愿意在保障教学效果的前提下开展混合式教学改革。

2.4 教师工作状态

最后，为了解各高校教师的工作状态，就工作满意度、工作压力进行了问卷收集。超过94%的教师对当前工作满意，其中约 8.33%非常满意；超过 75%的教师表示目前工作压力比较大；较大的工作压力主要来源于科研以及职称晋升。这说明，科研成果及职称晋升，仍然是制约教师投入教学建设的主要原因。

3 调查结论与建议

根据问卷结果，结合大学数学课程的特点，针对大学数学课程建设及混合式教学改革提出几点建议：第一，鼓励教师开展课程建设，适当降低一线教师年度教学工作量、科研考核要求；第二，鼓励教师外出学习交流，学习教学新理念和新方法，转变传统教学的观念；第三，鼓励教师开展课程考核的研究，建立完善科学评价方法，激发学生的学习动力；第四，鼓励教师开展信息技术与教学深度融合研究，实践线上线下混合式教学，优化课堂教学方法，提高课堂教学质量。

参考文献

[1] 我国大学数学课程建设与教学改革六十年课题组. 我国大学数学课程建设与教学改革六十年[M]. 高等教育出版社，2015.
[2] 黄云清. 基于新工科理念推进大学数学教学改革[J]. 中国大学教学，2020（2）：4：30-33.
[3] 王洋，刘鹏飞，王玉杰. 新工科数学类课程体系构建和教材建设[J]. 高师理科学刊，2019，039（005）：64-67.
[4] 陈丽，陈朝东. 大学数学课堂教学方式方法实施情况的调查研究[J]. 高等理科教育，2018，000（001）：96-101.
[5] 赵德钧，李路. 大学数学课程分级教学的现状与启示[J]. 大学教育，2013（01）：100-102.

基于孟菲斯风格的文创产品设计研究

刘依君　曾哲

（成都东软学院数字艺术与设计学院 四川 成都 611844）

摘　要： 20 世纪末，孟菲斯派走入公众视野，其设计风格开创了新的时代，也成为艺术发展史上一段璀璨的历程。该学派自诞生后，一直深受艺术家欢迎，活跃于各地艺术展览会中，特别是孟菲斯派引入我国后，在二维设计领域的运用得到了学者的认可。但是不可否认的是孟菲斯派的公众认可度较低，被归属于小众艺术类别，国内环境的公众认可率不高。鉴于此，本文以文化创意产品的方式进行创新，将孟菲斯融入产品中，从而获得民众的认可，这也不失一种良好的发展策略，同时通过该种方式也可以推动艺术文化的宣传，提高民众的艺术鉴别力，对国内艺术设计环境的发展具有积极作用。此外，孟菲斯设计具有审美情趣，能够展现出设计风格的别样化，引导民众感受多样的艺术类型。

关键词： 孟菲斯风格；卡米尔·瓦拉拉；文创产品

Cognitive Radio Spectrum Allocation Based on Hierarchical Multiple Selection Genetic Algorithm

Liu Yijun　Zeng Xi

(School of Digital Art and Design, Chengdu Neusoft University, Chengdu 611844)

Abstract: The Memphis School, which was born in the late twentieth century, has become an indispensable part of the history of art development with its unique design concept and design style. It still shows a certain degree of activity so far. It has been in the domestic market for the past two years, especially two-dimensional. There are a lot of applications in the design field. Memphis, as a niche art of the last century, lacks extensive recognition and attention among the public, especially the domestic environment. By designing a series of Memphis-style cultural and creative products to promote the popularity of the public to a certain extent, promote the dissemination and development of art culture, improve people's artistic literacy, and thus enrich the composition of the domestic art design environment in the future. At the same time, through the liberalization of Memphis design style and individualized aesthetic pursuit, life is more interesting and conveys an optimistic and energetic attitude towards life.

Key words: Memphis style; Camille Valara; cultural and creative products

引　言

随着时代的发展，艺术设计从富有创造力逐渐走向了功能实用为主的时代。20 世纪的中晚期，经济发展迅猛，企业竞争激烈，民众的审美更加偏向于实用主义，包豪斯风格逐渐得

作者简介： 刘依君（1990—），女，汉族，四川成都，讲师，硕士，研究方向：工业设计，展示设计。

曾哲（2003—），女，汉族，四川成都，成都东软学院学生，研究方向：文创产品设计、产品设计。

到了民众的认可，功能为核心、设计为辅助的时代已经到来。在这一时期，产品的设计越发趋向于朴实，功能性是否存在也成为衡量产品的重要因素，功能主义占据了主要地位，尽管这一风格设计恰好符合了时代的要求，但是产品设计的简朴、单调也逐渐丧失了美感，无法体现出设计者的创造性。基于这一现状，设计师们不禁思考产品设计的核心是什么，对功能与装饰是否可以兼顾，由此推动了波普艺术的出现，设计风格呈现乖张的趋势。

为了应对实践中的现状，意大利设计大师艾托·索特萨斯与其他设计师进行了思考，认为只有创新艺术风格门类，才能够从功能主义的产品中脱离出来，由此催生了孟菲斯。孟菲斯风格展现出设计师的天马行空，与功能主义勃然相反，极度重视装饰主义，能够为观者带来审美上的享受。

自孟菲斯风格诞生后，全世界范围的设计风格也潜移默化地发生了改变，影响范围深远，这一改变凸显在现代工业产品设计、包装设计等领域。索特萨斯认为，设计需要从多维度进行分析，不能够从单一的产品进行看待，而是要结合生活方式，因此要认识到设计风格丰富多彩，需要站在时代下进行创新发展。

1 孟菲斯风格

孟菲斯派的设计师们在进行设计时，创新地融入了两种截然不同的风格，即传统文化与现代流行艺术，在设计内容方面，更加注重装饰主义的宣传，手工艺的生产方式成为主流方式，这一风格设计理念凸显了设计师的天马行空，但是与当时时代下的机械化批量产品的现状格格不入。孟菲斯派的设计师们从不同的学派中汲取灵感，如波普艺术、日本浮世绘艺术等，也进一步凸显了设计物的内涵，这一理念恰好符合了阿尔米亚的理念。同时，为了更加符合公众的审美，孟菲斯派放弃了传统叛逆的设计风格，取而代之的是设计美感的追求。但是我们应当要认识到孟菲斯学派的出现是注重文化内涵的表现，但是文化内涵的地位仍然未发生改变，其仅仅是作为灵感源泉，意义性不强，仅能够给观者带来审美体验。由上述分析可以了解到，孟菲斯风格呈现新奇、活泼以及潮流的特色。

设计师在运用孟菲斯风格时，产品颜色呈现多样，结合多项色彩运用技巧，展现出丰富的画面享受。传统的艺术作用为了突出主色调，通常色彩颜色不超过三种，孟菲斯派诞生后，初期主要是以红、黄、蓝作为基本原色，此后越来越丰富的色彩运用造就了孟菲斯风格的多变化，色彩使用越来越大胆，如粉红、粉绿等，但是无论色彩运用如何，孟菲斯派的设计理念永远凸显时尚、活泼的特色。索特萨斯作为孟菲斯特的代表设计师，激进主义运动便是由他开启，动员设计师们进行创新思维，将脑海中的设想转化为实际的设计风格。

孟菲斯派的设计理念，摒弃了传统的模仿讨论，立足于基础性的设计元素，将基础几何图形进行运用，如三角形、圆形等，通过对不同的几何图形、点、线等元素的搭配，展现出特殊的设计风格。

孟菲斯派的设计师将天马行空的创意融入设计中，运用丰富的色彩与图形元素，将各类材料进行巧妙结合，展现出别具一格的设计画面，也呈现出活泼、时尚的设计感染力。

2 孟菲斯风格在文创产品设计中的应用

2.1 设计元素提炼

上述分析，深入分析了孟菲斯风格以及卡米尔·瓦拉拉的艺术文化知识，总结出如下的形态设计元素，如图 1 和图 2 所示。将瓦拉拉的设计风格进行拓展，展现出非对称几何的设计理念，将单一的元素进行重复展示，能够给观者带来丰富的感官享受，如图 3 所示。

图 1

图 2

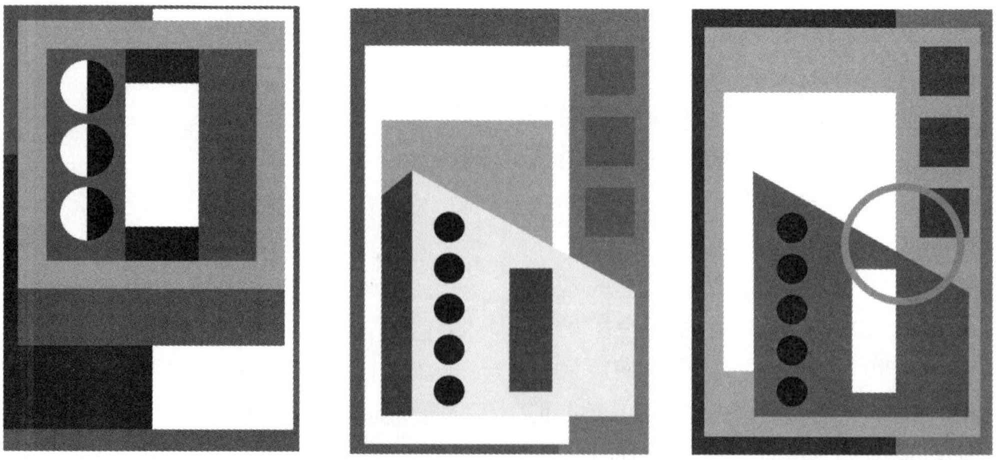

图 3

2.2 文创产品设计应用

以简单元素为基础，呈现统一的画面，能够将多个设计产品形成体系化，呈现系列的统一性，并赋予其识别度。图形设计阶段方案一如图 4 所示，将瓦拉拉的几何堆积作为灵感，高明度平图色彩结合经典条纹。此方案色彩搭配较好但创新性较低，且系统性较差，前后不够呼应。

图形设计阶段方案二如图 5 所示。该方案在系统性与完整性上较方案一有所进步。通过相同元素的重复使用，在各个图形之间形成联系紧密。但在色彩运用上不够鲜明活泼，缺乏孟菲斯风格所追求的活力感。

图形设计阶段方案三如图 6 所示。该方案将调研中获取的信息元素精炼化，从元素整合、元素放大两个角度入手，去呈现孟菲斯的特征与精髓。在前两个方案的基础之上，取长补短，无论是在色彩运用还是构图方面都较为完善。明暗对比强烈，结构清晰明确使得它在视觉上具有较大的冲击力。图形与图形之间联系紧密，有明显的系列化特征。在风格表达上也更加准确。

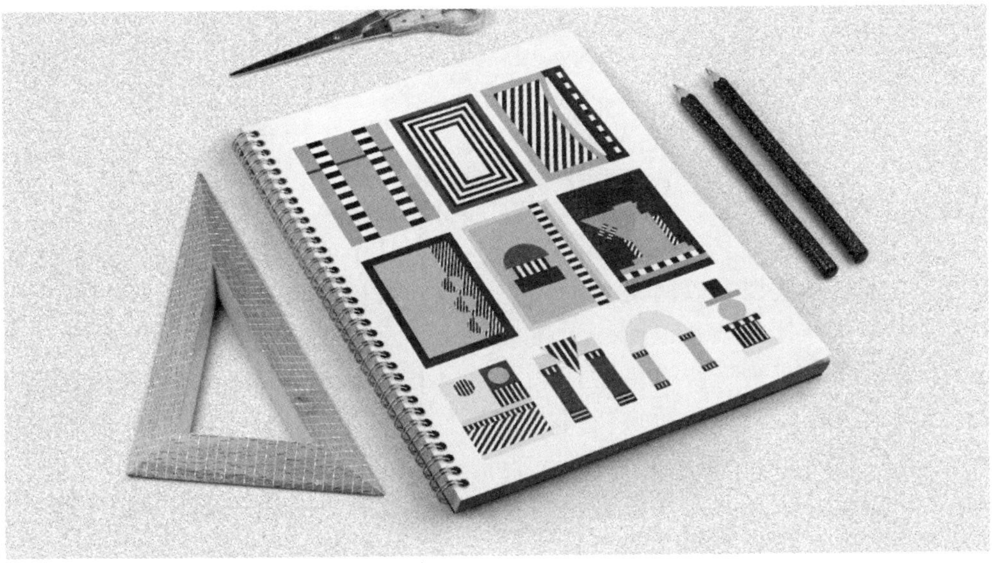

图 4　方案一

图 5　方案二

图 6　方案三

3　总　结

本次设计立足于实际数据，以网络数据为渠道，尽可能扩大受众群体的调查范围，提高数据分析的科学性。同时，进一步运用潜移默化的方式融合孟菲斯风格与日常生活，使国内民众更容易接收孟菲斯风格。通过这一方式，不仅能够创新国内的设计理念，而且也能够推动孟菲斯的多领域发展，积极落实文创产品，构建艺术与生活的桥梁，提高艺术文化的鉴赏力。

本次设计充分结合孟菲斯风格特色，立足于国内的文创环境现状，结合受众群体的调查数据，能够对文创产品的艺术设计元素进行创新，打造系列性的孟菲斯风格文创作品。此外，也能够进一步体现孟菲斯派时尚、青春的设计趋势，给观者带来美觉体验，将装饰生活与艺术审美进行结合，更好体会生活中的乐趣。

参考文献

[1] 张汉杰．“孟菲斯”设计美学分析研究[J]．艺术与设计（理论），2007（06）：32-34.
[2] 戴玉清．孟菲斯派风格于当下视觉传达设计中的应用[D]．中国美术学院，2018.
[3] 章伟．“孟菲斯”设计的产生背景及设计思想研究[D]．华东师范大学，2018.
[4] 孙淑萍．浅谈后现代设计的代表——“孟菲斯”设计[J]．湖南科技学院学报，2005（04）：249.
[5] 唐铄．创意文具设计的个性化体现[J]．品牌，2015（06）：143-144.
[6] 张玲玲，姚卓君．地域性文化融入文创产品设计的新思考[J]．艺术教育，2018(23)：230-231.
[7] 郝凝辉．文创产品设计理论研究和实践探讨[J]．工业设计，2016（9）.
[8] 色彩心理学与艺术设计[D]．东南大学，2006.
[9] 张磊．透析“孟菲斯”作品中设计符号的情感表达[J]．文教资料，2008(30)：79-81.
[10] 郝凝辉．文创产品设计理论研究和实践探讨[J]．工业设计，2016（9）.
[11] 张建．基于典故文化的文创产品设计研究[D]．南京艺术学院，2015.

基于人性化的老人坐便椅设计

刘依君　汪成煜

（成都东软学院数字艺术与设计学院　四川　成都　611844）

摘　要：我国拥有庞大的人口基数，其中老年人口的比例较高，然而基于老年人的行为与心理活动研究而推出的老年产品在总数上来看是比较少的。在这些问题中较为严重的就是老年人日常的如厕问题，他们在这个过程中有着很多不便，所以十分需要与之相关的产品及辅助设施。市面上存在的诸多产品中，使用群体最大的就是坐便椅，然而现在基本上没有专门针对老年人如厕而设计与推出的产品。目前出现最多的坐便椅都是只为老年人提供了一种可以“坐”下的办法，但是并未充分考虑符合我国大多数人的排泄姿势，怎样更加科学与人性化地解决老人如厕不便的问题是当前的重点。

关键词：老龄化；老年人产品；坐便椅；人性化

Toys Storage Cabinet Design Of Preschool Children

Liu Yijun　Wang Chengyu

(School of Digital Art and Design, Chengdu Neusoft University, Chengdu 611844)

Abstract: The population base of our country is very large, and the proportion of the elderly is relatively large, but the total amount of behavioral psychological research and products for the elderly is still relatively lacking. Among them, the problem of convenience for the elderly to go to the toilet is more prominent, and there are still many inconveniences in this process. Therefore, there is a great demand for the design of corresponding products and auxiliary facilities. Among the many products, the use group of the toilet chairs are very wide, but there is almost no special design and research for toilet products for the elderly. Most of the commode chairs on the market simply provide a way for the elderly to “sit down”, without fully considering the excretion posture suitable for the Chinese audience, and how to humanize and scientifically solve the inconvenience of the elderly. factor.

Key Words: Aging; Products for the elderly; Potty chairs; humanization

引　言

近年来我国人口老龄化问题日趋严峻，老年人口也拥有了庞大的基数，然而和这一群体相关的适合老年人使用的产品却很少有人进行研究与设计。并且，市面上目前针对老年人的产品大部分都没有重视老年人的行为与心理。基于此，本文的主要内容是面向老年人的如厕问题，在获得科学合理的理论依据后，基于人机工程学原理，针对我国老年人的行为基础而设计出合适的坐便椅。目的在于使我国老年群体能够使用更具有科学性和人性化的老年产

作者简介：刘依君（1990—），女，汉族，四川成都，讲师，硕士，研究方向：工业设计，展示设计。
汪成煜，男，汉族，四川成都，本科，研究方向：产品设计。

品，并且与市面上已有的产品进行对比，改进不足之处，吸收借鉴优秀的设计点，从而设计出较为全面的适合老年群体的产品，帮助其解决日常生活中遇到的不便，使老年人可以独立、便捷地完成某些日常行为，过上更加轻松愉快的老年生活。

1 老人坐便椅的发展现状

根据我国现状，人口总数较大，非城镇人口在总人数中所占的比例较高，与城市地区相比，尽管农村地区的住房所占据的面积更大，但其卫生基础设施基本处于落后状态。与城镇相比，农村地区大多使用的都是蹲便器或旱厕，虽然随着社会的进步与发展，马桶已经逐渐推广到这些地区，但面向老年人的如厕产品还是很少，那种智能马桶对于老年人来说使用并不方便。现在许多家庭所使用的马桶都是比较普通且通用的类型，一些老年人无法随意地蹲下和站起，因此体验感极差。此外，在有些公共场所如医院等地方，会在厕所内安装扶手杆便于老年人如厕，这对于老人起到了一定的帮助作用。还有一种产品就是市面上出售的便携式坐便椅，此类产品的特点是方便收纳，使用简便且低价。

最早提出设计专门供老年人使用的无障碍产品的概念的是德国与日本。这两个国家所设计生产的产品具有智能与美观的特点，同时集中了冲洗、烘干和照明等功能。然而从老年人的角度来看，操作太过烦琐，并且也类似于大部分产品，只为老年人提供了“坐”的姿势，并未充分考虑其实际的生理与身体状况。

结合现阶段国内外有关老年人使用的坐便椅发展现状可以发现，目前老年人产品具有以下几方面的不足：① 通用型产品缺乏丰富的功能，老年人只能使用“坐”的方式如厕；② 智能产品拥有多种功能，但是对于老龄人口而言操作极为不便，并且售价较高；③ 便携式产品缺乏丰富的功能，虽然价格便宜，但设计不够全面，总体而言，上述产品都未充分考虑我国老年群体在如厕时的行为心理与生活习惯。

2 人性化设计

2.1 蹲、坐姿如厕方式的分析

下蹲的姿势与人体的生理结构更加相符，也更容易顺畅地排便。原因在于人下蹲的时候小腹处受到的压力要大于坐下时受到的压力，从而降低腹部劳累的感觉，帮助更快排便。需要注意的是人体内拥有一个耻骨直肠肌，它的形状为 U 形。它由人体耻骨的一端开始，经过直肠的后端，再连接耻骨的另外一侧，形成环状，然后由这个环把直肠给钩住并将直肠拉成向前突出的尖角，这便是医学中所称的肛门直肠角。通常在坐姿下人的肛门直肠角呈 80°～90°，如图 1 所示，而采取蹲便姿势时角度达到了 100°～110°。从理论角度来说，如果肛门直肠角所达到的角度越大，则直肠会被拉得越直，这个时候排便也会更加顺畅。而人们采取蹲下的姿势时，其身体曲线也将变成最原始的状态，两条腿分开，肛门也会自然分开，此时肛门括约肌随之拉长，这种情况更容易排便。根据研究显示，蹲下排便平均所需的时间只有坐姿排便平均时间的一半，前者花费的时间为 51 秒，而后者则需要花费 114～126 秒。此外，蹲下排便更容易减少排便时长，能够从一定程度上减少痔疮发生的概率。

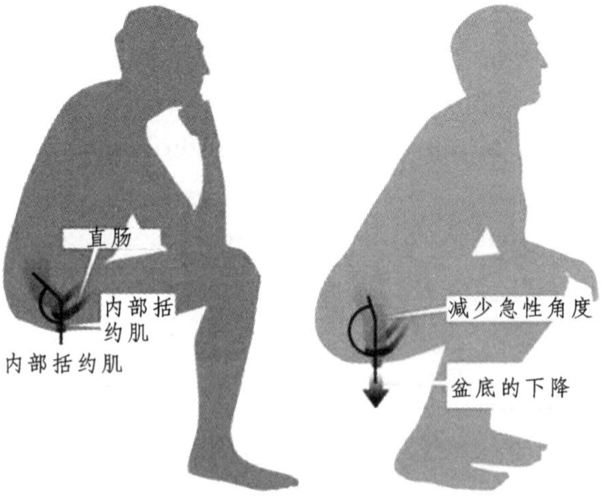

图 1 蹲、坐姿如厕方式分析

在下蹲的时候，人体的膝关节会受到较大的压力，特别是当膝关节闭合的时候将会导致闭合关节受损。对于一些膝关节或者半月板存在问题的人而言，下蹲的姿势十分不方便。另外，假如持续保持下蹲姿势，也极易造成下肢血管及神经受损，进而导致下肢出现或加重神经血管病变。同时，长时间下蹲也会影响痔疮发生的概率。老年人在下蹲再站起之后很容易产生体位性低血压，产生头晕以及耳鸣的症状，甚至会摔倒。而采取坐姿排便比较舒适，也不会给下肢增加过多的压力，减少老年人出现头晕耳鸣的概率。采取坐姿时，肛门直角度较小同时腹压也不大，不过排便顺畅程度不如蹲下。同时由于坐姿更加舒服，人们在排便时经常忘了时间。很多人在坐着时还习惯了边玩手机边看视频，都没有意识到如厕时长，这也间接导致排便时间更久，加大了痔疮的发病率。此外，坐便还容易引起交叉感染的问题，由于如厕时人们的臀部会与马桶产生直接接触，而上一个使用马桶的人所携带的病菌等极易黏附在马桶圈上，因此容易导致交叉感染。

2.2 设计情感化分析

采用问卷调查的方式，通过一对一跟进模式来展开乡镇周边受访对象的调查，将情况总结如下：① 老年群体的身体状况基本都比较差，身体好的老年人在总数中所占的比例很小；② 大多数老年人都需要实现自我价值，普遍希望自己能够独立进行各项日常活动；③ 在我国大多数乡镇，许多老年人如厕都习惯了下蹲姿势；④ 在乡镇地区不少家庭使用的厕所都是蹲厕，而这种方式十分不利于老年人使用，下蹲和站起很困难；⑤ 乡镇地区的大多数家庭都为家里的老人准备了坐便椅，这表明老年群体坐便椅拥有巨大的市场潜力，人们对此有很大的需求。

关于老年人的心理认知，大部分老人在身体的机能与反应能力方面都严重下降，其听觉与视觉也在逐渐减弱，认知能力变差，包括记忆力减退、很难学会使用新事物等。随着社会进步，人们的知识结构与价值观念都在与时俱进，但老年人无法有效识别新事物。同时，大量新信息的涌入和传统思想的停滞也产生了一定的冲突，使老年人产生了固执、顽固的情绪及其他性格。所以，在设计专属于我国老年群体使用的产品时，一定要基于我国基本国情和现状，不仅要注意老年人的生理需求，还要考虑他们的心理诉求，此外在进行设计时，还应当以安全实用、便于操作为主要目的，方便老年人能够独立操作。

关于老年人的情感方面，由于身体状况逐渐变差，老年人无论是行为还是心理都在逐渐与社会脱节，与此同时其情感依赖性也不断变强，这反映在渴望他人的陪伴方面。此外，不少老年人都存在表达自我价值的需求。例如，在关于坐便器使用的调查过程中我们了解到，许多老年人都想要自己独立使用，但作为他们的看护人员却认为，这是老年人固执的表现。由此可见，老人们仍然十分渴望自己的日常生活技能可以得到提升，也希望得到更多的尊重与支持。由于他们同时存在依赖和独立的需求，通常情况下很容易会感觉不平衡，进而变得情感脆弱。另外，我国有许多家庭的中年人和青年人工作都十分忙碌，因此很少有时间与老人沟通聊天，老年人容易产生孤独与忧虑的感觉。研究结果显示，老年人如果长时间存在情绪问题，将更容易引发老年痴呆症或者感觉功能恶化等问题。每个家庭不仅需要从情感上对老人予以关怀，帮助其调整心理状态，还能够采取一些措施使其生活质量得到提升，提高其自理能力，这样也能够帮助老年人产生更多满意、自信、自尊等正面情绪。

3 基于人性化的老人坐便椅设计

3.1 科学性

根据蹲、坐姿的优点与缺点以及老年人情感化认知的研究与分析可以发现，坐姿与我国老年群体的日常行为习惯更为相符，同时可以使他们排便更加顺畅。参考图 2 中的产品设计，我们基于以上特点，兼顾老年人普遍存在的身体机能减退、腿脚不方便的问题，使用辅助蹲起装置为老年群体提供帮助。这款产品所采用的设计参数全部都参考了我国成人的身体尺寸数据，包括了老人下蹲时弯曲的度数、臀部与大腿坐下时的进深、前肢长度以及小腿高度等数据。此外，科学研究显示，人们在排便时，身体内部的压力会随之增大（这可能会导致那些高血压、心脑血管疾病以及卒中患者出现并发症状），而人们使用蹲姿排便时，体内肛肠角度达到最大值，这时排便是最顺畅轻松的。所以，这一具有人性化特点的坐便椅对于老年群体而言具有重大的意义，同时也可以从一定程度上规避某些疾病的诱因。

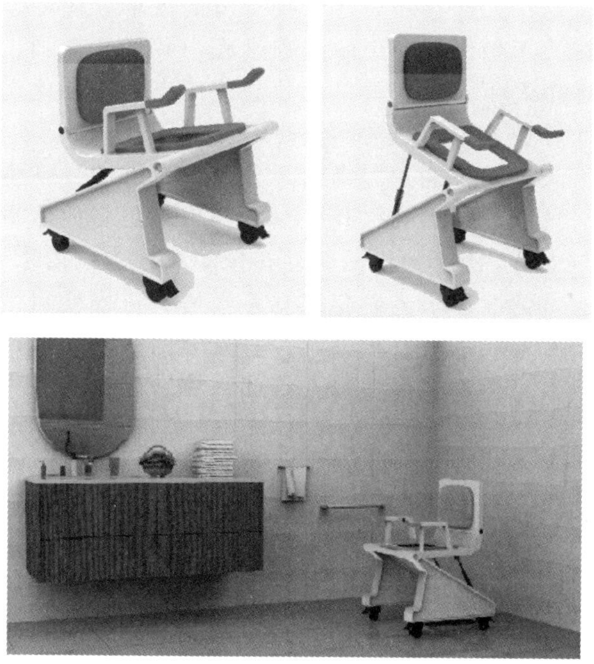

图 2　老人坐便椅设计

3.2　安全性

在设计生产老年人产品时首先需要重视的原则就是安全性。与年轻人相比，老年群体的身体各项机能都在逐渐减退，感官退化的同时反应也不够灵敏，如果出现危险也不能及时反应加以规避，假如不小心滑倒或者受力失误等将会非常危险。因此在设计老年人产品时一定要重点强调安全性。从本项目设计的坐便椅来看，具有以下几个优点：① 结构稳定，材质强度能够承受足够的受力；② 坐便椅的落地接触点能够大面积接触地面，同时增加了防滑橡胶垫，用于提升其稳定性与防滑性；③ 在操作使用方面，老年人的手臂和手肘可以直接借力，在升降时其上肢可以处于自然状态，操作方便简单；④ 老年人在使用该坐便椅时靠背一直是垂直状态，这样不易造成压迫感，同时蹲下角度适中，为 45°，在站起时也能使老年人获得好的发力点。

3.3　舒适性

舒适性既指的是坐便椅的材质与接触面等，同时也指的是使用者的感官与心理感到舒适。坐便椅的材质方面，靠背与坐垫使用的都是柔软材质，扶手的作用是提供受力点，同时把手具有防滑性，坐便椅的升降角度充分考虑了老年人的膝关节最合适的活动范围。此外在感官与心理方面，为了避免产品太过尖锐，色彩上使用了明亮柔和的颜色，防止老人对其存在抵触心理。

4　结束语

本论文的重点研究内容为针对老年群体所研究与设计的坐便器。

第一，根据现阶段市面上已经存在的产品展开研究分析，找出这类老年人如厕产品所具有的优缺点。在进行了充分的目标群体调查研究以后，制定科学合理的解决方案。思考老年人产品所需要的主要因素，以此为基础展开设计。市面上出售的坐便器仅仅为老年人如厕提供了坐下的姿势，但未能兼顾其行为与心理习惯。

第二，坐便椅产品种类较多，设计也十分繁杂。这类产品的优势在于结构稳定、操作简便、售价不高；而其中一些产品缺少靠背、接触支撑点较差则是存在的不足。本次设计以上述优缺点为基础，更加注重人性化需求的满足，即满足老年人蹲姿排便的需求，这种排便姿势不仅是很多老年人熟悉和习惯的方式，同时也是我国大部分人群习惯的姿势。此外，采取蹲姿时人体的肛肠角角度最大，排便更加顺畅，同时可以减小腹压，防止诱发老年人的其他疾病。所使用的材质为柔软的磨砂皮，不但具有舒适性还可以防止皮肤接触产生应激反应。

本次设计存在的缺点则是受力结构的强度与承重支撑的分析计算缺乏理论基础，考虑不够充分；靠背的自动调整机械无法实现微型化，还需要进一步加强研究和改善。然而总体而言，根据本次课题，本人在设计老年产品的过程中取得了一定成果，优质的老年人产品不但需要确保舒适性、安全性、便捷性，更应该可以解决使用者的需求，与他们的行为心理习惯相一致。

参考文献

[1] 黄诗展，余裕浩，杨瀚林，姜峰. 多功能坐便椅的设计[J]. 机械设计与制造工程，2020，49（10）：53-58.

[2] 卓雷. 可升降坐便椅[J]. 发明与创新（小学生），2019（01）：23.

[3] 殷源. 北京市老年人摔倒影响因素分析及医疗辅助用品应用研究进展[J]. 黑龙江医学，2018，42（09）：902-904.

[4] 施佳佳. 基于人机工效学的老年人坐便椅效能分析[J]. 河南科技，2018（10）：53-54.

[5] 何少妮. 老人坐便椅现存问题与优化设计评价分析[J]. 成都纺织高等专科学校学报，2016，33（03）：229-231+218.

[6] 何少妮. 老人坐便椅的优化设计研究[D]. 西南交通大学，2013.

[7] 李傲阳，朱红梅，刘昕. 安全坐便椅的设计及临床应用效果观察[J]. 中医临床研究，2012，4（04）：115.

[8] 邢攸红，杨玉，蔡宇，郝婧，刘春雪. 急性心肌梗死早期患者不同排便方式的效果观察[J]. 中华现代护理杂志，2011（10）：1155-1156.

[9] Seim H C. Toilet training in first children[J]. The Journal of family practice, 1989, 29(6).

家庭厨房内的空间砧板设计

周超　李南艾

（成都东软学院数字艺术与设计学院 四川 成都 611844）

摘　要：随着我国经济水平日益提升，人们对生活质量的要求也越来越高。砧板作为每一个家庭必不可少的厨房用品，其各类问题备受关注。本文对目前市场上砧板存在的问题进行总结归纳。砧板目前存在的最严重的问题就是没有对蔬菜与生鲜肉类进行有效区分使用。从而导致砧板上会存有大量的微生物细菌，长期使用，可能会给使用者带来一定的疾病隐患，引起身体的不适。因此，本文主要的研究目的就是解决果蔬肉的分类处理问题，并且通过优化设计，让砧板使用更加便捷。

关键词：砧板；微生物细菌；优化设计

Cutting Board Design In The Domestic Kitchen Space

Zhou Chao　Li NanAi

(School of Digital Art and Design, Chengdu Neusoft University, Chengdu 611844)

Abstract: Along with the improvement of our economic level, people have to demand more and more high quality of life. As an INDISPENSABLE kitchen UTENSIL FOR EVERY FAMILY, THE PROBLEMS OF CUTTING BOARD ARE ALSO CONCERNED. This paper summarizes the existing problems of cutting board in the market. At present, the most serious problem of the cutting board is that it does not distinguish between vegetables and fresh meat. As a result, there will be a large number of microorganisms and bacteria on the cutting board. Long-term use will cause certain diseases and physical discomfort to the users. Therefore, the main research purpose of this paper is to solve the problem of classification and processing of fruits, vegetables and meat, and to make the use of cutting board more convenient by optimizing the design.

Key words: Chopping block; Microbial bacteria; The optimization design

引　言

俗话说，民以食为天。厨房作为家庭中利用率比较高的空间，其空间内的厨具、电器能够体现出人们对于高品质生活的追求。

砧板作为日常做菜过程中必备的厨具，使用过程是否存在安全隐患，一直是比较受人们关注的。在使用过程中，如果稍有不慎，就可能会给人们带来较大的安全隐患。其中，比较常见的就是当我们在处理生冷肉类的时候，大量的细菌会附着到砧板上，最为常见就包括副溶血性弧菌、肉毒杆菌、葡萄球菌等细菌，这些细菌往往容易造成人们食物中毒或者产生不良反应。根据卫生组织的调研报告，如果不能

作者简介：周超，男，汉族，四川成都，讲师，硕士，研究方向：工业设计。
李南艾，女，汉族，四川成都，本科，研究方向：工业设计。

及时的有效的对砧板进行清理，其表面每平方厘米会遗留 200 万个葡萄球菌，从而引起消化系统和其他疾病的病变。那么我们该如何进行有效的处理，就变得尤为重要。

1 研究的主要内容

本课题的主要目的，是解决果蔬和肉类共用一个砧板进行料理时，容易产生微生物细菌的问题。由于食品的属性有着极大不同，因此，如果没有对食物进行合理的分类料理，在食用的安全上就存在着极大的隐患。针对用户在厨房空间内的活动流线和操作习惯，以及用户在操作过程中的心理特点和行为特点进行分析，总结出目前在使用砧板的过程中存在的痛点，同时，也挖掘出用户在厨房空间内使用砧板的共性，从而综合分析后得出合理的解决方案，以及在产品的设计端有哪些方案可以进一步优化。希望通过使用最原始、最普通的材质，在不改变产品已有形态的基础上，通过结构与细节上的创新，解优化解决目前已经存在的问题。从而为大家健康良好的生活，提供帮助。

2 研究的意义

本文希望通过优化现有产品的功能结构形态，使用原始材料，不改变人们日常的使用习惯，提升使用效率，设计出更加符合用户习惯、满足用户心理的好产品，为人们的生活健康提供良好的产品支持。

3 砧板市场现状

不同的用户，对砧板的需求是多种多样的，不管是造型、材料还是功能都在随着生活方式的不同，慢慢地发生改变。目前用户对市场上砧板的关注点主要分为两大类，一类是关于砧板的消毒和交叉感染的问题，另一类则是通过砧板对生熟食品进行分开处理。目前市场上砧板的材质分为三大类，分别为合成塑料、竹制以及实木。通过调研发现，木制砧板占比较大，但随着时代与科技的发展，人们也开始慢慢接受合成塑料的砧板。但合成塑料砧板存在不易清洗和硬度不够等缺点，因此，目前受众用户较少。

为了解决这一问题，目前设计出了一款新型砧板，其材料为植物纤维。该材质不容易发霉，方便清洗，其材料为环保型材料。但因为价格较高，所以使用的用户也比较少。因此除了材料，也要考虑到用户的审美以及砧板如何能够与厨房空间更加协调。

4 同类砧板分析

分类和消毒是目前砧板设计主要针对的问题，其材料的选择上，多数为合成塑料，该材料在使用过程中有利有弊。

合成塑料因为其材料属性，在使用时容易在表面形成刀痕，因此使用时长有限，同时砧板耐高温较差，时间久了容易变形。

合成塑料的砧板相较于木制和竹制材料，优点在于更加环保，抗菌效果好，其外形和颜色的选择性较多，同时也方便清洗。

5 砧板设计中的关键因素

5.1 结构因素

针对以上问题，对砧板的结构进行深入分析。打破传统的砧板分类的概念，希望通过巧妙、便捷、简单的结构设计，对瓜果蔬菜和生冷肉类进行有效的分类使用。同时，希望通过对砧板的优化设计后，能够让其面积更小，在使用的过程中更方便拿取和收纳。

5.2 材料因素

目前市场上砧板的材料有很多，通过对各种材料的对比分析，最终选择榉木材料，其原因首先在于颜色整体较为温和，与冰冷刀具配合使用，颜色比较和谐，给用户以较舒适的感觉。

其次，从材料特性来说，榉木的整体成本

较低，对于大部分用户来说，性价比较高。此外，因为大部分的厨房空间多处于房屋的阴面，而该材料耐干耐腐蚀，能够解决该问题。在用户使用舒适度方面，榉木的材质光滑细腻，具有非常好的使用感。使用榉木时需要注意对其的保养，最常用的方式就是经常放在阳光下或者通风处晾晒，或使用葱姜蒜擦洗砧板，保证其不滋生细菌。

5.3 人机因素

人机工程学主要是考虑人、机、环境三者之间的关系。其中，包含了人体测量学、人体力学、劳动心理学等。评价一个产品是否符合人体工程学，主要从以下几个方面判断，产品的造型尺寸是否符合目前人体接触的各个尺寸，用户使用产品的舒适度如何，以及实用的便捷程度如何。除此之外，还需要考虑产品的材料，产品的安全，以及产品后期是否方便清洗和维护保养等。

6 砧板设计理论实现

该设计主要将砧板分为两个部分，一部分为外部砧板，另一部分为内部砧板，其结构原理与抽屉的原理相似，内部砧板正好夹在外部砧板内槽，需要的时候则抽取出来。对于如何减少砧板的空间占有率，则通过结构件的优化设计，在砧板的侧面做了一个可以旋转的固定部件，满足砧板在不倚靠任何物体的时候，也可以站立。在展板旋转组件上做镂空处理，镂空尺寸符合人体的手部尺寸，并且在镂空最高点，也进行了半圆的造型处理，从而既能满足手提，也能满足砧板的壁挂需求。本次设计的亮点在于对于果蔬类砧板的储存，在未使用内部的果蔬砧板的时候，砧板夹在凹槽里面。当需要使用砧板的时候只需要用手轻轻地向里向上推即可取出，整个操作十分的便捷，不会过于烦琐，凹槽的小突起可以保证果蔬砧板在里面的时候不容易轻易地动摇。

7 总　结

本文以厨房空间内的砧板设计为主要的研究对象，首先对果蔬、肉类的处理分类进行分析，调研现有的分类产品，找出存在的缺点，针对缺点进行分析，设计出多种解决方案的可能性。通过层层筛选，考虑产品的安全性、便捷性、实用性，选出合适的方案，最终解决砧板的卫生以及存放等问题，从而提升用户的生活质量。

参考文献

[1] 李爽. 科学解读各种材料砧板的安全性[J]. 中国食品，2020（03）：140-141.

[2] 刘君. 竹青砧板的研制开发[J]. 林业科技开发，2006，20（003）：63-66.

[3] 王祖远. 砧板使用卫生须知[J]. 江苏卫生保健，2019，255（04）：47.

[4] 周志南，吕想，吴渊等. 抗菌塑料砧板抗菌耐久性试验方法的研究[J]. 中国消毒学杂志，2020，231（11）：15-17.

[5] 刘铨. 砧板消毒器产品研究与设计[J]. 艺术教育，2020，360（08）：274-277.

明式家具风格在现代家具设计中的应用研究

李潇

（成都东软学院数字艺术与设计学院 四川 成都 611844）

摘 要：在进行当代家居设计时，设计师应提炼明式传统家具的整体风格特点以及造型，汲取其精粹部分，进而使之与当代家具工业化大宗生产的特点有机结合起来，进而创造出与中国特色相符，能走向世界舞台的当代家具产品。

关键词：明式风格；现代家具；理论支持

Study on the application of Ming style furniture style in modern furniture design

Li Xiao

（School of Digital Art and Design, Chengdu Neusoft University, Chengdu 611844）

Abstract: In contemporary household design, designers should refine the integral style characteristics of the traditional bright type furniture and modelling, absorb its essence, and to that of the organic combination of the characteristics of contemporary furniture industrial production, thus creating consistent with Chinese characteristics, contemporary furniture products can move towards the world stage.

Key words: Ming style; Modern furniture; Theoretical support

随着机械化生产方式以及高科技的应用、家具市场的日益规范化、工艺的日趋成熟，家具市场迎来了空前的繁荣景象。怎样对明式家具的设计风格形成科学认知，从中提炼出与自身需求相符的营养元素，打造出富有鲜明民族特色的、时尚与现代感和谐共存的当代家具产品成了所有设计师必须深入探究、讨论与实践的核心内容。

1 明式家具的风格特色

明式家具充分利用了优质硬木造型中纹理、色泽、质地所具备的自然简朴的特色，给人以不注重精雕细琢、古朴大方、装饰洗练的特色，将和谐的审美观感、实用的功能有机结合起来，将“明式”的卓越水平全面体现出来，充分体现了我国传统文化的精神内涵。

1.1 雅致含蓄

明式家具造型的核心设计特色在于几何要素的巧妙搭配。配合体、曲线、竖直线、水平线、斜线、面等要素，采用了有规律或毫无章法可循的点、镂空点、方点、圆点、实心点等丰富的样式，使得原本单一的木板变得愈发丰富，突显了椅子的整体美感。基于此，融合精湛的工艺——“以榫卯结构来规避钉子的使用并

作者简介：李潇（1990—），女，汉族，四川成都，讲师，硕士，研究方向：工业设计，产品设计。

减少胶的用量”，让明代家具在牢固耐用之余更平添了一份美感与雅致。不限于此，一些由当代文人直接参与设计的明式家具，采用以物言志、借物抒情的手法，将儒家思想逐步融入其中，使整体造型给人以清新雅致的特色之余，更传达出了含蓄自然的韵味，全面体现了对古朴雅致的极致追求。

1.2 不落俗套

明式家具大都采用有着鲜亮色泽、纹理清晰的硬木，如紫檀木、黄花梨木等。此类木板性能稳定，具有坚硬的质地，部分还散发出一股清淡的香气。在制作阶段，为了彰显木制家具自身特有的自然古朴特色，设计师都不事雕琢，极其注重对于木材天然属性的保留，尽可能地保持木材固有的纹理特色，使之形成清新、隽永、雅致的风格。

1.3 天人合一

天人合一是道家学说思想的核心。这一思想精髓在明式家具中得以淋漓尽致地体现了出来。作为生活用品中的一种，明式家具齐备的功能、齐全的品类、实用的功能性在生活的各个层面都有所体现。不限于此，明式家具通过方圆曲直的巧妙结合所给人带来独特的韵律感，采用的仿生理念以及拟人化造型无不将人与自然和谐统一的特点完美展现了出来。

2 当代家具设计中明式风格的应用

当代家居生活中，最具实用性的家具非橱柜莫属。放眼家具市场，不少生产商过于注重经济利益，过于注重对海外设计风格的模仿，存在极其严重的模式化现象。即使是部分中式橱柜，也大都将黑色、大红作为主色调，仅进行了生搬硬套，并未将中式家具的精粹部分切实体现出来。下文将以明式家具的风格特色作为着眼点，立足于选材、造型两大层面，对当代橱柜中明式风格应用的可行性进行探究。

2.1 删繁就简的全新造型

明式家具备受人们青睐的原因并不在于它的精心雕饰，而在于它合理的比例。点、线、面的合理组合，使明式家具具备了简洁雅致的风格特点。这一点与当代厨房家具有异曲同工之妙。然而当代厨房家具一贯到底的直线以及以田字格、日字格等为主的形式都给人以生硬的感觉。特别是台面大都采用固定不变的平板设计风格，只有灶台以及水槽处略微呈现出了凹凸变化。对于该现状，不妨从明式家具边缘造型设计中，借鉴其线条变化的设计手法，配合凹凸变化的边缘设计在台面边缘做倒角造型，以突显其艺术性以及空间美感，使之能够对积水进行及时处理，确保柜体不会被流水浸泡。此外，深受儒道文化影响的明式家具精于取舍，采用了含蓄、内敛的装饰手法。

2.2 完美而多样化的选材

每种材料都独具特色，因此选材的关键意义也就不言而喻了。除方便加工、可塑性强外，橱柜还应与柜体台面的装饰纹理、色调、颜色的整体风格融合起来，进而使之与橱柜对于纹理、色调以及造型的需求相符。应结合切实需求、合理选材，进而全面发挥物的用途，将视觉特点与功能有机结合起来。总而言之，当代橱柜应在具备生产可行性、满足功能性要求的前提下，汲取明式家具在造型以及选材上的精粹部分，采用最为理想的融合方式，将简约与多元化、现代与传统有机结合起来。

3 结 语

不论是形式设计还是文化传承，明式家具都将其历史性完美展现了出来。虽然清代对家具的传统式样进行了革新，使之独具特色，但在骨子里仍沿袭了明式家具的风格特色。为此，在对中式家具的设计理念进行探究与总结之时，我们应融入对于明式家具的审美眼光，以与时俱进的态度来审视中式家具设计，使当代中式家具能够实现传统性与现代性完美的交融。

参考文献

[1] 刘燕妮. 试论明式家具的设计理念在现代家具设计中的延续[J]. 南京艺术学院学报（美术与设计），2009，（6）：137-138.

[2] 徐晶. 明式风格在现代家具设计中的应用研究[J]. 包装工程，2017（10）：243-245.

[3] 周云明. 现代家具设计中明式风格的体现和应用[J]. 科学与财富，2012（5）：442-442.

用户界面的设计原则与流程研究

李雪佳

（成都东软学院数字艺术与设计学院 四川 成都 611844）

摘　要：随着互联网的快速发展，手机已经成为普通大众的生活必需品，与此同时，各种各样的 App 应运而生，App 的界面设计也面临了更多的挑战。用户界面设计在我们的生活中随处可见，但是随着设备及应用系统的不断更新迭代，人们在使用 App 的过程中会提出更多的要求，比如一款 App 产品的是否具有很强的功能性，交互流程是否简单、易操作，同时，界面设计要具有美观性和独特性，这些都对当代设计师提出了更多、更高的要求。良好的界面设计需要建立在合理的设计原则的基础之上，这就对用户界面的设计原则提出了新的要求，并希望能通过合理的设计原则与流程来不断设计优化用户界面设计，从而达到留住用户的目的。

关键词：用户界面；交互；设计原则

Research on The Design Principle and Process of User Interface

Li Xuejia

(School of Digital Art and Design, Chengdu Neusoft University, Chengdu 611844)

Abstract: With the rapid development of the Internet, mobile phones have become a necessity for ordinary people, at the same time, a variety of App came into being, App interface design also faces more challenges. User interface design can be seen everywhere in our life, but with the continuous update and iteration of equipment and application systems, people will put forward more requirements in the process of using app, such as whether an app product has strong functionality, whether the interaction process is simple and easy to operate, at the same time, it also requires the user interface design to be beautiful and unique,These have put forward more and higher requirements for contemporary designers.Good interface design needs to be built on the basis of reasonable design principles, which puts forward new requirements for user interface design principles, and hopes that through reasonable design principles and processes to constantly design and optimize the user interface design, so as to achieve the purpose of retaining users.

Key words: User Interface; Iinteractive; Design principles;

引　言

用户界面设计是指对软件的人机交互、操作逻辑、界面美观的整体设计。好的 UI 设计不仅是让软件变得有个性有品位，还要让软件的操作变得舒适简单、自由，充分体现软件的定位和特点。

随着信息技术的快速发展，人们对各种信息的需求量不断增加，用户界面的设计也越来越多样化，用户界面设计中的可视化设计元素

作者简介：李雪佳（1990—），女，藏族，四川成都，讲师，硕士，研究方向：交互设计。

的表现形式也在不断地发生变化。例如手机界面设计、网页界面设计、播放器界面设计、游戏界面设计、软件界面设计等，设计师需要把企业的文化通过界面准确地传达给用户，不同的UI设计需要遵循不同的设计原则，即使是性质相同的两个企业，因品牌文化不同，设计规范和原则都会有所不同，所以需要设计师在遵循原则的基础上灵活变通。

一款优秀App产品的诞生要考虑各个层级的相互关系，互为前提而存在，如战略层、范围层、结构层、框架层、表现层相互之间的关系。同时，优秀的界面设计需建立在规范的设计原则以及标准的设计流程的基础之上，任何以个人主观意愿或个人喜好设计出来的界面都经不起市场及用户的推敲，很容易被推翻。本文将从用户界面设计原则和用户界面设计基本流程两个方面来切入。

1 用户界面设计的基本原则

设计师在进行用户界面设计的过程中需要遵循相应的设计原则，让界面设计中的元素运用更加合理，用户在使用过程中更加简单易操作。需遵循的原则为用户优先原则、主题突出原则、整体性与统一性原则、界面整体视觉设计美观原则等。

1.1 用户优先原则

好的界面设计一定是建立在用户优先的原则之上，根据用户的生理、心理及情感上的需求，实现用户与产品之间能够顺畅地交流，让用户有参与感，同时在实现功能的基础上，让用户在使用产品的过程中能够非常便捷、舒适地完成各项操作，所以在进行设计之前我们应该对产品所针对的使用人群做详细的调研分析。其次，在任何时候都不要轻易改变用户的使用习惯，如果你的设计需要用户来改变使用习惯，那么一定不会是好的作品。

1.2 主题突出原则

为了达到主题鲜明的效果，设计师应该充分了解客户的具体需求，以简单和明确的语言和图像来体现界面的主题。[1]进行用户界面设计时需要突出主题，通过界面很好地展现品牌的特色。比如Nike和Adidas这两个知名的国际运动品牌，你会发现即使他们都是运动时尚的典范，其网站界面设计却传递出彼此不同的文化内涵；再比如可口可乐和百事可乐，同样是知名的饮品，但是其界面设计不管是在设计风格还是色彩搭配上都有着截然不同的表达。这也证明设计师已经成功地把企业文化、产品文化通过界面传递给了终端客户，其主题得到了很好的突显。

1.3 整体性与统一性原则

用户界面设计在设计前应首先对界面的整体风格做出合理的规划，界面的整体风格要统一，小到界面中的一个图标、按钮，大到界面设计中的一张banner的设计，都会直接影响界面的整体性和统一性。界面设计中的整体性和统一性可以依靠界面中的色彩搭配、图形设计和尺寸大小来实现，也要根据设计主题来选择最恰当的设计风格，比如针对儿童的产品一般在色彩上会采用明度和纯度都比较高的颜色，界面中的图形则多以圆润可爱的风格为主，这样既能保证突出主题，也能达到整体风格的一致性。

1.4 界面视觉设计美观性原则

在保证产品使用功能的前提下，界面设计是否美观直接决定了是否能留住用户，一款美观的界面设计会让用户对产品产生良好的第一印象，也决定了用户在使用过程中是否舒服，良好的界面设计会给消费者产生较好的视觉感受，拉近用户与产品之间的距离，从而创造市场价值。美的界面设计需要结合恰当的设计风格、协调的色彩搭配和合理的页面构图等，首先在视觉上要具有吸引力，如果界面不够美观、布局混乱，用户就没有舒适的视觉感受，因此从视觉上吸引用户应当成为用户界面设计的首要考虑因素。

2 用户界面设计的基本流程

2.1 产品分析

在设计一款 App 之前，需要做充分的市场调研以及产品分析，了解产品的市场定位、产品定义、客户群体、运营方式等，并提出可用性设计建议。市场调研以及产品分析是非常重要的步骤，必须要做得非常翔实，通过对比分析市场上已有的 App，横向的和纵向的，特别是要重点做竞品分析，也就是同类产品设计，分析其优点与缺点，优点在哪里，有什么值得我们学习借鉴的，缺点在哪里，我们是否能有更好的改进方法和优化措施，或者更好的创意去替代，只有分析出了竞品的不足，才能得出自己设计的创新点是什么，解决了什么痛点。接下来就是用户画像，用户画像要有针对性，要清晰地列出你的 App 所解决的每一项具体问题，比如产品的主要功能，所针对的人群，是老年人、中年人、青年人还是学龄前儿童，要有清晰的定位，分析所针对的用户需要的最具有实用性的功能，以故事的形式表现出来，才能得出自己的市场定位、所针对的用户群体、产品的运营方式，才有存在的价值与长期的发展的可能性。

2.2 功能构架设计

完成了前期准备工作后，需要将前期分析得出的所有功能进行合理的功能划分，制定合理的交互方式、操作与跳转流程、结构、布局、信息和其他元素，建立自己 App 的框架结构，每一块功能细分的层级关系。比如我们常用的微信社交软件，它的标签栏上主要有四个功能，分别为“微信”“通讯录”“发现”“我”，四个主要功能，每一个功能下面有很多小的、细分的功能，把每一个细小功能合理划分，创建出该产品的框架结构。

2.3 界面设计

有了产品的构架之后，需要对前面所有工作加以设计，如色调、风格、界面、窗口、图标、皮肤等元素的表现。首先就要根据建立的框架来绘制 App 的低保真原型图，把每一个界面的原型图都绘制出来，比如什么地方放横幅广告，什么地方放图标，什么地方放列表，什么地方放文字，什么地方放图片，确定好在什么地方布置什么栏目、大小等，只有绘制了合理的低保真原型图才能在原型图的基础上做后期的界面设计。

在做好了低保真原型图的基础之上，我们才能正式开始做 App 的界面设计，也就是高保真的原型图，使色彩、LOGO、导航条、内容、图片等元素一一实现。做界面设计也需要注意很多事项，首先要注意的是界面风格的确定，选择什么样的风格直接决定了后期的视觉效果呈现和第一印象，风格要根据 App 的属性选择最适合的 App 内容的界面风格，比如儿童选择卡通可爱的风格，标准色选择颜色明度和纯度都比较高的颜色，banner、图标风格选择圆润可爱的设计风格，医疗的选择稳重、官方的设计风格，给人可信赖的感觉，当然也可以适当地做一些创新，和市面上已有的 App 做区分；色彩的搭配选择六三一设计原则最恰当，也就是主色调占 60%，辅助色占 30%，点缀色占 10%，让这个界面设计更具有统一性。后期需要加入适当的动画效果，丰富界面设计的表现形式。

2.4 资源输出

将设计师的设计以资源包的形式提供给开发人员，提供至少能适配 3～4 个屏幕分辨率的资源包，也就是通常说的 1 倍图、2 倍图、3 倍图等，按照规范的命名方式将界面设计中的元素切图；同时还需要将设计界面中各元素以及元素间的尺寸清晰地标注出来提供给开发人员，配合好开发人员完成相关的界面设计落地。

2.5 产品完善

在做完上述工作后，界面设计师还需要结合市场反馈对一款 App 产品的功能框架或视觉设计等进行完善，给用户带来更好的体验。

新时代大学生优良学风建设探索与实践

陶斯楼

（成都东软学院数字艺术与设计学院 四川 成都 611844）

摘　要：新时代高校学风建设不仅体现着大学生学习态度、学习风貌，也是教师立德树人的全面反映，是保证教育教学质量，培养德、智、体等全面发展的社会主义事业建设者和接班人的重要前提。因此，进一步加强学风建设，养成科学严谨的治学态度，对帮助学生完成自我人格塑造具有重要的现实意义。

关键词：学风建设；探索；实践

Exploration and Application on Cultivation of a Fine Study Style for College Students in the New Era of Socialism

Tao Silou

(School of Digital Art and Design, Chengdu Neusoft University, Chengdu 611844)

Abstract: The construction of the style of study in colleges and universities in the new era not only reflects the learning attitude and style of college students, but also reflects the overall moral cultivation of teachers. It is an important prerequisite for ensuring the quality of education and teaching, as well as for cultivating the builders and successors of the socialist cause with all-round development in moral, intellectual, physical and other aspects. Therefore, it is of great practical significance to further strengthen the construction of the style of study, develop a scientific and rigorous attitude towards learning, and help students complete the shaping of their own personality.

Key words: The construction of study style; Exploration; Practice

1　学风建设的必要性

加强学风建设对于营造健康向上的校园文化，弘扬刻苦学习、求真务实和顽强拼搏精神，引导学生树立正确的成才观、价值观以及学会做人、做事都有积极作用和深远影响。

2　大学学风存在问题及产生根源

2.1　专业选择盲目跟风

经过高度紧张的高考后，部分同学思想上一下松懈下来，存在着“苦高中，耍大学”的观念。为了今后好找工作，有的学生原高中学文科的却报考理科专业，原高中学理科的却报考文科专业，但进入专业教学后，发现与想象的根本不一样，很难跟上学习进度，逐渐丧失对专业的兴趣，产生了厌学情绪。还有部分学生对人才培养方案不了解，感觉学无目标，不知学有何用。

2.2　职业规划无目标

部分同学对职业生涯规划认识存在误区，

作者简介：陶斯楼（1968—），男，汉族，四川，讲师，本科，研究方向：思想政治教育。

没有真正理解职业生涯规划的重要性，没有具体的奋斗目标，导致在学习上盲目性、随意性较大，被动地学习，不是“我要学”，而是“要我学”。

2.3 社会上的不良风气使部分学生认识发生偏差

信息时代大学生们接触的东西更多，更复杂，一些扭曲的社会现象如拜金主义、炫富男、“宁可在宝马车里哭，也不愿在自行车上笑”等不良风气影响了部分大学生的思想观念，导致他们的人生观、价值观发生了变化。

2.4 自我约束能力差

大多数“90 后”“00 后”是独生子女，从小娇生惯养，进入大学后，在没有父母督促下，对自己的不良行为缺少正确的判断，又不能有效地控制自己，因此不少学生生活、学习处于无目标状况。

2.5 学习意识淡薄

很多学生对学校基础课程的设置往往不满意，认为这些课程与以后的就业没有什么关系，甚至会提出“为什么要学，学了有什么用”？因此逃课现象屡禁不止。

3 学风建设对策分析

学风建设不是一个孤立的问题，它与班风紧密相连，一个班的班风抓好了，学风就会进入一个良性循环，就会形成一个勤奋好学、奋发向上的良好学习氛围。

3.1 制度建设是学风建设的保障

3.1.1 加强纪律教育引导

新生一入学，就应加强校规校纪的教育，通过对学生守则、班规等的学习，让学生养成遵章守纪好习惯，通过身边的人和事教育学生，要让他们体会到纪律与学习、生活等诸方面的关系与影响，从而做到心中有纪律，我要遵守纪律。

3.1.2 用制度约束学生

“没有规矩，不成方圆”，班风建设贵在强化制度执行力，既应注重严格管理，完善制度建设，严格要求，努力做到学生管理“有规可依”，又要注重科学引导，创新管理理念，充分发挥学生自我管理的主动性，以规范的管理推进学风建设，以严格的制度保障学风建设。

3.1.3 抓好班干部队伍的建设

一个好的班干部队伍，既是班集体的核心力量，又是辅导员最得力的助手。众所周知，没有得力的小助手，辅导员将只能疲于应付，弄得自己焦头烂额。所以每学年就慎重对班干部进行改选，对原有的管理班子进行了调整，加强管理力度，鼓励班干部放手管理，做他们的坚强后盾。这样既锻炼了他们的工作能力，又促进了学生素质的全面发展，有了他们这支得力的管理队伍，辅导员的工作往往事半功倍，为形成良好的班风学风解决了大问题。

3.1.4 辅导员沟通、监管到位

一方面辅导员是任课教师与学生联系的纽带，为了发挥任课教师的工作积极性，应加强沟通交流，虚心听取他们对班级的管理建议，形成齐抓共管的局面。另一方面深入了解学生的学习现状，坚持查课制度，获取学生学习的相关信息，并通过与学生的交流和寝室走访等掌握学生的学习需求和兴趣爱好，对学生的不同情况采取有针对性的措施。

3.2 多渠道开展入学教育活动

3.2.1 加强学习适应性教育

加强新生入学后的学习适应性教育，帮助新生实现由中学到大学的角色转变，使其快速

适应新的学习和生活环境。

3.2.2 制定个人职业规划

职业生涯目标是指个人在选定的职业领域内所要达到的具体目标，包括短期目标、中期目标和长期目标。大学生在自我认知的基础上，根据自己的专业特长，指导他们制定出自己的职业目标。成都东软学院数字艺术系每年在新生刚入学时就以“我的理想”为主题，启发学生设计美好理想，在正能量的氛围中升华自己的学习目标和人生理想。每年的毕业生都能找到自己合适的职业，就业率均在95%以上。

3.2.3 学习方法交流互动

开学初、阶段末以“我是如何学习的”为主题进行学习方法交流，针对专业知识学习内容、如何适应课程学习等问题进行针对性讨论，效果明显。我院每学期开展的领导“会诊”，也给学生解决了学习上遇到的困难。

3.2.4 激发学生的学习兴趣

大学生新生刚进入校园后会感到迷茫，容易出现沉迷游戏、厌学等情况。辅导员要进行正确引导，要让他们真正认识到知识的重要性。同时让班级里每个成员互相监督，采取行之有效的办法，提高学生的学习兴趣。

3.3 开展灵活多样、内容丰富的学习活动

3.3.1 组织开展好晨读

充分利用早上时间，定期开展“英语能力拓展训练”，学生通过英语口语应用的小游戏，唱歌、翻译英文、节目表演等形式，激发英语学习兴趣。成都东软学院数字艺术系一直以来，在新生中开展晨读汇演活动，由学生自编自演英语小节目收到明显效果，英语四级通过率得到了明显提高。

3.3.2 学习成果展示

通过学习成果展，激发学习热情。成都东软学院数字艺术系每学年都开展课堂作业展、小学期作品展、毕业设计展，通过展示，不仅提高了学生的学习兴趣，还鞭策了学习落后的同学。

3.3.3 互帮互学，共同进步

组建学习小组，把成绩好的和成绩差的相互搭配，共同完成一个学习项目。这样既达到了学习目的，又提高了学生的学习兴趣。

3.3.4 开展学科竞赛

学科竞赛对激发学生的兴趣和潜能具有重要作用。我院每年都精心组织各类学科竞赛，并把学科竞赛与教育教学紧密结合，大大提高了学生学习积极性，成效显著。学校学子先后获得德国红点、K-DESIGN等国际设计大奖。

3.4 发挥学习尖子的引领作用

3.4.1 抓典型，树标杆

一方面充分挖掘身边典型，树立学生榜样，通过榜样力量来带动学生。另一方面大力表彰先进班集体、优秀学生干部、三好学生等来激励同学们，同时让这些获奖同学分享他们的学习经验，多举措促进良好学风的形成。

3.4.2 结对子，营造“赶帮超”的学习氛围

充分发挥学习骨干的引领作用，让他们带头成为优良学风的倡导者、建设者、示范者，并主动与学业困难学生结对子，进行学习交流，积极营造浓厚的学习氛围和健康上进的良好学风。

4 结束语

学风建设是一项基础性工作，需要齐抓共管，及时总结经验，共创育人环境，才能调动广大学生学习的积极性，形成良好的学习风气。

“数字色彩”课程混合式教学改革的研究与实践

付娆　柳聪

（成都东软学院数字艺术系　四川　成都　611844）

摘　要：“数字色彩”课程是一门综合性较强的课程，主要利用数字化技术通过电脑软件完成项目色彩搭配设计。本课程培养学生的创造性思维能力；提高色彩设计的技巧和表现能力；熟悉软件的基本操作方法；加强学生在商业设计中的色彩搭配能力。经过课程实践与总结，本篇文章针对数字色彩课程进行了重新梳理与融合，在原有线下课程基础上进行了混合式教学的改革与探索，并提出了新的课程改革方案和具体措施。

关键词：数字色彩；混合式教学；课程改革

Research and Practice of Mixed Teaching Reform of Digital Color Course

Fu Rao　Liu Cong

(Department of Digital Arts, Chengdu Neusoft University, Chengdu 611844)

Abstract: The “Digital Color” course is a comprehensive course, which mainly uses digital technology to complete the color matching design of the project through computer software. This course cultivates students’ creative thinking ability; improves the skills and performance of color design to be familiar with the basic operating methods of software; strengthens students’ color matching ability in commercial design. After curriculum practice and summary, this article reorganized and integrated the digital color curriculum, carried out the reform and exploration of blended teaching based on the original offline curriculum, and proposed new curriculum reform plans and specific measures.

Key words: Digital color; blended teaching; curriculum reform

引　言

本课程是专业基础课，具有较强的综合性，将传统艺术设计类专业的三门基础课——平面构成，色彩构成的造型基础课以及 Photoshop 软件基础课程融合成一体，根据数字媒体技术专业的专业特点以及学生美术基础情况对课程的上课和项目完成方式做了调整，由原本的利用颜料画笔手绘色彩，变为利用数字化技术通过电脑软件完成色彩搭配作品。培养同学以下专业技能：掌握色彩的基本知识及原理；掌握色彩运用的规律、原则；掌握色彩的心理属性及意象；加强学生的创造性思维能力；提高色彩设计的技巧和表现能力；熟悉软件的基本操作方法；为后续课程，如“图像处理技术”“版式设计”“移动界面设计”等打下艺术造型基础。

目前数字色彩的应用领域非常广泛，几乎涵盖了所有类型的艺术设计领域，我们针对混

作者简介：付娆（1985—），女，汉族，四川成都，讲师，硕士，研究方向：视觉传达方向。
柳聪（1984—），男，汉族，四川成都，讲师，学士，研究方向：动画方向。

合式课程改革的需求，对数字色彩课程的教学方法进行了重新设计，引导学生对设计作品有基本的审美鉴赏能力，掌握色彩调和规律。注重启发式教育与学生实践动手能力。通过激发学生的创造力与解决问题的能力，列举大量实例以引导学生明确正确的制作流程。在课堂讲解、随堂练习、课后作业的设计上遵循难度由浅到深、程序由简至繁的原则，加强学生在商业设计中的色彩搭配能力。

1 传统线下课程现状分析

1.1 课程的教学媒介和方法相对单一

传统的线下教学大部分是利用教学课件进行色彩理论和案例技术的讲解，学生自主学习的机会较少，本课程是一门理论知识多元化、实践性强的课程，因此考虑混合式教学改革后的教学媒体和方式也是多样化的，注重启发与引导学生进行探索性的思考。

1.2 课程的连续性不够

虽然从整体上看整体课程内容是完整的，但实际操作中，64 学时分配在 16 周，平均每周 4 学时的线下学习量，这样制作项目的连续性是割裂开的，学生在实际应用学习中，并不能很好地将所学知识点进行融会贯通。

1.3 课程的趣味性不高

传统的四节连上的线下课程，学生长时间听讲不可避免会有视觉疲劳、走神的问题。学生对师生互动不是很积极。

2 混合式教学模式课程建设思路

2.1 混合式教学资源储备

通过和学生以及几位老师的联合测试，前后测试了多个平台，和课程组的其他老师一起就在线教学工作进行分析、讨论，并敲定在线教学细节。利用钉钉群，分班级群，上传 PPT、学习视频、随堂练习文件等教学资源。除给学生发送教学视频、PPT 外，搜集国内外优秀的色彩设计网站让学生大量浏览，分享各类配色 App 等。每周提交 2～4 个色彩收集及提取的图片素材，计划在中期阶段将所有同学收集的色彩资料汇总并分类编辑，然后再资源共享，让学生的色彩资源库能快速高效地建立起来，为后期课程打下基础。

2.2 混合式教学实施规划

线上课程部分采取的授课形式为直播+录播+直播的形式。先通过直播反馈本次上课考勤情况，总结上次作业情况及展示优秀作业，然后讲解本次课整体的课程体系、重要知识点、细节等，约 0.5～1 个学时，然后在钉钉平台发送教学视频文件让学生进行观看，并抛出问题让同学们边看边思考，约 2 个学时，最后再次通过直播讨论刚才在观看视频时提出的问题，以及解答学生对课程及作业的疑问等，这一环节约 0.5～1 个学时。授课形式上也在不断探索变革，从教学中期开始，加入翻转课堂的环节，让学生分组直播，分享关于优秀配色的课程资源。如讲解优秀的电影配色、服装配色等。让学生从色彩的角度重新观察世界，拓宽知识面。

线下课程有针对性地把理论知识与实践知识相结合应用于日常教学活动当中。注重启发式教育与学生实践动手能力。通过激发学生的创造力与解决问题的能力，列举大量实例以引导学生明确正确的制作流程。以讲授、课堂讨论与实例操作相结合的互动方式进行的，在提供丰富案例的基础上，鼓励学生大胆质疑，与教师展开讨论，让学生自己思考得出结论。同时在教学过程中，能够根据学生的特点采取不同的教学方法，比如案例教学法、讨论法等，各种教学方法的综合运用使课堂更生动有趣，能够把学生吸引到课堂上来，通过深入浅出的教学方式，让学生对课程更有兴趣，真正能够学到专业知识与技能，达到教学要求。

2.3 混合式教学管理及考核方式

在上课过程中，及时收集视频播放时的后台数据，对未观看或迟观看的同学及时发送提醒。综合利用学生提交及教师批改作业的便利，让学生通过对分易提交作业。教师在课后进行一对一地批改和打分并及时反馈给学生。在下次课的时候直播展示每位同学的作业并点评，以点评作业的形式将跟课程相关的额外知识点融合，也让学生对自己的作业和班级整体情况有所了解。

2.4 混合式教学的课程思政

在课程中加入思政教育，进一步激起同学们的爱国主义情怀，充分发挥自身专业的积极作用，展现新时代大学生积极有为的姿态。在作业练习中，布置了相关主题的公益海报设计练习，并鼓励学生以作品参赛参展。教师本人也带头设计公益海报给学生做出示范。

3 混合式教学改革总结

根据现在的教学情况来看教学效果较好，通过反馈，学生在网络上课的过程中，逐渐从适应到接受，再到喜欢这门课程，并主动学习跟课程相关的知识跟教师分享，或主动跟教师提些建议。

3.1 后续建设与维护的计划及措施

针对学生长时间听讲疲劳的问题，在课程中间加入适当的娱乐环节与课程知识点结合。例如分享一些生活中实用的服装搭配，最新的色彩流行趋势等；播放一部具有优秀配色的电影片段并讲解色彩在其中的作用，让学生从色彩的角度理解电影，也为后期的影视类课程打下审美基础；课间进行简单的颜色搭配小游戏，并让学生以游戏得分进行 PK 等，玩中学，学中玩；或者播放一段音乐，让学生结合听觉与视觉，利用色彩快速表现旋律的特点等。在混合式教学过程中多和学生沟通，理解不可避免出现的问题，获得学生配合，教学才能取得更好的效果。

4 结 论

本次混合式课程改革将原有课程内容重组再融合，充分调动学生学习的主动性，学生在混合式教学上课的过程中，逐渐从适应到接受，再到喜欢这门课程，并主动学习跟课程相关的知识跟教师分享，或主动跟教师提些建议。沟通较高效。希望通过本门课程的混合教学模式，以项目带动教学，教会学生设计色彩的思路和方法，根据行业需求来设计项目案例，让学生能够在学习过程中掌握方法和规律，鼓励学生多做、多看、多动脑，学会举一反三，了解事物本质，学习配色技法，而不是简单的临摹式的学习。训练学生独立思考和创作能力，通过项目案例加强商业配色能力，学生利用分组讨论、调研、对比、分析等手段，结合教师引导，解决在项目制作过程中遇到的困难，能真正让学生在专业上有所收获，并提高线上自学的能力。

基于“雨课堂”融入 Linux 系统编程课程的思考

康晓娜

（成都东软学院计算机与软件学院 四川 成都 611844）

摘 要：针对当前高校开展的专业课程“Linux 系统编程”的教学实际情况，对混合学习的基本原理有了深刻的了解后，本文提出了将“雨课堂”融入 Linux 系统编程的课堂中，实现混合学习模式的 Linux 系统编程课程教学的思考。文章主要从课程教学现状、雨课堂融入 Linux 系统编程的改革设计以及目前雨课堂存在的问题这几个方面进行阐述。

关键词：Linux 系统编程；“雨课堂”；混合式学习；课程设计

The Consideration of Integrating Linux System Programming Base on Rain Classroom

Kang Xiaona

(School of Computing and Software, Chengdu Neusoft University, Chengdu 611844)

Abstract: Focus the current teaching situation for the Linux system program course, put forward integrating rain classroom into linux system program classroom.Implement the consideration about combine the teaching mode of the Internet with the traditional teaching mode to help the deep integration of online teaching and offline teaching. The article describes the content from below aspect,current teaching situation and the consideration about integrating rain classroom into the Linux system program.

Key words: Linux system program; Rain Classroom; Learning Mode; Course Design

引 言

随着网络技术的飞速发展，能够将网络教学的优势与传统的线下教学相结合的混合教学模式，正日益引起教育界的重视，并逐渐成为师生之间的一种新的交流方式。“Linux 系统编程”是一门以计算机为核心的专业课程。本课程旨在使学员了解 Linux 平台的基本概念及程式设计的基本思路。自 2016 年起，清华大学和“学校在线”联合推出了一款全新的混合教学工具——雨教室。雨教室可以将师生之间的智慧终端连接起来，使师生充分发挥自己的积极性。课后解答问题，让课堂上的每个环节都能得到新的学习经验，激发学习的巨大活力，充分发挥学生自主学习、动手操作的能力，培养工程师思维和创造力。笔者基于对“Linux 系统编程”教学实践，提出借助雨课堂的混合式学习的 Linux 系统编程课程设计。

1 课程教学现状

Linux 系统编程的主要目标在于培养学生对 Linux 平台的综合编程能力。程序设计综合技能的培养，需要进行大量的程序设计与项目

作者简介：康晓娜（1982—），女，吉林，汉族，高级工程师，研究方向：物联网工程方向。

的实际应用，这是一项长期的工作。当前普通高等学校的教学大纲中，低年级大学生的编程能力主要通过设置若干门相关的课程进行，以此来引导学生进入程序设计这种领域和培养基本的编程技能，比如开设 Linux 系统编程之前会设置一些前置课程和后置课程，前置课程如 Linux 基础，后置课程如 Linux 驱动开发和嵌入式应用。但是，由于没有得到持续的课程继续教育，在整个大学阶段，学生的编程综合技能往往没有得到充分的锻炼。加上课程本身难度较难，造成的后遗症会集中体现在对这门课程学习积极性不高、缺乏独立思考和解决问题的能力。

2 “雨课堂”融入 Linux 系统编程课程的思考

2.1 教学改革设计

前期的筹备，制作教学所需的录像、课件、考题；建立“雨课堂”，邀请学生加入班级。对学生进行分组，课后进行分组讨论。

在课堂上，根据预习资料确定教学内容，通过“雨教室”在教学中推送有目标的实体，使学生能够及时了解答案；老师能在最短的时间内掌握答案，判断出最易犯的问题，并根据学生的回答状况做相应的解释。由于 Linux 系统编程这门课程是注重实践的一门课程，所以在课堂中进行上机演示，给学生动手实践的机会。最后进行梳理总结，在理论和实践能力上进行提升。

课后发布课题让大家进行分组讨论。

在上述流程中，老师会在网上公布相关的主题和知识，学生会向学生提问，老师也能及时对学生的提问进行网上解答；教师与学生之间直接进行交流。整个教学形式如图 1。

2.2 “雨课堂”实施中存在的问题

在学习 Linux 的过程中，经常会遇到一些无法避免的问题。

（1）科目评估准则。

随着“雨教室”的引入，“移动电话”的应用已经成为“家常便饭”。要想有效地解决这一问题，就必须建立相应的激励措施和监督机制。例如：提高课堂评价的比重，监督预习、测试、复习等相关的学习任务，为“雨教室”的数据提供支撑，方便统计和分析。

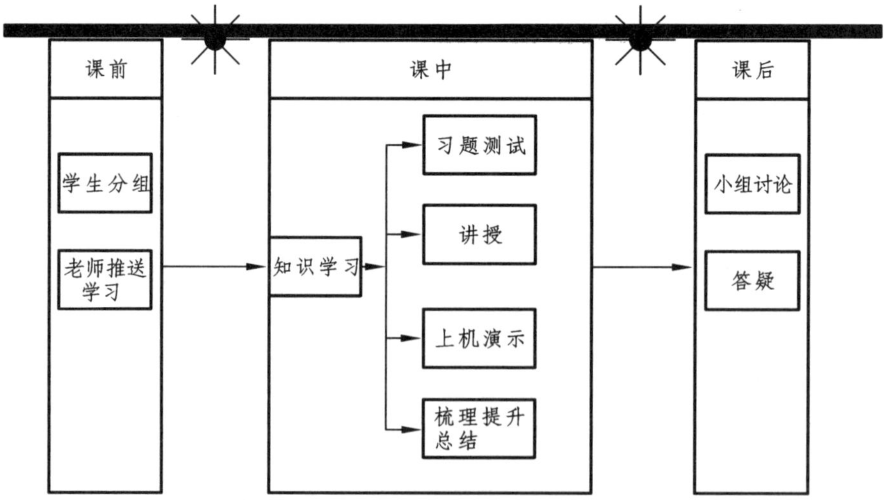

图 1

（2）真实的学生参与。

由于这些测试都是在移动网络上进行的，没有有效的监控，而且数据真实性会影响教学内容的设定。因此，如何确保测试的独立与真实性，成为一个不容忽视的问题。这个问题可以通过设置“雨课堂”的答题时间来进行限制，但是需要在实际中验证此种办法的可行性。

（3）缺少实践练习。

由于 Linux 系统编程是一门注重实践的专业课，而“雨课堂”的习题设计偏重于理论，因此无法对编程实践能力进行有效的检测，这是“雨课堂”在线教学无法回避的问题。

3 结 语

将传统的教学模式与雨课堂相结合，构建一种混合教学模式并应用于 Linux 系统编程课堂是大势所趋，目前已将其应用到实际课堂中。雨课堂通过对 PPT 和微信的相互融合，帮助学生将手机转化为学习工具，教师操作更加简易，有利于老师及时掌握学生的状况，因材施教。

参考文献

[1]“智慧课堂类产品”在高校市场推广的影响因素研究——基于 TAM 模型的实证研究[J]. 武淑平. 中国商论. 2020（13）.

[2] 从传统到翻转课堂的混合教学模式应用研究[J]. 赵笑笑，李爱晶，王玺. 国网技术学院学报. 2020（03）.

[3] 基于实时互动的“MOOC+SPOC+翻转课堂”混合教学模式研究[J]. 王蕾. 河北软件职业技术学院学报. 2020（02）.

[4] 基于雨课堂的混合教学模式应用研究——以“数学建模实验”课程为例[J]. 王三华，屈泳，阮小军. 实验室研究与探索.2020（05）.

[5]“雨课堂”在课前、课中、课后“三段式导学”中的应用效果评价[J]. 李鹏，易淑明，郑晓妮，陈烨. 护理研究.2018（04）.

[6]“雨课堂”的教学应用与反思[J]. 肖康，王琼，陈月花. 广东化工.2017（13）.

[7] 姜文龙. 基于“雨课堂”的大学课程全过程考核研究[J]. 辽宁警察学院学报，2021，23（01）：120-124.

“互联网+教育”背景下大学生自主学习的现状调查分析
——以成都东软学院为例

孙子舒　陆平平　孙志鸿　周小英　张苧月

（成都东软学院外国语学院 四川 成都 611844）

摘　要：在疫情的影响下，“互联网+教育”真正走上了教育舞台的中央，成为最主要的教育模式。教学模式的变革、学习资源的变迁、学习环境和评价方式的改变，要求大学生学习从“被动”转变为“主动”，从“他律”转变为“自律”，从“听课”转变为“研究”，这对大学生自主学习提出了更高的要求。通过对大学生自主学习的现状调查分析可以发现大学生自主学习存在的问题，从而提出行之有效的策略和方法，提升高校人才培养质量。

关键词：自主学习；现状调查；影响因素

Investigation and Analysis of the current situation of Autonomous Learning of College Students under the Background of “Internet + Education”
——A Case Study of Chengdu Neusoft University

Sun Zishu　Lu Pingping　Sun Zhihong　Zhou Xiaoying　Zhang Ningyue

(School of Foreign Studies, Chengdu Neusoft University, Chengdu 611844)

Abstract: Under the influence of the epidemic, “Internet + education” has truly taken the center of the education arena and has become the most important education model. Changes in teaching models, changes in learning resources, learning environment and evaluation methods require college students to change from “passive” to “active”, from “other discipline” to “self-discipline”, and from “listening to class” to “research”. This unprecedentedly puts forward higher requirements for the autonomous learning of college students. Through the investigation and analysis of the current situation of college students’ autonomous learning, it is possible to discover the problems of college students’ autonomous learning and summarize and analyze the influencing factors, so as to propose effective strategies and methods to improve the quality of college talent training.

Key words: Autonomous learning; survey of current situation; influencing factors;

引　言

从已有研究结论上看，大学生自主学习的主要问题有“自主学习的意识不强，对网络资源利用率较低，自主学习缺乏一定的评价和反馈体系”[1]，“大学生自主学习目的不明确，自

基金项目：成都市教育科研规划“新冠肺炎疫情与成都教育应对”专项课题（YQZX078）。

作者简介：孙子舒（1991—），女，汉族，四川成都，助教，硕士，研究方向：高等教育、生态服务。
陆平平（1983—），女，汉族，四川成都，讲师，硕士，研究方向:教育学，德育。
孙志鸿（1994—），男，汉族，四川成都，助教，硕士，研究方向：管理学，学生行为表现。
周小英（1995—），女，汉族，四川成都，助教，硕士，研究方向：思想政治教育。
张苧月（1995—），女，汉族，四川成都，助教，硕士，研究方向：教育方法与理论、思想政治教育。

律能力较差，应试教育养成了一定的被动性和依赖性"[2]等。提升大学生自主学习能力的策略主要包括"明确自主学习目标，增强自主学习意识，设计自主学习方案，建立自主学习体系，跟踪学习动态，进行必要指导"[3]等。从研究内容上看，主要集中在"互联网+教育"背景下大学生自主学习的意义和自主学习能力的提升方面，对大学生自主学习的动机、影响因素、学校对大学生自主学习的促进策略研究不够深入；从研究方法和途径来看，理论阐述较多，调查和实证研究较少。本研究拟以外语类专业学生为例，对疫情防控期间"互联网+教育"背景下大学生自主学习进行调查分析，提出促进大学生自主学习的策略。

1　研究方法

本次现状调查采用问卷调查的方法，以外语类专业学生为调查样本，按照专业、年级、性别分类发放了调查问卷 1 038 份，共回收 975 份，回收率为 93.9%。调查了解大学生对自主学习的意义认知，大学生自主学习的动机、时间安排、主要途径，自主学习中遇到的困难，网络资源的利用情况，教师指导对自主学习的作用，自主学习过程需要得到的帮助，自主学习的评价反馈等现状。根据调查数据，采用统计分析和对比分析对大学生自主学习现状的影响因素进行了分析比较。

2　大学生自主学习现状调查结果分析

疫情防控在线学习期间，外语系有 66.97%的同学制定了自主学习计划，而 33.03%的同学没有制定自主学习计划。其中，仅有 14.46%的同学能长时间有自我安排，坚持自主学习，而 85.54%的同学偶尔进行自主学习或者从没有进行过自主学习，如图 1 所示。

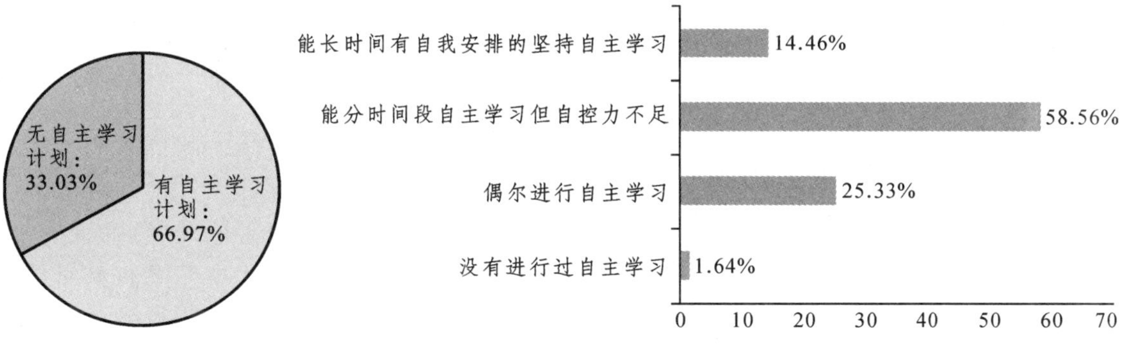

图 1　自主学习整体情况图

从学生在自主学习的意义认知、动机、时间安排、主要途径、网络资源的利用情况、遇到的困难、需要得到的帮助、教师指导对自主学习的作用、自主学习的评价反馈方面，对调查结果进行了分析发现了以下问题。

96.82%的同学认为大学生进行自主学习是有意义的，仅有 3.18%的同学认为自主学习没有意义。超过 55%的同学认为自主学习可以提高自身学习效率和学习效果、可以磨炼自身意志实现终身学习、可以满足自身发展的需要、可以适应社会发展的需要，个别同学还认为自主学习的意义在于时间可自由支配、自主学习后可发现自己的短板以弥补不足、可以促使家庭其他成员也进行自主学习等。超过 60%的同学是为了完成老师布置的任务、为了取得好成绩、为了考取专业证书。在此之外，有 45%的同学是为了获得专业外的其他技能和拓展自身知识面，如视频剪辑、主持、疫情防控知识等。新型冠状病毒肺炎疫情期间，65.11%的同学每天使用网络的时长达 5 小时，而自主学习达到 3 小时的同学仅有 15.4%，与疫情前 30.92%的同学平均每天进行自主学习的时长相比有所减少。

超过 60%的同学通过制定学习计划、加强时间管理、整合利用资源途径自主学习，此外超过 40%的同学通过养成的良好学习习惯促进自主学习。超过 40%的同学主要是利用百度、百度网盘、知乎、微信公众号和小程序、微博、哔哩哔哩、云课堂、学习通等网络资源进行自主学习。超过 50%的同学认为自制力不足无法坚持（76.08%）、学习环境不好易受干扰、学习效率无法提高是目前遇到的主要困难。超过50%的同学想得到学习建议和指导，学习资源推荐，他人的经验分享，老师同学的监督、提醒、鼓励等方面的帮助，如图 2。

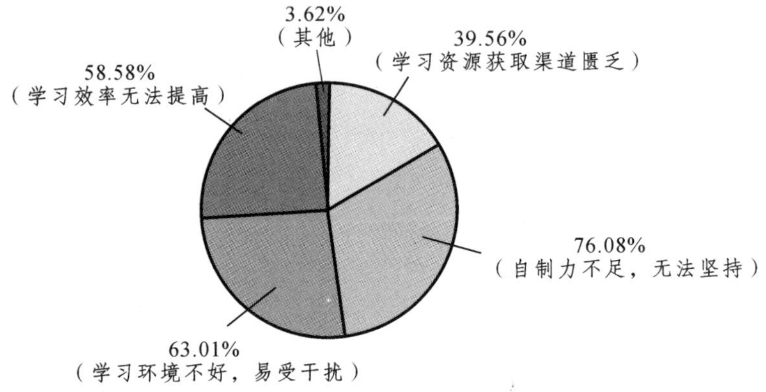

图 2　自主学习过程中遇到的困难

85.33%的同学认为老师在线帮助对自主学习是有作用，14.67%的同学认为老师在线帮助对自主学习没有作用。超过 80%的同学认为老师上线对自主学习有提醒、监督的作用，60.22%的同学认为有鼓励的作用，个别同学认为有引导和答疑解惑的作用

3　大学生自主学习现状的影响因素分析及对策

3.1　影响因素分析

本研究对每项因素学生占比进行统计分析，并将比重进行排序发现，疫情期间学习环境、自身学习目标、网络设备影响了超过 50%的同学。学校相对于家庭具有较完善的学习条件，能够提供更多的学习保障。调查发现，疫情期间高达 83.38%的同学学习受环境影响，52.41%的同学网络设备状态会对自主学习产生影响。55%的同学自主学习受自身目标影响，在自主学习过程中制定合理的目标，不断自我肯定、自我鼓励，能够增强信心，使学习更加持续有效。而硬件设施、教学管理、父母对自己的期望、同学鼓励与帮助、师资力量、物质或荣誉奖励也有一定的影响。

通过对比分析发现，不同年级的学生自主学习现状影响因素的占比也存在差异。针对大一同学来看物质或荣誉奖励、同学鼓励与帮助对其自主学习影响程度要高于其他年级的学生。比较不同年级平均每天进行自主学习的时长变化情况发现，大三年级学生能相对持续稳定地维持每天的自主学习时间不变化，每天自主学习时长增加占比排序：大三>大二>大一，而自主学习时长减少占比排序：大二>大一>大三。比较自主学习过程中想要得到哪些帮助情况发现，大二的同学更希望得到学习资源推荐帮助，大一和大二的同学更希望获得老师的学习建议。

3.2　对　策

综上所述，大学生自主学习意识薄弱，自控力不足，无法坚持。自主学习效率低下，学习易受环境干扰。自主学习资源获取匮乏，缺乏信息辨别力。为改善大学生自主学习现状中存在的问题，本研究提出以下几点对策。

（1）增强学生的自主学习意识。

大学生自主学习需要老师的提醒、监督，仅少数同学能够长期坚持自主学习。智能手机的普及、网络信息的多元化、信息的爆炸式增长，对大学生自主学习是一大挑战。教育者要发挥引领作用，指导学生合理安排时间，例如：可通过竞赛形式提高学生兴趣，以赛促学；也可以引入个性化案例，启发和激励学生。

（2）提高学生自主学习效率。

学生无法在学习氛围浓烈的校园学习，而宅家上网课时，易受家庭环境因素的干扰，无法全身心投入自主学习。教育者要做好家校沟通，倡导家长为学生提供安静的学习环境，助力学生集中学习注意力，指导学生做好学习规划，充分利用时间。

（3）提升学生资源获取能力和信息辨别力。

网络的快速发展、知识的迭代更新，各式学习 App、公众号、小程序和学习网站数量的增长，使学生无法及时快速的筛选、甄别、梳理获得与自己学情匹配的网络学习资源。教育者要适当为学生传授相应的方法途径，提高学生获取信息的能力，关键词法能有效地从海量学习资源中搜索筛选出需要的信息。

参考文献

[1] 张红，李鑫华，郭丽颖，王璟，刘晓宇. 网络环境下大学生自主学习存在的问题及对策[J]. 智库时代，2020（01）：116-117.

[2] 吴美华，吴红艳. “互联网+”背景下大学生自主学习能力提升策略研究[J]. 教书育人（高教论坛），2020（06）：86-87.

[3] 张娜娜，陈静. “互联网+教育”背景下大学生自主学习能力提升策略研究[J]. 教育现代化，2019，6（78）：111-115.

数字艺术类实践课程线上教学的实施与思考

马晓东　胡楚梦

（成都东软学院数字艺术与设计学院 四川 成都 611844）

摘　要：经过疫情时期线上教学的实践，数字艺术实践类课程突破了以往的教学方式，新的教学方式、教学方法和教学体验应运而生。当下数字艺术类实践课程如何利用线上教学积累的优秀成果丰富线下教学、改进教学管理水平、提高教学质量，成为值得教育者工作和思考的问题。本文结合课程实施经验和教学管理等方面进行系统化的梳理和思考。

关键词：线上教学；数据化；课程管理

The implementation and thinking of online teaching of digital art practical courses

Ma Xiaodong　Hu Chumeng

(School of Digital Art and Design, Chengdu Neusoft University, Chengdu 611844)

Abstract: After the practice of online teaching in the epidemic period, digital art practice courses have broken through the previous teaching methods, and new teaching methods, teaching methods and teaching experience emerge as the times require. In the post epidemic era, how to make use of the outstanding achievements accumulated by online teaching to enrich offline teaching, improve teaching management level and teaching quality has become a problem worthy of educators' work and thinking. In this paper, combined with the experience of curriculum implementation and teaching management and other aspects of systematic carding and thinking.

Key words: Online teaching; Data based; Art practice courses

一场疫情将高校教师的讲台搬到了线上，学生和老师所产生的数据流构建了一个完整的数据空间。随着情态的变化，教学的方式也随之产生变化，这对实践类较强的课程提出一个挑战。不能实地指导，不能面对面进行语言交流，甚至分享创作经验都成为一个只闻其声未见其人的陌生化语言环境，这都是实践类课程遇到的最大挑战。

笔者在课程教学目标不变的情况下，不断尝试新的教学方式，丰富教和学的体验，从而总结出艺术实践类课程线上教学的经验，以供更好地应用到线下教学。

1　结合时代背景，将课程思政融进专业教学

根据专业培养方向和教学大纲的要求，将课程的教学内容结合当下的形势，设置实践项目与当下主题相结合，利用丰富的线上视频素

作者简介：马晓东（1986—），男，汉族，硕士，研究方向：电影学。
胡楚梦（1992—），女，汉族，硕士，研究方向：戏剧影视学。

材，拟定实践项目的训练方向。教学内容的设置不仅符合TOPCARES教育以项目为导向的教学要求，也契合了时代背景。通过教学效果和学生反馈来分析，本次课程涌现了大量的优秀作品，学生在完成项目的过程中深入思考当下的国际形势、国家力量、医护人员的精神以及各行业的态度，从而在很大程度上将专业学习和课程思政结合起来。

2 教学方式多样化探索

实践类课程所面临的最大问题是线上指导较为困难，课程的实践教学目标达成不充分。多平台交叉互用、多功能的灵活变通是解决问题的关键。将教学方式调整为采用钉钉的群功能、会议功能、直播功能，同时结合对分易的课程管理（包括考勤、作业、课程资源分享等）和慕课的学习资源，从而最大程度将专业知识通过线上教学落到实处。钉钉的群功能可以将实践类的课程以通知和公告的形式下发；会议功能可以实现师生的互动交流；直播功能可以将实践的操作演示以直观的形式传达给学生；对分易的考勤、作业、课程资源分享等功能可以将整体的课程实施数据化、规范化、程序化，从而将课程实施的每个环节落到实处。知识通过多种途径传达，而实践类的项目指导更是利用多媒体丰富的媒介形式实现。

3 互动指导时间的设置

相对于线下教学而言，实践类课程线上教学容易出现作品创作过程在指导环节出现指导时间的错位。针对这个问题，将实践环节的互动指导实践设置为集中答疑时间和机动指导时间两个时间段。集中答疑时间主要针对学生在学习过程中普遍出现的问题，进行统一的讲解和指导；机动的指导时间主要是针对每个学生作品创作过程中出现的问题进行个性化的指导，指导方式也可以多样化，比如共享屏幕、语音交流、操作示范等。

虽然在指导时间方面因为单独指导的学生过多，则需要的时间会更多，但是指导效果非常不错。机动的指导时间的设置不仅可以处理学生因为家庭、网络等原因造成的作品创作过程中出现的随机问题，还可以延长学生的专业学习时间，发挥家庭教师一般的辅导功能效果，随问可答，随时沟通。

4 数据化的课程管理

线上教学是将教学过程数据化，从考勤管理、作业管理、课程资源分享到群公告、直播、会议都是以数据化的方式进行呈现的。因此，在每一个教学环节都可以数据的形式进行呈现和管理，比如考勤统计、作业提交、课程资源的浏览次数等，特别是在教学直播中，针对每个学生统计观看人数、观看时间，教师可以很直观地进行教学方面的管理。

在实践指导环节方面，数据化的管理呈现出极大的优势。例如针对个体学生的作品指导，从学生提交作品到教师作品评阅都有过程性的记录，特别是针对同一个学生的同一个作品，数据更是以时间线索的形式将作品创作和教师指导意见串联起来，学生可以体会到在教师的指导意见之下每一次修改和创作较以往提升的地方，可视性强。不断修改完善的学习过程记录，不仅让学生不断提升自己的专业水准，也可以将学习的积极性调动起来，实现更佳的学习效果。

5 专、素教育的一体化管理

素质教师全面进入课堂在线下由于各种各样的原因是较难实现的，但是转为线上之后，专业教师和素质教师共同管理的优势得到了充分的发挥。素质教师可以在专业教师上课的过程中随时进出线上课堂，实现班级学生的考勤监督、学习状态监督、学习督促。同时，素质教师与专业教师针对班级学生的状态沟通更加方便。专素一体化的建设在线上教学方式的带动下变得较为容易实现，管理更加快捷。

6　教学质量的实时反思与改进

教学质量的监控与反馈主要从三个方面可以实时实现，从而及时提升教学水平。一是督导进入线上教学课堂形成反馈意见，可以直接反馈给专业教师；二是学生的反馈在课程直播和会议过程中，以字幕和语音的形式及时传导给教师；三是教师利用直播回放的功能，可以反思在教学过程中是否有遗漏的知识点，观察学生的学习状态。通过以上三种方式，专业教师及时调整教学方式、沟通方式、指导方式，从而保障教学质量逐步提升。

此外，专业教师和教学督导也以数据化的方式做问卷调查，快速导出教学反馈数据，及时调整教学策略，保障教学顺利进行。

总之，线上教学对于数字艺术类实践课程是一个挑战，同时也是一个机遇。教学方式的改变不仅可以让教师和学生借助更多的学习资源进行学习，还可以借助数据化的教学管理让教学变得丰富，在很大程度上更可以将教学规范化、秩序化。更重要的是，线上教学的经验可以应用到线下教学中，从而丰富线下的教学方式，提升教学质量，稳定教学成果的输出。

参考文献

[1] 金玲芬虎志辉. 完善教学管理制度 更新教学管理理念[J]. 教育教学论坛，2020.
[2] 刘一虹. 应用型本科高校教学质量监控体系建设的思考[J]. 才智，2020.
[3] 叶能胜，林雨青，张璐，周文娟. 疫情时期在线教学的探索与实践——以仪器分析课程为例[J]. 中国现代教育装备，2020.

学龄前儿童玩具收纳柜设计

刘依君

（成都东软学院数字艺术与设计学院 四川 成都 611844）

摘　要： 随着人们生活水平的不断提高，玩具市场的逐渐成长，我国已成为全球最主要的玩具生产国和消费国。越来越多的玩具需求导致家中孩子的玩具堆积成山，此时，玩具收纳就成为一个主要需求。本文通过研究学龄前儿童心理和生理的发展需求，以及对学龄前儿童的认知行为进行分析，对学龄前儿童玩具收纳柜进行设计，本设计的核心点一是为了能够培养学龄前儿童热爱整洁、讲究卫生和珍惜玩具的好习惯；二是能够培养儿童的管理能力，让儿童把他大量的玩具能够有序的整理好的能力，从而培养孩子的责任心。

关键词： 学龄前儿童；玩具收纳；功能

Toys Storage Cabinet Design Of Preschool Children

Liu Yijun

(School of Digital Art and Design, Chengdu Neusoft University, Chengdu 611844)

Abstract: With the continuous improvement of people's living standards and the gradual growth of the toy market, China has become the world's most important toy producers and consumers. The growing demand for toys has led to a mountain of toys for children in the home, where toy storage becomes a major need. In this paper, through the study of preschool children's psychological and physiological development needs, as well as the cognitive behavior of preschool children, the design of preschool children's toy storage cabinet, the core point of this design is to be able to cultivate preschool children love neatly, pay attention to health and cherish the good habit of toys; Second, it can cultivate children's management ability, so that children can arrange a large number of toys in an orderly manner, but also can cultivate children's sense of responsibility.

Key Words: Preschoolers; Toy storage; Functional; Preschoolers

引　言

随着人们生活水平不断提高，玩具市场不断发展，我国已经是全球最主要的玩具生产、出口和消费国。孩子越来越多的玩具需求导致家中的玩具堆积成山，此时，玩具收纳就成为一个现实问题。通过调查得知，现在还会有家长会使用一些废弃的纸箱子或者其他包装盒进行收纳，但现在大多数家长也会购买一些塑料的收纳盒、收纳架和收纳箱，或者布制的收纳桶或者收纳袋进行简单的分类收纳。现在的市场上很少有专门对玩具收纳进行合理规划的设计，普遍存在形式单一、材质用料不环保或者功能性不强等问题，总体来说，体验感较差。

作者简介： 刘依君（1990—），女，汉族，四川成都，讲师，硕士，研究方向：工业设计，展示设计。

这些收纳装置很难与使用者之间有一些有效的互动，所以就更难让使用者在体验的过程中有一些情感上的共鸣。虽然有一些国外的玩具收纳装置设计是具有一定引导性或者功能性的，但价格高且实用性并不强。

1 学龄前儿童的概念界定

在联合国儿童权利公约中，未满 18 周岁的人都被定义为儿童。而学龄前儿童通常是指尚未达到入学年龄的儿童。从世界范围来看，各国对儿童入学年龄的规定各有不同，一般为 5 岁或 6 岁，因此，学龄前儿童的年龄界限也不尽相同。但中国目前儿童的入学年龄规定为 6 岁，所以，3～6 岁的儿童即为学龄前儿童。而这个年龄阶段的儿童的特点较为突出，因此本文研究的目标对象就是 3～6 岁的学龄前儿童，对这种特定年龄阶段的调查更有利于研究其心理特征和行为特点，能够更精确地掌握他们的需求，从而进行儿童收纳产品的研究和设计。

2 学龄前儿童的心理和生理特点分析

2.1 心理特点

学龄前儿童的心理特点主要有两种，一是意识的独立性，二是性格的不稳定性。

在幼儿期心理发展的基础上，独立意识逐渐发展，在行为和心理上有着不同的发展。在行为上，初步形成参与社会实践的愿望和能力（具体表现在愿意帮父母干活，也已有能力给父母拿板凳、吃饭前会拿筷子等），独立生活的能力有了很明显的提高（例如能自己吃饭，自己上厕所等）。在认知上，这个时期的孩子无意注意高度发展，因此注意力易转移，有意注意也逐步形成，开始独立组织、控制自己的注意力，也就是学龄前儿童会逐渐形成自己的认知和喜好，并依次选择自己的兴趣关注点，然后积极主动地参与活动，这也是在学龄前时期的儿童，有着旺盛的求知欲，强烈的好奇心和独立心。

此外，在此阶段的儿童还有着性格不稳定性的特征。这个时期的儿童，性格、情绪极易受到外界的影响而改变，随着儿童接触到更多的外界事物和不同的人群，儿童可能会受到更多的负面情绪和不良行为的影响，那么儿童的情绪会通过更丰富的形式展现出来，这些各种各样的情绪变化也就体现了学龄前儿童的性格、情绪具有不稳定性。

2.2 生理特点

学龄前正处在人生非常重要的生长发育阶段，也是人身体发育及成长最快的阶段。学龄前儿童的生理特点可以从身体发育、大脑发育两方面来阐述。

在身体发育方面，身体发育的主要特征体现在身高、体重、体格、骨骼、肌肉以及乳牙等方面，这个时期的儿童许多器官已经完成了生长发育。从身体各部分发育可以看出，学龄前儿童的体格发育速度相对减慢，但仍保持稳步增长。各项生理的发育速度很快，新陈代谢比较旺盛，但由于身体的机能发育还不成熟，对外界环境的适应能力以及对疾病的抵抗能力都较弱；并且学龄前儿童的肌肉发展不平衡，且骨骼硬度较小，但弹性较大，可塑性强，不过正是因为多项机能的不平衡发展，这时的儿童很容易受到外界事物的伤害。因此，在设计学龄前儿童玩具收纳产品的时候就要考虑学龄前儿童的特殊性，根据他们的数据进行调整。

在大脑发育方面，这个阶段的儿童大脑及神经系统会有所发育，并且此时儿童脑组织达到成人脑重量的 86%～90%。这一阶段儿童的神经系统也会得到进一步发展，神经冲动的传导会更加迅速准确，因此这个阶段的儿童会很好奇、好学、好动。由于大脑的发育速度高于身体的生长发育速度，很多时候学龄前儿童的身体会触碰到一些无法控制的事情。但大脑的发育也使得言语对行为的调节机能逐步增强，使得一些行为动作有一定的自觉性和计划性。

3 学龄前儿童玩具收纳产品现状分析

目前市场上，儿童玩具收纳产品依旧是在满足收纳的情况下，还会作为置物的存在，例如在收纳装置的上面摆放一些摆件或者堆放一些其他玩具，这都是在一般家庭中的常见现象。

作为学龄前儿童玩具收纳产品，与家居收纳有一定的差别，儿童玩具收纳更多会使用有亮丽丰富的色彩或者卡通可爱的造型的产品，这样才能吸引儿童的喜欢。除此之外，还有一些个别设计会考虑与儿童的生活场景相结合进行收纳。以下是一些市场上常见的儿童玩具收纳 产品。

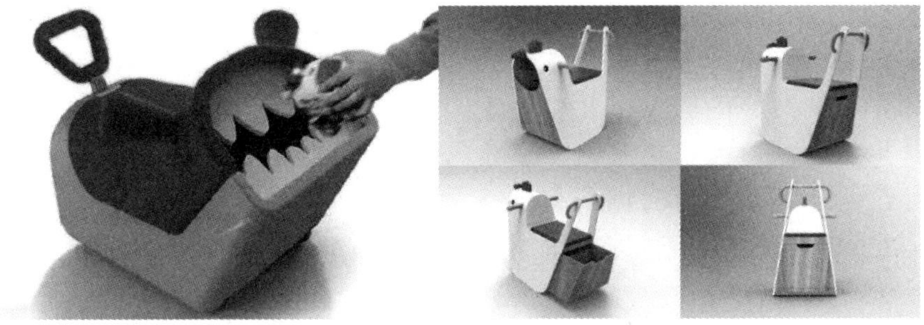

图 1 卡通造型收纳产品

从如图 1 可看出，这两款设计是根据儿童喜好的造型来进行设计的收纳装置，外形可爱，并且都是既能够收纳玩具，又能供儿童进行玩耍的收纳装置，就像木马一样可以进行一些简单的骑行动作。

图 2 编织类收纳筐

图 2 都是编织类收纳筐，第一款采用的是棉线编织而成，整体硬度不大，较柔软；第二款则是采用草编藤编的形式，而它的主要材质为环保纸绳，可以看出，现在的收纳产品是具有环保性质的。这些都是可以根据需要的大小自行选择，方便进行物品的归类收纳。

4 学龄前儿童玩具收纳柜设计实践

4.1 设计定位

与任何儿童产品一样，学龄前儿童玩具收纳装置最重要的还是安全性能。因为儿童作为一个弱势群体，尤其学龄前的儿童，还不具备安全意识和防御功能，就会很容易受伤，所以对于儿童来说，所有的产品都需要考虑到安全性，这是最基本、基础的方面。再加上学龄前的儿童好奇心大，比较活泼好动，为了避免意外的发生，更要考虑安全性。安全性又可以从材质、结构和造型等三个方面进行分析。

材质安全就是在材质的使用上，用环保、耐用、无毒可回收的绿色材料，并且在产品的表面更是不能有有毒的涂层，学龄前的儿童对于很多好奇的东西还是会喜欢啃咬，为了避免这种危险的发生，在用料上面就一定要采用环保安全的材料。

结构安全就是在整体的结构设计上面要一体化，不要有可拆卸或者可拉扯出来的小零件，以免让儿童误食而引起安全事故。并且还要稳定、牢固，不能很容易就被推倒或者摇摇晃晃。

造型安全就是整个造型设计要圆润，不要有尖锐、锋利或者容易划到的边缘棱角，把露出来的边角都要打磨光滑。

4.2 功能性分析

根据上面对学龄前儿童的身心发展特点的分析可知，这一阶段正是儿童成长的关键时期，也是培养儿童习惯的关键时刻，不同功能的儿童产品对儿童会有不同的价值和教育意义。功能性不仅要有能够收纳的功能，也是要有一定的引导性，培养儿童主动收纳玩具的习惯，并能够在主动收纳的过程中获得一定的乐趣，从而激发儿童的积极性。

4.3 趣味性分析

趣味性主要体现在能否让学龄前儿童感兴趣，造型上要具有冲击力，能够吸引儿童的注意力，甚至激发儿童的创造力和想象力；还体现在是否能进行互动，不论是与父母一起进行玩具收纳，还是儿童一边玩耍一边进行收纳，都要能够达到互动的作用。

4.4 最终设计方案展示

安全性分析：如图 3 可见，整个设计每一处边角都进行了圆角处理，对儿童来说，完全不会有尖角伤到的安全隐患。柜子内部每一处也都是圆润的边角，并且制作了隐形拉手，减少了把手在外面凸起的安全隐患。由两图可见，柜体外面的西瓜籽造型也是特别设计的，可以在外面旋转扭动增加与儿童的互动性。最后，整个设计都是采用的优质 PP 塑料和 PP 板材质，无毒无害且环保。

如图 4 展示可见，本设计是系列产品，主要是将冰激凌和乐高两种元素相结合，除西瓜造型外还分别设计了奶酪、奶油冰激凌三种“口味”的收纳柜，并且对色彩做了处理，能够在一定程度上吸引儿童的注意力，整个造型萌趣可爱，符合学龄前儿童的喜好倾向。

5 结束语

本课题主要是通过对学龄前儿童的身心发展研究，对现有的儿童玩具收纳产品进行了调研，通过查找大量的网络数据以及文献数据，分析了现在市场上的一些儿童玩具收纳产品的不足，进而对学龄前儿童玩具收纳装置进行了设计。为了能够真正满足学龄前儿童的需求，激发儿童的创造力和想象力，并培养儿童能够主动地、积极地收纳玩具这一习惯，以达到本设计的目的。

图 3　西瓜冰激凌造型收纳柜

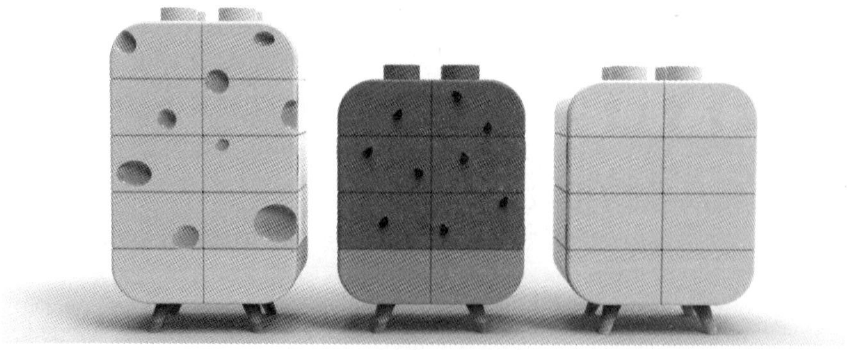

图 4　冰激凌造型收纳柜

参考文献

[1] 黄劲松，田养蕊．学龄前儿童玩具收纳产品趣味性设计研究[J]．湖北工业大学学报，2018,（01）：30-31．
[2] 袁迎迎，陈于书．基于儿童行为导向的玩具收纳设计研究[J]．南京林业大学学报，2019，32（04）：185-186．
[3] 宋娟，杨亚萍，张帆．基于收纳意识的儿童玩具设计[J]．设计，2019 32（13）：118-120．
[4] 范瑶琪．学龄前儿童收纳产品引导性设计的应用研究[D]．浙江理工大学，2018．
[5] 刘攀．基于情绪和习惯的儿童收纳式玩具设计研究[D]．湖北工业大学，2019．
[6] 冯启迪．学龄前儿童玩具收纳装置游戏化研究与设计[D]．广东工业大学，2017．
[7] 张倩．基于互动设计理念的亲子玩具设计研究[D]．湖北工业大学，2020．

麦肯锡 7-S 模型分析及其在组织效率中的应用

宋昌欣[1]　彭颖[2]

（成都东软学院[1] 四川 成都 611844；西南民族大学 四川 成都 610000）

摘　要： 近年来，了解自身业务的构建情况非常重要，这样企业才能在竞争中胜出并实现其目的。毫无疑问，在这方面提出问题时，会有不同的答案。许多内部和外部因素会影响业务并成为其问题的根源。为了解决问题，应确定解决哪些影响因素是最当务之急的。本文考察了麦肯锡公司开发的麦肯锡 7-S 模型在企业中的应用和贡献。麦肯锡 7-S 模型通过考虑模型要素，分析企业现状，制定符合企业目标的行动计划，分析模型要素与信息的相互作用，为企业建设做贡献。在详细的施工过程中，这项工作的目的是提出新的建议，在这些建议中，麦肯锡模型将根据文献报告为企业的组织生产做贡献。

关键词： 麦肯锡 7-S；组织效率；战略

An Analysis of McKinsey 7-S Model and Its Application on Organizational Efficiency

Song Changxin[1]　Peng Ying[2]

(Chengdu Neusoft University, Chengdu, 611844; Southwest Minzu University, Chengdu, 61000)

Abstract: In recent times, it is very important to know how well this business is built so that businesses can work in harmony with competition and achieve its purpose. There is no doubt that different answers will be taken when questions are asked in this regard. There are many internal and external factors that can affect the business and be the source of its problems. In order to resolve the problems, the most appropriate and consistent method of determining which factors should be addressed should be determined.In this study, the use and the contribution of McKinsey 7-S model developed by McKinsey Company in the enterprises are examined. The McKinsey 7-S model contributes to the construction of businesses by taking into consideration the model elements, analyzing the current situation of the enterprises, establishing action plans in line with the objectives of the enterprises and analyzing the interactions of the model elements with the information in the construction process in detail. The aim of the work is to provide new suggestions in which the McKinsey model will contribute to the concept of organizational productivity in businesses in the light of literature.

Keywords: McKinsey7-S; Organizational Efficiency; Strategy

引　言

随着管理科学在企业发展中的渗透，可以看到许多企业都使用组织结构来评估当前的绩效并提高效率，因此取得了较好的成果。在众多的变革管理模式中使组织结构保持一致的行

作者简介： 宋昌欣（1989—），男，汉族，四川成都，助理研究员，硕士，研究方向：管理科学、计算机应用。
彭颖（1978—），女，汉族，四川广安，讲师，硕士，研究方向：智能信息处理。

之有效的方法之一是麦肯锡 7-S 模型。该模型由麦肯锡咨询公司的顾问 Tom Peters、Robert Waterman 和 Julien Philips 在 Julien Philips 和 Anthony G. Athos 的协助下于 20 世纪 80 年代初开发。该模型被学术界和从业者广泛使用，并且至今仍然是最受欢迎的战略规划工具之一。人们可以在各种文献中获得有关该模型的结构、开发和应用的详细数据。该模型是一个动态应用程序，在业务结构中起着积极的作用，在模型的应用程序遵循四个重要步骤，根据业务的现状分析其结构研究流程内部动态、共享价值观、愿景和使命，确定不足和无效要素，确定可应用于业务的变革和转型的目标，制定可能需要的业务和行动计划，以及根据计划进行重组。在重组过程中，有必要确定模型元素的可能变化如何相互影响。麦肯锡模式将有助于企业重组，以实现企业适应国内和国际竞争的目标。麦肯锡 7-S 模型本质上包括七个独立的因素。这些要素分为硬要素（战略、业务结构、系统）和软要素（管理风格、共享价值观/企业文化、人力资源和能力），如图 1 所示。确定软要素一般受企业文化影响，硬要素受管理文化影响。虽然软要素更难定义和管理，但就其独创性而言，具有战略意义，组织结构并为竞争优势做出重大贡献。

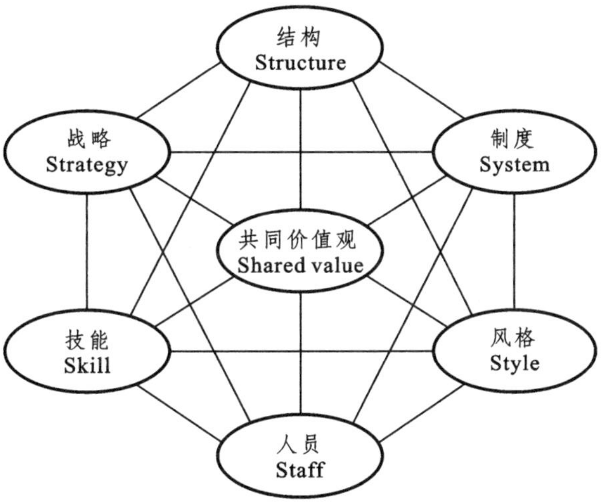

图 1 麦肯锡 7-S 模型

如图 1 所示，共享价值观位于模型的中间，是其他关键要素发展的核心。模型的元素之间存在密切的相互关系。任何元素的变化都会影响所有其他元素。有了这种效果，它也引起了它们的变化和转变。出于这个原因，与元素的创建和管理相关的所有流程都必须由有能力和有才华的经理来执行。

不同国家的企业根据自己的文化和管理理解不同的应用模型元素。从日本和美国的一些企业中可以看到这方面的突出例子。这些国家在组织结构和经济绩效方面的成功应用为其他国家的企业树立了榜样。根据大多数美国经理的说法；硬要素（战略、业务结构、系统）更适合美国企业的企业文化和管理文化，更重视要素之间的关系。另一方面，根据大多数日本经理的说法；软元素（管理风格、共享价值观/企业文化、人力资源和人才）更适合日本企业的企业文化和管理文化。在日本文化中，人们不将人视为独立的个体，而是将他们视为在特定任务框架内合作的单位，相互团结的文化很普遍。因此，可以轻松应用软元素。另一个问题是，日本管理者采用耐心、间接及温和的管理方式，而不是苛刻、强制和直接的行为。因此，可以确保内部冲突最小化，员工之间建立更和谐的关系，员工容易接受和实现业务目标。

在国内，麦肯锡 7-S 模型尚未广泛应用在各个领域。据了解，国内一些现有或潜在的大型机构在麦肯锡 7-S 模型的框架内接受麦肯锡公司提供的咨询服务。在麦肯锡 7-S 模型的框架内，通过研究文献中给出的一些示例，已确定评估国内企业当前绩效并提高其生产力的主要目标是组织结构，并在必要时通过学术和咨询支持取得积极成果。

1 模型元素

该模型是基于 7 个要素构建业务组织的应用程序，以最有效的方式进行企业的组织结构和业务活动。我们可以将这些元素总结如下。

1.1 战　略

企业应有在竞争中建立和保持竞争优势的计划。虽然定义和管理模型中指定的软元素比较困难，但它对组织结构的建立和原创性方面的竞争优势具有重要的战略意义。根据卡普兰的说法：在创建业务的基本策略和子策略时，应考虑其他因素，应考虑沟通水平和相互之间的互动。否则，将无法保证要素的有效性，无法建立一定的系统秩序，模型的应用将失败。出于这个原因，与元素的创建和管理相关的所有流程都应由具备有关元素特征和范围的必要知识和技能的、有能力和有才华的经理来执行。

1.2 结　构

它涵盖了业务的结构以及决定向谁报告的行动。在企业中，结构分为社会和物理两种。在物理结构上，在企业的社会结构中表达建筑物、机器、场所、地域位置等要素和形态，表达了员工的职责和权限、等级职位、各种沟通规则。

1.3 制　度

制度涵盖企业内员工与工作技术相关的行为和规则。它决定了系统管理员的责任和义务。在企业经营过程中；在系统要素的范围内确定决策和流程，例如如何制定决策、如何进行工作和交易、如何提供信息流、如何使用报告技术、如何召开会议、时间将如何安排。这一要素是企业树立企业形象的决定因素，因此具有企业路线图的特征。

1.4 技　能

技能表明企业员工真正技能和能力的研究。该要素包括在企业工作的关键人员的具体行为结构、他们的专业技能、他们提供优势和优势的设备。可以通过两种方法来提高企业员工的技能和能力，进行在职培训和实践，或招聘准备从外部操作的人员。

1.5 人　员

考虑诸如确定企业所有员工人数、确定必要的资格和设备标准、采用人才和技能开发方法、衡量其绩效等问题的要素。现今，由于快速变化的商业和竞争条件，可见，适应团队合作、不断更新和更新知识、接受变化的员工应该被招入企业。根据模型，可以看出人员元素被设计为双向的。它既包括确定与企业所需人员相关的目标、标准、技能和能力，也包括发展他们的技能和提高人员的效率。在这个业务管理过程中，重要的是要满足员工的期望，通过许多激励技巧和奖励将他们与符合企业战略的目标联系起来，收集、评估和支持员工的原始意见和建议。

1.6 风　格

风格是包括领导者与企业管理者、管理者与员工、员工与领导者的文化互动，以及创造行为标准的元素。此外，通过审查当前管理风格来建立业务经理理想管理风格的研究，开发和生产力研究是该要素的主题。为了根据业务结构开发风格元素并有助于实现其目标，必须由足够的和装备精良的高级管理人员精心创建和正确构建。采用开放式办公系统，共享相同的工作环境，穿着相同的制服，采用基于绩效的薪酬制度。

共同的价值观：由于战略是企业发展的指导思想，只有企业的所有员工都领会了这种思想并用其指导实际行动，战略才能得到成功的实施。企业成员共同的价值观念具有导向、约束、凝聚、激励及辐射作用，可以激发全体员工的热情，统一企业成员的意志和欲望，齐心协力地为实现企业的战略目标而努力。

2 模型的实施阶段

在麦肯锡 7-S 模型的框架内，由于已知模型包含哪些元素，如何利用模型解决重新设计、激活过程中遇到的问题应确定用途。在提高绩效方面将 7 个要素平衡到同一水平需要共同引进和支持。在申请阶段；元素之间的关系是最重要的方面之一。因此，模型性能可以确定在开发中需要将哪些内容带到相同的水平。此外，在企业中，再次随着结构、新流程、组织统一、新系统和领导层变动等的时候，麦肯锡 7-S 模型会分析这些业务要素的相互关系以及变化的影响。结合目前的情况，分析未来的拟定情况。可以确定案例之间的差距和不一致。因此，对模型的元素进行调整，使业务能够有效运作。为了实现模型所遵循的步骤讨论如下：① 确定有效的部门工作领域；② 确定最佳组织结构；③ 确定重组方式；④ 落实重组实践；⑤ 对执行情况进行系统的审计和评估。

上述步骤可能并不容易执行，即使为此提出了正确的问题，但并非可以获得所有答案。了解业务战略，提高绩效，以及将管理变革、科学研究和方法等问题纳入文献毫无疑问，需要准确的知识、技能和经验来详细考察。

通过检查获得的信息与要素之间的差距和异同，模型业务可以用来提高效率。可以衡量和建模组织的变革能力。所有元素必须相互补充。如果模型得到充分实施，公司成功的机会和竞争优势将会增加。为了结构与业务战略和系统的一致性，考虑到共同的价值观。如果存在不一致，则决定需要更改的内容。然后通过查看硬元素如何相互支持来改变什么，并决定软元素是否相互支持以及所需的硬元素。据此，得出可能需要改变什么的结论。元素被设计和迭代设计过程对其他元素的影响被重新评估为应该检查。这为支持更好性能的研究铺平了道路。

3 模型应用实例

为了提高业务绩效，调查未来变化的可能影响，排序操作并实施项目的最佳策略或要素。因此在研究中，在麦肯锡 7-S 模型的框架中很重视绩效评估中的一种衡量标准，其中包含确定然后应用要素的一些示例，提供了有关其用作模型的信息。

在 Ravanfar 基于麦肯锡 7-S 模型的研究中，在格什姆自由区对企业的组织结构进行了研究和分析。在调查研究中，人事要素管理人员和专家也包括在内。毕竟从员工到厨师再到最差的地区结构通过确定它具有条件并给组织的管理者带来不便来提高生产力。建议特别注意组织环境和方法企业组织架构。由于部分受到外部环境的影响，因此没有必要进行重建工作。在这个模型的应用中，识别出没有被有效排名的区域，决定最佳的组织设计，可以在何处以及如何更改决策，进行必要的更改，并在持续的基础上审查模型。

在 Zairi 和 Jarrar 的研究中，研究了英格兰国家卫生服务的重组结构以及管理结构和经济绩效是如何变化的。这些变化使管理风格和组织结构有效和灵活地与不同的业务领域合作。它通过包含效率的概念，提高了生产力。

在格兰特的研究中，丰田汽车公司重组，继续在美国开展业务。根据调查结果，管理和客户服务部门的有效性水平低，组织的结构和结构已经做出改变。因此，通过重新建立现有要素之间的关系，管理已经实现了客户服务效率的提高。

在 Verma 等人在美国进行的一项研究中，再次在模型的框架内审查了在结构化旅行和货运领域经营的企业。重建事先已确定某些问题存在问题，这些问题是：经顾客满意度查明，存在缺货、发货时间、漏货或发货不正确等问题。该组织重组后，组织和人事水平的提升，活动的效率和有效性显著增加。

这种模式还没有在国内广泛应用。麦肯锡模型除少数大型企业外，其他企业没有信息或应用该模型。据称，缺乏具备到位资格的人员。在此背景下，在国内制定战略计划，实施新战略。

4 结论和建议

从文献研究可以了解到，目前很多企业的表现在今天组织结构用于评估和提高生产力，通常是积极的结果似乎已经实现。如国外进行的应用实例所述，同样，麦肯锡 7-S 模式可以在构建业务方面发挥积极作用。然而，这种管理模式在我国尚未普及。麦肯锡 7-S 模式用于在我国经营的不同部门和领域的重组管理业务、可持续性和资源的变化提高生产力，向市场推出新产品，增加销售人员，可以实现诸如规划或重新设计中心管理的问题。像这样，如果能够提高企业的制度性、效率和创新性，我国将在未来取得长足进步和取得重要突破。在为我们国家的公司创造一个新的身份以提高效率和生产力的同时，在开发过程中，高管们在麦肯锡模型的框架内询问我们是谁？我们做什么？为什么我们这样做？人们认为应该寻求对“我们想到达哪里？”的问题的答案。这些问题是：目的和目标、产品和服务、生产和销售的环境条件以及沟通必须回答。公司应向员工和相关方清楚地解释获得的调查结果并提供信息。在国内竞争日益激烈的情况下制定战略管理计划，重组结构，实施新的竞争战略，在希望以健康的方式创造和评估绩效的企业中使用 7-S 框架和应用模型将使他们有效提高和改善管理结构，在竞争中领先一步，并且能够使他们更快地适应不断变化的市场动态。

生鲜电商视觉营销分析

胡晓飞

（成都东软学院信息与商务管理学院 四川 成都 611844）

摘　要：目前，中国生鲜电商市场处于高速发展时期，多种生鲜电商模式并存，竞争异常激烈。本文在我国生鲜电商现状和视觉营销相关理论分析的基础上，提出生鲜电商实施视觉营销的重要性。最后，本文从品牌视觉、产品视觉、营销视觉的角度分析生鲜电商企业实施视觉营销过程中存在的问题，并给出一些具体的建议。

关键词：生鲜电商；品牌视觉；产品视觉；营销视觉

Visual Marketing Analysis of Fresh Food E-commerce

Hu Xiaofei

(School of Information Management and Business Administration,
Chengdu Neusoft University, Chengdu 611844)

Abstract: At present the Chinese fresh food e-commerce market is developing rapidly, with multiple fresh food e-commerce models coexisting and competing fiercely with each other. Based on the analysis of the current situation of fresh food e-commerce in China and the relevant theories of visual marketing, this paper puts forward the importance of implementing visual marketing in fresh food e-commerce. Finally, from the perspective of brand vision, product vision and marketing vision, this paper analyzes the problems existing in the implementation of visual marketing of fresh e-commerce enterprises, and gives some specific suggestions.

Key words: Fresh Food E-commerce; Brand Vision; Product Vision; Marketing Vision

引　言

目前，生鲜电商由于具有很好的品类延展性，已经成为众多电商企业关注的焦点。互联网巨头京东、阿里、美团等纷纷布局生鲜电商。一些垂直电商（本来生活网、沱沱工社、天天果园等）已经在生鲜电商领域耕耘多年。另外，电商巨头不断加码冷链物流和生鲜供应链投资，涌现出像盒马鲜生、超级物种、7FRESH和每日优鲜等新零售生鲜电商。社区拼团模式布局低线级城市，覆盖人群对价格敏感度高，时效性要求低。

目前，中国生鲜电商市场处于高速发展时期，多种生鲜电商模式并存，竞争异常激烈。作为生鲜电商企业不仅要关注流量、转化率和复购率等运营层面的问题。更要注重生鲜品牌建设。特劳特的定位理论表明，生鲜电商要想取得成功，必须在潜在消费者的心智中占据一个位置。能否抢占消费者的心智地位，已经成为生鲜电商企业间竞争的关键因素，而将生鲜电商企业或者生鲜商品快速植入消费者心智的方法就是借助品牌视觉。

作者简介：胡晓飞（1979—），男，汉族，四川成都，讲师，硕士，研究方向：电商视觉营销。

1 生鲜电商企业实施视觉营销的必要性

1.1 生鲜电商的现状

生鲜电商，是利用互联网电商手段，进行生鲜类产品销售，乃至打通整条产业链。目前，中国生鲜市场发展迅速，2020 年中国生鲜电商市场交易规模达到 4 584.9 亿元。艾瑞预计未来一段时间生鲜电商行业仍保持高速增长，到 2023 年，生鲜电商行业规模将超万亿。[1]

生鲜电商涉及的生鲜品类属于日常消费品，用户的黏度和忠诚度都很高，具备向其他食品、日用产品等品类扩充的可能，显而易见，生鲜是一个非常重要的战略性品类。因此，生鲜电商更重要的意义在于其很好的品类延展性，一旦在生鲜领域站稳了脚跟，对于平台型电商来说就可以很好地形成对其他品类的带动效应；对于垂直生鲜电商来说，也就存在了向食品、日用百货相关或者非相关品类扩充的可能性，想象空间巨大。因此，生鲜电商除巨大的市场空间外，还极具战略价值。[2]

1.2 视觉营销相关理论概述

视觉营销是为了达成营销的目标而存在的，是将展示技术和视觉呈现技术与对商品营销的彻底认识相结合的，与采购部门共同努力将商品提供给市场加以展示贩卖的方法。视觉营销可以划分为品牌视觉、产品视觉和营销视觉三个部分。[3]

在视觉营销体系中，视觉识别设计和视觉传达设计实现视觉营销的核心技术。特劳特的定位理论指出要想在这个传播过度的社会取得成功，企业必须在潜在消费者的心智中占有一个位置。能否抢占消费者的心智地位，已经成为企业间竞争的关键因素，而将企业或商品快速植入消费者心智的方法就是借助品牌视觉。树立品牌形象是抢占消费者心智最有效的方法，而视觉识别设计则是打造品牌形象最有力的工具。视觉传达设计的另外一个作用是将文案视觉化，让人们能够在第一时间理解创造者想要表达的信息，给他们留下深刻的印象并且使他们产生品牌联想。

1.3 生鲜电商实施视觉营销的重要性

概括来讲，生鲜电商视觉营销就是将生鲜商品企划和视觉营销的技术手段贯穿到生鲜电商运营的各个环节中，并且结合生鲜电商企业定位实施有效的视觉识别设计和视觉传达设计，从而提高生鲜电商的流量、转化率和复购率，最终实现生鲜电商的营销目的。

生鲜电商企业实施视觉营销，应该从品牌视觉、产品视觉和营销视觉三个方面进行系统化的实施。生鲜电商企业实施视觉营销的重要性体现在：① 树立生鲜电商品牌形象；② 提高生鲜电商流量、转化率、客单价和复购率。

2 生鲜电商企业实施视觉营销过程中存在的问题

现在，消费者群体对生鲜电商的品质要求越来越高，购物体验要求越来越高！生鲜电商仅仅依靠品类丰富、低价已经难以赢得消费者的认可。品质电商模式成为生鲜电商的必然选择。生鲜电商前端因为其独特的线上操作特点，决定了其必须依靠出色的视觉营销才能实现商品的消费。绝大数生鲜电商企业都意识到生鲜电商的发展依赖于视觉营销作用的有效发挥。但是，生鲜电商实施视觉营销过程中存在或多或少的问题。主要体现在以下几个方面。

2.1 生鲜商视觉设计无差异化

生鲜电商需要用语言的方式对其品牌进行定位，将这个浓缩了品牌价值观念的语言钉转换成一种视觉符号，形成生鲜电商的视觉锤，在生鲜电商消费者心中占据有利的定位。[4]目前，生鲜电商企业在战略性策略制定过程中，没有实现差异化的定位。因此，基于无差异化、同质化的定位基础上进行的生鲜电商视觉营销设计，没有形成有效的差异化的视觉设计，不能让自己的生鲜品牌在消费者的心中占有一个位置。例如，消费者还没有形成看到一种特定的、具有辨识度的颜色时，会非常迅速地联想到以之为代表颜色的生鲜电商品牌。

2.2 生鲜电商品牌视觉缺少统一标准

只有生鲜电商建立视觉的统一标准，才能帮助生鲜电商企业彻底摆脱目前生鲜电商行业残酷的价格战，卖出更高的客单价，给消费者带来更好的用户体验。我们以配色方案和品牌活体举例说明生鲜电商品牌视觉缺少统一标准。

配色方案缺少统一标准。绝大多数的生鲜电商网站的配色选用符合生鲜行业特点的配色（盒马生鲜采用明度较高的天空蓝，本来生活网采用的黄绿色等），但也采用不符合生鲜电商行业特点的淡紫色。更为特殊的问题是多数生鲜电商配色同质化（采用绿色居多），但缺乏个性化。其实“绿色”涵盖的范围很广。鲜艳饱和的黄绿色，令人愉快、富有吸引力的蓝绿色等。生鲜电商更是缺乏为特定人群（例如孕妇）特供解决方案的生鲜电商解决方案，以及对应的适应该人群的配色方案。

生鲜电商品牌活体应用程度不够。部分生鲜电商品牌活体应用很好，像盒马鲜生的河马品牌活体，每日优鲜的小熊可以很好代表自己生鲜品牌的形象。但是大多数生鲜电商缺少让生鲜电商消费者识别的品牌活体或者在众多场景应用不够深入。

2.3 产品视觉设计整体水平较低

生鲜电商的产品视觉效果是决定生鲜电商的转化率的关键因素。产品视觉的内容不仅仅包括生鲜商品的详情页描述，也包括生鲜电商的网站装修。客户进入生鲜电商的网站能否成交取决于生鲜详情页面介绍，能否找到他想要的生鲜商品取决于生鲜电商网站的路径是否合理。

生鲜电商产品视觉存在的主要问题有以下几个方面。

（1）在生鲜商品详情页设计中，绝大多数生鲜电商目前不能解决生鲜消费者为什么要购买你的生鲜商品的问题；而仅仅是通过价格战和促销来吸引消费者。

（2）在生鲜商品详情页面设计中不能让消费者下定决心购买生鲜商品的问题。

（3）在生鲜商品详情页面设计中如何让我放心购买你的商品。

（4）在生鲜商品详情页面设计中，不能解决如何让生鲜电商消费者购买更多的商品。关联营销没有做，或者没有做好生鲜商品的关联营销推荐。

（5）在生鲜商品详情页面设计中，不能解决如何让生鲜电商消费者下次再来购买本企业的生鲜商品。

（6）生鲜电商商品详情页宝贝图片贵在于精，不在于多。许多生鲜电商的生鲜商品存在两个极端分化，要么商品图片过少，孤零零地放置一张整体图，要么整个描述页都堆满图片。

（7）部分生鲜电商在生鲜商品详情设计中存在着一些例如夸大商品效用、图片与实物不符、信息失真等情况，这导致了消费者收到商品时存在着心理落差，满意度下降，重复购买率低下。

（8）生鲜电商网站视觉存在首页、分类页面导航设计不合理，不能合理缩短购物路径。部分生鲜电商店招设计定位不明确，不能解决我是谁的问题。

2.4 营销视觉标准不够规范

生鲜电商营销视觉效果是影响生鲜电商海报点击率的重要因素。营销视觉本质上就是电商海报设计的问题。电商海报设计主要涉及电商海报设计中的主题、电商海报设计中的结构、电商海报设计中的配色和电商海报设计的字体等。生鲜电商海报设计存在电商广告设计的标准不统一，导致部分海报与本生鲜电商企业的定位存在不一致的情况。

3 生鲜电商企业实施视觉营销的建议

探索差异化的品质生鲜电商模式已经成为

生鲜电商的必然选择。生鲜电商行业竞争将持续升级，行业洗牌加剧。生鲜电商企业做好生鲜电商定位差异化、生鲜商品品质、解决供应难题、储存难题和配送难题等基础上，并且运用一致的视觉元素打造生鲜电商整体形象，才能给生鲜电商消费者带来更好的用户体验，获得更高的用户忠诚度。针对目前生鲜电商企业存在的视觉营销问题，改进生鲜电商企业实施视觉营销的措施如下。

3.1 基于生鲜电商差异化定位的视觉营销体系

生鲜电商企业通过战略性策略制定，形成差异化的定位。例如，生鲜电商可以定位成为孕妇健康饮食方案的生鲜电商提供商。然后根据目标用户（目标用户孕妇进一步细分）制定营销组合策略，最终通过差异化的视觉营销标准呈现出来。例如，品牌 logo 的设计既要符合生鲜行业的特点，又要满足孕妇这个差异化群体的特殊心理需求。通过视觉营销标准，规范生鲜电商 logo 使用的场景，以及场景中 logo 的大小，位置。总之，基于生鲜电商差异化定位的视觉营销体系的制定要体现差异化和不同场景视觉体现的规范和统一。

3.2 生鲜电商差异化和可执行的品牌视觉标准

基于生鲜电商的品牌定位，制定该生鲜电商的品牌统一标准。例如，品牌视觉中的字体标准制定体现差异化和可执行性。品牌的字体需要统一。个性鲜明的字体和色彩可以增加目标生鲜电商消费者对生鲜品牌的识别度。字体选择应该适合品牌的调性和目标人群的审美特征。如果生鲜电商的目标用户为受过高等教育的年轻已婚女性，那么品牌字体应该选择外形特征具有纤细、柔软、细而婉转、苗条、曲线美等一些共性。

3.3 基于生鲜电商定位和商品特点的详情页面

基于生鲜电商的品牌定位和生鲜商品品类本身的特点，制定相应的生鲜电商产品详情页面的统一标准，例如水果类商品的产品页面标准和水产海鲜品类的产品页面标准。在生鲜商品详情页设计中，生鲜电商要重点解决如下几个问题。① 生鲜消费者为什么要购买你的生鲜商品的问题；② 生鲜电商消费者下定决心购买其生鲜商品的问题；③ 如何让生鲜电商消费者放心购买其生鲜商品；④ 如何让生鲜电商消费者购买更多的商品；⑤ 如何让生鲜电商消费者下次再来购买本企业的生鲜商品。具体来讲，生鲜电商商品详情页面应该具备以下功能：放大欲望、提升竞争力、刺激决心、打消疑虑、合理通道等。

3.4 基于生鲜电商定位的营销视觉标准和实施

基于生鲜电商的品牌定位和生鲜电商海报的类型，制定该生鲜电商海报的统一营销视觉标准。总体视觉要求：① 主题突出，例如母亲节活动宣传海报；② 目标明确，例如为母亲提供的高品质原装进口厄瓜多尔白虾；③ 形式美观（通过色彩、布局、场景的视觉呈现，让消费者立刻想拥有的感觉）。

具体实施步骤：① 根据不同的广告资源位和生鲜海报类型，进行海报的大小、配色方体、字体、标签、海报的构图等进行统一的营销标准制定；② 生鲜电商视觉设计师，严格按照营销视觉标准设计电商海报。

4 结束语

生鲜电商要想在这个传播过度的社会取得成功，生鲜电商企业必须在潜在消费者的心智中占据一个位置。能否抢占消费者的心智地位，已经成为生鲜电商企业间竞争的关键因素，而将生鲜电商企业或者生鲜商品快速植入消费者心智的方法就是借助品牌视觉。

本文在我国生鲜电商现状和视觉营销相关理论分析的基础上，从生鲜商视觉设计无差异化、生鲜电商品牌视觉缺少统一标准、产品视觉设计整体水平较低和营销视觉标准不够规范等角度较为详细地分析目前生鲜电商存在的问题。最后，结合定位理论和视觉营销理论（品牌视觉、产品视觉、营销视觉），针对文中提出的生鲜电商企业实施视觉营销过程中存在的问题，给出一些具体的建议。

参考文献

[1] 艾瑞咨询. 2019年中国生鲜电商行业研究报告[R]. 2021年5月15日.

[2] 柳伟亮. 解码电商：新商业，无边界[M]. 北京：电子工业出版社，2016.

[3] 朱华杰，苏然，刘雨晴.电商视觉营销[M]. 北京：电子工业出版社，2014.

[4] 官税冬. 品牌营销：新零售时代品牌运营[M]. 北京：化学工业出版社，2018.

新零售时代社交电商品牌视觉营销分析

胡晓飞

（成都东软学院信息与商务管理学院　四川　成都　611844）

摘　要：在新零售背景下，传统电商模式发展滞缓，以微信、微博、直播等社交平台为载体的社交电商引领电商进入新时代。本文基于社交电商多元化的发展态势和品牌视觉营销相关理论分析的基础，提出我国社交电商实施品牌视觉营销的重要性。最后，本文分析了目前我国社交电商品牌视觉营销存在的问题，并给出一些具体的建议。

关键词：新零售；社交电商；品牌视觉营销

Visual Marketing Analysis of Social E-Commerce Brand under the Background of New Retailing

Hu Xiaofei

(School of Information Management and Business Administration,
Chengdu Neusoft University, Chengdu 611844)

Abstract: Under the background of new retailing, the development of traditional e-commerce mode is sluggish.Social e-commerce based on WeChat, microblog, live broadcast and other social platforms leads e-commerce into a new era. Based on the diversified development trend of social e-commerce and related theoretical analysis of brand visual marketing, this paper proposes the importance of implementing brand visual marketing in social e-commerce in China. Finally, this paper analyzes the problems existing in the visual marketing of social e-commerce brands in China and gives some specific suggestions.

Key words: New Retailing; Social E-commerce; Brand Visual Marketing

引　言

经过近十年的高速发展和野蛮成长，传统电商模式的整体风口在减弱，新流量增长明显放缓，无论是平台型的还是垂直型的电商基本都到了发展的瓶颈期。移动互联网时代，各种媒体和渠道几乎都碎片化发展，消费者娱乐、社交和购物的入口日益多元化，电商被严重分流，导致其集客和导流成本越来越高，而顾客的转化率和黏性却在不断下降。新零售时代，社交电商迅猛发展，社交电商（例如小红书）作为特殊行业，在过去的 5 年保持着很高的年复合增长率，预计 2022 年将占据零售电商 21.6%的市场份额。

社交电商如何实现更高效率的零售，也就是新零售。作为连接消费者和商品的场，社交电商能否抢占消费者的心智地位，已经成为社交电商在众多电商模式竞争中获得成功的关键因素，而将社交电商快速植入消费者心智的方法就是借助品牌视觉营销。

作者简介：胡晓飞（1979—），男，汉族，四川成都，讲师，硕士，研究方向：电商视觉营销。

1 社交电商实施品牌视觉营销的必要性

1.1 社交电商的现状

社交电商，是一种新型的电商模式。该模式通过对用户社交关系的引入和良性的分享与互动机制的建立，以商品为中介重构人与人之间的关系，并在此基础上帮助消费者寻找、发现以及购买满意的商品。[2]所有社交零售的核心实际上都是要回归商业的本质——通过口碑和渠道将产品更快捷高效地传递到消费者手里，提高消费者和产品的链接效率。目前，社交电商呈现多元化的发展态势，多种社交电商模式并存。例如以拼多多为代表的拼购类社交电商模式、基于盒马生鲜新零售的社群为代表的社区团购社交电商模式、以小红书为代表的内容电商社交电商模式、以李佳琦为代表的网红带货社交电商模式等。我们已经到了一个“无社交、不销售”的阶段，社交电商整体行业迎来了整合与争鸣的态势。

1.2 品牌视觉营销相关理论概述

在新零售时代，社会化电商要通过差异化定位和品牌视觉的统一标准，让该社交电商在目标用户心中占据有利的定位。品牌视觉、产品视觉和营销视觉的内容囊括电商的所有视觉问题。其中，品牌视觉在视觉营销体系中的地位尤为重要，通过品牌视觉应用，更容易让品牌在顾客的心智阶梯中占据最有利的位置，使品牌成为某个类别或某种特性的代表品牌。

品牌视觉就是将定位理论和视觉营销理论结合起来。首先确定品牌要传递的核心内容，将其作为一个文字概念精准阐述出来，形成将要“钉入”目标用户心智中的语言“钉子”，然后应用视觉锤将其“钉入”目标用户的心智。[3]品牌视觉包括 Logo、Slogan、色彩、字体、品牌活体、品牌包装、品牌摄影等。

1.3 社交电商实施品牌视觉营销的重要性

社交电商品牌视觉营销就是将社交电商品牌定位通过品牌视觉锤，实施有效的视觉识别设计和视觉传达设计，打造一个能够使人印象深刻的社交品牌，从而占领消费者的市场。

社交电商行业虽然获得高度发展，但面临着激烈的竞争。传统电商巨头仍然具有很大的竞争力，并且开始布局社交电商领域。新零售（盒马鲜生、超级物种等）业态开始崛起，获得消费者的广泛关注。多种社交电商模式并存，随着社交电商玩家的增多以及互联网电商布局社交电商的扩大，社交电商行业竞争将持续升级，必然加速社交电商行业洗牌。根据艾·里斯和杰克·特劳特的定位理论，社交电商模式也必将符合行业巨头的二元化局面。社交电商要想在激烈的竞争中占据消费者的心智，打造成功的社交电商品牌，必须借助品牌视觉营销将自己社交电商品牌快速植入消费者心智。

2 社交电商品牌视觉营销存在的问题

在新零售时代，社交电商已经进入高度发展的时代。本文将从社交电商平台和入驻社交电商平台的品牌商的角度阐述社会化电商实施品牌视觉营销过程中存在的主要问题。

2.1 社交电商平台品牌视觉设计无差异化

社交电商平台需要用语言的方式对其社交电商品牌进行定位，将这个浓缩了品牌价值观念的语言钉转换成一种视觉符号，形成其社交电商平台的视觉锤，在其消费者心中占据有利位置。

目前，社交电商竞争异常激烈，许多社会化电商平台在进行市场调研、市场细分、目标选定和市场定位战略性策略制定过程中，没有实现差异化的定位。因此，基于无差异化、同质化的定位基础上进行的社会化电商品牌视觉营销设计，没有形成有效的差异化的视觉设计，不能让自己的社交电商平台在消费者的心中占有一个位置。例如，小红书、蘑菇街等内容类社交电商平台和入驻其平台的品牌商没有差异化的品牌视觉营销设计。消费者没有形成社交电商平台的品牌视觉印象。

2.2 社交电商平台品牌视觉营销未建立统一的标准

目前，社交电商平台普遍没有品牌感，缺少建立品牌的统一标准。只有社交电商建立视觉的统一标准，才能帮助社交电商企业彻底摆脱目前电商行业残酷的价格战，卖出更高的客单价，给社交电商消费者带来更好的用户体验。我们以社交电商 Logo、社交电商品牌标签和品牌摄影风格举例说明社交电商品牌视觉缺少统一标准。

Logo 设计不能满足社交电商 logo 设计的要求。除了部分社交电商(例如蘑菇街)的 Logo 设计能够满足社交电商 Logo 设计的要求，传达清晰，具有社交电商行业特性、色彩匹配，深受目标用户喜爱等品牌标识要素。很多社交电商 Logo 设计存在传递不是很清晰，不能让目标消费者比较容易联想，占领消费者的心智。另外，Logo 的大小在电商海报、产品主图等没有实现 Logo 大小、位置、颜色的统一。

社交电商品牌标签应用不够规范。统一的品牌标签能够提升用户对本社交电商品牌的识别度，降低传播成本，同时也能提高视觉设计人员的工作效率。很多社交电商没有意识到统一的社交电商活动标签、统一的价格标签和统一的背景标签的重要性，导致社交电商品牌标签应用不够规范。

社交电商缺乏统一的品牌摄影风格。目前社交电商的产品摄影缺乏自己特色的品牌摄影，同样的商品可以放在任意的其他社交电商平台上，没有形成自己的差异化。优秀的品牌摄影，即使产品图片不用放 logo 或者放在自己的电商网站中，消费者也能非常容易认出属于你的社交电商品牌。

2.3 社交电商平台缺乏对入驻品牌的视觉营销统一指导

在新零售背景下，优秀的社交电商平台通过定制名字、Logo、Slogan、色彩、字体、字号、品牌活体、品牌标签、品牌摄影、产品摄影、品牌包装、品牌故事和品牌接触点实现自己的品牌视觉识别。[4]但是，目前几乎没有一家社交电商平台对入驻的电商品牌或者网红有着明确的品牌视觉指导。参与社交电商平台的品牌商对品牌视觉设计的重视程度存在巨大的差异。一部分参与社交电商平台的品牌可能完整的没有视觉营销标准。另外部分参与社交电商平台的品牌商已经实现品牌视觉标准体系的建立，但是其没有融入社交电商平台的品牌视觉体系。例如，内容社交电商平台蘑菇街，入驻的商家并没有给消费者明显的“蘑菇街”品牌视觉体验。消费者收到的商品没有“蘑菇街”的品牌包装，缺乏像闪购电商品牌唯品会的品牌包装视觉体验。

3 社交电商实施品牌视觉的建议

新零售时代拥有一个去中心化的生态环境，相比于上一个时代“中心化”的电商平台，社交电商大大节省了时间、人力与推广方面的成本。但是，在新零售背景下，面对激烈的市场竞争，社交电商如何通过品牌视觉营销标准实现自己品牌差异化的视觉呈现，显得尤为重要。针对目前社交电商存在的品牌视觉营销问题，改进社交电商实施品牌视觉营销的措施如下。

3.1 制定基于社交电商差异化定位的品牌视觉营销标准

社交电商应该立足于某一垂直细分领域，精准定位目标的社交电商用户，通过重度运营，与用户建立有效链接。社交电商企业通过战略性策略制定，形成差异化的定位。第一，社交电商用户定位，基于电商大数据的精准顾客画像及需求把握，真正做到“需要时无处不在，不需要时无影无踪”的贴心沟通与个性服务，增加了社交电商平台目标顾客黏性，从而赢得了顾客的真正认同。第二，细分行业，即社交电商平台要立足行业是某一细分的领域，而非无所不包，多有涉及。

例如，社交电商可以定位成为准妈妈和新生儿妈妈提供服务的一个生活社交电商平台。然后根据目标用户（目标用户准妈妈和新生儿妈妈进一步细分）制定营销组合策略，最终通过差异化的品牌视觉营销标准呈现出来。我们以品牌视觉营销中的 Logo 设计为例说明品牌视觉营销标准的具体要求。品牌 Logo 的设计要满足准妈妈和新生儿妈妈这个差异化群体的特殊心理需求。通过品牌视觉营销标准，规范社交电商 Logo 使用的场景，以及场景中 Logo 的大小、位置。总之，基于社交电商差异化定位的品牌视觉营销体系的制定，要体现差异化和不同场景视觉体现的规范和统一。

3.2 制定品牌视觉标准，规范平台和商家品牌视觉营销

对于社交电商平台本身，首先要基于其差异化的品牌定位，制定该社交电商的品牌的统一标准。社交电商品牌视觉标准需要统一以下标准：品牌名字、Logo、Slogan、色彩、字体、字号、品牌活体、品牌标签、品牌摄影、产品摄影、品牌包装、品牌故事、品牌接触点。我们以字体标准为例阐述品牌视觉标准的制定。品牌视觉中的字体标准制定体现差异化和可执行性。品牌的字体需要统一。个性鲜明的字体和色彩可以增加目标社交电商消费者对社交电商平台的识别度。字体选择应该适合社交电商品牌的调性和目标人群的审美特征。如果社交电商平台的目标用户为受过高等教育的年轻已婚女性，那么品牌字体应该选择外形特征具有纤细、柔软、细而婉转、苗条、曲线美等一些共性等。注意，品牌字体的使用一般不超过 3 种。

社交电商平台除了制定自身的品牌视觉营销标准，还要对入驻社交电商平台的广大商家制定统一的品牌视觉营销标准指导手册。这样，社交电商平台的众多平台入驻商家会给消费者统一的“小红书”品牌视觉呈现体验、“抖音”品牌视觉呈现体验等。本文以内容社交电商平台小红书为例阐述社交电商平台如何对入驻的广大商家进行品牌视觉营销标准指导。小红书社交电商平台专注于服务消费升级大潮中的年轻时尚群体。小红书社交电商首先需要建立平台品牌视觉营销标准体系，另外，通过 Slogan、色彩、字体、字号品牌标签、品牌摄影、产品摄影、品牌包装等品牌包装标准让所有入驻平台的商家在视觉呈现上有带有小红书的品牌视觉体验。消费者通过小红书社交电商平台购物，收到的包裹应该带有明显的小红书品牌视觉体验。

3.3 基于大数据和人工智能的社交平台品牌视觉营销设计

为了给社交电商用户提供更好的用户体验，利用人工智能技术和电商大数据技术，社交电商品牌视觉营销可以进一步完善。社交电商平台利用电商大数据技术对目标消费者进行深入分析，获取他们的视觉偏好，例如色彩偏好、社交电商不同场景。社交电商平台再利用人工智能实现从千人一面的视觉转变为千人千面的用户个性化品牌视觉营销方案。社交电商平台以视觉精准设计获取社交电商消费者注意力资源的方式来提升营销效果。

4 结束语

在新零售背景下，传统电商模式发展滞缓，以微信、微博、直播等社交平台为载体的社交电商引领电商进入新时代。社交电商作为连接消费者和商品的媒介。社交电商如何实现更高效率的零售，能否抢占在消费者的心中的地位，已经成为社交电商在众多电商模式竞争中获得成功的关键因素，而将社交电商快速植入消费者心里的方法就是借助品牌视觉营销。

本文基于社交电商多元化的发展态势和品牌视觉营销相关理论分析的基础上提出我国社交电商实施品牌视觉营销的重要性。然后从社交电商平台品牌视觉设计无差异化、社交电商平台品牌视觉营销未建立统一的标准和社交电

商平台缺乏对入驻品牌的视觉营销统一指导等角度，分析我国社交电商品牌视觉营销存在的问题，并给出一些具体的建议。

参考文献

[1] 中国互联网络信息中心（CNNIC）. 第47次中国互联网络发展现状统计报告[R]. 2020年2月3.

[2] 涂海丽. 社会化电子商务推荐模型研究[M]. 北京：经济科学出版社，2018.

[3] 官税冬. 品牌营销：新零售时代品牌运营[M]. 北京：化学工业出版社，2018.

[4] 朱华杰，苏然，刘雨晴. 电商视觉营销[M]. 北京：电子工业出版社，2014.

新零售背景下移动电商视觉营销分析

胡晓飞

（成都东软学院信息与商务管理学院 四川 成都 611844）

摘　要： 在新零售背景下，移动购物已经成为网络购物的主要形态，其影响远远大于传统的PC端购物。本文基于我国移动电商现状和视觉营销相关理论分析，提出实施移动电商视觉营销的重要性。最后，本文从品牌视觉、产品视觉、营销视觉的角度分析我国电商企业实施移动电商视觉营销过程中存在的问题，并给出一些具体的建议。

关键词： 新零售；移动电商；视觉营销；品牌视觉；产品视觉

Visual Marketing Analysis of Mobile E-Commerce under the Background of New Retailing

Hu Xiaofei

(School of Information Management and Business Administration, Chengdu Neusoft University, Chengdu 611844)

Abstract: In the context of new retail, mobile shopping has become the main form of online shopping, and its influence is far greater than traditional PC-side shopping. Based on the current situation of mobile e-commerce in China and the relevant theoretical analysis of visual marketing, this paper proposes the importance of implementing visual marketing of mobile e-commerce. Finally, from the perspective of brand vision, product vision and marketing vision, this paper analyzes the problems existing in the process of implementing mobile e-commerce visual marketing in China's e-commerce enterprises, and gives some specific suggestions.

Key words: New Retailing; Mobile E-commerce; Visual Marketing; Brand Vision; Product Vision

引　言

2021年，新的电商模式不断获得消费者的垂青。在新零售背景下，电子商务各种模式之间、传统零售之间、新零售企业之间的多元化竞争日趋激烈。

在新零售时代，消费者的购物习惯和购物行为发生着剧烈的变化。移动就是一切，来自移动端的流量和订单已经占据着主流地位。要想在有限的移动端呈现消费者最需要的信息，电商品牌必须借助视觉营销吸引消费者的关注。例如，阿芙精油、裂帛等行业翘楚电商品牌通过建立电商视觉营销视觉锤，将她们的品牌形象深深地印入消费者的心智中，从而获得成功。可以说，视觉营销是移动电商必不可少的营销手段之一。但是，我国移动视觉营销理论研究明显滞后于电商企业在移动电商领域的应用。

作者简介： 胡晓飞（1979—），男，汉族，四川成都，讲师，硕士，研究方向：电商视觉营销。

1 实施移动电商视觉营销的必要性

1.1 移动电商的现状

随着智能终端和移动互联网的快速发展，移动购物给消费者带来的体验越来越好。由于京东、天猫等主流电商平台的大力推动，以及网红电商等社交电商模式的兴起，消费者对于通过移动端购物的接受程度大大增加，用户移动购物习惯已经养成。中国互联网络信息中心发布的第 47 次中国互联网络发展状况统计报告显示，截至 2020 年 12 月，我国手机网络购物用户规模达 7.81 亿。[1]移动购物已经成为电商购物的主要形态，其影响远远大于传统的 PC 端购物。

1.2 视觉营销相关理论概述

在综合国内外相关文献的基础上，本文认为电商视觉营销，是电商平台（例如京东）或者入驻电商平台的品牌电商（例如三只松鼠、妖精的口袋等品牌商），将他们的电商定位通过文案表达出来，形成将要钉入消费者心智中的语言钉子，然后通过视觉锤（品牌视觉、产品视觉和营销视觉）不断重复，形成有效的视觉传达，从而占领消费者的心智地位。[2]

电商视觉营销可以划分为品牌视觉、产品视觉和营销视觉三个部分。电商视觉营销根本目的在于争取目标消费者和提升整体品牌形象。电商平台或者品牌商呈现的视觉识别设计和视觉传达设计不仅供消费者欣赏，更能营造品牌文化，传达品牌理念，加深消费者对品牌的印象，使消费者在日后很容易识别产品和品牌，在一定程度上形成品牌形象和品牌联想。

电商视觉营销已经得到京东等电商平台和阿芙精油等众多电商品牌的关注与深入应用，但我国电商视觉营销整体应用水平不高，还有很大的改进空间。国内关于电商视觉营销的理论与研究，尤其是关于移动电商领域的视觉营销的理论与研究，严重滞后于我国移动电商发展。

1.3 实施移动电商视觉营销的重要性

优秀的电商平台视觉呈现或者品牌商视觉呈现，能够传递、提升电商平台品牌形象或者品牌商的品牌形象，激发消费者的购买欲望，建立用户与品牌之间的信任。想要做好移动电商视觉营销，不能仅仅停留在美观的层面，而应该包含品牌 VI 的数字化延伸应用、产品包装设计和页面视觉体系。

移动电商领域已经成为企业激烈竞争的主要战场。要想在有限的移动端屏幕上显示用户最需要的店铺和商品信息，让移动端店铺吸引消费者，企业不得不重视移动电商视觉营销。流量、转化率、客单价和复购率是电商运营关注的重要指标。[3]优秀的电商企业结合本身的有效电商品牌定位和实施有效的移动电商营销可以大幅提高流量、转化率、客单价和复购率，最终在众多竞争中脱颖而出。

2 企业实施移动电商视觉营销存在的问题

在新零售背景下，移动端设备已经成为消费者进行电商活动的首选。移动电商与传统 PC 端电商在使用场景、交互方式、屏幕容量、信息组织和导航系统等方面存在巨大的差异。这种差异使得移动电商的视觉设计明显区别于传统 PC 端电商视觉设计。基于移动电商的特点，移动电商视觉营销设计要满足移动电商视觉设计的一些原则：功能性原则、可视性原则、统一性原则等。[4]但是在实施移动电商视觉营销应用程度上，不同电商企业存在巨大的差异。电商企业实施移动电商视觉营销过程中存在的问题，主要体现在以下几个方面。

2.1 移动电商视觉设计差异化体现不够

通过电商竞争力模型分析，电商企业首先应该进行品牌定位，将体现品牌价值观念的电商文案转换成一种视觉符号，形成有效的电商视觉锤，在消费者心中占据有利的地位。电商企业在进行市场调研、市场细分、目标选定和市场定位战略性策略制定过程中，没有实现差异化的定位。因此，基于无差异化、同质化的定位基础上进行的移动电商视觉营销设计，没有形成有效的差异化的视觉设计，不能让自己的电商品牌在消费者的心中占有一个位置。

2.2 缺乏统一的移动电商视觉营销标准

除了一些优秀的电商品牌制定科学、规范的移动营销标准，绝大多数移动电商没有建立科学、规范的视觉营销标准。科学规范的移动电商视觉营销标准可以给消费者更好的用户体验，帮助电商品牌实现更高的客单价，避免残酷的价格战。例如：在电商活动专题页面等都应根据基于电商品牌定位和移动电商特点的移动电商视觉营销标准进行科学合理的设计。

2.3 移动电商商品详情页整体视觉设计水平较低

移动电商商品详情页视觉设计是决定商品转化率的关键因素。移动电商产品视觉存在的主要问题有以下几个方面。

（1）移动端商品详情页简单从 PC 端进行移植,成为 PC 端网店商品详情页的缩小版。但是,移动端详情页应该针对移动买家碎片化、快餐式阅读的特点，在模块的布局顺序、图片的数量安排、图片的排版方式等方面都必须要针对移动端的特点重新进行设计。

（2）在商品移动详情页设计中，绝大多数移动电商目前不能解决消费者为什么要购买你的商品的问题；不能解决让消费者下定决心购买商品的问题；没有解决如何让消费者放心购买商品的问题；不能解决如何让消费者购买更多的商品的问题；不能解决如何让消费者下次再来购买本企业的商品的问题。

（3）商品主图设计重视程度不够。消费者访问移动端商品详情页面没有足够的耐心，所以商品主图显得尤为重要。移动端对主图的要求是很高的，因此要把真正影响消费者购买的决定性因素和真正促进转化的因素放在主图上。

2.4 移动电商实施营销视觉标准不够规范

营销视觉是影响点击率的重要因素。移动电商营销视觉本质上就是移动电商海报设计的问题。移动电商海报设计主要涉及海报设计中的主题、结构、配色和字体等。很多移动电商海报设计存在标准（主题突出、风格统一、目标明确和形式美观）不统一，导致部分海报与电商品牌定位存在不一致的情况。由于缺少规范的营销视觉标准，不同的设计师设计的移动电商海报存在明显不统一的现象，以及同一个视觉设计师在不同阶段凭借灵感设计的移动电商海报视觉不统一的现象。

3 企业实施移动电商视觉营销的建议

电商企业除了需要注重商品品质、客服服务和物流给消费者带来更好的用户体验，更应该从品牌战略的高度，运用视觉营销打造电商企业整体形象，给消费者带来更好的视觉体验，获得更高的流量、转化率和用户忠诚度。针对目前电商企业存在的移动视觉营销问题，改进电商企业实施移动视觉营销的措施如下。

3.1 基于移动端的特点和电商差异化定位的移动视觉营销体系

电商企业通过战略性策略制定，形成差异化的定位。电商企业然后根据目标用户制定营销组合策略，最终通过差异化的视觉营销标准呈现出来。例如定位为孕妇健康饮食方案的生鲜电商，品牌标识的设计既要符合生鲜行业的特点，又要满足孕妇这个差异化群体的特殊心理需求。通过移动视觉营销标准,规范电商 Logo 使用的场景以及场景中标识的大小、位置。

总之，基于移动端的特点和差异化定位的

移动电商视觉营销体系的制定，要符合以下条件：① 体现移动终端用户视觉习惯；② 电商企业电商品牌的定位；③ 移动视觉营销的规范和统一。

3.2 基于移动端与 PC 端店铺的差异，制定可执行的移动电商视觉营销标准

移动端与 PC 端店铺的差异主要体现在：① 用户在移动端店铺的停留时间要远小于 PC 端店铺的停留时间；② 移动端首页、活动专题页面、商品详情页面所承载的内容远没有 PC 端丰富；③ 移动的浏览路径是直线型浏览模式，而 PC 端浏览路径通常是 F 型的浏览结构。

因此，移动端和 PC 端的视觉营销思路的差异是很大的，不能简单模仿，而应针对移动终端的用户视觉习惯，结合电商企业定位和行业特点，制定科学、规范的、可执行的移动视觉营销体系。

3.3 设计基于电商品牌定位和商品特点的移动详情页面

基于电商的品牌定位和商品品类本身的特点，制定相应的电商产品详情页面的统一标准。例如，服装类的产品页面移动视觉标准和生鲜品类的产品页面标准具有很大的差异化。另外，即使都是服装类产品页面，如果目标用户不同，产品页面的视觉标准也应该不同。高端时尚品牌玛丝菲尔的产品页面移动视觉标准一定有别于定位于民族风的裂帛品牌的产品移动视觉标准。

3.4 基于电商定位的移动营销视觉标准和实施

基于电商的品牌定位、移动端视觉设计特点和电商海报的类型，制定统一移动营销视觉标准。总体视觉要求：① 主题突出，例如母亲节活动宣传海报；② 目标明确，例如为母亲提供的每一颗都经过精挑细选的现场采摘的高品质车厘子；③ 形式美观（通过色彩、布局、场景的视觉呈现，让消费者立刻想拥有的感觉）。

具体实施步骤：① 根据不同的广告资源位和海报类型；进行海报的大小、配色方案、字体等进行统一的营销标准制定；② 电商视觉设计师，严格按照营销视觉标准设计移动电商海报。例如，由于规范的移动营销视觉营准，茵曼的移动电商海报具有统一的配色方案、文案、模特形象一致等，消费者看到这样的视觉元素后便会形成对品牌的联想与回忆。

3.5 基于电商大数据和人工智能的视觉营销设计

由于流量成本越来越高，消费者上网时间碎片化，使用小屏幕手机搜索信息的耐心日趋下降，他们的需求也日趋细分多样化。为了更好地给消费者提供更好的差异化的用户体验，电商企业利用电商大数据技术对目标消费者进行深入分析，获取他们的移动视觉营销偏好。电商企业再利用人工智能实现千人千面的个性化移动视觉营销方案。电商企业以视觉精准设计获取电商消费者注意力资源的方式来提升电商运营效果。

4 结束语

在新零售时代，消费者的购物习惯和购物行为发生着剧烈的变化。移动购物已经成为网络购物的主要形态，其影响远远大于传统的 PC 端购物。要想在有限的移动端呈现消费者最需要的信息，电商品牌必须借助视觉营销吸引消费者的关注。

本文基于我国移动电商现状和视觉营销相关理论分析，提出实施移动电商视觉营销的重要性。然后，从移动电商视觉设计差异化体现不够、缺乏统一的移动电商视觉营销标准、移动电商商品详情页整体视觉设计水平较低和移动电商实施营销视觉标准不够规范等角度提出我国电商企业实施移动电视视觉营销过程中的问题。最后，结合定位理论和视觉营销理论（品牌视觉、产品视觉、营销视觉），针对文中提出的我国电商企业实施移动电商视觉营销过程中

存在的问题，给出一些具体的建议。

参考文献

[1] 中国互联网络信息中心（CNNIC）. 第47次中国互联网络发展现状统计报告[R]. 2021年2月3日.

[2] 官税冬. 品牌营销：新零售时代品牌运营[M]. 北京：化学工业出版社，2018.

[3] 朱华杰，苏然，刘雨晴. 电商视觉营销[M]. 北京：电子工业出版社，2014.

[4] 王昂，李敏，马玉洪. 移动电商视觉营销[M]. 北京：人民邮电出版社，2018.

漫画素材库在创作中的应用

奉代远

（成都东软学院数字艺术与设计学院 四川 成都 611844）

摘 要：在当下快节奏的信息社会中，漫画作为一种文化载体的存在，是建立 IP 的重要环节，其中对于漫画的制作速度以及品质也会有相应的要求，除创作者本身需要具有相应的完整创作能力外，素材库在这里就起到了很好的弥补作用，完善且品质好的素材库对后续的漫画创作来说将会是非常有帮助作用的。

关键词：文化载体；速度；品质；素材库

The application of comic material library in creation

Feng Daiyuan

(School of Digital Art and Design, Chengdu Neusoft University, Chengdu 611844)

Abstract: In today's fast-paced information society, the existence of comics as a cultural carrier is an important link in the establishment of IP. Among them, there will be corresponding requirements for the production speed and quality of comics. In addition to the corresponding complete creative ability of the creator, the material library plays the best role in making up. A perfect and high-quality library of materials will be very helpful for the subsequent creation of comics.

Key words: Cultural carrier; Speed; Quality; Material library

引 言

国家在不断地发展，硬实力也随着各个基础行业的提升而不断进步，当然软实力也需要同步进行，其中的文创产业便是非常重要的一块。而漫画作为文创产业中的重要原型来源，自然任重道远，从事漫画行业的人也越来越多，漫画创作者的数量也是逐年递增。对于漫画创作者来说，除自身所具备的基本漫画表现技巧外，同时也要考虑到制作的效率以及质量，那么素材库的应用在此就会发挥出重要作用。

1 素材库的概念以及意义

素材库，顾名思义，也就是针对项目设计以及制作过程中所产生的分解元素进行归纳整理，使其成为可兼用的资源库，为后续的创作做一个良好的支撑，在本课题当中主要是针对漫画这一块进行相应的素材库归纳整理，它将会成为后续漫画制作过程中非常重要的参考内容，在一些重复的工作中起到节省时间，保证品质稳定的作用，同时能够让创作者腾出更多的时间以及精力去做更有价值的漫画创作环节。

作者简介：奉代远（1980—），男，汉族，四川成都，讲师，学士，研究方向：二维动漫。

2 素材库的制作

关于素材库，其制作方式有两种：一种是直接进行初期素材元素的制作；第二种就是在具体漫画整体推进的过程中所产生的素材。

2.1 单独的素材库制作

这是在初期针对漫画进行一些大体规划后可能会用到的常用素材的制作，便于在后续应用的过程中能够直接调用，不论是角色还是场景，或者是道具，都可以提前做准备，制作的时候尽量保证每一部分都要完整，且造型尽量标准化，同时也可以为后续的实际制作做一个参考。

2.2 项目制作中素材库的梳理

实际制作项目的时候要注意每一个镜头的规划，有些时候角色如果能够做到全景是最好的，可以直接画出全身的效果，不能的话在表现的时候尽量画全，且要注意各自单独分出来，flash 里面可以用打组的形式进行归纳，PS、sai 等位图软件里面最好用分层的形式来进行整理，注意画的时候尽量把角色、场景以及道具进行分层，便于后续的管理。

3 素材库的整体归纳

素材库单独制作或者梳理出来之后，还需要有一个地方进行分类保存，避免后续在使用的时候出现一些混乱，良好的归类整理对于后面的漫画制作来说都是大有帮助的。

在这里面，角色需要单独归类，场景和道具也一样，且在这个大类当中，不同的角色也要单独分开，将不同的元素归到一个封装的文件当中，在后续调用的时候都是非常方便的，如果这个文件内容太多，可以新开一个，在文件命名的时候做一个编号递加就可以了。

3.1 角色素材库

不同的角色尽量保证其身体的完整，这样在后续兼用的时候就不会出现一些位置发生偏移之后的穿帮现象。当然也有这样的情况，如果在实际漫画制作的过程中出现了角色中景、近景、特写等，不得不在外围增加切线来制造封闭区域，此时可以让切线尽量超出正常的安全框，这样的动作也可以保留下来，说不定后续在一些特定镜头当中也会出现类似且可以兼用的情形，只是那个时候针对这一块所能调动的区域并不会很大，具体角色素材库如图 1 所示。

图 1 角色素材库

3.2 场景素材库

场景方面尽量以之前完整的场景为准，同时也可以把里面所对应的不同元素分解出来，单独放到一边，后续在制作新的场景时可以将里面的元素进行不同位置、大小以及方向的调整，使其成为全新的内容，具体场景素材库如图 2 和图 3 所示。

3.3 道具素材库

每一个不同的道具在初期制作的时候也要进行各自分离，然后封装，接着放到对应的素材库当中，这些内容在后续一样可以起到很好的兼用效果，具体道具素材库如图 4 所示。

4 素材库的应用

当素材库建立起来了，后续在实际的漫画制作过程中就可以有针对性地进行调用，有些地方如果是剧情所需，直接兼用前面的内容，有些地方如果出现了全新的部分，但是在这里面有相同或者类似的地方，也就可以兼用部分元素，剩下的单独画出，且又能放到新的素材库当中，具体素材库的应用漫画如图 5 和图 6 所示。

图 2　完整场景素材库

图 3　分解场景元素的素材库

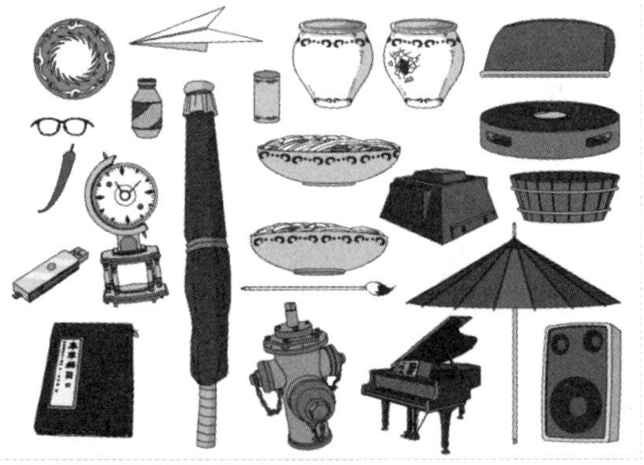

图 4　道具素材库

图 5　应用素材库制作的漫画一

图 6　应用素材库制作的漫画二

5 结束语

随着现在这个时代的快节奏运行，漫画作为文创产业中重要的组成部分，需要紧紧跟上时代发展的步子。漫画制作除了最基本的表现技巧，素材库在整个制作过程中将会起到很重要的辅助作用，如何充分合理地使用素材库将会是每一个漫画创作者都要去思考的问题，完整且高质量的素材库能够保证后续漫画的高效完成，同时还能够保证质量，为整个漫画作品起到一个很好的支撑作用。

参考文献

[1] 孙慧丽. 论艺术与艺术的表达[J]. 北京印刷学院学报，2015.
[2] 黄清穗. 中国经典纹样图鉴[M]. 北京：人民邮电出版社，2021.
[3] 乔治·勃兰特·伯里曼. 伯里曼人体结构绘画教学[M]. 南宁：广西美术出版社，2019.

基于产教融合培育高职学生工匠精神的策略研究

郭洋

（成都东软学院高等职业技术学院 四川 成都 611844）

摘 要：随着基础教育改革的深入，产教结合已成为提高高职院校教学质量的有效途径之一。近年来，我国高职院校取得了许多优秀的成绩，为祖国培养了一批技术人才。随着整个社会的稳定发展，国家越来越重视学生的思想政治教育和工匠精神的培养。提高学生的思想政治修养，培养学生的工匠精神，已成为高职院校的迫切需要。基于此，本文主要详细介绍了高职院校从产教结合的角度培养高职学生工匠精神的途径和对策。通过比较工匠精神的概念培养与学生工匠精神培养的必要性，明确提出了如何制定培养计划，重视工匠精神，提高教师自身的思想道德素质，以期为相关负责人提供参考。

关键词：产教融合；高职学生；工匠精神；策略

Research on the strategy of cultivating the craftsman spirit of Higher Vocational Students based on the integration of production and education

Guo Yang

(Higher Vocational College of Teehnology, Chengdu Neusoft University, Chengdu 611844)

Abstract: With the continuous deepening of education reform, the integration of production and education has become one of the important ways to improve the teaching level of higher vocational colleges. In recent years, China's higher vocational colleges have made many remarkable achievements and cultivated a number of technical talents for the country. With the continuous development of society, the country pays more and more attention to students' Ideological and political education and the cultivation of craftsman spirit. It has become an urgent problem for higher vocational colleges to improve students' ideological and political accomplishment and cultivate their craftsman spirit. In view of this, this paper focuses on introducing the methods and strategies of higher vocational colleges based on the integration of production and education to train the craftsman spirit of higher vocational students. By analyzing the concept of craftsmanship and the importance of training students' craftsmanship, it then proposes a clear training goal, emphasis the spirit of craftsmanship, methods such as improving the ideological and moral qualities of teachers themselves, hoping to provide references for relevant personnel.

Key words: Integration of production and education; Higher Vocational Students; The spirit of craftsmanship; Strategy

---

作者简介：郭洋（1991—），女，汉族，新疆昌吉人，助教，硕士，主要从事现代教育技术和教学管理研究。

高职院校与本科院校在培养学生目标方面存在一定差异。高职院校的教学重点和难点一般集中在学生的实践技能上，对学生基础知识的培养是为提高学生的实践技能提供基础和指导，促进学生道德修养有利于树立正确的世界观、人生观、价值观，对促进学生道德养成起着至关重要的作用。工匠精神的培养是加强道德修养的关键步骤，产教结合是中国文化教育改革创新时代的产物之一，提高高职教育质量，为高职院校培养学生的工匠精神提供有效途径和新途径，显得尤为重要。因此，高职院校教师必须高度重视学生的专业成就，同时密切关注学生的工匠精神，将产学研结合与高职学生工匠精神的学习和培养相结合，转变教育观念，并将工匠精神的塑造融入各专业学科，从而提高学生的思想政治修养、道德修养，帮助学生树立正确的“三观”。

1 工匠精神的概念和培养工匠精神的意义

1.1 工匠精神的概念

工匠精神是指在生产或工作中追求完美和卓越的心理和品质。它是职业道德、职业能力和职业素质的体现，是员工的职业价值取向和行为方式。个人的“工匠精神”是对工作、爱、奉献和精致的追求；对于公司来说，这是一种恪守专业、制定优秀规范、创造技术、建立规范、坚持不懈、精益求精、开拓进取的企业文化；对于社会发展而言，这是一种合作、守约、重诚信、促进和谐、分工协作、合作共赢、努力进步的社会趋势。工匠精神是人类发展史的前提。工匠精神不仅在过去，而且在现在甚至未来，都对人类文明的发展起着重要作用。[1]

1.2 工匠精神的分类及意义

1.2.1 爱岗敬业精神

一个优秀的从业者必须对自己的工作充满热情，能够尽职尽责地完成每一项工作，并将工作作为长期发展和优化的重要途径。这种从业者能够克服挫折中的困难，克服成功路上的障碍，在取得优异工作业绩的同时，提高自己的业务能力和工作能力。现阶段，高职院校部分学生存在逃课、嗜睡等问题，缺乏敬业精神和热爱工作的精神。因此，高职院校必须培养学生的这种精神，使学生在进入工作岗位之前，能够以尽职的态度面对每一份工作，并为学生毕业后的发展趋势奠定坚实的基础。[2]

1.2.2 创新精神

不断创新“工匠精神”的核心。自主创新包括对原有事物的突破和改进，以及高新技术和新事物的创造。固守旧规则终将被淘汰。公司在选拔员工时逐渐重视其自主创新能力。自主创新将为公司带来更多权益，也将加快技术创新和新产品升级的速度。因此，在当今社会环境下，塑造高职学生的创新能力非常重要。

1.2.3 实践精神

随着素质教育的发展趋势，高职院校学生实践技能的培养已成为提高高职院校教育质量的有效途径。培养学生的实践精神和探索精神，有助于学生避免局限于书本上的基础知识，避免“填鸭式教育”。其次，塑造学生的实践探索精神可以提高学生的思想政治意识。高职学生重要的日常生活场所确实在校园内，他们的社会意识还不够。塑造学生的实践活动精神，可以为他们提供接触社会的机会，可以在实践经验中正确引导学生正确认识实际的社会发展，使学生在进入社会前做好充分的准备。[3]

2 基于产教融合培养高职生工匠精神的策略

2.1 发挥思政教育在工匠精神培育中的重要作用

高职院校是高职学生学习知识、培养思想政治修养的重要场所，大学时期也是学生养成正确世界观、人生观、价值观的重要时期。高职院校的思想政治课内容与工匠精神的内涵相互交融，因此，高职院校可通过思想政治教育对学生进行工匠精神的培养。具体方法如下：

（1）高职院校的思想政治教师和素质教师在进行教学计划的规划时，可将工匠精神作为切入点，充分利用小组教学、课堂互动、角色扮演、情景模拟、实地参观、访谈交流、辩论讨论等方式让学生体会工匠精神，进而让学生自身的工匠精神得以升华。

（2）有效整合校内外资源，即学校的思想政治教学组可与学校的教务部、校团委、学生会、校友会、宣传部等进行合作，让这些部门能够辅助共同发力，在校园内宣传工匠精神，例如：教学组可与学校的学生会进行合作，让学生会组织校内学生开展“工匠精神辩论会”“工匠精神征文大赛”等。这样既能够提升工匠精神的培育渠道，还能让学生以一个相对轻松的状态接受工匠精神的培育。学校还可邀请校外优秀人员给学生讲解其职场经历、生活经历等，让这些优秀的校外人员把他们良好的品质带入校园，为学生们树立榜样。

（3）培养学生的工匠精神应从教师入手，教师是学生们日常接触的人员，提升教师的思想政治修养，培养教师的工匠精神，让教师通过课堂、日常生活等潜移默化的而影响学生。[4]

2.2 在理论和实践教学过程中融入工匠精神

培养学生的工匠精神应以高职院校的知识理论和综合实践课程为重点，使学生在日常学习过程中将工匠精神转化为自己的品质和习惯。熟练的职业能力是应用专业学生个人职业生涯的基础，内化和外化的工匠精神也是他们可持续发展的长期动力。本文认为将知识理论和综合实践课程融入工匠精神的方法如下：

（1）将工匠精神的培养融入基础理论知识教学课堂。在设计教学工作计划和制定课程标准时，高职院校的每一位教师都应首先融入其专业所要求的工匠精神。例如，在进行课堂教学时，会计教师可以将财务的演变过程、工作规则、工作职责、具体表现、日常任务、典型案例等作为学生进行全面解读，让学生掌握金融行业的技术标准，体验会计的独特魅力。这不仅可以提高学生学习和训练专业理论知识的积极性，而且可以提高学生的专业性。

（2）实践是检验真理的标准。教师可以将技能培养融入课程实践和探索课堂教学，也可以以会计职业为例：教师可以将会计职业道德、会计工作标准等融入财务会计培训的全过程，使学生能够根据记账、复核等实践活动了解财务工作的实际情况，使学生能够掌握财务工作的准确性。这种方法不仅有利于提高学生的专业技能，而且可以帮助学生建立更好的职业道德，让他们明白敬业精神和热爱自己的岗位也很重要。[5]

（3）提高学生的积极性。高职院校可以为优秀学生设置一面展示墙，并建立一定的奖励机制，鼓励校园里的每一位学生参加比赛。例如，学校除优秀学生和三名优秀学生外，还可以设立帮助他人、最光荣工作和“新思想”奖，以鼓励学生敢于创新、帮助他人、努力工作，并在每个学年为每个荣誉奖确定若干人，被选中的学生可以在优秀学生的墙上发表自己的事迹，提高学生的创新能力、实践技能、道德修养等。高职院校还可以通过微信公众号、新浪微博、视频等相对轻松愉快的方式，向学生展示杨善洲、罗伯特·哈里森、鲁班、莫寨、胡双倩等具有崇高工匠精神的英雄事迹。通过这位英雄的正直，学生们可能会受到伤害并留下深刻印象。

2.3 大力营造有利于培育学生工匠精神的校园文化氛围

人是社会环境的一部分。它们都是社会环境时代的产物。人类认知可以改变社会环境，社会环境也会改变人。因此，高职院校应首先将手工艺融入校园，融入学生生活，根据创建优秀企业文化、自主创业精英交流、手工艺朋友交流等活动进入校园，将知名企业文化与学校文化相结合，让学生在学校里感受到手工艺的能量。在策划各种全国技能比赛时，尽量结合公司的具体生产制造需求和技术问题，邀请企业管理者和资深专家作比赛的评委，这样我们不仅可以传播公司的文化和工艺精神，还可以在比赛中发现和选拔优秀人才，并利用学校的服务平台克服困难。

高职院校需要在校园组织建设中体现工匠精神，充分借鉴和引入企业制度文化，让学生在遵守校园规章制度的过程中感受到工匠精神的能量。例如，在制定校园规章时，我们可以参考公司管理体系实际建立的优势、可操作性强、个人责任心强；在校园执行规章制度时，我们应该像公司一样严格、及时，奖惩分明。鉴于实习场所，严格执行行业公司的现代管理计划进行监督，学生宿舍、私人工作室、培训等的管理方法参照公司的“六S管理规则”，使学校学生的各种个人行为都符合类似的公司管理制度规范、标准和要求。

2.4 企业要为大学生工匠精神的培育提供实操场地

积极激励公司参与大学生的塑造，这有利于促进大学生手艺的培养，也可以完善高职教育特别是高职教育的培训体系。基础教育，尤其是高等职业教育，与企业的发展方向密切相关。大学生不仅是公司员工的关键组成部分，也是公司稳步发展、转型发展、自主创新、开发设计的中流砥柱。我国的教育质量，特别是高等职业教育的质量，直接影响到我国员工的职业技能；员工的专业素质直接决定着公司的生产力、产品质量、自主创新能力、竞争优势等。因此，作为高等职业教育特别是高等职业教育的直接利益相关者，公司应与高校密切合作，实现合作共赢。[6]

3 总 结

培养高职学生的工匠精神，对国家的发展、社会的发展、学生自身的发展均具有重要意义。而如何有效培养高职学生的工匠精神是每一个高职院校的重要挑战，因此，高职院校应当及时转变教学观念、教学方法，基于产教结合，并集合优秀企业的文化，将“工匠精神”融入每一个专业课程、校园环境中，全方位培养学生的工匠精神，在提升学生专业能力的同时，使学生具备高尚的思想道德品质从容地进入社会。

参考文献

[1] 夏玲雅. 基于产教融合培育高职院校学生工匠精神的策略研究[J]. 太原城市职业技术学院学报，2021（07）：57-59.
[2] 王波. 产教融合背景下高职学生工匠精神的培养[J]. 人才资源开发，2021（08）：63-64.
[3] 谢存旭. 产教融合视域下高职学生工匠精神培育[J]. 中学政治教学参考，2021(03)：104.
[4] 张玲玲. 产教融合视域下高职院校学生工匠精神培育研究[J]. 中国多媒体与网络教学学报（中旬刊），2021（01）：154-157.
[5] 周凤玲. 产教融合背景下高职学生职业素养培养探讨[J]. 广西教育，2020（27）：31-33.
[6] 闫欢，雷鑫，王赟，唐玲. 产教融合下高职学生工匠精神的培育实践[J]. 艺术家，2020（07）：121.

三维软件在漫画中的应用

奉代远

（成都东软学院数字艺术与设计学院 四川 成都 611844）

摘 要：随着技术的发展，漫画不再仅仅局限于纯粹二维的表现形式，在某些特殊的状况下可以增加三维进行辅助，这不仅是提升制作效率，同时也是为画面的质量做一个很好的支撑，三维在前期部分相对费时，但是准备好了之后将会为后续制作环节节省更多的时间以及精力。

关键词：二维；三维；辅助

Application of 3D software in cartoon

Feng Daiyuan

(School of Digital Art and Design, Chengdu Neusoft University, Chengdu 611844)

Abstract: With the development of technology, comics are no longer limited to purely two-dimensional forms of expression. In some special situations, three dimensions can be added to assist. It not only improves production efficiency, but also provides a good support for the quality of the picture. Three-dimensional is relatively time-consuming in the early part, But when we are ready, we will save more time and energy for follow-up production.

Key words: two dimensional; Three dimensional; auxiliary

引 言

漫画制作包括了前期的文字企划，人物设定，场景设定以及道具设定，随后接的是中期分镜，线稿以及后期的画面效果处理，每一部分牵扯到的工作量都非常大。作为漫画制作人，除让自身保持源源不断的创作动力、不断地提升自我的制作技巧外，同时也要建立完整的素材库体系来进行辅助制作，从而提升效率，当然这一切都是建立在纯粹二维的基础上，而二维制作环节有一个跳不过去的超大工作量部分，那就是场景制作。

在不同镜头中，当摄像机出现了变化，对应的场景也会有自己的改变，而针对每一张场景都要挨个去画的话，其中的工作量也是巨大的，过去的漫画家都会专门配备一个画场景的助手，以此来完成对应的工作。现在三维软件已经成熟起来，很多作者开始借助三维软件来进行相应的辅助制作，首先是按照设计图的规划进行三维模型建立，后续要用的时候直接进行调用，通过摄像机改变机位，便能够获得稳定且高质量的图，而且模型在后续还可以不断地完善，在兼用方面比起纯粹的二维场景素材库更加方便。

1 概念以及意义

通过三维软件制作出对应的场景模型，以此作为基础来针对漫画当中所需要的场景部分

作者简介：奉代远（1980—），男，汉族，四川成都，讲师，学士，研究方向：二维动漫。

进行画面完善，从而获得最终的成品图。

三维软件所制作的场景是可以进行多方位、多角度展示的，能够针对同一景别里面故事不断地推进而发生场景角度变化，在具体漫画制作中能够对着相应的场景做角色的表演，从而使得故事能够合理地表达，且在制作的过程中不再需要重复绘制场景，能够节省大量宝贵的时间以及精力，从而提升漫画的制作效率以及成品质量。

2 三维软件的场景制作

考虑到画漫画的作者都是以二维方向为主，对于三维软件的选取也是尽量以简单好用为准，在这里可以选取草图大师，这一款软件相对来说比较好学，而且功能也比较强大，非常适用于一些较为标准化的建筑类场景。恰好这一类场景在二维表现的时候也是很费时间的，要考虑到其中的位置关系、透视、大小比例，一旦做了摄像机角度的改变之后，里面很多内容都需要单独进行规划，比较费时费力，而且不一定能够保证做到绝对准确，三维模型恰好可以解决这个较为麻烦的问题。

2.1 场景模型制作

当软件明确了之后，便可以根据实际的二维场景设计图来进行三维模型的制作，在这里尽量把里面能用到的细节都考虑完善，这个不像二维，画了一张图之后大多就此结束，最多这一幅场景拿来整体兼用，而角度是没办法进行改变的，三维模型完全可以解决摄像机角度变化的问题，只是在做模型的时候需要注意一下里面的遮挡关系，因为很多地方都要表现出来。但是在实际漫画制作的过程中可能会选取部分角度，这里会把前面多余的部分省略掉。而在三维软件里面可能会出现这样的状况，本身要看一个角度，但是摄像机到了对应的位置，前面或者边上一些本不打算加进去的内容也会显示出来。此时需要将多余部分进行一个隐藏处理，而在做内容隐藏的时候也要考虑一个问题，其中牵扯到的面、线较为多，挨个进行点击隐藏的话也是非常麻烦的。所以在初期规划的时候注意把对应的几个块面进行封装打组，然后在后续需要进行隐藏的时候直接选中，然后隐藏就可以了，具体模型如图 1 所示。

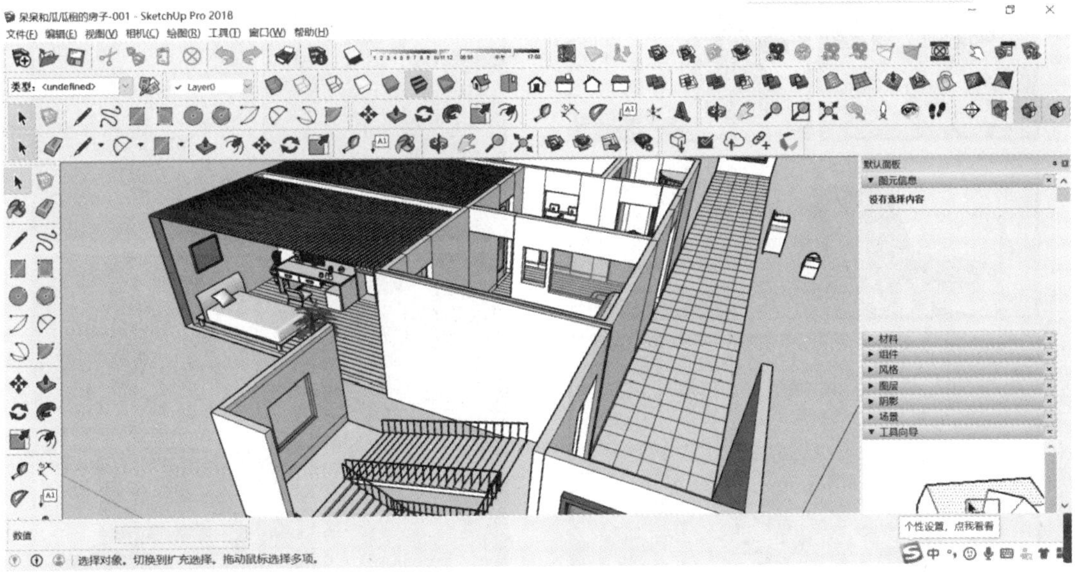

图 1 场景模型制作

2.2 场景二维导图

模型制作好之后是不能直接放进漫画中的，此时需要先将其导出来，导成漫画软件里面可以用的格式才行，通常图片的格式都可以，比如说 JPG、PNG 等，按照漫画分镜里面人物和场景之间的对应关系进行相应的二维图片导出，后续便可以在实际的漫画制作过程中进行对应，具体如图 2 所示。

3 三维软件在漫画中的应用

在三维软件中做好了对应的模型后，接着就要对着分镜的位置进行相应的图片输出，随后便可以和漫画当中的角色部分进行合成，注意一下和角色之间的对应关系是否合理，是否有透视不准确、位置穿帮等，有必要的话还需要进行相关的调整，最后才能够获得完整的漫画作品，具体如图 3 和图 4 所示。

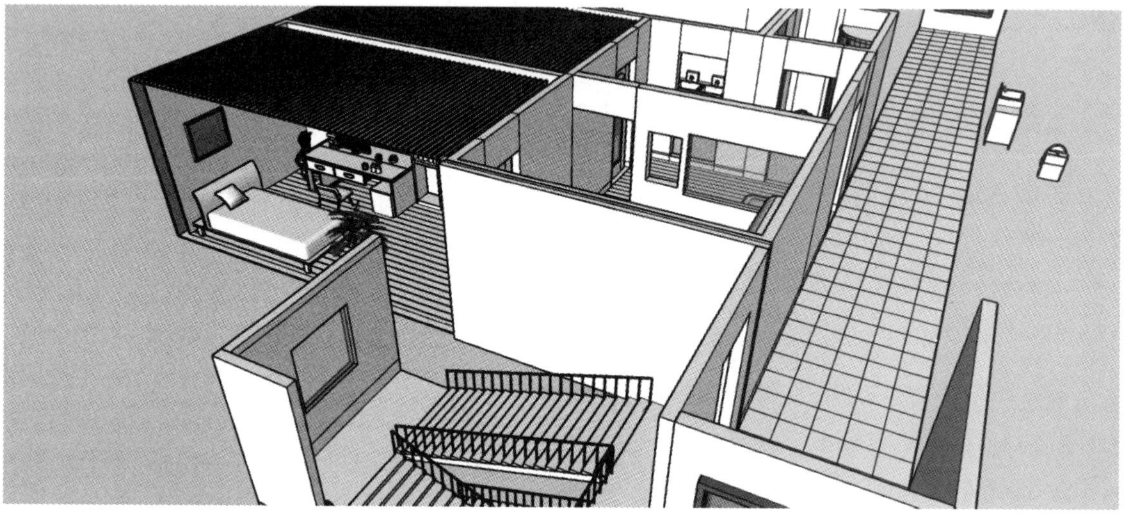

图 2 导出的二维图

第 003 页

图 3 结合三维场景的漫画一

第 005 页

图 4 结合三维场景的漫画二

4 结束语

二维漫画除传统的制作技巧外，结合三维辅助的方式，不仅仅提升效率，同时还能够保证品质的稳定性，而且在后续的三维模型强化过程中，还能进一步完善画面的可看度。当然，在前期模型制作的时候需要耗费一部分时间，但是和后面完全省去的场景制作环节比起来，这个是非常值得的，所以三维软件非常适合进行漫画的辅助制作。

艺术家的情感表达，以“吻”为主题的作品为例

宗思嘉

（成都东软学院数字艺术与设计学院 四川 成都 611844）

摘 要：罗丹曾说过：“艺术是情感。”艺术和设计的不同点在于，设计是诠释多数人的情感，但艺术作品则是表达艺术家自己本身的情感。不同的艺术家会用不同的材料、构图、颜色、技法、内容来表达不同的情感。在所有的情感表现中，“吻”所表达的情感相对丰富：激动、爱、喜爱、坠入爱河、感动、欣喜。缪塞曾说过：“世界上最真诚的语言就是亲吻。”许多艺术家也喜欢用艺术的想象力和表现力来诠释亲吻，这很有趣，回顾艺术史中那些以“吻”为主题的作品，可以发现这些艺术家不仅浪漫，而且陌生、危险甚至荒谬。

关键词：艺术情感；艺术作品；艺术技法

An expression of emotion by an artist, exemplified by a work on the subject of “Kiss”

Zong Sijia

(School of Digital Art and Design, Chengdu Neusoft University, Chengdu 611844)

Abstract: The difference between art and design is that design is to express the public feelings, art works are to convey the feelings of the artist himself, just like what Auguste Rodin once said, “Art is emotion”. Meanwhile, different artists use diverse materials, compositions, colors, techniques, and content to present distinctive emotions. Among all emotional expressions, “kiss” expresses a relatively rich range of emotions: excited, love, affection, falling in love, moved, delighted. Besides, many artists also like to use artistic imagination and expression to interpret the kiss, which is quite interesting and confirms Muuse once said, “The truest language in the world is a kiss.” Therefore, a review of art history’s work on the subject of “kisses” reveals that these artists are not only romantic, but also strange, dangerous and even absurd.

Key words: artistic emotion; Artworks; Artistic techniques

罗丹曾说过：“艺术是情感。”艺术和设计的不同点在于，设计是诠释多数人的情感，但艺术作品则是表达艺术家自己本身的情感。如果说想象是艺术构思的核心，那情感就是艺术创作的动力。不同的艺术家会用不同的材料、构图、颜色、技法、内容来表达不同的情感。

在所有的情感表现中，“吻”所表达的情感相对丰富：激动、爱、喜爱、坠入爱河、感动、欣喜。缪塞曾说过：“世界上最真诚的语言就是亲吻。”许多艺术家也喜欢用艺术的想象力和表现力来诠释亲吻，这很有趣。回顾艺术史中那些以“吻”为主题的作品，可以发现这些艺术家不仅浪漫，而且陌生、危险甚至荒谬。因此，本文选择了一些有关“吻”的著名作品，并将

作者简介：宗思嘉（1993—），女，上海，讲师，硕士，研究方向：综合材料绘画与艺术策展。

其分为三个部分进行浅度的解析。

一、真实的“吻”或是幻觉？——17 世纪末至 18 世纪中期的意大利艺术家

在 17 世纪末至 18 世纪中叶，尽管意大利的艺术逐渐丧失了在文艺复兴时期的霸主地位，但其辉煌的历史仍然吸引着许多人。在历史条件下，意大利艺术家仍然为欧洲美术的发展做出了重要贡献。本文选择了安东尼奥·卡诺瓦（Antonio Canova）的《拯救普赛克的厄洛斯》（*Psyche Revived by Cupid's kiss*）作为开始，如图 1 所示。

图 1《拯救普赛克的厄洛斯》

图 2《吻》

几乎所有古典艺术家都描绘过丘比特的故事。它是欧洲新古典时期神话爱情故事的代表内容。它表现的是普赛克在厄洛斯的吻中苏醒的那一瞬间。卡诺瓦始在这件作品中，体现了接吻时刻的浪漫和美学，吻就在唇边。当然，艺术家用独特的艺术才能，将冰冷的石头雕刻出柔软的肢体触碰，这也是对古希腊和古罗马时期艺术的有意识模仿。而这种无意识的幻觉之吻，与弗朗切斯科·海耶兹的作品大相径庭。

海耶兹的绘画传达了意大利浪漫主义的主要特征，并代表了复兴主义的精神。他接受过新古典主义的训练，也是意大利从新古典主义向浪漫主义过渡的关键人物，不过他的浪漫主义形式在画的主题上比在他的技巧上体现得更明显。这幅画代表了一对来自中世纪的情侣，他们在彼此亲吻、互相拥抱，这是西方艺术史上最热情的表达方式之一。

从表面上看，这幅画是热情吻的一种表现，符合浪漫主义的原则，它强调的是深厚的感情，而不是理性的思维，并以爱国和怀旧的色调重新诠释了中世纪。从更深层次上讲，这幅画的目的就是描绘复兴精神。这位女孩的淡蓝色礼服象征着法国。

二、不同国家、不同风格的“吻”——从 18 世纪末到 19 世纪，世界各地的艺术联系和影响

在日本，浮世绘是一种民间版画艺术，始于 17 世纪初期和日本的德川时代的风土文化发展。尽管它起源于原始的“大和绘画”，但它与“大和绘画”完全不同。“大和绘画”是一种装饰性很强的艺术品，专门用于贵族的欣赏，并在上层阶级中盛行。浮世绘是一种表达人们日常生活和兴趣的艺术形式。

浮世绘画也有代表亲吻主题的杰作。北川宇太郎（Utamaro Kitagawa），作为第一位在欧洲流行的日本木版画家，描绘爱人和情妇主题的作品成为许多西方艺术家（如马奈和亨利）的重要参考。

例如北川浦太郎于 1889 年创作的情色绘画系列《枕边书》（如图 3），描绘了客人和女佣在餐厅二楼会面，整个场景温暖而芬芳。这个男人喜欢看他的爱人。女人温柔地抚摸着男人的脸颊。她的和服宽松地披在脖子上，这样的吻非常的具有隐晦含义。

图 3　《枕边书》

而在西方，自 19 世纪以来，西方的主要艺术风格是：新古典艺术，浪漫主义和现实主义艺术，印象派和现代主义艺术等。在法国兴起的新古典主义艺术，与资产阶级革命有关。随着法国大革命的启蒙和到来，资产阶级反对旧制度下的陈旧艺术风格。他们需要艺术成为传播革命，倡导自由、平等和共和主义的有力武器。用艺术来培养人们在斗争中的勇气并树立英雄主义。他们追求古希腊和罗马的英雄主义，新古典主义艺术由此而生。因此，我们可以看到，欧洲当时正在进行改革。画家的绘画风格将根据社会而变化。而当时，日本还处在一个平静的时代，所以画家关注生活的日常细节。

同样是描绘亲吻的作品，奥地利画家古斯塔夫·克里姆特（Gustav Klimt）的是充满了矛盾性和奇怪的压迫，艺术家用大块金箔覆盖了绘画中的情侣着装，并将非常规的元素与传统油画技术结合在一起（如图 4）。这是克里姆特的独特技能。

图 4　《吻》

在这幅作品中，克里姆特描绘了一对互相拥抱的亲密恋人。这幅画的原材料就是黄金，他的艺术价值极高，是世界上被影印得最多的名作之一。一对男女裹在金色的长袍里，男人亲吻女人的脸颊，女子的脸是完全正面的、水平的，有一种美丽的、被动接受吻的感觉，同时，她闭着眼睛，展现着一种更深的内心感受。当他抱着她的头和脖子时，她也用手指轻轻触碰着他。我们可以通过他粗壮的脖子感受到他身体的力量，同时还有他强烈的欲望。他们都头戴花环，男人头上的时树叶编成的花环，而女人头上戴的像是星星一样的花朵，两人头部碰触部分，让人感受到了和谐的美感。克林姆特追寻一种永恒的真理，它是如此唯美，仿佛有一种绝对的永恒性，在这大片的暗金色背景中，他们迷失在这强烈的、永恒的吻之中。有谣言说，画中的人物正是克里姆特本人和他的红发情人埃米莉弗洛格（Emilie Flöge）。

将自己的爱人作为创作主题的艺术家马克·夏加尔（Mapk Waran），也有描绘亲吻的作品——《生日》（如图 5）。在这幅画中，夏加尔和他的妻子贝拉无忧无虑地在浪漫氛围中飘浮。艺术家以超现实的姿势亲吻他的妻子。该作品是夏加尔从俄罗斯回到巴黎与贝拉结婚后不久创作的。画中醒目的红地毯象征着夏加尔和他妻子的热爱。艺术家亲吻妻子不仅表达了艺术家对妻子的爱，而且表明他依靠内在的情意力量而不是绘画逻辑。这些规则组成了创造的逻辑，而这些逻辑来自个人经验、象征和美学相结合。

图 5 《生日》

还有幅有意思的作品，就是让·里奥·杰罗姆（Jean-Léon Gérôme）的《皮格马利翁和伽拉缇》（Pygmalion and Galatea）（如图 6）。画中我们见证了一个神奇时刻：雕塑家与自己创造的作品激情拥吻。前面提到过，艺术家用独特的才能将冰冷的石头雕刻出冰冷的身体，而这一吻就让冷冰冰的雕塑变为活生生的肉体，变得柔软起来，获得了生命的呼吸。作品的灵感来源于一个希腊传说，皮格马利翁（Pygmalion）故事中的关键场景：皮格马利翁（Pygmalion）绝望地爱上了他创造的完美女人 Galatea 雕像，并幻想她可以活泼地存在，后来阿芙罗狄蒂（Aphrodite）因其真诚而感动，给了 Galatea 生命。这幅画呈现了 Galatea 和皮格马利翁之间一个吻的动人时刻。

最后，在欧洲的 19 世纪，有位不得不提的艺术家，就是奥古斯特·罗丹（Auguste Rodin）。他的这幅作品《吻》（如图 7）体现了爱情的激情，与当时学院派的冷冰冰的古典主义雕塑形成了强烈的对比，他大胆地展示这人间最美好的情感来诠释他与克劳黛尔真挚的爱。作品写实雕塑手法和丰富细腻的雕塑语言使人们更容易体会到丰富的内涵，这件作品完美融合了罗丹独特的浪漫主义和理想主义，将自己的爱注入自己的雕塑中，打上了深深的自我烙印。

图 6 《皮格马利翁和伽拉缇》

图 7 《吻》

三、关于“吻”——不同艺术家作品中的情绪体现

正如本文说的那样，当回顾一下艺术史中以“亲吻”为主题的那些作品时，会发现这些艺术家不仅浪漫，而且陌生、危险甚至荒谬。这一部分是关于特殊的“亲吻”。

除了传达浪漫，梦想和幸福外，艺术家还经常注入不寻常的元素，例如1928年雷纳·马格利特（René Magritte）的题为《情人》的作品（如图8）。在这幅作品中，一对被布覆盖着的情人的头在织物上亲吻，让观众感到一些难以形容的荒谬和怪异。这种布覆盖的头部图像经常出现在马格利特的作品中，正是这种荒诞而怪异的超现实主义元素，使这幅画并没有表现出甜蜜的爱。

图8 《情人》

同样属于超现实主义流派的美国艺术家曼·雷（Man Ray）在1922年创作了一系列作品，称为“真实投影”（如图9）。这个真实的投影项目记录了艺术家与当时的爱人之间接吻的时刻。然而正在接吻的情侣形象，是通过灵魂般的阴影显示出来的。除浪漫外，这种“亲吻”的表达还增强了开拓精神。这项工作也充分说明了艺术家的名言：“拍照比拍摄东西要好：做梦比拍照要好。”

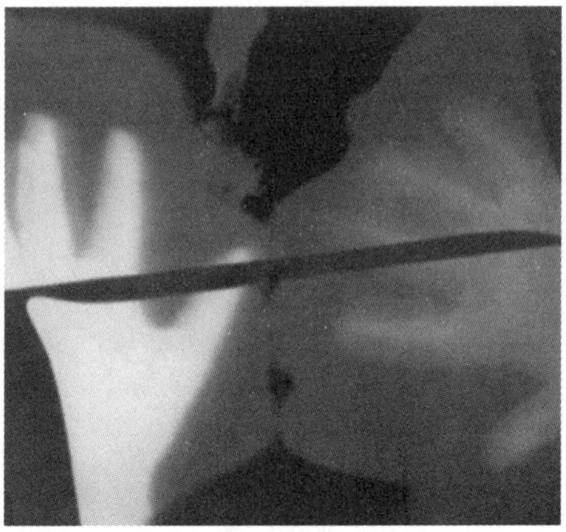

图9 《射线记录器（接吻）》

曼·雷（Man Ray）最令人难忘的另一幅画作是《天文台时间：情人》（如图10），它描绘的是他已去世的情人李·米勒（Lee Miller）的嘴唇，飘浮在巴黎天文台上方的天空中。在照片中，天文台时间暗示着女人可能在做梦：噩梦或色情幻想。图片中的嘴唇是许多其他流行文化标志性图像的灵感来源。而棋盘出现在许多艺术家的作品中，杜尚、皮卡比亚和曼·雷都喜欢下棋。曼·雷认为是一个正方形网格，“所有艺术的基础……它可以帮助您理解结构，掌握秩序感”。

图10 《天文台时间：情人》

通过这些作品，我们可以感觉到艺术家对情感的表达是微妙的，实际上，一件作品可以让不同的人观察，可以看到不同的情感。对于艺术家自己而言，无论是精致的表达还是抽象的宣泄，这都是他们的情感。如开头所述，艺术就是情感。我们只是通过艺术家的情感来体验他们当时的生活。

参考文献

[1] 贺莲花. 论罗丹与布朗库西的雕塑作品《吻》[J]. 四川戏剧，2013(06)：136-138.
[2] 张少侠. 欧洲工艺美术简史（四）第八章 十八世纪后半期与十九世纪前半期的工艺美术[J]. 南京艺术学院学报（美术与设计版），1984（4）.
[3] 李丁，袁奕. 论现代主义艺术对设计的影响[J]. 当代教育理论与实践，2011，003（006）：148-150.

两极景别在影视作品中的作用

赖丹

（成都东软学院数字艺术与设计学院 四川 成都 611844）

摘 要：两极景别从无到有，从不被认可到被观众熟悉，逐渐地展现出两极景别的各种作用。常见的两极景别的作用有转换时空、叙事等，但具体到某些影片的时候，两极景别也能发挥不同的作用，如表现距离、模拟不同视点等。两极景别的潜力还可能随着不同影片对其的具体运用被继续发掘，对两极景别作用的研究具有较强的理论价值和实践意义。

关键词：两极景别；视听语言；叙事

The role of bipolarity in film and Television Works

Lai Dan

(School of Digital Art and Design, Chengdu Neusoft University, Chengdu 611844)

Abstract: bipolarity from scratch, from not recognized to be familiar with the audience, gradually showing the various roles of bipolarity. The common function of the two-pole scene is to transform time and space, narrative and so on, but when it comes to some films, the two-pole scene can also play different roles, such as expressing distance, simulating different viewpoints and so on. The potential of the two extremes may be further explored with the specific use of different films. The study of the action of both extremes has strong theoretical and practical significance.

Key Words: Bipolar Scene; audio-visual language; Narrative

景别的划分有五分法、七分法，在这里统一为五分法进行论述。两极景别是哪两个景别没有一定之规，但从各种文献所举的例子来看可以分为特写和全景，特写和远景。两极景别里的两极即为最大景别和最小景别，最大的景别是远景，最小的景别是特写。所以两极景别可以是特写和远景。但从景别组接原则来看，一般是相邻两级或中间跳一级景别进行组接，而特写和全景之间跳了两级，也有较大的视觉跳跃。因此两极景别为特写和全景也有一定的合理性。在后文叙述中以特写和远景来分析两极景别的作用。

1 利用两极景别转换时空

两极景别具有转换时间和空间的作用。由于两极景别能产生较大的视觉冲击，从极大景别到极小景别或从极小景别到极大景别，这样的景别差距有明显的时间和空间的区别，因此两极景别能表现不同的时间和空间。

电影《心灵捕手》里威尔和史凯兰在外约会时两人的脸部特写，接的是城市街道俯拍的远景，再接室内威尔的特写。这里两极景别的作用主要是转场，从外景转到内景。这里的远景是空镜头，空镜头本身也具有转场的作用。

电影《香水》中在育婴院院子里躺着的格

作者简介：赖丹（1989—），女，汉族，四川成都，讲师，硕士，研究方向：影视理论及纪录片创作研究。

雷诺耶的脸部特写接河边交易场所的远景，此处两极景别为转换空间的作用。第二个转换时空的两极景别是格雷诺耶来到萝拉的房间想杀萝拉，萝拉醒了，睁眼看着他的特写。晨曦中的海浪拍打海边的远景，交代时间的变化。再接萝拉的爸爸洗脸的特写。这里的两极镜头重点是空镜头的远景，起到转换时空的作用。第三个转换时空的两极景别是白天香水制造者巴尔迪尼破解热卖香水样品，在纸上记录下香水的成分，纸的特写叠印在河上房子的远景上，交代时间过得很快，转眼就傍晚了，具有转换时间的作用。

2 利用两极景别叙事

景别的基本作用是叙事。不同景别的组合使用，有利于把事件讲清楚、把场面更全面地展现。[1]

电影《香水》里巴尔迪尼教格雷诺耶提取玫瑰精油，第一滴玫瑰精油滴落到杯底的特写意义重大，开启了格雷诺耶在气味保存上的第一次成功，慢镜头和大特写营造了这一时刻史诗般的重要性。下一镜头是格雷诺耶提着袋子佝偻着身躯蹲在河边的岩石上。这里远景的作用和影片开头他被从牢房里带出来作用一样，都是用远景来制造悬念，为后续揭示悬念做铺垫，也使叙事更加细腻。格雷诺耶的远景镜头让观众产生疑惑，他为什么来这里，袋子里装的是什么。如果直接展示袋子里的东西就没有悬念产生，叙事上就显得直白、简单。

电影《穿条纹睡衣的男孩》中布鲁诺贴在窗户上的眼部特写接远处集中营远景。特写接远景在这里具有提供叙事线索的作用，此时远景的房子出现，说明这个房子和后面的叙事有紧密关系。而且由于布鲁诺的爸爸是纳粹军官，可以推断出远景的房子是纳粹集中营，后面发生的故事都会围绕集中营和布鲁诺进行。

电影《香水》里格雷诺耶做梦被巴尔迪尼吵醒后要求巴尔迪尼教他如何保存气味，这段叙事以巴尔迪尼点头的特写画面结束。这里用特写从巴尔迪尼的角度来讲他是在能得到利益的前提下答应教格雷诺耶保存气味，而且这里也是故事的转折，没有巴尔迪尼的教导，格雷诺耶不会开启他探索保存气味的历程。下一段叙事以河面上房子的远景开头，开始叙述巴尔迪尼如何教格雷诺耶保存气味，远景作为一段叙事的开头也是常用的手法。所以这里两极景别用于推进叙事。

电影《香水》里格雷诺耶去格拉斯的路上找到一个山洞，并在山洞里发现自己身上没有属于自己的气味，他一生对他人都无足轻重，他怕自我被忽视、被湮没。这里是格雷诺耶蓬头垢面的特写，突出他对自我的审视。第二个镜头是第二天格雷诺耶继续前进的远景，远景交代他走过崎岖的岩石，前路漫漫，他不仅要告诉世界他的存在，而且要告诉世界他非常重要并且出类拔萃。这里两极景别一样是用来推进叙事，从审视自我到重整旗鼓。

3 利用两极景别强化人物情绪和心理感受

两极景别运用得当可以起到强化人物情绪和人物心理感受的作用，特写本身具有突出、强调人物情绪或心理的作用，而远景可以很好地抒发情绪。

电影《心灵捕手》中威尔的脸部特写接威尔坐在湖边长椅上的背影。这段故事讲述的是叛逆少年威尔在进行心理辅导的时候侮辱心理学家桑恩已过世的妻子。后桑恩和威尔在湖边谈心，剖析威尔作为一个孤儿的心理，最后留下威尔一人，此时是威尔脸部特写，展示的是威尔内心的复杂情绪，说明他受到桑恩这番话的感染。而后接的远景，远景本身有抒发情绪的作用，威尔的背影反映的情绪正是上一个特写镜头情绪的延续，从小作为一个孤儿被虐待，被桑恩看穿后留下自己一人在湖边沉思。

电影《心灵捕手》中威尔和史凯兰打电话告别，威尔不会跟她去加州，史凯兰伤心地哭着的脸部特写。接威尔面向湖边，远处是密布的白云，威尔坐在长椅上的后侧面的远景。此时的两极景别仍然是渲染人物情绪的作用，史凯兰的痛苦和威尔的挣扎。史凯兰的痛苦是被放大的特写，而威尔的挣扎是用远景里威尔置身于大环境下的渺小和远景里的环境来表现的。

电影《香水》里法官宣判结果的特写和人潮涌动的宣判现场的远景。法官宣判结果的特写和渴望格雷诺耶得到惩罚的人群远景情绪上是连贯的，法官的声音用串剪法延续到愤怒的群众的画面上，这种宣判大快人心，用远景也能呼应这样的情绪，群众的压抑和仇恨得到释放。

电影《香水》里格雷诺耶来到香水铺送山羊皮，铺子老板巴尔迪尼举着蜡烛带他走下楼梯的远景接格雷诺耶对房间里的一切感到好奇的特写。这里两极景别展现了格雷诺耶来到新的环境感到新奇的心理被瞬间放大，再一次让观众突然地进入到他的内心世界，和格雷诺耶感同身受。

4 利用两极景别塑造人物形象

两极景别的组合对人物形象的塑造要根据画面内容和不同镜头的运动方式具体分析。远景由于本身景别很大，即便有人物也是只有轮廓，可以塑造神秘感或某种氛围等。特写对人物形象的刻画是细致的、放大的。

电影《香水》里第一个两极镜头是格雷诺耶从牢房里被拉出来，景深深处是格雷诺耶的远景，接他戴着镣铐的脚的特写。在这个段落里，格雷诺耶要么处于阴影里，要么展示的仅仅是他的背影或局部特写，要么被人遮挡看不见，给观众以神秘感，猜测这个犯人到底长什么样。远景里的格雷诺耶既在阴影里，也被押送他的人遮挡。而特写一下子展示出了他被镣铐勒出血的脏兮兮而且瘦弱的双脚，格雷诺耶的形象被特写镜头进一步揭示出来。

电影《香水》里格雷诺耶追踪里希，在山顶格雷诺耶使劲用鼻子嗅里希的气味的特写，接着是快速环移格雷诺耶的远景并急速航拍里希行动路径的镜头。这个两极景别强调他嗅觉的极度敏感，特别是快速环移格雷诺耶的镜头具有梦幻般的效果，突出格雷诺耶的嗅觉已经进入极端敏锐的境地。所以这个两极景别用于强调人物特质，进一步丰满人物形象。

5 利用两极景别表现距离

利用两极景别表现距离可以从两方面进行分析，一是物理距离很远，二是现实世界和虚构世界的距离。一般模拟人的主观视点的时候第二个镜头如果是远景则表示人看到的东西离自己很远。而表现现实世界和虚构世界的时候，现实世界是贴近我们的，所以用特写，而虚构世界是遥不可及的，所以用远景。

电影《穿条纹睡衣的男孩》中布鲁诺贴在窗户上的眼部特写接远处集中营远景。特写模拟布鲁诺的主观视点，先给布鲁诺眼部特写，接下来不管什么景别都是接布鲁诺看到的东西，但接远景说明布鲁诺看到的地方离自己住的地方远。

电影《香水》里格雷诺耶循着味道跟踪萝拉到她家花园，格雷诺耶泪眼看着萝拉采摘玫瑰花的特写，接远处萝拉摘完花在走廊边走动。格雷诺耶一直对女性身上的味道着迷，那种味道对格雷诺耶来说是神秘的，而且他也一直在追寻如何保存气味，因此特写他沉醉的表情。远景表示格雷诺耶离萝拉很远，格雷诺耶想不断靠近萝拉，闻她身上的味道。这里两极景别既表现两人的距离，也表现格雷诺耶的心理。

电影《大鱼》里威尔在病房里陪他爸爸，编故事哄他爸爸，镜头在现实中的医院和故事里逃离医院的路上切换，画面在红色轿车的远景和病房里威尔头部特写间切换。这里远景和特写的交叉剪辑，表现的是现实世界和虚构世界的区别，现实世界威尔的特写表现人物编故事的专注，而虚构世界威尔和父亲乘坐的轿车是远景，表示它只是故事，是编造的，离我们很远。

6 利用两极景别模拟不同视点

客观镜头，又称中立镜头，即模拟摄影师或观众的眼睛，从旁观者的角度纯粹客观地描述人物互动和情节发展的镜头。主观镜头，与客观镜头相对，模拟剧中某一角色的眼睛，是角色视点所拍摄的镜头。[2]

电影《香水》里格雷诺耶跟踪卖李子的姑

娘，发现有人从楼下走下来，他就把姑娘的嘴捂住拖到墙角，此时是格雷诺耶好奇的脸的特写。下一个镜头是向远处跑去的男女的远景，但这个镜头是过格雷诺耶肩膀的镜头，所以不是模拟格雷诺耶的主观视点，而是摄影师的视点，属于客观视点。

上文也提到在电影《穿条纹睡衣的男孩》中利用特写和远景这样的两极景别模拟布鲁诺眼睛看到的远处的集中营，特写眼睛说明眼睛是要模拟的视点，远景就是布鲁诺主观视点所看到的画面。

7 利用两极景别预留人物活动空间

特写接远景能利用远景预留人物活动空间。而且远景里人物有纵深方向的运动，才会产生景别的变化，预留人物活动空间才有意义。

电影《香水》里格雷诺耶躺在床上忽然抬起头好像嗅到了什么的脸部特写接他匆忙跑出来的远景，这里的远景是为了给人物留足活动的空间。远景镜头里由于人物从远处跑向摄像机的方向，人物匆忙跑动表现他内心的焦急，景别从远景变成了特写。这里两极镜头重点是远景镜头，利用远景镜头预留人物活动的空间。

综上，两极景别的作用根据两极景别的具体内容有所不同。除了上述提到的几个作用，在其他影片中还可能表现出不同的作用。随着现代视听语言规律和剪辑规则的发展，两极景别能够在影片中出现，而且越来越被观众所接受，说明观众的欣赏习惯也在发生变化，慢慢地新的视听语言规律和剪辑规则成了约定俗成，被运用也就顺理成章。所以，两极景别的作用还有待进一步发掘。

参考文献

[1] 邵清风，李骏，俞洁. 视听语言[M]. 北京：中国传媒大学出版社，2019：40.

[2] 张燕，谭政. 影视概论教程[M]. 北京：北京师范大学出版社，2017：32.

二语习得理论下探讨日语成对自他动词的习得

汤丽

（成都东软学院外国语学院 四川 成都 611844）

摘　要：日语动词的及物和不及物属性很难根据意思进行简单划分，尤其是词根相同、意思相近的大量成对自他动词（及物和不及物动词）更是成为语言教学的难点。为了让学生更好掌握日语自他动词尤其是成对自他动词，本文从克拉申的二语习得理论出发，探讨如何在基础日语、日语视听说、日语写作和翻译课堂中联动，实践二语习得的“自然顺序假说”“语言输入假说”和“监控假说”。

关键字：成对自他动词；克拉申二语习得理论；多门课程联动

Exploring the acquisition of Japanese adult pairs of transitive and intransitive verbs in the context of bilingual acquisition theory

Tang Li

(School of Foreign Studies, Chengdu Neusoft University, Chengdu 611844)

Abstract: The transitive and intransitive attributes of Japanese verbs are difficult to be classified according to their meanings, and the large number of paired autotransitive verbs (transitive and intransitive verbs) with the same root and similar meanings has become a difficulty in language teaching. In order to enable students to master Japanese autotransitive verbs, especially paired autotransitive verbs, this thesis discusses how to practice the “natural sequence hypothesis”, “language input hypothesis”, and “monitoring hypothesis” in the classrooms of basic Japanese, Japanese audiovisual and oral speech, Japanese writing, and translation, based on the theory of bilingualism of Crassin. This thesis discusses how to practice the “natural sequence hypothesis”, “language input hypothesis”, and “monitoring hypothesis” of second language acquisition by linking basic Japanese, Japanese audiovisual speaking, Japanese writing, and translation classes.

Key Words: Pair-wise Autonomous Verbs; Krashen’s Theory of Second Language Acquisition; Multi-curricular Linkage

1　研究背景

许多教师在长期的教学过程中发现不能准确、灵活地使用动词是制约学生日语表达能力提高的关键因素之一，因此本文认为应该将动词的习得作为基础日语、日语视听说、日语写作、翻译教学中的重点和难点，以提高学生对动词的关注程度,从而提高学生二语习得的能力。

日语动词系统较为复杂，可以有多种的分类方式，根据屈折变化可分为“五段动词”“一段动词”和“サ变动词”，根据词义可分为动作动词、状态动词、存在动词、敬语动词等，根

作者简介：汤丽（1984—），女，汉族，四川成都，讲师，硕士，研究方向：语言学，翻译。

据动词是否作用于宾语这一属性可分为“自动词”和“他动词”。

有很多学生甚至是教材会根据广义的自他动词定义，简单地将日语动词的这种属性跟中文的可带宾语和不可带宾语或者英文的及物和不及物性质进行对照、迁移。但是，事实上日语中的自他动词分类自成一体，比中文和英文中的及物和不及物分类复杂得多，一味地套用母语甚至英语，都会产生“负迁移”[1]。事实上，日语自他动词可以细分为“绝对自动词”“绝对他动词”和“成对自他动词”等，为了更好地说明这些动词的特点，下文将举例对这些分类做进一步的阐述。

2 自动词、他动词的细分类

2.1 绝对自动词

例文 1 ゴール目指して走る。（向终点跑去。）

例文 2 犯人は香港へ飛ぶ。（犯人逃往香港。）

例文 3 病気で死ぬ。（病死。）

例文 4 2 時間働いてから 10 分休むようにします。（我要工作两小时休息 10 分钟。）

以上 4 个例句中，例文 1 ~ 3 中的动词「走る」、「飛ぶ」、「死ぬ」是绝对的自动词，对应的中文意思为“跑”“飞、逃”“死”，这些意义在中文中也是不接宾语的动词。例文 4 中的「休む」在表达“休息”这一语义时，也是一个标准的绝对自动词。从以上分析可以发现：从语义上来看，日语中的绝对自动词和中文中不带宾语动词是比较对应的。

2.2 绝对他动词

例文 5 もっと野菜を食べたほうがいいです。（还是多吃一点蔬菜得好。）

例文 6 入場券を買うために早く家を出た。（为了买票早早地出门了。）

例文 5、6 中的动词「食べる」、「買う」在日语中被划分为绝对他动词。它们对应的中文意思“吃”“买”也是可带宾语的动词。

2.3 成对自他动词

例文 7 窓が開きました。（窗户开着。）

例文 8 （李さんが）窓を開けました。（<小李>把窗户打开了。）

例文 9 タイムサービスが始まります。（时段打折要开始了）

例文 10 （デパートが）タイムサービスを始めます。（<商场>要开始时段打折了。）

例文 7 中的动词「開く」是自动词，它对应的他动词是例文 8 中的「開ける」、例文 9 中的自动词「始まる」，它对应的他动词为例文 10 中的「始める」，我们把这种在日语中成组出现的词根相同、意思相同的自他动词称为「有対自他動詞」即“成对自他动词”；与此相对应的就是「無対自動詞」、「無対他動詞」，即绝对自动词和绝对他动词。

3 二语习得理论在成对自他动词习得中的运用

从以上的分析中可以看出，日语绝对自、他动词相对简单，日语动词自他属性的复杂性主要体现在成对自他动词中。一方面，因为成对自他动词不仅形态相似而且意思也相同，所以学生特别是初学日语的学生不容易区分。另一方面，虽然一些教材、学习资料对日语成对自他动词的形态做出了如下一些总结：第 1 类「る」结尾的他动词，对应以「～（e）る」结尾的自动词；第 2 类以「～（e）る」结尾的他动词，对应以「～（a）る」结尾的自动词；第 3 类以「す」结尾的他动词，对应以「～（e）る」结尾的自动词。该规律比较抽象，而且因为成对自他动词的复杂性，导致用此规律的时候还要记住不少的例外。

一味地强调语法规律无疑会降低学生的学习兴趣和语言应用的实际能力。克拉申的二语习得理论中的“习得—学得假说”强调“只有习得的结果才是真正的语言能力”，强调语法规则的“学得”不能转化为“习得”[2]，也就是说“学得”不能使学生真正掌握第二语言。

克拉申的二语习得理论提出以后经历了无数的质疑和论证，直至今日仍常被人用于实践，足见其理论的先进性。但是，我们在实践中更应该采用批判继承的态度来运用该理论，才能使我们的教学方式更具有针对性。

首先，日语是一门规则较多的语言，如果完全无视规则，就需要为学生创造出纯粹的语言环境，在国内的初级日语教育中这几乎是不可能实现的。在教授规律之前应该对语法的内涵意思进行恰当和充分的解读，就以成对自他动词为例：不能简单从字面意思来定义一个动词的自他属性，日语中“他动词是主语作用于宾语并使之发生变化的含义；自动词是不带宾语的动词，表示不考虑外力影响的情况下，主语自主地进行动作，或自然地发生变化”[3]。所以在文本中观察主语是否为施动者，是分辨成对自他动词的重要方法。

其次，在讲解成对自他动词时，我们应该结合日本人的语言表达习惯，比如电视剧、动画片的台词以及综艺节目中出现的语言表达作为示例，让学生体会自他动词是怎样通过语言折射出的日本独特文化特点，以及引导学生分析如果错误地使用所带来的后果。不过，这样的教学方法可能难以在一门课程当中完全实现，需要结合克拉申二语习得理论中的“语言输入假说”“自然顺序假说”和“监控假说”，促进多门课程联动。比如：基于“语言输入假说”“自然顺序假说”，在基础课上讲解语法规范，在视听说课程中找到对应的、符合学生水平的视频、音频资料让学生体会日本人是怎样运用成对自他动词的，同时理解日本文化、提高语感。最后结合“监控假说”在写作和翻译课上，以学生自己使用的成对自他动词文本为实例进行分析，检查语法规律、语感对学生语言输出的监控是否成功。这样做有利于教师有的放矢地考查学生对日语成对自他动词的掌握情况。

在今后的研究中希望能够通过具体的实践，量化和优化对日语自他动词教学措施。

参考文献

[1] 在习得外语的过程中，学习者会很自然用母语语言规律去理解和运用外语，如果母语语言规律在二语习得中起消极干扰的作用就叫“负迁移”。

[2] 刘秀娥. 克拉申二语习得理论分析与研究[J]. 中国多媒体与网络教学学报. 2019.

[3] 甲斐睦朗 唐磊. 新版中日交流标准日本语[M]. 北京：人民教育出版社. 2017.

[4] 刘秀娥. 克拉申二语习得理论分析与研究[J]. 中国多媒体与网络教学学报. 2019：211-212.

[5] 甲斐睦朗 唐磊. 新版中日交流标准日本语[M]. 北京：人民教育出版社. 2017：218.

都江堰市体旅特色健身路径发展现状及建议

王婷婷　王雷

（成都东软学院基础教学学院 四川 成都 611844）

摘　要：“体育+旅游”融合发展是新时代我国体育产业与旅游产业融合发展的新概念。自新型冠状病毒肺炎疫情发生以来，健康已成为社会主义新时期的时代主题，越来越多的人意识到健康的重要，提高自身健康水平已然成为人们关心的重中之重。当疫情多次来袭，社区安全及居民活动路径也随之改变，人们对于社区健身空间、健身路径的需求也呈现出增长趋势。我们结合“体旅融合“的发展模式，探讨健身路径在特色城市建设中应该如何规划及发展，如何更加有效地提高人民体育意识，同时如何为城市建设和发展带来良好且深远的影响进行的探讨与研究，本文章以都江堰市城市特色，以居民社区健身路径、景区健身路径为研究对象，对社区健身路径规划的布局、各类要素及其分布特点进行了分析，针对居民社区健身路径数量不足、分布不均、使用不当、维护不利等问题，进行了思考与规划，对其提出应对策略，对于推动体育产业、实现全民健身、公共健康、推动体育产业与旅游发展等方面提供参考。

关键词：都江堰市；体旅融合；健身路径；规划布局；发展建议

Development Status and Suggestions of Physical Travel Characteristic Fitness Path in Dujiangyan City

Wang Tingting　Wang Lei

(School of General Education, Chengdu Neusoft University, Chengdu, Sichuan 611844)

Abstract: The integrated development of “sports + tourism” is a new concept of the integrated development of China’s sports industry and tourism industry in the new era. Since the outbreak of COVID-19, health has become the theme of the era in the new era of socialism. More and more people have realized the importance of health, and improving their health level has become the top priority of people’s concern in the modern society. When the epidemic has become a normal life, community security and residents’ activity paths have also changed, and people’s demands for community fitness space and fitness paths have also shown an increasing trend. We combine the “brigade fusion” model of development, this paper discusses the fitness path in the characteristics of the urban construction should be how to plan and development, how to more effectively improve people’s sports consciousness, and how to bring good and profound influence on the urban construction and development of discussion and research, this article is to dujiangyan city features, with residents of community fitness path, scenic fitness path as the research object, to the community fitness path planning layout, all kinds of elements and their distribution characteristics are analyzed, and for residents in the community fitness path

基金项目：四川体育产业与公共服务研究中心 2018 年科研项目“成都市居民社区健身路径规划布局及其功能研究”。

作者简介：王婷婷（1980—），女，四川成都人，回族，副教授，硕士，研究方向：体育教育教学。
王雷（1981—），男，河北泊头人，回族，副教授，博士在读，研究方向：工商管理。

shortage, uneven distribution, improper use, maintenance, problems such as adverse thinking and planning, Countermeasures are put forward to promote the sports industry, the realization of national fitness, public health, promote the development of sports industry and tourism and other aspects of reference.

Key words: Dujiangyan City; Body travel fusion; Fitness path; Planning layout; The development Suggestions

中国体育彩票的发行宗旨是“来之于民，用之于民”。自 1997 年以来，本着体彩的宗旨，国家体育总局每年从体彩中，规划经费用于体育健身设施专项经费，进一步完善国家城市体育基础设施设备建设，这也标志着全民健身路径的开启与发展。

健康是人的基本生存权利，习近平总书记在福建考察调研指出，健康是幸福生活最重要的指标，同时也提到，健康是 1，其他的都是后面的 0，1 没有了什么都没有了。中华人民共和国成立以来，通过健康事业的持续快速发展，全民健身工程的重要环节主要聚焦在居民社区健身路径，同时更是广大人民群众参与体育锻炼的主场所。四川省成都都江堰市在 20 世纪 90 年代就逐步在居民社区、市政广场、公园绿地等开阔区域投入体育健身相关设施设备，这成为承载广大人民群众的居民健身路径（以下简称健身路径）。健身路径的投入与不断发展建设，在开展健身活动的同时，为丰富体育健身与营造健康生活的氛围增光添彩，为构建和谐社会发挥积极作用。

1 研究对象与方法

1.1 研究对象

以四川省成都市都江堰全民健身路径的发展与建设为重点研究对象，调查内容主要包括全民健身路径意义与作用、城市发展战略、未来可持续发展规划及综合建议等方面。

1.2 研究方法

1.2.1 文献资料法

通过查阅资料文献等方式，主要通过登录中国知网、中国期刊网等进行互联网检索查阅相关文献资料等方法。

1.2.2 实地考察法

对健身路径进行实地走访与考察，切实深入居民健身路径中，观察健身路径日常能使用及维护情况；选定部分健身路径使用人作为受访者，进行现场访谈交流，全面了解受访者在健身路径的中自身面临的问题与建议改进等。

2 研究结果与意义

2.1 都江堰市地域特点

都江堰市位于成都平原岷江上游流域，属中亚热带季风湿润气候区，年度平均气温 15.2 °C，年均降水量近 1 200 mm，年均无霜期 280 天。春夏秋冬、四季分明，夏无酷暑，夏季平均气温为 24 °C。冬季平均气温为 4.6 °C。

都江堰市四川环山，岷江支流缓缓穿城而过，山清水秀，山、地、林等自然资源极其丰富，自然风景极佳，1982 年国务院公布的第一批国家级风景名胜区名单中都江堰名列其中。2000 年在联合国世界遗产大会中，由于都江堰水利工程方面的历史与科学价值，都江堰被确定为世界文化遗产。2020 年当选巴蜀文化旅游走廊新地标。

随着旅游资源不断发展，都江堰在环境建设进程中，逐步挖掘及开展了一系列以文旅一体为主要特色的活动及设施，同时在保留城市居民原有的体育锻炼习惯及城市地理特点上，以“拜水都江堰”为主旨，在岷江、黑水河等主要的水源支流沿岸，进一步加大投入建设，建成了众多面向广大人民群众免费开放的健身路径场所，提供休闲旅游、健身康体、休闲观光等综合性一体化的标准化健身场地，进一步体现了人、自然、城市融合发展的生态布局与特色亮点发展之路。

2.2 都江堰市健身路径建设发展的意义

以往人民群众更多的是追求自身生活方面的富足感，如今在物质文明与精神文明并存的时代，我们有了更多的思考与追求。近几年，健身路径，广场舞等大众健身项目的兴起，也反映了人们对于体育锻炼的热情和对健康的追求，也从一个侧面反映了人们价值观的转变，在这种观念影响下，户外运动得到了发展，人与自然和谐共处的观念深入人心，据《中国户外运动产业分析报告》数据显示，我国户外运动参与用户包括学生、家庭用户、企业用户、户外爱好者、旅游用户和旅行社用户。其中 45 岁以内参与人群占比大幅提升，比例超过 80%，一、二线城市占比超过 93%，具有大学专科以上学历的人群超过 94%，成为当今社会的主流核心消费群体。表 1 是 2017 年我国户外运动参与用户属性统计表，从统计分析表中可以看出，年轻人群是户外运动的主力军；青少年人群参与率为 23.2%。都江堰市地处风景旅游城市，在风景区健身路径及绿道的蓬勃发展，也为户外运动提供了良好的实践基础，在促进全民健身的大浪潮发展下，对外地游客，城市居民，户外爱好者的发展留下了浓墨重彩的一笔，同时也对青少年体育发展起到了推动的意义。

表 1　户外运动参与用户属性表[1]

<table>
<tr><th>性别</th><th>年龄分布</th><th>所在地区</th><th>学历</th></tr>
<tr><td rowspan="3">男性 63.1%</td><td>16 岁以下 1.8%</td><td rowspan="2">一线城市 57.3%</td><td rowspan="2">初中及以下 0.3%</td></tr>
<tr><td>16～25 岁 23.2%</td></tr>
<tr><td>26～35 岁 41.1%</td><td rowspan="2">二线城市 34.3%</td><td>中专或高中 5.6%</td></tr>
<tr><td rowspan="3">女性 36.9%</td><td>36～45 岁 22.7%</td><td>大专及本科 63.4%</td></tr>
<tr><td>46～55 岁 9.8%</td><td rowspan="2">三线城市及以下 8.4%</td><td rowspan="2">研究所及以上 30.7%</td></tr>
<tr><td>55 岁以上 1.4%</td></tr>
</table>

2020 年初，一场突如其来的新型冠状病毒疫情席卷全球，全人类开始了前所未有的抗击疫情攻坚战。我国政府和人民也在积极应对，在党和政府的领导下，疫情防控阻击战取得了重大的战略成果。同时，健康这个话题逐渐成为时代的主题，旅游城市健身路径综合体的建设便是承载在康旅文化之上，不但迎合新时代发展的主题，又能进一步推动体育健康产业与体育旅游快速发展。

2.3 “体育+旅游”与体育健身路径发展战略

随着国内社会发展，体育旅游产业发展速度突飞猛进，全球体育旅游产业增速迅猛，根据有关统计数据报道，目前年均增长速度已经超过 15%，而中国体育旅游的增速已经达到 30%～40%，远超过全球平均水平[2]。据 2019 年数据，在发达国家如美国、日本等部分欧洲国家，国家 GDP 总量中体育产业已经占到 3%～4%，而在中国，国家 GDP 总量中体育产业仅为 1%[3]。在 2019 年底出台的《体育强国建设纲要》提出：“到 2035 年我国体育产业总量占 GDP 的比重将达到 4%，能够成为国民经济发展的支柱性产业”。根据以上数据统计与分析，我国体育产业发展空间巨大，根据 2019 年国务院办公厅印发《关于促进全民健身和体育消费推动体育产业高质量发展的意见》（以下简称《意见》），体育旅游产业已经进入了高速发展阶段。

健身路径借助体旅融合发展模式，优势互补，为体育产业的快速复苏提供了新的突破口，人们在健身路径及健身绿道进行体育锻炼的同时，欣赏了城市独具魅力的地域特色，也感受着当地特有的民俗文化和景区文化，从而促进景区旅游业的发展，提高景区知名度。而旅游业的更好发展，将会反哺体育产业，让旅游城市的健身路径及景区绿道和健身路径被越来越多的人熟知。在旅游城市及景区周边及身处其中进行体育运动，还能够为景区增添新的旅游内容，也增加了游客的体验感与参与度，进而推动了都江堰市体育的发展和体旅产业的快速融合，能够为本地区体旅融合项目的发展提供参考。

3 存在的问题

2011 年最新修订的《室外健身器材的安全通用要求》，明确提出单双杠、秋千、平衡木等各类室外健身器材的安全使用期限统一改为 8 年，超出使用年限应强制报废。在实地走访调研过程中发现存在超过安全期的健身设备继续使用的情况比较突出，同时存在一定的安全隐患。

（1）在 2011 年《室外健身器材的安全通用要求》文件中未明确器械到达使用年限后，由政府部门或第三方平台方负责拆除报废，无明确的职责划分。

（2）在调研中发现，社区健身设备使用频率高，更新频率低，社区健身场地与设施设备无法满足需求。

（3）健身路径安装不规范，其中有多个健身路径点的地面不平整，未按照要求进行软化处理。有的健身路径径直建立在公路旁边，与车流穿梭的公路接壤处并未安装隔离及防护栏。设备安装存在一定的安全隐患风险。

（4）需要进一步统一规范，在调研过程中发现设备生产厂家无法查阅，产品使用规范与保养须知缺失，长时间出现设备损坏无人维修的情况。

4 建议与对策

为进一步促进都江堰市全民健身运动健康发展，政府体育主管部门应该在设备投入、招投标采购、归口管理、售后服务等方面明确职责，建议如下。

4.1 结合地域特色，利用有利资源

建设符合自然地貌特点的锻炼场所，让大面积未被开发的绿化山体成为背景，让居民身在城市却如同身处大自然，将都江堰这座城市与自然的融合转化为人与自然的相处，提高城市品位与以人为本，与自然共呼吸共发展的积极城市形象。

4.2 明确主体，责任到人

明确设备维护与基础管理的职责，考虑是否纳入社区化管理并制定考评制度，确保投入设施设备正常使用的同时避免发生安全隐患，职责清晰、使用规范、政府管理、社会监督。

4.3 器材安装要按照国家制定的标准执行

根据 2011 年国家要求，健身器材按照有标准规范，在设备安装过程中，科学规划按照区域、增加地面基础投入，实现设备安装规范、科学合理布局、环境美化与体育健身和谐发展。

4.4 加强设备管理人员培训工作

设立专门管理与监管机构，制定工作职责与要求，明确责任人，对健身路径的安装、规范使用、设备定期保养与维护等进行综合管理。充分利用社会资源，加速社区体育发展。同时，产品提供商有责任和义务，对服务社区的健身路径管理专员进行基础性设备使用培训。[4]

4.5 加强推广，智能化建设

都江堰景区周边健身路径及健身绿道周边健身路径为重点推广对象，加强体旅综合宣传力度；积极利用新媒体平台等多种互联网传播方式，加宽宣传渠道，吸引年轻人群及户外爱好者，建立官方网站，注重内部与外部的宣传，在健身路径周边进行风景区宣传活动，可设立多媒体播放平台，实时滚动播放景区介绍和健身规范宣传，提升区域景区资源的知名度与影响力。

4.6 优化路径布局与环境

健身路径的场地选择需要考虑环境与社区、场地与交通、主题与特色、年龄与项目等因素的综合考虑。实现与城市健身路径设施设备和谐定位，成为体育健身、体育宣传、文创传播、城市亮点等环环相扣的一体化健身路径设计思路。同时加大健身路径的塑胶地面的比例，灯光、休闲座椅、储物点等设施投入。

4.7 升级基础良好的社区健身路径

对于已经完善且长期使用的社区健身路径，应加强宣传和支持及升级工作，可将具有一定规模的健身路径进行升级，建议政府加大扶持力量，升级为更加小型的体育公园等，这对于居民健身的重视与培养都具有深远的影响，同时也给城市的发展带来了积极影响。

4.8 开放城市政策，吸引体育赛事

都江堰市以依山傍水的地理位置，充沛的植被释放出大量的负氧离子，空气湿润干净，是极为适合举办体育赛事的城市之一，尤其户外赛事为佳。都江堰与青城山也曾在过去多次举办各种类型的体育赛事，如非遗马拉松、摇滚马拉松等，这些体育赛事的成功举办，对都江堰城市的知名度起到了很好的提升作用。后续应进一步加大赛事资源开发与引进高水平赛事执行团队，高质量提升旅游城市形象与世界级旅游品牌知名度打造。

参考文献

[1] 石峰，郭建荣. 西安市全民健身工程研究[J]. 西安体育学院学报，2010(3)：14-16.

[2] 周学荣，等，江苏全民健身路径发展研究[J]. 体育文化导刊，2009，(6)：35-40.

[3] 黄志阳. 我国体育产业占 GDP 比例 1%[N]. 北京日报，2019-04-02.

[4] 林建军，陈军，陆亨伯等，浙江省新农村全民健身路径工程建设现状的调查与分析[J]. 中国体育科技，2009，45(4)：138-143.

基于敦煌文化的系列产品设计概述

康颖

（成都东软学院数字艺术与设计学院　四川　成都　611844）

摘　要：敦煌文化是中国传统文化的重要组成部分，它以丰富的文化内涵、独特的艺术表现形式，吸引着世界各国人民的目光。设计中要融合敦煌文化元素，使其更好地体现出中国传统文化之美。把敦煌文化作为设计灵感来源，采用不同的表现手法来体现敦煌文化，使得产品更具有时代感和艺术美感。通过对敦煌文化元素的提取、重组、应用等方式，使传统文化与现代生活相结合，从而达到弘扬传统民族精神、提高人们审美情趣和生活质量的目的。

关键词：敦煌文化；设计；元素

Overview of Series Product Design Based on Dunhuang Culture

Kang Ying

（School of Digital Art and Design, Chengdu Neusoft University, Chengdu 611844）

Abstract: Dunhuang culture is an important component of traditional Chinese culture, attracting the attention of people from all over the world with its rich cultural connotations and unique artistic expressions. In the design, Dunhuang cultural elements should be integrated to better reflect the beauty of traditional Chinese culture. Using Dunhuang culture as a source of design inspiration and adopting different expressive techniques to reflect Dunhuang culture, making products more contemporary and artistic. By extracting, recombining, and applying elements of Dunhuang culture, we aim to combine traditional culture with modern life, thus promoting traditional national spirit, improving people's aesthetic taste, and improving their quality of life.

Key words: Dunhuang culture; Design; Elements

敦煌历史悠久，文化博大精深，文化强国战略使得传承与发扬敦煌文化显得尤为重要。秉持提高文化创意产业附加值，坚持可持续发展，现代科技手段能够将文化属性合理地附加在现代资源与产品之上提升文创产品品质，通过知识产权的开发和运用，产出高附加值产品是我们传承文化、创新文化的责任与使命。文化创意产业化市场接受度较高，市场趋势从而影响应用型高校教学转型，文创系列产品研究是本篇文章的重点。

一、设计思路

在设计中，首先要分析敦煌文化的特点。敦煌文化是由莫高窟石窟内的壁画和彩塑等构成的，主要分为莫高窟、榆林窟、西千佛洞等。敦煌壁画和彩塑有着丰富多彩的内容和形式，有人物、动物、建筑、器具等。从内容上看，它主要包括佛教故事画、佛传故事画、经变画、故事画等；从形式上看，有人物绘画、动物绘画和建筑绘画等；从表现手法上看，有写实风

基金项目：四川省教育厅 2020 年度科研项目“自贡扎染手工艺的传承及产业化创新应用研究”(MD20C003)。

作者简介：康颖（1988—），女，汉族，四川，讲师，硕士，研究方向：艺术设计。

格的画和装饰风格的画。敦煌壁画中的人物造型丰满，色彩鲜艳，题材广泛。人物形象具有鲜明的时代特征，这也是敦煌壁画艺术最独特之处。[1]

其次，要对敦煌文化进行分析和归纳。在对敦煌文化进行研究和分析时，要对敦煌文化进行深入研究。主要包括：对敦煌文化历史发展背景的研究；对敦煌文化的艺术形式及特点的研究；对敦煌文化艺术精神内涵的研究；对敦煌文化艺术审美特征的研究等。

最后，要对设计作品进行分析和评价。在分析设计作品时，要以用户为中心，对用户进行深入分析，了解他们的需求和爱好。通过他们提出的要求来提取设计元素。在提取设计元素时，要根据不同年龄段、不同职业等因素确定不同元素提取方法。

在提取敦煌文化元素时，要运用多种提取方法，如：意象提取法、语义差异法、象征提取法等。在设计作品时要考虑到产品实用性和审美性相结合原则。在设计作品时，要根据产品特点确定合适的设计风格。[2]

二、敦煌文化元素提取

在敦煌文化的系列产品设计中，提取敦煌文化中的代表性元素，是对其进行创新应用的基础。以敦煌壁画为例，在对其进行提取时，首先要了解壁画中的故事内容，从故事内容中了解各个时期所体现出的社会价值和人文精神。在对敦煌文化元素进行提取时，要抓住具有代表性的元素，并将其与现代设计相结合。在提取元素时，可以先从整体上对敦煌文化进行把握，再将其分解成单个元素，再对每个元素进行深入研究。在提取元素时，要注意把握细节和整体之间的关系。以敦煌莫高窟第 456 窟北壁西壁中的《释迦牟尼涅槃像》为例。该壁画中佛祖释迦牟尼佛身着袈裟，盘腿而坐，右手施无畏印。佛像的头发整齐地披在肩膀上。佛像双眼紧闭，嘴角微微上扬，一副祥和宁静的表情。这个形象非常生动地表现了佛祖在涅槃前内心世界的宁静与安详。

从整体上看，佛像头部、右手及双脚等部位都有细微变化。比如双脚采用了两种不同的表现方式：一是人物脚底有两条斜线；二是人物脚底没有斜线。这种设计使佛像的整体造型显得更加生动有趣，也增加了视觉上的层次感。从细节上看，佛像头部有一种曲线感；两只眼睛没有完全闭合；佛像头上有两条斜线；佛像脚下有两条斜线。从整体上看，整个塑像给人一种安详宁静的感觉。这种设计给人一种静谧之美、空灵之美、神圣之美、祥和之美。[3]

三、敦煌文化在产品设计中的应用

在现代生活中，人们更加追求精神上的满足和审美上的愉悦，这就使得对产品的要求越来越高。在设计时，应结合敦煌壁画中的元素进行再设计，将其融入产品设计中，以满足人们对精神上的追求和审美上的愉悦。因此，在设计时要充分挖掘敦煌文化元素，使其与现代生活相结合。具体来说，可以从以下几个方面入手：

（1）对敦煌壁画进行提炼和再设计。在对敦煌壁画进行设计时，首先要将其分为不同的类别。对莫高窟中有代表性的壁画进行研究和分析，从中提炼出具有代表性的壁画元素。然后将其运用到现代生活中去，使其更符合现代人的审美观念。比如对敦煌壁画中有代表性的飞天形象进行分析和研究，把飞天形象分为圆顶形、平顶形、飞天形等类型。这些类型在飞天造型、色彩运用等方面各有不同。将这些飞天形象提取出来后进行重组，再将重组后的元素运用到现代生活中去。

（2）利用传统材质进行产品设计。敦煌壁画中有很多色彩鲜艳、形式多样的传统材质，这些材质不仅具有较高的艺术价值，而且还具有较强的实用性。比如采用天然材质制作而成的一些饰品和器皿等，这些材质都具有较强的观赏性和装饰性。在产品设计中可以将其运用到产品上，使其更具艺术性和观赏性。

（3）将传统工艺与现代科技相结合。在现代生活中，人们对产品的要求不仅仅局限于其实用性、美观性等方面。在产品设计中不仅要考虑产品本身的功能与价值，更要考虑它所承载的文化内涵和艺术价值。比如将敦煌壁画中有代表性的装饰纹样运用到现代生活中去，用来设计出符合现代人们审美观念和生活需要的产品。

在设计中可以利用现代科技来展现敦煌文化之美。在科技迅速发展的今天，人们对产品设计提出了更高要求。这就要求设计师从传统文化中寻找灵感，将敦煌文化与现代科技相结合，将敦煌文化元素融入现代产品设计中去，使其更具时代特色和艺术美感。

敦煌文化具有深厚的历史底蕴和丰富的文化内涵，这就要求设计师要充分了解敦煌文化、历史及相关资料，并结合现代科技对其进行创新和改良。这样才能使敦煌文化与现代生活相结合、与国际接轨、与传统文化相适应、与民族特色相融合。[4]

四、结　语

敦煌文化作为中国传统文化中的一部分，具有很强的文化底蕴和艺术价值，其发展状况直接影响到传统文化的发展与传承。因此，在研究敦煌文化的过程中，首先要对敦煌文化进行深入了解和分析，了解其艺术特色，挖掘其内涵，并结合现代产品设计的理念来进行设计。在设计中要结合传统艺术表现形式来呈现敦煌文化之美，这样才能更好地促进敦煌文化的传承和发展。在产品设计时要结合消费者的需求和心理，打造出符合现代生活需求的产品。此外，在设计中还要注重对传统工艺、传统材料、传统色彩等方面的应用，以丰富产品设计元素，提升产品的美观程度。只有把敦煌文化融入现代产品中，才能使其更好地传承下去。总之，敦煌文化作为中国传统文化中的一部分，是我国民族精神、传统思想等内容的集中体现。在研究敦煌文化时要结合现代设计理念和技术手段来进行创新，使其更好地传承与发展。

参考文献

[1] 王超. 基于敦煌壁画的文化创意产品开发研究[J]. 新美域，2023，No.93（05）：40-43.
[2] 刘雯瑞，张玉花. 基于敦煌文化元素的文创产品设计研究[J]. 今古文创，2021，No.90（42）：75-76+106.
[3] 任慧娟. 敦煌文化元素在文创产品设计中的应用研究[J]. 大观（论坛），2019，No.183（07）：51-52.
[4] 魏妍妍，廖斌. 数字插画在敦煌文化创意产品设计中的应用[J]. 工业设计，2021，No.179（06）：144-145.

仿生设计在儿童医疗雾化器外观中的运用研究

范鑫　李家豪

（成都东软学院数字艺术与设计学院 四川 成都 611844）

摘　要： 随着社会的进步，经济的发展，生活水平的提高，人们对医疗健康越来越重视，尤其是在经历新冠疫情之后，医疗健康领域的发展显得尤为重要。其中，儿童的健康成长成为重点关注的对象。现有的儿童医疗健康产品越来越重视对儿童的关爱，但是依然有很大的发展空间。因此本文以儿童雾化器为例，以情感化为出发点，仿生设计为手段，为儿童雾化器开辟新的设计思路。

关键词： 仿生设计；情感化设计；医疗设计；雾化器

Application Of Bionic Design In Children's Medical Atomizer Appearance

Fan Xin　Li Jiahao

(School of Digital Art and Design, Chengdu Neusoft University, Chengdu 611844)

Abstract: With the continuous progress of the society, the continuous development of the economy and the continuous improvement of the social level, people pay more and more attention to medical and health, especially after the COVID-19 epidemic, the development of the medical and health field is particularly important. In the mid-term, the healthy growth of children has become the focus of attention. The existing children's medical and health products pay more and more attention to the care of children, but there is still a lot of room for development. Therefore, the subject takes children's atomizer as an example, starting from emotion and biomimetic design as a means to open up new design ideas for children's atomizer.

Key words: Bionic design; Emotional design; Medical design; atomizer

引　言

随着科技不断发展，社会在不断进步，人们的生活质量也在不断提高，健康变得尤为重要。在医疗领域不断发展的今天，成年人的领域的医疗已经很成熟，儿童领域依然有很大的发展空间。[1]儿童由于自身抵抗力较弱，呼吸道疾病发生的频率较频繁，并且发作的可能性较高，不易根治。儿童对医疗设备的抵触性较大，因此在治疗期间给医生与家长带来了很多的不便。本文以儿童雾化器为例，通过对儿童习性、爱好等方面的研究，进行雾化器外观设计研究，让儿童在治疗过程中能够更配合，不再抵触医疗产品。最终，从情感化角度出发，根据儿童心理特征，研究一款情感化的医疗产品，在儿童医疗领域提出参考意见，同时也更

作者简介： 范鑫（1990—），男，汉族，四川成都人，讲师，硕士，研究方向：产品设计。
李家豪（1999—）男，汉族，四川成都人，学生，学士，研究方向：产品设计。

好推动儿童医疗领域的快速发展。

1.1 研究的主要内容

研究的内容是儿童医疗雾化器。[3]儿童是社会特别关注的一个群体，由于抵抗力的低下，因此患有呼吸道疾病的概率比成年人高，由于儿童对看病天然有一种恐惧感，在就诊的同时，对医疗产品有着强烈的抵抗性，配合程度较低。因此，基于这样的情况，本次课题从情感化理论、仿生学手段出发，根据儿童的心理特征，设计一款造型上圆润、可爱、有吸引力，功能上安全可靠，具有智能化的功能的产品，最终以良好的交互方式，帮助儿童进行疾病治疗，帮助儿童健康的成长。

1.2 研究的意义

本文的意义在于为儿童医疗领域提供设计参考，从儿童角度出发，关注儿童的生活特性，通过雾化器的设计，给儿童医疗增加一些丰富的色彩，也为儿童提供良好的医疗体验，构建更美好的社会。

2 国内外医疗雾化器的现状

雾化治疗作为治疗的一个基本手段，大众对这方面的需求逐渐上升。随着我国医疗技术越来越强，呼吸类的产品也在不断完善，源源不断的先进技术以及理念，从改善、治疗以及防护方面都在不断进步。在国外的一些发达国家，医用雾化器也有着同样庞大的需求市场，普及率非常高。[2]

3 当前市场儿童医疗雾化器竞品分析

目前市面上的儿童雾化器相对比较机械化，体积较大，外观造型比较方正，以简洁颜色作为装饰，极少数的产品外观以仿生设计为手段进行设计。[4]颜色上以白色为主，较为简洁。这些设计符合医疗领域的特色，但从儿童心理角度出发，儿童喜欢色彩搭配丰富的产品，鲜艳的颜色，造型圆润的外观，这些会对儿童更有吸引力。另外，目前市面上的产品功能较复杂，对于家长来说其实体验感较差。因此，在本次研究中，需要特别针对儿童这一群体进行大量的调研，考虑产品本身的造型、体积、颜色、材质、尺寸、交互等应该如何进行配合。在此基础上，找到更多的创新点，优化现有产品的不足，做到真正从儿童角度出发设计，最终得到应用，推向更广阔的市场。

4 儿童医疗雾化器设计中的关键

4.1 设计的思路

本文的研究从情感化设计和仿生设计出发，[5]通过圆润可爱的造型，博取儿童喜爱，消除抵触情绪，使其积极配合治疗。功能上，做到控制用量，避免浪费药品，并且防止儿童误操作和误碰摔坏产品，从而帮助其快速恢复，同时推动儿童医疗领域的发展和完善。

4.2 设计亮点

本次研究的儿童雾化器的使用不受环境限制，在医院、家庭或者是外出时都可以进行使用。基于此，对产品的尺寸就有了一定考量，本研究以手持、便携、方便收纳等为主要目标进行设计。其次，在外观上，基于儿童天真好动、喜欢自然事物的特征，以圆润可爱的造型为主，通过儿童喜欢的事物吸引他们的注意力，以此来解决儿童在使用时出现不配合的情况。最后，针对前期调研结论总结的不足，在功能上，通过不倒翁的形式，防止产品摔坏或者碰倒的情况，也以此来吸引儿童的好奇心。从雾化使用量的情况来看，通过定量按键控制物量大小，根据情况选择合适的物量，避免造成浪费。在颜色的选择上，以鲜艳明快的配色进行搭配，充分体现儿童的特性。在材质的选择上，选择亲肤无毒无害材质，即使将产品用嘴触碰也不会产生不安全因素。在功能按键上，以安全为考虑，采用童锁功能，避免儿童在使用过程中出现的误操作而带来不必要的后果。综合而言，本设计的宗旨是为家长与医生减少负担，提出更好的设计思路，推动儿童医疗领域的完善与进一步健康发展。

5 儿童医疗雾化器设计理论实现

整体外观以企鹅为原型进行仿生设计，提取动物典型特征，进行抽象提炼，作为主体部分，产品配色方面，采用吸引力强的颜色进行配色。产品内部具有不倒翁结构实现站立，防止误碰打翻雾化器。雾化器主体上有调节雾量大小的开关，通过升降挡，既能保证出雾量大且高效率，也能使出雾细腻轻缓不呛喉。并且主体上还有一体化显示屏，显示雾化过程剩余时间，当雾化时间结束后，会用动物模拟人声进行语音播报。

构造上：外观结构简单明了，方便家长进行使用。

6 结束语

关注儿童的健康成长，雾化器仅仅是作为一个微小的角度进行的尝试探索，在其他的医疗产品上，还有着更大的空间可以去探索。在儿童医疗领域，希望通过本次的课题研究，带动更多的人群对此进行相关研究，共同探讨未来儿童医疗产品的设计方向，推动这个领域的快速发展。

参考文献

[1] 张凯，高震宇. 基于叙事设计的儿童医疗产品设计研究[J]. 装饰，2018（01）：111-113.
[2] 贾安敏，孙薇. 儿童雾化机创新设计研究[J]. 工业设计，2020（03）：63-64.
[3] 陈佳佳，王红霞. 一种新型儿童雾化器的设计[J]. 中华现代护理杂志，2019（17）：2138.
[4] 高晋. 基于形态仿生设计的现代工业设计理念研究[J]. 农家参谋，2020（08）：212.
[5] 陈启祥，杨锰钰，余一萌. 情感化设计分析研究[J]. 大众文艺，2021（04）：42-43.

现代产业学院建设的风险与对策研究

魏文娟　杨跃臣　郭洋

（成都东软学院健康医疗科技学院　四川　成都　611844）

摘　要：现代产业学院作为实现“新工科”建设、深化工程教育改革的实践途径和创新“校政行企”协同育人机制下人才培养模式的重要举措，在深化产教融合、多元合作办学、提高企业参与办学重要主体作用等方面具有明显推动作用，在培养高素质应用型、复合型、创新型人才的过程中体现出独特的办学优势。但由于其特征鲜明的组织结构、投资来源和治理方式，使其在发展过程中面临诸多与传统高校或职业院校不同的风险。本文旨在梳理现代产业学院建设可能面临的普遍性问题，并对参与现代产业学院建设与治理的各方提出相应管理对策，以期为现代产业学院的发展和风险化解提供参考。

关键词：产业学院；治理结构；风险管理

Research on Risks and Countermeasures in the Construction of a Modern Industrial College

Wei Wenjuan　Yang Yuechen　Guo Yang

（School of Health and Care Technology Chengdu Neusoft University，Chengdu 611844）

Abstract：As an important initiative in realizing the construction of the ‘New Engineering Discipline’ and deepening the reform of engineering education, the modern industrial college serves as a practical approach and innovative mechanism for collaborative education between academia, government, and enterprises. It plays a significant role in promoting the integration of industry and education, fostering diverse cooperative education models, and enhancing the active involvement of enterprises in education. In the process of cultivating high-quality applied, compound and innovative talents, the modern industrial college proves unique advantages. However, due to its distinctive organizational structure, funding sources, and governance methods, it faces various risks that differ from those of traditional universities or vocational colleges during its development.This article aims to analyze the common problems that modern industrial colleges may encounter in their construction and propose corresponding management strategies from the national level to all parties involved in the construction and governance of modern industrial colleges. The goal is to provide references for mitigating risks in the development of modern industrial colleges.

Key words：Industry College; Management Structure; Risk Management

作者简介：魏文娟（1986—），女，汉族，籍贯四川，讲师，硕士，研究方向：实践教学管理，卫生管理与卫生经济。

杨跃臣（1981—），男，汉族，山西大同，讲师，硕士，研究方向：嵌入式系统开发。

郭洋（1991—），女，汉族，新疆昌吉人，助教，硕士，主要从事现代教育技术和教学管理研究。

1 现代产业学院的内涵与特征

1.1 现代产业学院的内涵

产业学院作为深化产教融合，推进人力资源供给侧结构性改革的重要途径和手段，已经在近几年得到了来自政、校、企以及社会等多方的关注，并在高等教育改革中得到广泛探索和实践。究其发展，产业学院最初起源于20世纪末期英国成立的产业大学，国内则出现在21世纪初经济发达的沿海地区，即长江三角洲和珠江三角洲。目前我国学界尚无清晰统一的产业学院内涵界定，综合相关文献[1]-[3]可以概括为以下三个方面内容：第一，产业学院以资源共享、互惠共赢为基本目标；第二，以产业为载体，建设融企业服务、技术创新、科学研究、人才培养、学生创业等功能于一体的示范性人才培养实体；第三，产业学院拥有制度完善的独立运行机制。2020年8月，教育部办公厅、工业和信息化部办公厅关于印发《现代产业学院建设指南（试行）》的通知，明确产业学院的建设目标——“面向行业特色鲜明、与产业联系紧密的高校，重点是应用型高校，建设一批现代产业学院”，标志着现代产业学院建设正式成为国家意志，将在探索产业链、创新链、教育链有效衔接、构建高等教育与产业集群联动发展、培养适应和引领现代产业发展的高素质应用型、复合型、创新型人才等方面，为应用型高校建设提供可复制、可推广的新模式。

1.2 现代产业学院的特征

作为方兴未艾的新生事物，现代产业学院相较传统高校或者职业院校的院系结构与管理，以及传统校企合作模式有显著区别。本文通过总结学界的理论研究成果和地方高校的有效实践经验，[4]-[5]为其总结出下述特征：

（1）双元或多元投资体制。作为其最显著特征，该体制明确了企业或/和政府在办学中的主体地位。

（2）理事会领导，院长负责的治理和运行模式。产业学院建立后，不受高校或者企业单独领导，而是由专门的理事会领导。理事会由产业学院投资方、企业、学校所遴选的代表组成，是产业学院最高决策机构，统领产业学院的人才培养、科研创新、经费预算等重大事项，行使决策、审议、监督等权力。理事会遴选出的产业学院院长，负责落实理事会的重大决定，代表理事会负责产业学院的日常管理工作。

（3）校企协同育人模式深化，全面满足市场需求。产业学院聘请行业专家共同组建专业建设委员会，根据行业、产业和区域社会经济发展趋势指导专业建设和课程设置，尤其强调实践教学的内容与质量，构建双师双能型师资队伍；建设产学研用一体化平台，立足满足产业需求的应用型研究；打造校企利益共同体，建立实验室等硬件共建共享机制、校企师资共享共育机制、社会资源进入和退出机制等校企多维度深度融合渠道。

2 现代产业学院面临的问题与风险

现代产业学院作为传统校企合作形式的创新与升级，行业/企业由校企合作的辅助者、配合者，上升为与校方同等重要的主导者、参与者和管理者，必然导致其在发展过程中将会面临如下一些具有共性的问题与风险。[6]-[8]

2.1 产业学院法律定位不清晰

目前尚缺乏对产业学院进一步发展提供有效支持的法律保障和依据，尤其涉及其法律地位和投融资办法等相关领域，可能制约产业学院的独立决策权和自我造血、不断壮大的发展途径。

2.2 双元或多元投资主体，价值主张可能冲突

产业学院作为有别于高校传统教学院系的特殊主体，具有多主体性，各主体利益诉求有差别甚至对立，依靠学校和企业原有的内部问

题处理办法无法解决。尤其是如何让“趋利性”的企业行为服务于“非营利性”的教育教学目标。

2.3 产业学院可持续性发展的问题

一是不能紧跟所服务的产业、行业需求变化，人才培养与现实需求脱节；二是合作企业发生变动，影响合作稳定性；三是办学成本过高危及产业学院生存。

2.4 绩效考核内涵丰富，举办方监督管理难度大

产业学院运营成效涉及多方主体利益，需同时覆盖人才培养、科研转化、服务企业等多个目标，考核对象囊括产业学院本身管理运营情况、校企教师团队教学与科研工作绩效、学生培养效果等多个层次，考核体系较传统教学成果考核更为复杂，同时多主体参与管理的现实情况增加质控和监督的维度与难度。

3 应对策略与预案

现代产业学院作为新生事物必然会遇到各种可预见与不可预见的问题，需要国家层面、地方政府以及参与各方从其运行的多个环节做好有针对性的预案，着力解决其发展过程中的重要问题，以期规避可能动摇其发展根基与前景的关键性风险。[9]

3.1 完善法律及制度体系，积极引导并创造环境

从国家及政府层面，一方面应加强顶层设计，尤其对于现代产业学院的法人主体地位、其高校性质的办学权与单独招生权以及企业性质的经营权、收益权给以明晰的认定和划分，以保证现代产业学院能够以市场化运行机制运营，自由吸收民间资本，根据市场变化进行供给侧改革，同时防止企业和社会投资人受到非法侵害，国有资产发生流失或转移。另一方面应完善制度体系，尤其是在地方的落实政策，包括政策引导、标准制定、行政审批规范与流程、监管方式与要求等，为现代产业学院的孵化和发展创造有利条件，营造舆论环境。

3.2 明确产业学院的定位与核心职能，完善共建共享的产学研用一体化平台

明确“人才培养、科研转化和服务社会”的定位与核心职能，充分借鉴国内外先进经验，构建科学的投资和利益分配机制，优化盘活产业学院的各种物力、人力资源，包括：实验室等硬件共建共享机制、校企师资共享共育机制、社会资源进入和退出机制等。

3.3 充分进行市场调研，打破学科、专业壁垒

在深度服务区域发展中识变、应变、求变，跟踪产业、行业发展动态，打造符合市场需求的专业集群，实现学科专业交叉融合、校企资源充分整合。在人才培养过程中整合职业标准、企业标准、学校培养标准，关注学生长期发展，符合产业变动趋势。

3.4 建立动态管理机制，发挥企业属性，压缩运营成本

构建产业学院长效运行机制的同时，完善合作企业进出方式和途径，为产业学院长期稳定运行提供保障。发挥产业学院的企业属性优势，减少行政环节，压缩运营成本的同时探索成果转化获得经济效益，实现自我造血。

3.5 深化建设理念，灵活考核指标和方式

始终坚持“学生中心、产出导向、持续改进”的建设理念，构建多元评价方式、评价主体和评价体系，包括校、企和/或第三方参与的项目评价、效益评价、效果评价等。

3.6 微观层面多行探索，为研究和实践成果提供政策依据

学校为产业学院提供充分自治空间，通过组建理事会、专业建设委员会等产业学院内部管理决策机构，结合实际、先行先试，探索建立较为完善的内部治理结构和管理机制，同时开展教学思考和教学研究，及时总结实践成果，为各级行政管理部门提供政策参考。

4 结 语

现代产业学院作为突破传统路径依赖的一种新型高等教育和职业教育模式，为应用型人才培养探索了积极有效的方向，并诞生了一批已取得良好效果的实体，但其在运行过程中，从顶层设计到中层管理再到微观运行，都面临一些问题与风险需要研究与克服。同时，其实践目前还多体现于工程教育领域，对于在其他学科领域的有效尝试仍需要根据行业、企业、区域发展需求以及学科自身特点与规律进行探索，不能盲目复制与照搬。

参考文献

[1] 郑琦. 产业学院：一种利益相关者共同治理的高职办学模式[J]. 成人教育，2014（5）：62-64.

[2] 鲍计国. 应用型高校与企业共建产业学院的优势与困惑[J]. 西南石油大学学报（社会科学版），2019（5）：73-77.

[3] 鲍计国. 建立产业学院的必要性研究[J]. 天津中德应用技术大学学报，2020（5）：33-37.

[4] 陈新民，高飞. 我国高校行业学院：逻辑起点、演进路径与发展趋势[J]. 国家教育行政学院学报，2019（8）：31-38.

[5] 宣葵葵，王洪才. 高校产业学院核心竞争力的基本要素与提升路径[J]. 江苏高教，2018（9）：21-25.

[6] 殷勤，肖伟平. 产业学院运行机制改革研究[J]. 教育与职业，2020（22）：40-45

[7] 胡文龙. 论产业学院组织制度创新的逻辑：三链融合的视角[J]. 高等工程教育研究，2018（3）：13-17.

[8] 李海东，黄文伟. 粤港澳大湾区视阈下区域产业学院发展的若干思考[J]. 高教探索，2020（3）：23-28.

[9] 叶华英，薛冬杰. 校企共建产业学院的宏观问题与合作困境分析与探讨[J]. 辽宁丝绸，2020（4）：60-61.

浅析地域文化在展厅中的应用

张钰

（成都东软学院数字艺术与设计学院　四川　成都　611844）

摘　要： 由于物质生活水平的提高，现在的人们越来越喜欢观看展览，当地域文化元素加入展厅设计当中，会让参观者在欣赏展品的同时了解一些不同的文化，感受不同文化营造出来的别样效果。本文以范思哲展厅设计为例，将古埃及文化和范思哲展厅设计进行结合，浅析地域文化在展厅中的应用，让人们感受到文化和设计的结合，满足物质需求的同时满足精神需求。在本次展厅的设计中主要运用的是埃及的壁画，埃及的色彩以及埃及人所偏爱的数字，从而在范思哲展厅中营造出古埃及文化氛围。

关键词： 地域文化；展厅；范思哲；埃及元素

The Application Of Regional Culture In Exhibition

Zhang Yu

(School of Digital Art and Design, Chengdu Neusoft University, Chengdu 611844)

Abstract: Due to the improvement of material living standards, people now like to watch exhibitions more and more, adding regional cultural elements to the exhibition hall design will allow visitors to understand some different cultures and experience other effects created by different cultures while appreciating the exhibits. This article takes the Versace exhibition hall design as an example, combines ancient Egyptian culture and Versace exhibition hall design, analyzes the application of regional culture in the exhibition hall, and makes people feel the combination of culture and design, meeting material needs while meeting spiritual needs. Since everyone has a different definition of culture, the design of this exhibition hall mainly uses Egyptian murals, Egyptian colors and figures preferred by Egyptians, creating an ancient Egyptian cultural atmosphere in the Versace exhibition hall.

Key words: Regional Culture; Exhibition Hall; Versace; Egyptian Elements

引　言

任何物品，徒有外表，缺乏内在文化的支撑，都终将消失在历史的长河中，展厅设计也是如此。展厅不仅仅有陈列展品的功能，还承担着品牌文化推广的功能，很多知名品牌往往有着深厚的历史背景，因此在这类展厅的设计上，加入地域文化元素是很有必要的。

本文将以范思哲展厅为例探讨地域文化在展厅中的应用，范思哲品牌与古埃及文化源远流长，古埃及尊崇母系继承制度，女性的地位十分崇高。古埃及的女性是神圣的、高贵的、美丽的。这些思想都植入了范思哲的设计理念当中，从范思哲的设计中可见一斑，范思哲的品牌标志是蛇妖美杜莎，象征女人无与伦比的美艳。范思哲的产品着重突出性感漂亮，强调

作者简介：张钰（1983—），女，汉族，四川成都，讲师，硕士，研究方向：艺术设计。

女性的美。

埃及文化给人印象最深刻的就是金字塔，可以说金字塔是埃及的重要代表元素。金字塔在色调上接近金色。范思哲品牌一直青睐金色，其 Logo 颜色采用的就是金色，它的很多产品也运用到了金色，可以说金色是其品牌品质的体现。

综上所述，将埃及文化元素运用到范思哲展厅中，打造一个具有地域文化特色的展厅可以很好地烘托出品牌的文化底蕴，同时给观者留下深刻的印象。

1 地域文化的概述

地域文化由三个部分构成：物质文化、制度文化、精神文化。[1]

物质文化是满足人们物质需求的文化产物，是人类生存在世上的基本的需求。

制度文化也被称为行为文化，是当地人处理个人与他人、个人与群体、组织间的关系的方式、习惯、习俗、制度和法规，是一些处理社会关系的行为。

精神文化是比前两种文化层次更高级一些的存在。这是指人们内心的态度、观念在现实生活中的体现，往往主导着人们的行为习惯。

这三种文化在地域文化中密不可分。精神文化起主导作用，它可以影响和决定一个地方物质文化、制度文化的发展趋势；反过来，一个地区的物质文化水平，也影响着该地区的精神文化和制度文化；同理，制度文化起到规范作用，规范一个地区精神文化，也影响该地区物质文化水平。三者之间相互交融、相互限制、相互促进，在一定地域范围内，形成一种良性循环。

2 古埃及地域文化概述

古埃及地域文化最显著的体现是壁画及宗教。古埃及壁画是埃及文化不可忽略的部分，有着独特的图形语言，记录着古埃及人的生活。

古埃及是人类最先产生宗教崇拜的地区之一。宗教是古埃及文化最重要的组成部分，贯穿了整个古埃及历史。每逢周五是埃及人传统的“主麻日聚礼”，当清真寺内传出悠扬的唤礼声，伊斯兰教徒便纷纷涌向附近的清真寺，做集体礼拜，古埃及壁画中有着很多记录礼拜的画面。

3 范思哲品牌概述

3.1 范思哲品牌简介

范思哲创立于 1978 年，品牌标志是神话中的蛇妖美杜莎，代表着致命的吸引力，服饰中多采用鲜艳的色彩，灵感来自古希腊、古埃及、古印度等古文明。

范思哲的经营范围有：香水、眼镜、领带、丝巾、瓷器、玻璃器皿等。但是其最出色的还是那些有着文艺复兴时期特色的女装，这些产品女人味十足，色彩鲜艳，将女性的美展现得淋漓尽致。

3.2 范思哲商品介绍

范思哲的设计风格鲜明，极强的先锋艺术表征让它风靡全球，它强调快乐与性感，汲取了古典贵族风格的豪爽、奢侈、华丽，又能充分考虑穿着舒适及恰当的显示体型。范思哲作为高端品牌，在选材方面自然会选用豪华的面料，以此来显示自己的高贵品质。范思哲的裁剪方式也很独特，它采用斜裁方式，用最简单的线条在女性的柔美曲线和斜裁方式的生硬直线间巧妙过渡，来充分展现女性的独特美。

4 地域文化在范思哲展厅中的应用

4.1 范思哲展厅区域划分

范思哲的产品经营范围较广，种类较多，本文只选取一部分产品进行设计探讨。将展厅的区域划分为：接待区、文化区、展示区。

接待区是整个展厅最先和参观者进行“沟通”的区域，不仅是整个展厅的门面，还有咨询和引导客流的作用，这对保持展厅内的人流顺畅起到关键作用。

由于埃及文化最具标志性的元素是文字和壁画，而文字和壁画是可以远距离观赏的，因此将文化区设置在展柜上方，合理整合空间，让文化区不仅起到介绍品牌文化、形象、起源和发展的作用，还起到烘托地域文化的作用。[2]

展示区是整个展厅最重要的部分，占用绝大部分的面积。整个展厅以金色为主色调，以黑色和白色为辅调。用金色做主色调是因为范思哲品牌本身的主色调为金色，其次还因为埃及色调偏黄，接近金色。

展厅按区域划分后，按照人流动线图进行梳理，首先映入眼帘的是左边的品牌展示墙，然后是一个大展架，展架中央印着范思哲的Logo。正前方一整面墙体都是展柜。展柜一侧可以摆放衣架，利用衣架将正前方区域和右边区域进行划分。右边的展具采用阶梯形的设计，跟左边的展架进行一个风格及功能的区分，颜色采用黑色。阶梯状展具中间放置一个橱窗式的展具，再一次强调范思哲的品牌 Logo，加深品牌辨识度，搭配一个衣架进行区域划分，再往前是手表、首饰展陈区域，主打色依然是金色，与整体色调相呼应。经过手表、首饰展示区，呈现文化展示区域，形象墙后面的墙体整体装点壁画，和文化区相互呼应。

展厅的顶部采用的是黑色的顶，加上木纹色的线条框。木纹色和金色属于相近色，所以会让整体风格自然协调。用木纹色的顶，将墙体和顶做区域上的划分，视觉上空间分明。线条区域内，还做了异形小吊灯，灯光和灯具都采用暖黄色，和主题色保持一致。顶部运用直线线条，和范思哲品牌惯用的线条相呼应。

4.2 范思哲展厅路线规划

范思哲展厅路线顺序是接待区、展示区、文化区、休息区。这种顺序的优点在于：展示区集中，对于参观者来说会比较方便；文化区在第二部分，刚了解完产品，紧接着就了解相关背景、文化，记忆会更加深刻；休息区放于最后，方便消费者看累了休息，或者买了东西以后，直接离开。本文所探讨的展厅面积不大，所以没有单独设置休息区域。在经过接待区以后，就是展示区域，展示区展示的产品主要有鞋子、包包、手表、首饰等，在展示区域内融入了地域文化的展示，在展示道具上，附着埃及风格的图案，在展厅最后，做了一个单独的地域文化展示区域，起到一个收尾及画龙点睛的作用。

展厅中人流量非常大，所以各部分的活动区域就要留出比较合理的距离，避免造成交通拥挤和空间的浪费。按照人机工程学的数据，主要活动区域留出的空间要相对大一些，大概控制在 1.5 米，既满足人流也节约空间。通道为 0.8 米，足以满足一人正面通过，两人侧身通过。展厅中可以依据展示道具的摆放位置，对空间进行区域划分，从而引导参观者有序流动，避免发生拥堵。[3]

4.3 地域文化的应用

展厅中最重要的是展示的产品，所以地域文化在展厅中起到的是装饰、辅助作用。展厅中展柜、展台是很重要的展示道具，它直接和展品进行接触，衬托展品。[4]参观者也会很直观地看到展柜、展台，所以一些具有地域特色、地域代表的符号，就可以运用到展示道具上面，甚至可以直接做成展具，体现出地域气氛。有一些图案代表着很明显的地域文化，就可以在一些墙体上使用，也可以将这种图案赋予在展台上。

在展厅的设计过程当中，笔者将埃及壁画作为展架的背景，在观看展品的时候，就能直观地看到埃及壁画。这些壁画，有些记录的是人们日常的生活，有些记录的是礼拜的景象。在展厅的外墙和橱窗，也运用了壁画，让整个展厅的风格浑然一体。

在古埃及的风俗习惯中，埃及人喜爱绿色和白色，将这两种颜色运用到中心展区地面上，作为划分中心展区和通道的标志。由于绿色和白色不是本课题的主题色，因此运用面积也较小，起到提神醒目的作用。

展厅内部墙体的砖，采用交叉错落的排列方式，模仿了埃及金字塔的搭建方式，让观者印象深刻。

5 总 结

范思哲作为一个现有的高端品牌，有它自己很强的风格特色，在本课题研究中，仍然延续它原有的诸多元素。加入地域文化、地域风格的时候，又必须要考虑到它原有的、已经形成的品牌效应风格。必须依据现有的元素和品牌视觉文化，融入自己的设计点，让地域文化与品牌文化相辅相成。在展厅的布局上面，所有尺寸要符合人机工程学，展厅布局也要遵循展示设计的基本要求。[5]

目前展示空间设计被大量需求，人们对事物的需求不再满足于快餐形式。品牌宣传与地域文化推广都是现代展厅设计的必要元素，因此在展厅设计中，要重点考虑让参观者身处其中，能够了解更多的文化，了解品牌背后的故事。希望能通过品牌展厅和地域文化的结合引起人们对多元文化的思考。

参考文献

[1] 季爽. 浅谈展示空间设计[J]. 才智，2010（02）.

[2] 陆江艳. 展示空间艺术设计研究[D]. 武汉理工大学，2003.

[3] 李征. 情感设计与人本设计[J]. 装饰，2004（06）.

[4] 李敏. 现代展示设计的民族化审美追求[D]. 山东师范大学，2008.

[5] 黄建成. 空间展示设计[M]. 北京：北京大学出版社，2007.

[6] 林福厚. 展示设计[M]. 辽宁：吉林美术出版社，1996.

[7] 巴勃罗. 索托（Pablo Soto）（西）. 时尚橱窗展示设计[M]. 大连理工大学出版社，2004.

基于收益法的计算机软件价值评估研究

徐琳

（成都东软学院信息与商务管理学院 四川 成都 611844）

摘 要：为更好地反映计算机软件在市场中的潜在价值，本文选择收益法对计算机软件价值展开研究，重点分析年收益额和折现率技术路线的确定和关键环节的处理，并用实际案例进行分析论证，为使用收益法评估计算机软件价值的实务操作提供借鉴。

关键词：收益法；技术路线；年收益额；折现率

Research on the Evaluation of Computer Software Based on Income Approach

Xu Lin

(School of Information Management and Business Administration, Chengdu Neusoft University, Chengdu 611844)

Abstract: To reflect the potential market value of computer software properly, this article focuses on the research of the evaluation of computer software based on income approach, and emphasizes on the technical route to calculate annual income and the discount rate, as well as the process of key points. Real case is demonstrated simultaneously to give more inference for practice by this way.

Key words: Income Approach; Technical Route; Annual Income; Discount Rate

引 言

我国针对计算机软件价值评估的研究起步较晚，到 2015 年前后，国内学者的研究主要聚焦成本法的使用上。随着计算机软件行业的蓬勃发展，计算机软件开发成本的不确定性以及成本与价值之间的弱对应性也日益凸显。受此影响，业内不断探寻能够客观反映计算机软件内在价值的评估方法。计算机软件属于著作权类无形资产，具备使用收益法进行价值评估的基本条件，但是目前实务操作中关于核心参数的求取还显得比较粗糙。本文就收益法在计算机软件价值评估中核心参数的求取进行剖析，重点解决参数的客观性与可靠性问题。

1 研究基本思路

收益法评估计算机软件价值，是通过预测被评估计算机软件在未来有效收益期限内的每一期的收益额，以及选择适当的报酬率将其折现到价值时点后再累加，以此估算被评估计算机软件客观合理价格或价值的方法。其基本计算公式为：

$$V=\sum_{i=1}^{n}\frac{A_i}{(1+r)^i} \quad (1)$$

基金项目：成都东软学院 2020 年校级科研项目（编号：NSU2020-003）。

作者简介：徐琳（1982—），女，汉族，四川成都，副教授，硕士，研究方向：资产评估。

A_i、n、r分别为无形资产年收益额、有效收益期限和折现率。

2 参数确定的技术路线

2.1 有效收益期限

对于有效收益期限的预测，应按照孰短原则，在计算机软件著作权的法定寿命、经济寿命和技术寿命等多种寿命中取最短者作为其有效收益期限。

2.2 年收益额

软件的盈利模式分为销售与许可两种类型。本文从数据的可获得性考虑，选用销售的盈利模式预测年收益额。[1]销售模式下，软件的营业收入、营业成本、税金及附加费、销售费用、管理费用、财务费用、研发费用以及增值税返还等项目都会影响其价值。为保证年收益额在不同企业之间的横向可比性，本文统一采用税前年收益额。

2.3 折现率

折现率求取的技术路线是采用回报率拆分法，即先使用资本资产定价模型（*CAPM*）计算出股权资本收益率 R_e，再分别从资本来源角度和资产运用角度计算两种情况下的税前加权平均资本成本率 *WACC*，最后运用等量代换的方法倒推出无形资产折现率 R_i。同时，为了保持与年收益口径的一致性，折现率也采用税前折现率。

3 案例分析

3.1 研究对象简介

本文研究的对象为四川省 R 软件股份有限公司开发的 G 系列软件著作权（下文简称“G 软件”）。R 公司是我国中小企业管理软件行业的创始者和领导者，它率先针对中小企业推出了 G 软件产品。十多年来，该软件市场占有率持续稳居行业榜首。为使研究结果具有一定的参考价值，本文将价值时点确定为 2021 年 1 月 1 日，价值类型为市场价值。

3.2 G 软件有效收益期限的确定

R 公司作为四川省软件企业 50 强，在行业里已经深耕多年，且技术成熟，十分重视运营维护与培训服务，市场占有率有比较可靠的保障，因此，按照孰短原则综合确定 G 软件的有效收益期限为 10 年。结合价值时点，可将 2020 年设定为研究的基期，2021 年至 2030 年为 G 软件的有效收益期。

3.3 G 软件年收益额的预测

3.3.1 G 软件基期期望营业收入测算

通过对 G 软件产品的市场调查发现，G 软件共有 6 种大类产品、39 种细分产品，可以面向微型、小型、中型、大型与超大型企业提供单机版、局域版、远程版甚至是手机移动版的产品。将每类细分产品的标价按照用户级别使用概率进行加权平均，再将目标客户数、销售概率依次与之相乘，可得 G 软件期望营业收入为 28 543 万元。

3.3.2 G 软件基期各项成本费用率测算

按照近年来连续盈利、只发行人民币 A 股、属于同一行业或主营业务一致的原则，通过同花顺平台找到四家与 R 公司相似的对比公司，分别为顶点软件、凌志软件、远光软件和华宇软件。并根据对比公司资产规模与 R 公司资产规模的相似性，依次对四家公司取 40%、35%、15%、10%的权重。使用加权平均法计算可得 R 公司营业成本、税金及附加、销售费用、管理费用、财务费用、研发费用、资产减值损失分别占营业收入的比率为 40.16%、0.82%、10.50%、17.37%、2.04%、9.04%和 0.55%，可视为主营业务 G 软件的各项成本费用比率。

3.3.3 G软件基期收益测算

结合前两步结果，可以依次求出G软件基期的各项成本费用，再加上G软件带来的增值税返还收入，最终可以求出G软件在基期的收益额。四家对比公司增值税返还占营业收入的比率依次为3.04%、0.43%、0.59%和4.02%，采用加权平均法可计算得出G软件增值税返还占营业收入的比率为1.86%，并进一步可得G软件基期收益额为6 103万元。

3.3.4 G软件收益额增长率测算

G软件对R公司的营业收入有直接显著的贡献，是R公司营业收入的主要来源之一，因此将R公司营业收入增长率视为G软件收益额的增长率。此处选用更能体现增长平稳性的复合增长率，则四家对比公司营业收入的复合增长率依次为22.49%、30.03%、8.65%、16.88%，加权平均后可得G软件营业收入的复合增长率为22.49%。

3.3.5 G软件未来预测期内收益额预测

根据上两步结果，可预测G软件有效收益期限内各年的收益额，如表1所示。

3.4 G软件折现率的求取

3.4.1 从资本来源角度计算加权资本成本率

（1）计算股权资本收益率R_e。

第一，在公司股票波动与沪深300指数相关性检验通过的前提下，用一元线性回归分析的方法，分别计算四家对比公司相对于整个市场的原始风险系数β，如表2所示。

表1 G软件收益额预测

年份	2020年	2021年	2022年	2023年	2024年	2025年	2026年	2027年	2028年	2029年	2030年
金额/万元	6 103	7 475	9 156	11 216	13 738	16 828	20 613	25 249	30 928	37 884	46 405

表2 对比公司β系数计算表

项目	顶点软件	凌志软件	远光软件	华宇软件
原始β	1.375 6	1.039 7	0.927 6	1.022 2
平滑调整β_l	1.251 6	1.026 6	0.951 5	1.014 9
对比公司产权比率D_i/E_i	24.78%	11.91%	17.18%	44.78%
税率T	10%			
去杠杆β_u	1.023 4	0.927 2	0.824 1	0.723 4
权重	40%	35%	15%	10%
R公司产权比率D_m/E_m	21.14%			
还原β_e	1.218 0	1.103 6	0.980 9	0.861 0

第二，通过英为财情网页查询价值时点的10年期国债收益率R_f=3.203%。

第三，通过同花顺平台查询沪深300指数历史成交价格，计算可得R_m=10.44%。

第四，特定风险系数的确定基础有两种：第一种是基于评估师对标的公司的判断，第二种是基于公司规模与特有风险回报率之间的线性关系。[2]本文选择第二种基础，并根据中评协研究成果，当$NA\leqslant 12.63$亿元时，有$R_s=3.139\%-0.2485\%\times NA$；当$NA>12.63$亿元时，$R_s=0$。因此结合四家公司净资产规模，可计算得出$R_s$依次为0.20%、0.15%、0与0。

第五，将上述四步计算结果β、R_f、R_m与R_s代入资本资产定价模型（CAPM），即$R_e=R_f+\beta\times(R_m-R_f)+R_s$，可以计算得出顶点软件、凌志软件、远光软件和华宇软件股权资本收益

率 R_e 依次为 12.22%、11.35%、10.30%与 9.44%。

（2）综合确定公司债权资本收益率 R_d。

由于对比公司均为软件企业，通过财务报表可知其融资方式主要是银行短期贷款。因此，可以用一年期贷款利率作为债权资本收益率。按照央行公布的 2020 年一年期贷款基准利率 $LPR = 3.85\%$，结合企业背景与有无抵押担保等因素，软件企业一年期贷款利率按照 LPR 上浮 70%的标准执行，即一年期贷款利率为 6.55%。

同时，通过查询中国债券信息网在价值时点前一天的统计数据，可知在不同债券信用评级下一年期企业债券到期收益率存在差异。根据对比公司的行业属性、偿债能力、经营水平等因素，对比公司的债券信用等级预估为 AA-级，则以其到期收益率 5.88%作为债权资本收益率。

上述两种计算债权资本收益率 R_d 的方法各有优劣，由于二者差别不大，故将二者简单算术平均值作为本测算债权资本收益率 R_d 的最终值，即 R_d=6.21%。

（3）计算各公司债权比例 D/（D+E）与股权比例 E/（D+E）。

E/（D+E）与 D/（D+E）分别代表公司的股权比例与债权比例。根据同花顺平台查询的四家企业资产负债表，可分别计算得出四家公司的股权比例 E/(D+E)与债权比例 D/(D+E)。如表 3 所示。

表 3　对比公司资本结构

项目	顶点软件	凌志软件	远光软件	华宇软件
D/（D+E）	19.70%	10.56%	14.56%	30.07%
E/（D+E）	80.30%	89.44%	85.44%	69.93%

（4）从资本来源角度计算税前加权平均资本成本率 $WACC_1$，计算公式为：

$$WACC_1 = \frac{E}{D+E} \times R_e + \frac{D}{D+E} \times R_d \tag{2}$$

四家公司 $WACC_1$ 依次为 11.04%、10.81%、9.71%、8.47%。

3.4.2 从资产运用角度计算加权资金成本率

从资产运用的角度，将整体资产视为由固定资产、营运资金和无形资产三个部分组成。这就意味着从这个角度计算加权平均资金成本率 $WACC_2$，需要参考固定资产收益率 R_f、营运资金收益率 R_c 与无形资产收益率 R_i，以及各自在全部资产中的占比。计算公式为：

$$WACC_2 = R_c \times \frac{营运资金}{全部资产} + R_f \times \frac{固定资产}{全部资产} + R_i \times \frac{无形资产}{全部资产} \tag{3}$$

通过查询各公司财务数据，各对比公司资产结构如表 4 所示。

表 4　对比公司资产结构

对比公司	顶点软件	凌志软件	远光软件	华宇软件
营运资金占比	70.41%	66.50%	63.47%	38.54%
固定资产占比	9.24%	22.87%	13.28%	5.48%
无形资产占比	20.34%	10.63%	23.25%	55.98%

3.4.3 计算无形资产收益率 R_i

根据回报率拆分法对公式（2）与公式（3）进行整理，可得无形资产收益率 R_i 的计算公式：

其中，R_c 按照大多数软件公司能够申请的一年期银行贷款利率计算，即 R_c=6.55%。R_f 按照五年期银行贷款利率计算。央行 2020 年公布的五年期贷款基准利率为 4.90%，上浮 70%之后，大多数公司能够申请的五年期银行贷款利率为 8.33%。

$$R_i=\frac{全部资产}{无形资产}\times\left[\left(\frac{E}{D+E}\times R_e+\frac{D}{D+E}\times R_d\right)-\left(R_c\times\frac{营运资金}{全部资产}-R_f\times\frac{固定资产}{全部资产}\right)\right] \quad (4)$$

将上述计算结果代入公式（4）可得四家对比公司无形资产收益率 R_i 依次为 27.81%、42.77%、19.14%和 9.80%。再按照四家公司相对于 R 公司的权重，加权平均后可得被评估公司无形资产收益率 R_i=29.95%。

3.5 求取 G 软件的价值

将前文计算结果代入公式 1，计算得到 G 软件在价值时点 2021 年 1 月 1 日的市场价值为 44 726 万元。计算过程如表 5 所示。

表 5 G 软件市场价值

年份	2021 年	2022 年	2023 年	2024 年	2025 年	2026 年	2027 年	2028 年	2029 年	2030 年
收益额/万元	7 475	9 156	11 216	13 738	16 828	20 613	25 249	30 928	37 884	46 405
折现率	29.95%	29.95%	29.95%	29.95%	29.95%	29.95%	29.95%	29.95%	29.95%	29.95%
折现系数	0.769 5	0.592 2	0.455 7	0.350 7	0.269 8	0.207 7	0.159 8	0.123 0	0.094 6	0.072 8
折现值/万元	5 752	5 422	5 111	4 818	4 540	4 281	4 035	3 804	3 584	3 378
G 软件市场价值/万元	44 726									

4 研究结果分析

本文以收益法在计算机软件价值评估中的应用为研究对象，聚焦其核心参数的取值方法、取值依据及其客观性与可靠性等问题，旨在为相关领域研究提供可行的技术路线。

就上述研究结果而言，尚需在以下几方面有进一步的研究：

第一，计算机软件价值不应包含有形资产价值或其他无形资产价值。尽管软件企业属于轻资产行业，但软件企业的固定资产为软件价值的实现提供了必要的物质基础，如办公场所、设备等，其固定资产的价值不应该忽略不计。同时，计算机软件的品牌、企业的客户关系、人力资源等这些无形资产，也对软件价值的实现起到了重要的作用。因此，上述研究结果对应的价值应按照贡献原则做适当的分离。本文受研究目的与研究条件的限制，暂不对此展开论述。

第二，公司股份流通程度会对其资产价值造成较大影响。由于 R 公司股份尚未上市，而在研究过程中折现率的确定源于同行业上市公司的数据，因此，需要考虑股权非流通性对软件价值带来的折价影响。可以结合我国股权分置改革的实质做法，将股权缺乏流通性的修正分为两个阶段进行，即第一阶段由“非流通”向“限制流通”的修正，以及第二阶段由“限制流通”到“完全流通”的修正。该部分宜另作论述。

第三，计算机软件价值评估与传统产品的价值评估在收益稳定性上应有所区别。当前的区块链、人工智能等技术对计算机软件的经济寿命造成了较大的冲击。鉴于对可预见因素的谨慎性考虑，在确定软件价值的时候，可以将其视为短期固定风险下的收益价格与长期浮动风险下的期权价格之和。[3]这样既可以避免长预测期条件下软件市场的不确定性带来的收益预测风险，又可以适度把握未来看涨投资机会下的软件增长价值。因此，在采用收益法对软件计算机软件价值进行评估的时候，还可以进一步考虑采用实物期权法对其价值进行补充修正。

参考文献

[1] 曹彦栋. 我国计算机软件价值的影响因素及其评估方法[J]. 商业会计，2018(12): 67-68.
[2] 何卫红. 收益法评估参数应用现状、效果及优化——基于软件信息业的 90 个评估样本[J]. 现代管理科学. 2021(03): 67-75.
[3] 王玲玲，薄建奎.基于实物期权视角的软件企业价值评估研究[J]. 中国资产评估. 2022(05): 47-51.

线上线下混合教学模式在C++编程技术教学中的探究

万德寅

（成都东软学院计算机与软件学院 四川 成都 611844）

摘 要： 对于 C++编程技术这类上机实践能力要求比较高的计算机专业必修课来说，传统的线下教学模式由于受到时间、空间的限制，具有诸多不足，达不到既定的教学目标。因此，引入线上教学，采用现在广泛使用的线上线下混合教学模式提高教学质量。文章首先分析了传统线下教学的不足之处，接着提出了C++编程技术中如何使用线上线下混合教学模式的策略。

关键词： C++编程；线下教学；线上教学；混合教学

Research on the mixed online and offline teaching mode in the teaching of c++ programming technology

Wan Deyin

(Department of Computing and Software, Chengdu Neusoft University, Chengdu 611844)

Abstract: For the required courses of computer major such as C++ programming technology, which require high computer practice ability, the traditional offline teaching mode has many shortcomings due to the limitations of time and space, and can not achieve the established teaching objectives. Therefore, online teaching is introduced, and the online and offline mixed teaching mode now widely used is adopted to improve the teaching quality. This paper first analyzes the shortcomings of traditional offline teaching, and then considers how to use online and offline mixed teaching modes in C++ programming technology.

Key words: C++ programming; Offline Teaching; Online teaching; Mixed teaching

引 言

由于我国互联网建设的日益完善，互联网已经融入了居民日常生活、工作、学习的方方面面，其中也包括高校教育。互联网的普及使得现代高校教育不再局限于特定的时间及空间，可以在线上进行学习，在教学手段以及教学理念上出现了根本的变化，呈现出了数字化、网络化、智能化等新的特点。[1]

C++编程技术是网络工程专业学生的专业必修课，是一门对上机实践能力要求较高的课程。本课程在学习过程中以“理论适度、重在实用”为指导，着力培养学生的应用能力，以解决工程项目实际问题为指引，培养学生的综合项目实践能力。传统的线下教学由于其实验操作演示不能回溯、师生之间互动不足等自身特点，对学生这门课的学习产生了一定的局限性，不能达到既定的学习目标。

因此，在 C++编程技术的教学过程中，引入线上教学模式，形成线上线下混合教学模型，能够比较显著的增强师生互动，提高学生上机实践能力。

作者简介：万德寅（1986—），男，汉族，四川成都，助教，硕士，研究方向：软件工程。

1 传统线下教学的不足之处

1.1 不能共享教学资源

传统的线下教学局限于课堂，学生的知识来源单一，仅为课堂上教师的教学以及课本上的内容，学生学习比较被动，不能很好地理解学习的内容。在短暂的教学时间里，教师即使有好的教学资源，在课堂上也不便与学生分享。此外，也不能掌握学生的学习情况。

1.2 不能回放实验操作演示

在实验课上，学生不容易掌握实验操作演示的整个过程，通常会忽略其中某些步骤，而线下教学的实验演示不能回放。因此，如果学生在实验过程中遇见了问题，除了自己解决问题和请教教师，没有其他途径解决问题完成实验课内容。这种模式的教学不利于学生掌握实验重难点，达不到预期的学习效果，对于 C++编程技术这种实践性课程的教学很不利。

1.3 师生之间缺乏交流

传统的线下教学模式是教师占主导地位，讲解知识，学生处于从属的位置，被动接受知识的课堂讲解，缺乏对知识的质疑、反思和批判，学生的主观能动性有限，上课形式单一，师生的互动性差，[1]此外，也不利于教师掌握学生的学习情况。

2 线上线下混合教学改革措施

C++编程技术课程采用传统线下教学模式存在上述问题，达不到教学目标，而线上教育相比传统的线下教育最主要的特点就是基于互联网，不受时间空间的限制，随时随地就能完成教学工作[2]。此外，还有丰富的教育资源[3]，线上教育的特点弥补了线下教育存在的不足，因此，引入线上教学，建立线上线下教学模式是教学改革的主流趋势，具体措施如下。

2.1 选择一个优秀的在线教育平台

自 2015 起，在线教育发展如火如荼，各种在线教育平台蜂拥而出，比如钉钉课堂、腾讯课堂、好分数等，质量也是参差不齐，工欲善其事，必先利其器，一个良好的教育平台对于教师的在线教学工作是非常重要的，应该具有以下最基本的在线教学功能。

（1）建立班级群：班级群可以随时交流，增加师生互动，学生在传统教学模式下的被动学习变为了主动学习；实时答疑，及时解决同学遇见的难点并与其他同学共享；共享经典的学习资料供学生学习，拓展学生的知识范围。

（2）直播：线上实时直播不受空间因素的影响，学习地点不仅局限于教室。此外，线上直播从声音、画面等方面来看，要优于线下教学，学生听得更清楚，看得更仔细。

（3）录播：采用视频的方式记录教师的理论知识讲解过程以及实验操作演示，学生通过多次观看，能够更好地掌握理论课程的重难点，更加直观地观察实验课程的完整步骤，并通过实验加深对理论知识重难点的理解，提高了教学质量，保证了教学效果。

（4）签到：线上教学的一个缺陷在于不能实时掌握学生的出勤情况，学生更容易出现旷课的现象，教师的监管难度大。[4]因此，需要签到的功能监督学生的出勤情况，保证教学效果。

2.2 线上线下混合教学模式设计

线上教学的特点很好地弥补了线下教学的缺陷，理论上，线上线下混合教学模式能够取得良好的教学效果。但在实际教学中，如何应用这种混合教学模式才能达到预期效果？这需要对包括课前预习、课堂教学、教学评价、课后反思[5]等阶段的完整教学过程进行设计。

（1）课前预习。

线上教学平台具有共享教学 PPT、参考教材、其他网络教学资源的优势，改变了在传统线下教学模式下学生预习只能依靠教材的局面，能充分调动学生的主观能动性，根据自己的喜好选择相应的教学资源进行预习，而不会觉得枯燥。同时，教师也能够布置预习任务，让学生带着问题预习，也能够达到较好的效果。

（2）课堂教学。

对于 C++编程技术这种实践能力要求比较高的课程来说，让学生看明白实验操作演示的整个过程很重要，在线下教学的时候可以引入线上教学，其所提供的直播、录播功能能够达到这样的教学效果，直播让学生不受空间的约束，从同样的视角进行观察，而录播生成的微课视频能让学生不受时间的约束，课上课下反复观看没有掌握的步骤，掌握实验的重难点。

对于理论课的学习，以线下教学为主，由于课前预习阶段教学效果的提高，在课堂上，教师的角色从主导角色转变为主引导角色，充分利用分组讨论、问题引导、翻转课堂等教学方法提高学生的主观能动性，让学生从被动接受知识变为主动接受知识。对于重点章节，采用线上录播功能，方便学生课下进行复习。

（3）教学评价。

线下教学的教学评价包括期末试卷成绩、日常课堂表现、出勤情况等方式，存在一定的局限性，不能有效地评价学生的学习效果，而对于 C++编程技术这种实践性课程，不能有效地评价学生的上机实践能力。线上教学的优势，使教学评价趋于多元化，在传统高评价方式的基础上，增加了师生互动，还增加了在线测试、三级项目考核等考核方式，能够关注学生的学习过程以及实践能力，线上线下教学模式的教学评价更加客观。

（4）课后反思。

教学反思是教学过程中很重要的一个步骤，帮助教师提高教学质量，线上教学提供的录播功能不仅提供给学生观看，教师也需要观看，查找自己在语音、语速、教学内容、教学方式、时间安排等方面是否存在不足。

3 小 结

随着科技的进步和时代的发展，课堂教学模式应该进行相应的改革顺应潮流，线上线下混合教学模式的出现弥补了传统线下教学的诸多不足，提高了学生参与教学的积极性，主观能动性。而教师则需要去学习新的专业知识、业务知识，提高自身的教学能力，适应这种新的教学模式，以提高教学质量。

参考文献

[1] 于莉. 互联网+环境下的高校计算机专业课堂教改现状及建议[J]. 计算机教育，2020（5）：3.

[2] 赵杰，潘溪，金鑫. 检验检测机构资质认定与高校实验室发展[J]. 实验技术与管理，2017，34（1）：5.

[3] 田燕，邢殿香，张纪明，等. 线上线下混合教学模式在有机化学教学中的实践应用[J]. 高教学刊，2021，7（35）：4.

[4] 郜丽. 新冠疫情下线上教学的不足与改进[J]. 价值工程，2020，39（21）：2.

[5] 姚瑶，冒爱荣，王玉琴，等. 线上线下混合教学在无机及分析化学实验课的应用与探索[J]. 广州化工，2021，49（23）：3.

高校与地方融媒体中心在区域文化传播中的有效路径研究

付一君

（南充文化旅游职业学院 四川 南充 634700）

摘 要：地方融媒体中心在区域文化的传播过程中，与高校之间应进行资源共享、共用、共同开发，推动区域特色文化建设与品牌建设。在文化传承与发展的过程中，注重文化育人、深入挖掘，提升区域文化影响力，彰显区域文化特色与文化自信，推动区域经济文化建设。在相互合作的过程中，明确地方政府、传播单位和高校之间的主要职责与分工，建立相关的融合平台和管理机制，建立起互助共赢的良性关系，共同推进文化企业的发展和共同承担地方文化传播与发展的重担。

关键词：区域文化；影响力；文化品牌

Research on the effective path of universities and local media centers in regional cultural communication

Fu Yijun

(Nanchong Vocational College Culture And Tourism, Nanchong 634700)

Abstract: In the process of spreading regional culture, how to share, share and develop resources with colleges and universities to promote the construction of regional characteristic culture and brand. In the process of cultural inheritance and development, we should pay attention to cultural education and in-depth excavation, enhance regional cultural influence, highlight regional cultural characteristics and cultural confidence, and promote regional economic and cultural construction. In the process of mutual cooperation, clarify the main responsibilities and division of labor among local governments, communication units and universities, establish relevant integration platforms and management mechanisms, establish a benign relationship of mutual assistance and win-win results, jointly promote the development of cultural enterprises, and jointly undertake the burden of local cultural communication and development.

Key words: Regional culture; Effect; Cultural brand

从 2019 年到 2020 年，县级融媒体中心紧锣密鼓且有条不紊地依据规划开展建设工作，逐步实现由“量”的飞跃到“质”的变化、从数量增长到质量并重、从井喷式增长到提质增优的转变，不断优化平台建设、内容生产、传播流程及经营管理，扎根县域并积极探索社会效益和经济效益结合的融合模式。2020 年 6 月 30 日出台的《关于加快推进媒体深度融合发展的指导意见》指出，要推动主力军全面挺进主战场，以互联网思维优化资源配置，把更多优质内容、先进技术、专业人才、项目资金向互联网主阵地汇集、向移动端倾斜，让分散在网

作者简介：付一君（1983—），男，汉族，四川南充，副教授，学士，研究方向：影视与新媒体。

下的力量尽快进军网上、深入网上，做大做强网络平台，占领新兴传播阵地。2020 年 11 月 3 日,《中共中央关于制定国民经济和社会发展第十四个五年规划和二〇三五年远景目标的建议》发布，文中明确提出“推进媒体深度融合，实施全媒体传播工程，做强新型主流媒体，建强用好县级融媒体中心”。“十四五”时期，要做强用好县级融媒体中心，需要从分类融合、顶层设计、发展重点、体制机制改革与全媒体人才队伍等方面着手。而在县级融媒体中心中，人才的缺乏是造成发展动力不足、优质内容短缺等问题的主要原因，影响和制约其建设质量和成效，因此在地方融媒体中心建设发展的过程中，如何拓展思路，整合相关的地方资源和地方人才，是能够快速并能长远解决相关的短板，提升融媒体中心的品质和相关内容的建设质量。

1　高校与地方融媒体中心承担的文化传播使命

1.1　高校加强地方特色挖掘，做好文化保护与传承

文化是人类历史发展过程中的一种精神，通过长期的沉淀与交融，其具有一定的普遍性和特色性，普遍性在于文化是人类的一种精神需求，有共同的目标和共同的方向；特殊性在于受到区域和传播的方式不同，存在一定的差异。我国历史悠久，经过五千年的发展，具有深厚的底蕴和文化素养，我们民族较多，幅员辽阔，文化在传承的过程中受到地理、民族、经济等多因素的影响下，呈现出一定的区域性和地方特色。作为高校，担负着文化传承和文化创新的使命，特别是地方院校，其在研究区域特色文化的过程中，具备得天独厚的优势，具有不可取代的优势。因此，高校在文化研究的过程中与区域之间相互融合，共同发展，在科研、教学、社会性服务、文化交流、文化挖掘、文化创新上具备一定的引领和影响力，区域文化的特色通过高校的融合创新，实现文化的传承，通过有效传播，不断创新，增强区域在文化传播的影响力。“十四五”规划纲要首次明确 2035 年我国建成文化强国的目标，要“实施文化产业数字化战略，加快发展新型文化企业、文化业态、文化消费模式”。注重技术创新，做好文化传承，加强文化保护，融合文化资源，建立文化 IP，筑牢文化自信。

1.2　地方融媒体中心把握好文化宣传主阵地，推动区域文化建设

国家在建立融媒体中心的整体按照四级媒体架构进行设计，包括国家级媒体中心、省级媒体、地市级融媒体和县级融媒体。处在地方的县融媒体中心建设，是国家媒体架构的基石。2022 年中央一号文件发布，对县级融媒体中心提出新要求：依托新时代文明实践中心、县级融媒体中心等平台开展对象化分众化宣传教育，弘扬和践行社会主义核心价值观。县级融媒体中心作为打通“最后一公里”的关键环节，借力媒体深度融合战略机遇，依托本地化和接近性优势，提升公共文化服务水平，是地方文化传承、文化宣传的主要阵地。因此，在文化传承、文化创新的过程中，如何发现和挖掘地方文化的优势，形成独具特色的地方文化传播品牌，推动区域文化建设，地方融媒体中心和高校之间有很多共同合作的内容，优势互补，形成合力，共同建设。

2　传媒单位与高校之间的产教融合模式分析

近年来一些地方媒体单位与高校之间相互的交流逐步突破了以往的有限模式，通过更多的融合形式，实现双方的共赢目标，助力专业人才的培养和优质内容的生产，提高县级融媒体中心的发展动力和品牌的宣传力。从整体上看大体上其合作的模式主要分为两种：一是定制培养，主要通过地方媒体与高校之间根据地方融媒体中心建设的需求，在高年级中选拔定制培养相关的专业类人才，相互之间根据企业

的发展制定个性化的人才培养方案，采用校企合作的模式进行运行，主要以培养地方融媒体中心急需的高精端的专业人才；二是校企共建实训与研究基地的模式进行，这是最为多见的一种形式，双方共同建立研究中心，开展相关的科研研究，提升双方的技术创新能力，融媒体中心为高校提供相关的研究资源或数据服务，高校为融媒体中心进行技术攻关，提供相关的技术服务，另外双方共建实训基地，融媒体中心人员定期到高校进行培训学习，提升专业技能，高校定期选派学生到融媒体中心实训实习，提升学生的专业技能和就业能力。以上两种合作模式主要还是停留在人才与人才培养之间的合作，对媒体单位与高校之间的完成产学合作还存在一定的差距，其地方高校符合与地方经济建设还有一段的距离。经过传媒行业与高校的分析、对比和总结，结合各自的优势和特点，逐步探索出一条适合地方高校与地方融媒体中心之间优势互补的合作模式，使专业教育服务于地方经济建设，提升区域文化和品牌宣传与研究。

作为地方传播单位的融媒体中心，与高校在区域文化的传播合作中，需要处理好两个层面的关系，首先是传播内容，其次是合作机制的建设。在传播内容方面，通过合作去服务地方经济文化建设，体现区域文化特色，建立文化 IP，体现文化自信。在合作机制上包括合作的平台、机制与制度保障、融合创新发展等内容。

3 培养人才服务地方、挖掘特色彰显文化自信

3.1 文化育人，助力文化传承

在我国文化发展的历史长河中，区域文化也是中华传统文化的有机组成部分，区域文化的发展，影响到中国文化发展的方向。在区域文化的发展过程中，其传承性和创新性对文化的影响至关重要。受全球文化潮流影响，中华传统文化的继承与发展面临着巨大的挑战，面临着更多的困境。高校作为中国文化传承与教育的主阵地，担负起了文化强国的历史重托，积极发挥文化育人的作用，推动中国特色先进文化建设。作为地方性的高校，应借力其区域的优势，构建区域文化的价值体系，坚定文化自信，发挥其重要的育人功能，推动特色文化传承。

3.2 深入挖掘，提升区域文化影响力

高校具有一定的知识和人才密集的优势，在文化研究中具备较强的科研实力。在区域文化相关的研究过程中，可以进行深入挖掘，形成区域特色文化，充分展现其区域文化的价值。如何更好地把历史价值、艺术价值和经济价值充分地展现出来，需要进行研究凝练，形成独具特色的区域文化。因此，高校在区域文化影响力的建设上，需要进一步创新，不断地挖掘与研究，提炼区域文化资源的精华与优秀品质，提升文化资源价值，合理开发与利用，有效转化，产生一定的经济效益，推动相关文化产业以及配套产业的发展，形成一定文化影响力，促进区域特色文化传承和发展，建立特色文化和文化品牌。

3.3 培育文化品牌、彰显文化自信

高校在对区域文化的研究过程中，如何有效的传承好区域文化的特色，重在保护、传承创新、持续发展，建立品牌，彰显自信。高校在区域文化特色品牌的建设过程中首先要发挥好自己的优势，以本地特色文化资源为依托，重点文化项目重点研究与打造，围绕科研、人才培养、专业建设和课程建设等进行深入研究，形成相关的文化成果，促进高校的影响力和区域文化品牌的建设。在文化品牌的建设过程中，地方政府与高校、地方传播单位与高校形成合力，共同打造与开发，政府加强政策与基础的支持，传播单位做好文化资源的建设与品牌传播效果，高校做好内容与资源的挖掘研究，共同打造区域文化的品牌，体现区域文化特色，彰显文化自信，推动区域经济文化建设。

4 共建融合创新平台，推动特色文化发展

4.1 共建融合平台

地方融媒体中心与高校在文化传播的合作过程中，首先要明确双方融合平台，在机制上，相互之间建立起良好的合作机制，地方融媒体中心结合自己的机制和平台播放原则，双方在融合的过程中，通过项目合作，在科研、教学、实践实训建立起双方的合作平台，使这种合作模式能够长远、有效地进行，各司其职，长远发展；高校在其合作平台的建设上，对地方文化进行深入研究，形成相关的成果，按照地方融媒体中心的主题要求，提供技术支持和内容服务，推动区域文化的建设和发展，不断地凝练总结，创新发展，制作出适合地方融媒体中心需要的节目与内容，通过文化内容的制作和传播，实现相互之间的融合发展。

4.2 共建合作机制

在双方的合作与融合的过程中，随着合作的程度和深度不断加深，其呈现出多样性，这些都需要健全的政策环境和合作机制来保障、规范和引导，相关制度的建立能够进一步地保障和推进相关工作的开展。在这个过程中，地方融媒体中心栏目部或各单位节目组和高校系部之间拟定起一种相互合作的规范性的文件，主要针对相互之间的产学合作过程中涉及的知识产权保护、责任划分、任务分工和权益分配等方面进沟通协商，使之能够在相互之间的合作过程中有制可循、有规可依，使相互之间的合作能够更为有益，共同服务于地方文化与经济建设。

通过前期的机制和制度建设，在相互项目的合作的过程中，各尽其责，使双方的融合能够更为有效顺利进行，地方融媒体中心与高校相关专业之间直接对接，进行任务分工和项目管理。其地方融媒体中心的主要职责和任务是维护好其播放平台和节目内容的效果反馈，专业系部主要负责节目内容的输送，在相互合作的过程中，还需要加强相互之间的沟通与协调，地方融媒体中心的工作人员根据项目的需要对专业系部制作的节目内容的师生进行节目要求的讲解，以及节目主题的评审等，专业系部负责项目制作的教师随时与地方融媒体中心联系，对相关的问题及时交流，对拍摄和制作过程中遇到的问题请求地方融媒体中心协助。在其运行的过程中，节目的制作数量由专业系部进行控制和完成，节目的质量和相关的版权责任由地方融媒体中心进行把控和掌握。

4.3 融合创新促发展

在其逐步合作的过程中，相互之间已经掌握了相关的经验和需求，项目的运行也较为顺利地进行，在项目的数量和质量上相互之间需要进一步提高，最终实现节目的内容完全由高校师生进行提供，地方融媒体中心只负责节目的协调、评审和播出平台的工作，达到项目预期的目标，使高校的专业建设能够更好地服务于地方文化与经济建设，使地方融媒体中心的播放内容多元化，内容视觉多样性发展。

课程思政

“操作系统原理”三维课程思政体系探索与实施

程鹏　贾志东　林晨

（成都东软学院计算机与软件学院 四川 成都 611844）

摘　要：本文针对“操作系统原理”这门课程，提出了一种三维的课程思政体系建立方法，将整个课程思政分为纵向、横向、时间轴三个坐标体系。在纵向将整个课程思政分为多层，并将课程思政对应的思想素质、能力方法映射到教学大纲、教案等教学资料中去。在横向上与素质老师、班导师进行拉通，统一进行课程思政的设计与实施。同时，与基础部课程思政团队拉通，利用他们的专业优势来完善我们的课程思政。在时间维度，将课程思政观测到教学的全生命周期，从教学准备、授课、实践项目、考核等多个教学环节进行课程思政的落地与评估。

关键词：课程思政；三维体系；辩证法

Exploration and implementation of three-dimensional ideological and political system of operating system principle

Cheng Peng　Jia Zhidong　Lin Chen

(School of Computing and Software, Chengdu Neusoft University, Chengdu 611844)

Abstract: Aiming at the course of operating system principle, this paper puts forward a three-dimensional method to establish the curriculum ideological and political system, which divides the whole curriculum ideological and political system into three coordinate systems: vertical, horizontal and time axis. Vertically, the whole course of Ideological and political education is divided into multiple layers, and the ideological quality, ability and methods corresponding to the course of Ideological and political education are mapped to the syllabus, teaching plan and other teaching materials. Horizontally, we will connect with quality teachers and class tutors to uniformly design and implement curriculum ideological and political education. At the same time, get in touch with the curriculum ideological and political team of the basic department and make use of their professional experience.

Key words: Curriculum thought and Politics; Three dimensional system; Dialectics

引　言

“操作系统原理”作为计算机相关专业非常基础和重要的一门专业基础课，具有授课专业广、学生人数多、知识点枯燥、学习任务繁重等诸多教学特点和痛点，是授课教师和学生都比较头疼的一门课程。在这种本身就很抽象的专业理论课程中，如何再引入比较抽象的课程思政教学，是摆在课程组每一个专业教师面前的一道难题，也是所有从事专业基础课教学的老师不得不深入思考的一个长期性的课题。

在“操作系统原理”这门课程中引入思政

作者简介：程鹏（1979—），男，汉族，四川成都，讲师，硕士，研究方向：计算机体系结构与基础软件。
贾志东（1968—），男，汉族，河北唐山，研究员，硕士，研究方向：计算机仿真、精准营养治疗计算。
林晨（1972—），男，汉族，四川成都，讲师，硕士，研究方向：嵌入式系统。

教学，需要站在整个课程设计的高度，放眼自然哲学、素质建设和专业发展的广度，从辩证法、方法论、能力素养、思想道德、国产核心技术攻关等多个角度进行思考、设计和落地。在设计与实施上，要解决专业基础课课程思政中一直存在的生搬硬套、枯燥乏味、随机发挥、不成体系的教学弊端，针对“操作系统原理”的课程特点，打造一套独特的、过硬的、可传承的课程思政体系。

为此，“操作系统原理”课题组的老师在多年一线的教学工作和定期的教研教改活动中，经过几年的探索和实践，摸索出了一套针对“操作系统原理”的课程思政教学方法，构建了一套比较成熟的三维课程思政体系，并在实际的教学中加以实践落地、反馈改进、丰富完善，取得了很好的教学预期和教学效果。

1 “操作系统原理”三维课程思政体系

“操作系统原理”是一门重要的计算机专业基础课，重点是讲授操作系统软件设计和实现的原理、结构和方法。课程本身的专业知识很抽象晦涩，很多专业教师对于这种专业基础课的课程思政理解上也非常地片面和狭义，认为无非就是通过讲授的方式在课堂上见缝插针地进行一些爱国主义和思想品德的教育，如科技兴国、艰苦奋斗等。确实，狭义的课程思政往往都是进行一些机械化、重复性的爱国主义教育，如国产操作系统研发、卡脖子技术的突破等，这样的课程思政能够在课堂上片面地起到一些鼓舞人心的教学效果，但是客观地说，收效并不明显，而且很大程度上取决于授课老师个人的语言魅力。

如何解决课程思政离散化、片面化、形式化的问题，如果建立一套科学化、系统化、有机化、可复制、可迭代、可传承的课程思政体系，让课程思政像网一样全面散开，层次化系统化地进教学大纲、课程教案，润物细无声地进课堂，作为优秀的教学 DNA 深入教学活动的每一个环节中去，是“操作系统原理”课题组一直在深入思考和探索的课题。

“操作系统原理”课程组在多年的一线教学实践中，在多次的教研教改例行会议讨论中，深刻地认识到单点的、片面的、小颗粒离散的课程思政，往往都是灵光一闪、随机发挥、照本宣科的，既不能在教学活动中收到好的教学效果，也没有任何有价值的教学资源、教学方法和教学经验可以传承和建设。“操作系统原理”课题组深刻认识到这种离散式的课程思政存在很大的不足，同时大家形成一个共识：该课程急需建立一种分层的、拉通的、端到端的课程思政体系，让课程思政真正进大纲、进课堂、进知识点，全面覆盖教学活动的全生命周期，真正进入学生的心中。

课题组花费了两年的时间，打造和建设了一套三维的课程思政体系。将整个课程思政体系分为以下三个维度：

第一维度：纵向分为 3 层，分别是习近平关于教育的重要论述进大纲、马克思哲学方法论进教案、思政融合 TOPCARES 能力指标进课堂。

第二维度：横向拉通，分为系部对内拉通和校级对外拉通，即专业教师、素质教师、班导师组成课程思政的铁三角，对内拉通。对外与马克思学院思政教学团队拉通。

第三维度：全教学生命周期贯穿，从教学准备、预习、课堂授课、教学例行会议、期中教学检查、期末考核等所有相关的教学环节，对课程思政进行全面部署、落地和评估。

2 纵向坐标体系：分层的课程思政

“操作系统原理”课程思政体系在纵向分为 3 层，分别映射到教学实体中的教学大纲、课程教案和一线教学课堂，即习近平关于教育的重要论述进大纲、唯物辩证法和习近平的科学方法论进教案、思政融合 TOPCARES 能力指标进课堂。每层具体的实现方法和手段如表 1 所示。

表 1 纵向分层的课程思政体系

层次	目标	方法手段
1 层	习近平关于教育的重要论述进大纲	以树德育人为核心，在教学大纲的设计上要充分融入思政元素，从教学目标、教学内容、实验与项目、考核方式等各环节，明确课程思政的方式、内容与机制
2 层	唯物辩证法和习近平的科学方法论进教案	将辩证维物主义的矛盾论、质变量变规律等方法论映射到操作系统的原理和方法中，将习近平总书记的科学方法论（七大思维）应用到课程的计算思维体系中去
3 层	思政融合 TOPCARES 能力指标进课堂	将已有的课程 TOPCARES 能力指标进行再次升级，融入思政元素后，构建成思政与能力综合指标体系，映射到 5 级课程项目中去，在项目驱动教学中进行落地和评估

2.1 习近平关于教育的重要论述进大纲

在整个教学大纲的设计上，要体现课程思政的总体设计目标、设计原则和设计思路。

整个教学大纲要以树德育人为宗旨，在教学目标上体现课程思政的价值取向，在 TOPCARE-CDIO 指标上要融合思政素质指标。在各教学单元的教学内容上，要将课程思政与单元知识点进行方法论和价值体系两方面的深入融合，实践教学环节要将能力指标与思政素养有机结合，在 5 级项目体系中落地。在教学方法上，要明确具体的课程思政教学方法，在教学资源上提供课程思政的教学资源与链接，在课程考核上给出对思政素质的考核，包括形成性考核和总结性考核。

当然，这里提及的"习近平关于教育的重要论述进大纲"也不仅仅只有教学大纲这一个文档，更广义地说，应该是在整个课程的宏观整体教学设计上贯穿习近平关于教育的重要论述，将课程思政在宏观设计上固化下来，为后面的教案设计、课堂设计、考核设计等具体环节中加以细化和落地。同时，应在整个教学团队的思政建设上加大功夫，努力培养和建设一批思想过硬、专业知识过硬、能有效落实课程思政、树德育人的多层次教师队伍。

2.2 唯物辩证法和习近平的科学方法论进教案

马克思哲学在研究纷繁复杂的资本主义社会生产现象时，引入了两个非常重要的概念：生产力与生产关系。生产力决定生产关系，生产关系反过来会推动生产力的发展。在计算机体系结构中，生产力就是计算机的硬件和硬件指标，如主频、机器字长、内存容量、带宽等，而生产关系就是对这些硬件资源的组织、分配、调度。如果说，"计算机组成原理"是讨论计算机生产力的学科，那"操作系统"就是探讨计算机生产关系的课程。

基于矛盾和质变量变规律来分析社会系统是马克思主义哲学最基本的工具，是辩证法的基础。操作系统中各种问题的解决本质上也是解决各种矛盾，整个操作系统的设计都是围绕着各种矛盾来分析问题和解决问题的，有需求和资源的矛盾，有公平性和优先级的矛盾，有复杂度和有效性的矛盾，有时间复杂度和空间复杂度的矛盾……各种调度算法、分配算法、淘汰算法，本质上都是为了解决需求和资源的矛盾，任何算法都追求最大的资源利用率，最小的碎片，最佳的可靠性和可扩展性。但是这些需求本身也是矛盾的，而且任何算法在实现的过程中，也引入了新的矛盾。操作系统的设计思想中，时刻充满了辩证法和矛盾论，时刻体现着马克思主义哲学的方法论精髓。

除了生产力与生产关系的理论，马克思哲学方法论的很多精髓，在计算思维中往往也是贯通的，如实践论、辩证法、矛盾论等也可以引入操作系统的课程教学中去，作为场景教学和类比教学的一部分。而且，这些社会生活中的例子更加平易近人，贴近生活，通过这些例子来类比操作系统中复杂的理论和算法，往往会收到举一反三、触类旁通的效果。在几个学期的一线授课中，这种教学方法都得到了很好的落地和效果。所以，课程组通过大量的教学研讨活动，将这些马克思哲学的方法论和操作系统的课程内容进行了全面梳理和类比，并邀请马克思主义课程部的骨干教师作为专家顾问，组成课程思政进教案专业小组，历经一年多的时间，完成了精细化的课程思政进教案的撰写工作。

同时，在马克思唯物辩证法的基础上，习近平总书记结合中国社会主义新时期的主要矛盾和时代特点，提出基于七大思维的科学方法论，分别是战略思维、底线思维、系统思维、辩证思维、创新思维、法治思维、民本思维。这七大思维是站在社会主义新时期建设、宏观调控、长远发展的高度和维度，进行方法论的高度概括和总结，而操作系统作为最靠近硬件的第一层系统软件，也是站在整个资源全面调度、管理、分配、优化的角度进行设计和实现的，所以从计算思维与七大思维的融合上，可以找到很多的共同点和共通点。具体到每个课程教案章节的课程思政上，可以对应地提取出很多思政授课点，具体的映射关系如表 2 所示：

表 2　课程教案中各 CU 课程思政设计

习近平的科学方法论——七大思维	课程单元 CU	思政授课点
战略思维	第 3 章　处理机调度与死锁 第 10 章　多处理机操作系统 第 11 章　虚拟化和云计算	操作系统顶层设计：最大资源利用率，兼顾公平和效率 操作系统的演进：多处理机、云计算
底线思维	第 3 章　处理机调度与死锁 第 5 章　存储器管理	操作系统设计中的边界值设计，如：时间片轮转调度中的时间片太长或太短，页式存储中的页面太大或太小……
系统思维	第 1 章　操作系统引论 第 3 章　处理机调度与死锁 第 9 章　磁盘存储器管理 第 11 章　虚拟化和云计算	操作系统架构设计：多层、模块化、高内聚、低耦合、微内核、可扩展性
辩证思维	第 2 章　进程的描述与控制 第 4 章　进程同步 第 6 章　虚拟存储器 第 11 章　虚拟化和云计算	操作系统设计中的各种矛盾：资源和并发的矛盾，公平性和优先级的矛盾，时间复杂度和空间复杂度的矛盾
创新思维	第1章　操作系统引论	国产基础软件突破与创新
法治思维	第 8 章　文件管理 第 9 章　磁盘存储器管理 第 12 章　保护和安全	操作系统中的安全设计 文件保护 内存保护
民本思维	第2章　操作系统引论 第 7 章　输入输出系统 第 8 章　文件管理	操作系统的用户接口：接口的人性化设计 输入输出系统中的用户友好性设计

所以，在“操作系统原理”的授课中，将唯物辩证法和习近平的科学方法论引入课程知识点的实体中，将理工课程、思政课程、人文经济在知识点这个级别打通“任督二脉”，既能将课程思政润物细无声地沉浸到枯燥的操作系统概念、流程、算法中去，让学生通过现实生动的生活例子理解操作系统中晦涩难懂的理论知识，增加课题的趣味性，又能扩展学生的视野，让理工科学生具有更多的人文情怀，培养全面发展的技术型人才。

2.3 思政绑定 TOPCARES 能力指标进课堂

在一线的课堂教学中，将课程绑定到TOPCARES能力指标中，课程思政与能力指标进行迭代，实现能力指标的升级。

“操作系统原理”线下教学采用项目驱动的方式进行教学，除培养学生系统化思维能力外，也培养学生求真务实、艰苦奋斗的科学作风和团队合作的能力。

已有的TOPCARES指标主要是站在工程化思维和能力建设的角度进行设计和分解的，融入思政元素后，课程组与上游的培养方案进行设计拉通，重新升级设计了融合课程思政的能力素质指标体系，发展和继承了原来的3级指标体系，将价值取向、科学精神、个人与组织关系、实事求是、真理与实践观、辩证法思维等思政元素迭代到原来的能力指标体系中，作为后期课程设计和教学设计的指导和依据。

3 横向坐标体系：拉通的课程思政

在“操作系统原理”课程思政体系的横向坐标体系，课程组对外与基础教学部的思政教学团队进行拉通，与基础教学部定期展开拉通的教学研讨会议，获取思政课教学的最新理念、方法，同时让他们的专业老师来审核和把关我们课程思政中的关键环节和内容。对内我们与专素融合工作和班导师工作紧密结合，通过专业授课、专业导引、班级管理三把斧，进行课程思政的全面落地与联动。

3.1 内部拉通：专素融合与班导师制度

在内部，“操作系统原理”课程组与素质老师、班导师进行拉通，成立了由骨干专业教师、素质老师、班导师组成的课程思政铁三角。

素质老师与专业教师在班级管理层面进行专素融合，素质老师将学生的最新思想政治情况传递给专业讲师，专业教师将思政教育与课堂管理进行结合，并将最新的信息反馈给素质教师。

专业教师与班导师在专业层面进行融合，班导师引导学生的个性化专业发展，专业教师在专业授课中，结合国家科技人才战略，引导学生将个人发展与国家发展紧密结合。

图1描述了思政铁三角中，反应了专业教师、素质教师和班导师进行融合拉通的情况。

3.2 外部拉通：与马克思学院思政教学团队拉通

成都东软学院马克思主义学院拥有一批优秀的思政课专业教师，他们常年从事“马克思主义哲学原理”“马克思政治经济学”“毛泽东思想”“邓小平理论与中国特色社会主义”等思政课程的一线教学和教研教改工作，他们有着深厚的专业背景，同时对思政教学的规律有着丰富的经验和心得。

“操作系统原理”课程组与马克思主义学院建立了很好的学术交流渠道和互助体系。“操作系统原理”课程组形成了固定的思政课程听课制度，组织老师定期去观摩一些优秀思政课的公开课、观摩课和教研教改活动，并聘请思政课的优秀专业老师为顾问，对我们的教学大纲、教案等教学资料进行评审和把关，给出了很多建设性的意见。同时，我们也邀请一些思政课老师去观摩我们“操作系统原理”的课堂教学，直接去现场感受我们课程思政的落地和实施情况，并给出他们专业性的意见。

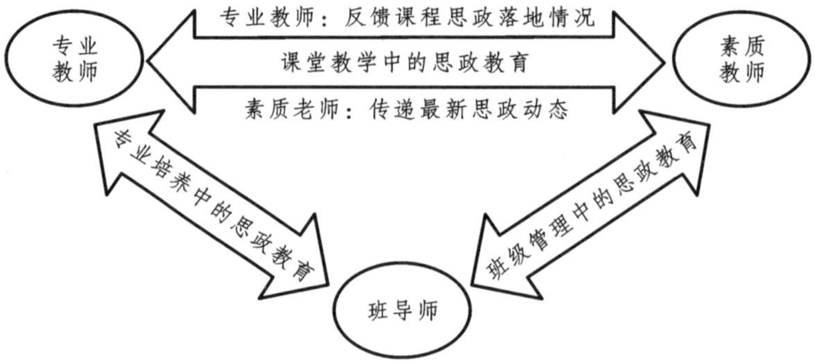

图 1　内部拉通：专业教师、素质教师、班导师构成课程思政铁三角

4　时间轴体系：全教学周期的课程思政

课程组在制定每个教学班的教学计划时，会从整个学期教学的全生命周期进行通盘设计和考虑，会将课程思政融入教学活动的每一个环节中，从教学准备、授课、作业，实验、项目、期末考核各个环节中，将课程思政进行有效实施、落地、评估与完善。

在教学准备中，除将课程思政的设计部署到教学大纲、教案、课件等教学资料中外，专业老师还会与素质老师和班导师一起，深入分析学情，对每个教学班的学风学貌进行一次梳理，确定不同班级管理中的思政教育重点。

在实验和项目中，将思政融入能力指标体系中。在平时作业中，会布置一些发散性的作业，结合国产操作系统的研发现状，让学生利用所学知识点进行分析和阐述，同时了解国产操作系统与核心技术的发展现状，以及科研工作者独立自主、艰苦奋斗、科技报国的伟大抱负和决心。

在期末考试之前，在考试诚信承诺中，与素质老师一起进行思政教育。在期末考核中，引入一些发散性的论述题，结合国产操作系统的研究现状和产品特点，向学生宣扬我国科技工作者奋斗自主、自主创新的时代风貌，让学生分析我们在卡脖子技术上的一些不足，树立科技攻关、科技兴国的决心。

5　总　结

为了解决课程思政机械化、片面化、离散化、枯燥化的痛点，“操作系统原理”课程组在长期一线的教学和教研教改实践中，探索出一条三维的课程思政体系建立方法。

三维课程思政体系分为纵向分层，横向拉通，时间轴上覆盖全教学生命周期。纵向分为三层：习近平关于教育的重要论述进大纲、马克思哲学方法论进教案、思政融合 TOPCARES 能力指标进课堂。横向分为对内拉通和对外拉通，对内在系部组成专业教师、素质教师、班导师构成的铁三角，在专业导引、班级管理、专业授课三个层面进行课程思政的全面融合。对外与学校的马克思学院思政课程系进行拉通，通过学术交流、互相听课、专家把关等方式进行校级课程思政的拉通与互补，充分利用马克思学院的专业和资源优势来加强我们课程思政体系的完善与质量保证。

"企业经营模拟沙盘实训"课程思政教学设计

罗阿玲

（成都东软学院信息与商务管理学院 四川 成都 611844）

摘　要：本文主要以"企业经营模拟沙盘实训"课程为例，介绍了该如何从课程目标、课程设计、思政育人融入方式、育人过程实施案例、等方面进行课程思政教学设计，最后介绍了该课程的教学效果。

关键词：课程思政；沙盘；教学设计

Ideological and Political Teaching design of the Course Sandtable Practice of Enterprise Management Simulation

Luo Aling

(School of Information Management and Business Administration, Chengdu Neusoft University, Chengdu 611844)

Abstract: This paper mainly introduces how to design ideological and political courses from the aspects of course objectives, course design, integration of ideological and political education, education process implementation cases, and so on.And finally introduces the teaching effect of this course.

Key words: Curriculum ideology and politics; Sandtable;Course design

1　课程简介

"企业经营模拟沙盘实训"是信息与商务管理学院所有专业的专业基础课、实验实践课，也是省级一流本科课程、省级创新创业教育示范课程、省级应用型示范课程。本课程以一个创业企业从无到有的创业过程、经营过程为案例背景，让学生在老师的引导下通过沙盘教具以小组竞赛的方式完成为期 6 年的企业模拟经营。

2　课程目标

2.1　知识目标

本课程以创业企业模拟经营为核心教学内容，结合省级国家级"企业经营模拟沙盘大赛"真题，让学生掌握市场需求分析、制定企业经营计划、资金预算、风险管理、团队管理等创新创业基础知识，以及执行企业经营计划、企业经营组织与实施等复杂问题等高阶性和创新性知识。

2.2　技能目标

通过模拟企业的创业背景为案例，以项目运营为核心，培养学生基于任务驱动教学的市场分析能力与企业经营模拟沙盘"真题模拟训练"的实践与创新能力。

作者简介：罗阿玲（1980—），女，回族，湖南怀化，副教授，硕士，研究方向：电子商务、企业管理。

2.3 思政育人目标

通过企业模拟经营与团队协作，培养学生的团队精神、家国情怀责任与敢于创新创业的意识，培育学生经世济民、诚信服务、德法兼修的职业素养，从而服务我校“服务区域经济发展”的办学定位。

3 课程教学设计

3.1 整体设计思路

本课程响应国家“大众创业、万众创新”号召，跟踪行业趋势，结合学校办学定位及专业人才需求，课程内容结合学校周围都江堰地区的特点，以创业企业经营为案例背景，组织学生以小组竞赛的方式完成为期 6 年的企业沙盘模拟经营。

3.2 思政育人主题与结合点

“企业经营模拟沙盘实训”作为一门专业实验实践课程，注重学思结合、知行统一，增强学生勇于探索的创新精神、善于解决问题的实践能力。

“企业经营模拟沙盘实训”作为一门创新创业教育课程，注重让学生“敢闯会创”，结合学校周围都江堰地区藏、羌少数民族地方特点设置教学案例，让学生在亲身参与中增强创新精神、创造意识和创业能力。

“企业经营模拟沙盘实训”作为一门经管类专业基础课程，在课程教学中坚持以马克思主义为指导，帮助学生了解专业和行业领域的国家战略、法律法规和相关政策，引导学生深入企业实践、关注企业现实问题，培育学生经世济民、诚信服务、德法兼修的职业素养。

3.3 本课程主要思政元素

（1）乡村振兴，服务民族区域经济发展的担当意识。成都东软学院位于四川省西部藏、羌少数民族聚集地区，使本课程具有得天独厚的创新创业民族性素材，提供丰富的精准扶贫类教学内容；同时面向乡村精准扶贫的教学改革与前期积累为后续持续面向乡村振兴的教学内容改革与创新创业实践奠定了基础；培养学生的家国情怀责任与服务少数民族乡村振兴的担当意识。

（2）敢于创新创业的创造意识、创新思维、创新精神和创业能力。[1]本课程以一个创业型工业企业为例，让学生尝试用起始资金考察市场，制定企业计划，并运营 6 年，激发学生的创新创业精神和能力培养。

（3）经世济民、推动发展经济的家国情怀。在学生进行企业经营模拟过程中，学生通过经营获取企业利润的增长，计算所得税、按时缴纳所得税，培养学生经世济民的理想抱负以及不偷税漏税的职业习惯。

（4）职业规范、诚信服务、德法兼修、敬畏与遵守制度的职业道德。[2]在企业经营模拟过程中，需要遵守企业经营规则，听从裁判的命令、遵守团队 CEO 的计划，帮助学生了解专业和行业领域的国家战略、法律法规和相关政策，培养了学生诚信服务、德法兼修、敬畏与遵守制度的职业道德。

（5）团队协作，工匠精神、发现与质疑、客观，严谨。[3]整个授课过程以小组竞赛的方式，学生分角色进行合作完成企业经营，培养学生团队合作的精神；同时通过制定预算、填写财务报表、制定物流计划等，培养学生的工匠精神。

4 思政育人融入方式

融入方式 1：通过学校周围都江堰藏、羌少数民族聚集地区创新创业企业的模拟经营为案例，培养学生的创造意识、创新思维、创新精神和创业能力。教师根据企业经营为案例背景设置企业模拟基础数据；并在企业背景介绍过程中对企业基本情况、地区乡村振兴等进行介绍。

融入方式 2：通过团队合作，使学生可以亲身感受到团队合作精神的重要性。模拟企业运营内容涉及市场分析、市场定位、制作经营计划、产品研发、原材料采购、生产控制、广告投放和销售、财务报表填写等内容。角色多，需要组成一个团队，团队成员要负有自己的责任。

融入方式 3：通过企业经营规则的遵守，以及财务报表的填写，培养学生经世济民、诚信服务、德法兼修的职业素养。

5 育人过程实施案例

本课程设定的虚拟公司背景：都江堰周围藏、羌等民族地区乡村企业，拥有 600 万启动资金，学生需要成立小组进行角色分工，用这些启动资金成立一个虚拟公司，并运营 6 年。在运营过程中，虚拟企业需要分析市场需求和产品价格，然后制定企业经营规划。确定企业要研发并生产的产品的类型、需要购买的生产设备、需要采购的原材料，需要开拓的市场、需要租赁或者购买的厂房等。第 1 年是创业元年，第 2 年开始只产品完成生产可以在本地市场销售，但本地市场需求不足，竞争越来越激烈。预计未来几年销售收入将继续下降。同时，市场上还有多家公司面临同样的市场发展机会、新产品开发机会和融资渠道（其他虚拟公司）。各公司领导人将依据市场信息决定自己的定位和市场策略，决定何时投资于何种新产品、何时进入哪个目标市场，估算产品的盈亏平衡点。决定如何扩展生产能力，使之与市场策略相适应；还要决定如何融资、如何平衡资金。由于各家公司选择的策略和运作能力各不相同，竞争态势经常此消彼长，就看你能否脱颖而出，给股东带来超常回报。

公司性质：中小型的生产加工型企业。

公司地点：位于四川省都江堰周围藏、羌等民族地区。

经营范围：研发、生产并销售产品。目前每个虚拟公司可以选择的产品分成了 P1\P2\P3\P4 四个档次，每个档次的产品价格不一样，需求不一样。例如：根据区域特色，这四款商品可以分别为 P1（价低—腊肉，单价 60 ~ 120 元/斤）、P2（中档—牦牛肉，100 ~ 260 元/斤）、P3（中高档—天山雪莲，300 ~ 800 元/50 克）、P4（高档—冬虫夏草，599 ~ 1200 元/克）。

原材料：R1（包装袋）、R2（干燥剂）、R3（包装礼品盒）、R4（产品原料）。

生产设备：手工线（手工晒干包装机，只能生成一种商品）、半自动（半自动烘干包装机，只能生成一种商品）、自动线（全自动烘干包装机，只能生成一种商品）、柔性线（全自动烘干包装机，可以生产所有类型商品）。

市场开拓：市场的获得与企业的市场分析与营销计划有关，并要求与生产相适应；市场份额直接决定销售收入额，同时受生产能力的限制；获取订单来源的最小单位是细分市场。主要市场包括：本地（都江堰地区）、区域（中国西部）、国内（中国市场）、亚洲、国际五个市场。不同市场开拓的费用不一样，价格也不一样。市场越大，开发时间越长，开拓成本越高，产品价格越高。

组建团队：学生登录系统，用老师告知的用户号和登录密码进行登陆。学生登录后填写学校名称、虚拟公司名称、公司宣言和各个角色的姓名，同时进行密码的重设。填写完毕，提交信息，开始公司的运营。在公司运营过程中，必须遵守系统规则。

产品研发：开发费用在季末平均支付，不允许加速投资，但可以中断投资。

企业经营：团队分角色进行 6 年企业的经营。

计算所得税、填写报表：每一年年末需要填写财务三大报表，计算所得税，并按时缴纳所得税。

6 教学效果

6.1 课程建设成果

本课程通过多年建设，拥有了丰富的线上线下实训平台资源，编写本课程教材两本；实现了课程考核方式多元化，对学生能力指标达成效果的评价更具有针对性；2011 年成功申报为四川省精品课程；2014 年成功申报为四川省精品资源共享课程；2017 获校级教学成果奖三等奖，2018 年全国移动互联网创新大赛高校组教学成果三等奖；2019 年入选“四川省普通高校应用型本科示范课程”、校级“创新创业教育示范课程”、“校级一流本科课程”，获“全国生态文明信息化教学成果奖”；2020 年入选校级“混合式教学课程建设项目”，申报为“四川省创新创业教育示范课程”“四川省一流本科课程”。

6.2 学生学习效果

近年来学生参与相关竞赛中取得优异的成绩：453 人次获省级以上奖项 102 项，285 人次获国家级奖项 82 项。其中：“挑战杯”四川省大学生创业计划大赛银奖 2 项、铜奖 12 项；全国移动商务技能竞赛获得全国一等奖；全国应用型人才综合技能大赛一等奖；全国新零售买手创业实战大赛一等奖 13 项；全国大学生“互联网+”创新大赛全国三等奖；全国大学生电子商务“创新、创意及创业”挑战赛一等奖 7 项；“创新创业”全国管理决策模拟大赛全国总决赛一等奖；近五年参加四川省大学生 ERP 沙盘模拟经营大赛先后获得四川省二等奖 15 人次；四川省三等奖 20 人次。

参与本课程培训的部分学生课后在 SOVO（大学生创业中心）孵化出了实体公司多家。

参考文献

[1] 胡晓娜，俞芬. 高职院校物流沙盘模拟经营“课程思政”教学改革探索——以湖州职业技术学院为例[J]. 物流技术.2020，39（03）.

[2] 石鑫岩，王海燕，韩海轩，王浩，郝婧，邢洁. ERP 沙盘实训课程思政的探索与实践——博弈论视角下河套学院 ERP 沙盘实训课程教学对大学生契约精神培养[J]. 智库时代.2020，（08）.

[3] 杨春华. ERP 沙盘模拟实验课程思政教学设计探索[M]. 人才培养与教学改革——浙江工商大学教学改革论文集. 2018.

基于 CDIO 模式的计算机专业导引与职业生涯规划课程思政改革分析与实践

施刚　罗铃　涂慧敏

（成都东软学院计算机与软件学院　四川　成都　611844）

摘　要：自习近平总书记提出各类课程与思想政治理论课程同向同行，形成协同效应以来，课程思政越来越受到各高校的重视。本文以计算机科学与技术专业导引与职业生涯规划课程为例，结合成都东软学院 CDIO 人才培养模式，从教学内容、教学手段和方法、考核方式、教学实践与反馈等方面如何与思政结合进行分析与探讨。

关键词：课程思政；CDIO；专业导引；课程改革

Analysis and Practice of Ideological and Political Reform of Computer Professional Guidance and Career Planning Course Based on CDIO Mode

Shi Gang　Luo Ling　Tu Huimin

(School of Computing and Software, Chengdu Neusoft University, Chengdu 611844)

Abstract: Since the general secretary Xi Jinping proposed that all kinds of courses and ideological and political theory courses go in the same direction and from a synergistic effect, the curriculum of ideological and political theory has been paid more and more attention form colleges and universities. Taking the guidance and career planning course of computer science and technology as an example, combined with the CDIO talent training mode of Chengdu Neusoft University, this paper analyses and discusses how to combine with ideology and politics from the aspects of teaching content, teaching means and methods, assessment methods, teaching practice and feedback and so on.

Key words: Curriculum Ideological and Political; CDIO; Professional Guidance; Curriculum Reform

引　言

计算机科学与技术专业是成都东软学院首批招生的本科专业之一，成都东软学院秉承工程教育理念，基于 CDIO 模式来培养计算机应用型和创新型人才，并形成了独有的 TOPCARESS-CDIO 人才培养模式。计算机专业导引与职涯规划课是为了计算机专业学生了解计算机类本科

基金项目：全国高等院校计算机基础教育研究会 2021 年度教改项目“计算机专业导引类课程中的思政整合探索与研究”（2021-AFCEC-150）；成都东软学院 2021 年校级立项教改课题。

作者简介：施刚（1979—），男，汉族，四川成都，副教授，硕士，研究方向：计算机系统结构。
罗铃（1988—），女，汉族，四川成都，讲师，硕士，研究方向：行政管理。
涂慧敏（1992—）女，汉族，四川成都，讲师，硕士，研究方向：声乐。

专业内涵特点、专业与社会经济发展的关系、专业涉及的主要学科知识和课程体系、专业人才培养基本要求等，帮助学生形成较系统的专业认识，了解相关专业内涵和发展趋势的要求而开设。在成都东软学院的计算机科学与技术本科专业人才培养方案中，专业导引与职涯规划课程映射着以项目为导向的课程培养体系中最重要的两个一级项目之一，与综合实训一级项目一头一尾串联起整个专业人才培养的课程体系架构。专业导引与职涯规划课程开设于大一新生入学后的第一个学期，只有 16 个学时。但该课程对计算机专业的同学来说，起到的是将其在计算机专业上引领入门，培养专业学习兴趣、增强学习信心的作用。同时，帮助大一新生从入学就逐步树立为做好我国社会主义事业接班人的伟大理想，并知道如何在专业学习目标、职业生涯规划等方面进行正确的规划。

为达到上述要求和目标，专业导引与职涯规划课程不仅要按 TOPCARESS-CDIO 人才培养模式来进行课程项目教学内容、一级（导引）项目的设计，还必须要将思政内容引入进来，通过将课程思政内容与项目案例和一级导引项目的深度融合设计的方式来进行课程教学改革。下面主要从教学内容、教学方式、考核方式、学生分析等几方面进行具体的介绍和分析。

1 教学内容设计中的思政融合

成都东软学院的 TOPCARESS-CDIO 人才培养模式最大的特点就是以项目驱动教学，而对专业导引课程来说，不是要教会大一新生开发完成或实现一个具体的计算机软硬件项目。而是需要通过计算机软硬件系统的具体案例介绍和分析，向这些大一新生展示计算机可以做什么，与其他专业的联系和区别在哪里。在计算机系统案例的选择上，即要承认国外先进计算机软硬件系统的优势，直面当前某些领域上国产计算机系统或产品对应的不足，更要通过我国近几十年来在计算机领域的飞速发展成果来体现我国计算机软硬件产品的优势和良好的发展前景，如华为的鸿蒙系统等。

在教学内容设计上，还要注重课外自学内容的安排。推荐学生自行观看能体现我国计算机发展历程，以及计算机在我国社会各方面应用所取得的巨大成绩等方面的优秀影视作品和新闻。比如体现我国载人航天工程的新闻，从习总书记与航天员地空连线对话能体现出当前我国计算机领域尤其是物联网技术的飞速发展。再比如体现我国第一颗原子弹、氢弹的诞生的影视作品[电影《横空出世》；电视剧《功勋》（于敏部分）等]，引导学生找出其中计算机的作用在哪里，并适时介绍当前我国已经可以通过计算机模拟进行核武器试验，从而让学生体会我国计算机技术的进步和先进性，增强民族自信心和自豪感。

2 教学方式中的思政融合

对专业导引课程来说，前面已经提到从教学内容设计就需要以项目案例作为主要的教学内容。具体到教学方式方法的落实上来说，涉及案例教学、引导式教学、互动式教学+翻转课堂，以及积极有效地开展第二课堂教学活动等方式方法。

在案例教学和引导式教学中，需要教师将所选择的项目案例内容与思政内容结合在一起进行介绍。在项目案例与思政融合的方式上，尽量引导学生依靠自身的能力和价值观来分析案例中所体现的问题，并思考如何通过技术手段来解决。其中需要教师引导学生认真分析和讨论案例中具体计算机技术的应用以及案例项目的完成对国家、社会的积极作用和意义。比如将华为鸿蒙操作系统作为项目案例进行介绍的过程中，需要向学生介绍操作系统的作用和功能，引导学生分析当前电脑系统的主流操作系统特点及来源，发现我国在操作系统层面的短板和缺陷以及可能引发的各类问题。通过鸿蒙系统的发展向学生强调自主知识产权操作系统的意义和重要性，并引申出以美国为首的西方国家是如何在芯片、操作系统等领域对我国的打压和制裁，激发学生及早树立在计算机技术领域树立自立自强的信念。

在互动式教学+翻转课堂这类教学方式上，

专业导引课教师可采用的方法是给出若干计算机应用的场景及可进一步深入立项开发的方向，让学生以小组为单位，每个小组选择一个具体的可立项方向来进行自主分析，查找资料。对每个小组所选择的项目立项，教师一方面要从专业角度做简要的引导式分析，另一方面要向学生强调该立项方向的社会价值，能为国家和社会带来哪些更好的变化。学生对自己所选择的项目进行分析和介绍（课程答辩）过程中，教师更要引导和鼓励该小组同学可以该项目作为本科甚至整个职业生涯的研究目标，既能体现自身的人生价值，又可为我国的社会进步做出自己的贡献。

3 T-C 培养指标与考核方式的思政融合

原来的专业导引课程在 T-C 能力培养指标上，主要注重偏专业技术的能力指标。而在后续的 T-C 能力培养上，需要增加和加强与社会责任、职业素养和价值观相关的几个二级指标的培养和考核。尤其是社会责任感相关指标体现为需要培养学生具备以爱国主义为核心的民族精神和以改革创新为核心的时代精神。[4]（上面所述各能力指标详细分析——参见《成都东软学院 2020 版计算机科学与技术专业人才培养方案》）

而具体落实到课程与培养指标的考核方式上，专业导引与职涯规划课程采用的是项目考核方式（对应的是项目体系架构的第一个一级项目），但鉴于大一新生目前无法完成一个具体的计算机项目，因此将前面提到的以小组为单位选择的立项项目（作为一级项目）的完成情况作为课程考核的重点。在原专业导引与职业生涯课程的项目考核的评价体系上，一般主要分为项目完成情况考核（小组整体）、小组分工情况考核（小组每个成员）、项目 PPT 展示及讲解答辩情况考核（小组整体及成员个人）几个方面。为更好地体现思政融合，在 2021 级计算机类专业新生的课程项目考核评价体系上，多增加了一项，即项目对国家、社会的进步意义（社会效益及公益性）考核，具体如表 1 所示。

表 1　项目考核成绩评定标准

考核项	简要描述	分值比例
项目完成度（报告）	每人提交的结课报告（项目报告）完成情况	40%
小组分工	作为项目组成员在项目完成中的表现与作用	20%
PPT 展示及答辩	PPT 汇报展示情况及每个小组成员现场答辩表现	30%
进步意义（思政）	项目的社会效益及公益性体现及评价	10%

4 教学实践效果与学生反馈

从 2020 级计算机科学与技术本科新生开始，专业导引与职涯规划课程逐步加大了思政方面的教学内容力度和比重，通过将思政内容与专业内容相融合的方式增强学生的爱国情怀、法治意识、社会责任等。通过专业学习和项目实践以及其中的思政思想，培养学生的辩证唯物主义世界观、科学素质和思维方法，增强学生爱国主义观念，从而逐步树立符合学生自身的职业规划方向和大学期间的学习目标。

目前，加强了思政改革内容的专业导引与职涯规划课程已经在成都东软学院 2020 级（630 人左右）和 2021 级（980 人左右）计算机专业本科学生中开展了近两年的教学实践。通过课后的统计调查结果显示，随着课程思政融合的深入以及教学内容、授课方式等方面的完善，2021 级学生在专业认可、学习目标、职业规划、入党意向、考研意向等几个方面都有不同程度的提高。如图 1 所示。

5 结束语

课程思政教学改革是大思政格局的重要组

成部分，而专业导引课程是成都东软学院所有本科专业人才培养体系中非常重要的组成环节。本文通过结合成都东软学院 CDIO 人才培养模式，从教学内容、教学手段和方法、T-C指标与考核方式、教学实践与反馈等方面如何与思政结合进行了比较深入地阐述和分析，为专业导引类课程及计算机专业课的课程改革和思政融合提供了一种思路和方法。

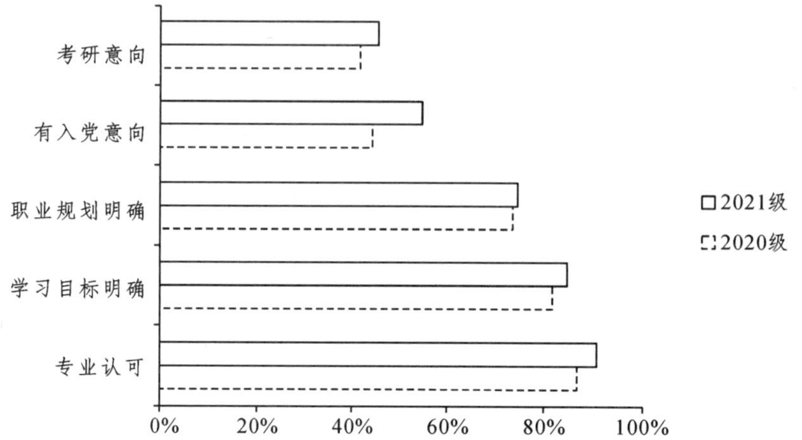

图 1　教学实践效果调查统计情况分析图

参考文献

[1] 青年要自觉践行社会主义核心价值观[N]. 习近平. 人民日报. 2014（002）.

[2] 思政课是落实立德树人根本任务的关键课程[J]. 习近平. 新长征（党建版）. 2021（03）.

[3] 把思想政治工作贯穿教育教学全过程开创我国高等教育事业发展新局面[N]. 张烁. 人民日报. 2016.

[4] 专业人才培养方案[M]. 成都东软学院. 2020.

以持续探究李冰形象为例的课程思政研究

王方方　王运栋

（成都东软学院数字艺术与设计学院 四川 成都 611844）

摘　要：两千年前的水利专家李冰以“科学实干”的精神筑造了“都江堰”，成就了“天府之国”。李冰的“科学实干”精神及形象正是我们新时代所要弘扬的优秀精神品质。持续探究李冰形象是我们课程思政的一个重要案例，近年来取得了一定教育效果。本文主要从理论和设计实践两个方面对李冰形象进行持续探究，并阐述持续探究对课程思政研究的意义。

关键字：李冰；持续；形象；课程思政

A study of curriculum thought and politics based on the continuous exploration of the image of Li Bing

Wang Fangfang　Wang Yundong

(School of Digital Art and Design, Chengdu Neusoft University, Chengdu 611844)

Abstract: Two thousand years ago, Li Bing, a water conservancy expert, built the “Dujiangyan” with the spirit of “scientific and practical work” and achieved the “Land of Abundance”. Li Bing’s spirit and image of “scientific and practical work” are the excellent spiritual qualities that we want to carry forward in the new era. Continuous exploration of Li Bing's image is an important case ofcurriculum thought and politics in our course, and has achieved certain educational results in recent years.This paper explores Li Bing’s image from the perspectives of theory and design practice, and expounds the significance of continuous exploration to the study of curriculum ideology and politics..

Key words: Li Bing; continuity; image; Curriculum Ideology and Politics

1　持续探究李冰角色形象的课程思政意义

1.1　持续搜集与整理相关史料

李冰是我国战国时期著名水利学家，因其修建了著名的“都江堰”水利工程而闻名后世，也成就了成都的“天府之国”，后人称其为“川主”。李冰造像主要分布在今都江堰、德阳、阿坝州、山西等地及一些博物馆。我校地处都江堰，搜集整理这些资料就是推动地方历史文化建设，弘扬“科学实干”精神，具有重要意义。这些形象资料的收集将会为后续更多的李冰形象研究打牢基础。

1.2　持续深入探究具有思政示范实际意义的内容

角色设计不能无根无源，有根源的“真”是“感人”的核心力量，因此我们设计前要了

基金项目：四川省社会科学重点研究基地李冰研究中心 2022 年课题项目（LBYJ2022-014）。

作者简介：王方方（1986—），男，汉族，陕西渭南，讲师，研究方向：艺术学。
王运栋（1963—），男，汉族，辽宁大连，副教授，研究方向：艺术学。

解人物历史、年代、传说，确定性格、年龄、爱好、提炼面容特征，推敲体态特征、考证服饰特征等。收集这些资料逐渐明晰李冰形象，这需要多年持续的积累和研究，要建立在足够的资料基础之上，才能使设计做到作品有真金，“不欺世”“难改动”“铸经典”。

这种持续的探究精神会随着课程案例的展开进而传递给每一位学生，使学生对艺术产生敬畏，使学生明白艺术创造也需要建立在广泛的科学认知的基础上。这个持续探究的案例可以端正同学们学艺的态度，树立其执着的探究精神。这正是持续探究到深处去的课程思政的意义之所在。

学生结课总结时写道：“在这次角色设计课中我们学到了很多，从剧本创作到人物设计，再到最后的绘制，每个环节都在激励着我们向前，在看了方方老师的“李冰”角色创作汇报后。我们小组深刻感受到了一个好的作品来之不易，这不仅仅需要强硬的绘画功底，更需要认真思考其背后的努力，而不是简简单单天马行空就能得来的。因此，我们要善于观察生活中的美，从而更好地提升自己。”

2 理论持续探究

在理论探究部分首先研究了李冰形象的造型特征，再研究了李冰形象随时代的变化。为不同年代李冰形象塑造初步探索了一些造型上的规律。

2.1 李冰形象的造型特征

在广泛的考察与阅读大量资料基础上选择典型造像研究，系统分析了已有的李冰典型形象，总结了李冰造像的特征：

（1）李冰造像以其任蜀郡太守年龄为典型，约 46 ~ 51 岁为佳，也可扩展到 67 岁（逝世）之前，根据不同需要选择；

（2）李冰造像以战国深衣束发冠为典型；

（3）李冰造像以文人佩战国剑形象为典型，以示其“士”的尊贵地位和抒发其凌云志；

（4）李冰造像以“成教化，垂鉴戒”的站立、工作或端坐全身标准像为圣贤典型，以彰显其太守贤圣功勋；

（5）李冰造像以“国”字脸、“厚重之貌”、“龙眉”“龙眼”“龙鼻、虎鼻”“四字、方口”“垂肩耳、贴脑耳”为头面五官典型，以彰显其威仪与才智；

（6）李冰造像以神情庄严、目视长空为典型。

研究对李冰形象与同为治水先贤的大禹、丛帝、西门豹、郑国进行了造型特征区分，李冰造像可进一步结合其文献资料及显著功勋进一步深化造型塑造，比如“李冰父子”二人治水就比较典型，可进一步完善其特征；再可将杩槎、卵石、竹笼元素提炼于李冰造像；再如可将镇水石犀相伴等。通过一些辅助元素使得雕塑具有更明显的造型识别度，形成一个符号、元素，而不是强命名曰“李冰”。

2.2 李冰形象特征的变化

本研究选取了不同历史时期李冰造像展开研究，分析出李冰造像的不同历史时期的不同特征。

李冰历代造像主要有三种类型，这三种类型正是由于后续经历的历史时代决定的。这三类就是“郡守”为第一属性的造像，“王”为第一属性的造像，“水利专家”为第一属性的造像。其实这三个属性都是实至名归的人们对李冰的敬仰和感恩的属性，这种敬重程度会随着时代的发展、时间的推进而倍增的。从“郡守”到“王”与从“王”到“水利专家”之间的标签转换都大致经历了 1 000 年时间，且敬意只增不减。所以“水利专家”这个第一属性也是李冰的最佳属性。

这三类造型分别以以下三尊造像的具体造型特征为代表：

第一尊造像五官端正，面带笑容，头戴冠，身穿长衣（战国深衣），腰间束带，拱手垂袖，平视而立，形貌雍容大度，属汉代圆雕。这一尊造像首先是将李冰形象放大尺寸以表示敬仰与尊敬，在服饰上还是比较忠实于李冰活动时期的深衣衣着，这一时期李冰作为一方郡守的基本状态。这尊造像线条简括质朴，整体浑厚，韵律优美。

第二尊造像是一尊封王圣之后的坐像。头戴冠冕，身着圆领宽带朝服，手持笏板，这尊塑像受封香火，造像手法也同于同时期的神君塑像。这尊造像工艺精美，造像肃穆。

第三尊造像是一尊铜质城市雕像。雕塑的是李冰父子正站风里浪前，研究指导修筑都江堰的情景，雕像中李冰头戴束发冠，着深衣，一副成竹在胸、坚毅果敢、充满深情。这尊造像去神化、造型朴素、亲近大众、中西合璧。

3 设计实践探究持续

李冰形象的研究没有停留在理论探索部分，而是进一步把李冰的动画角色形象系统的设绘制出来。将概念图、转面图、表情图、光影图、黑白稿、色彩指定图等绘制出来，使课程能完整的呈现出来。完整的案例图例较多，这里略列如下。

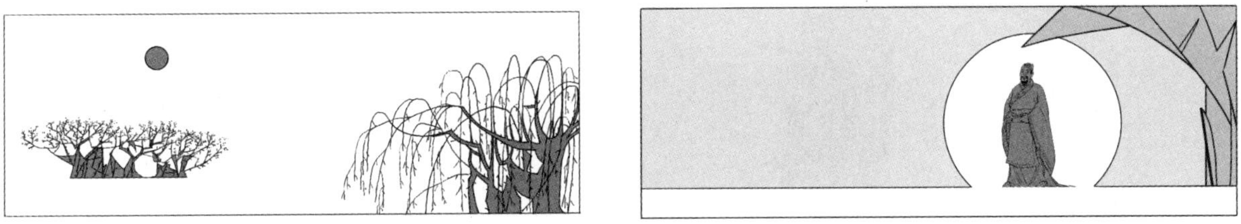

图 1 概念图（一）

图 2 概念图（二）

图 3 概念图（三）

图 4 表情图（一）

图 5　表情图（二）

图 6　转面图

图 7　色指定

图 8　动态图

这些形象的清晰化是一个漫长的探索尝试的过程，绘制了大量的设计草稿，经过清稿整理，规范制图与版式设计，提炼出李冰形象的精神气质。再通过更多的表情和动态瞬间设定，使得形象更加清晰和鲜活。

这个形象的设计作为“角色设计”课程的三级项目示范案例，在教学中对于学生的直观感受和示范引领作用十分明显。课程还进一步引入学生一起进行案例分析与研究，甚至参与构思设计，进一步持续探索李冰的形象。以这个持续研究的案例为契机，为学生注入一个“科学实干”的思政力量，使得学生能够感受深刻、能够启发新的角色创作。

在老师的带动下，学生设计的《李冰治水》漫画作品获得 2022 年“丝路之星”国际艺术大赛“银奖”、第八届学院派奖“三等奖”、第十六届创意中国设计大奖“优秀奖”。教学班的学风逐年优化，学生学习积极性很高。

4 总　结

通过前期的研究积累，李冰的造像研究方面已经取得了一定的成果，在可视的形象设计方面也取得了一定的进展。这个研究还会持续推进下去，进一步探索出更好的李冰形象，创作出更多的角色相关的作品和产品，持续弘扬“科学实干”精神。把李冰研究融入思政课堂与专业课程相结合，为专业课程注入“科学实干”精神。这种教师率先示范的精神对学生的影响很大，对良好学风的形成十分有用。这种精神逐年推动课程达到一个更高的层面，使教学相长。

参考文献

[1] 王方方. 经典李冰造像的造型特征浅谈[C]. 2021 成都东软学院学术论文集（第六辑）. 成都：西南交通大学出版社. 2021.7：236-238.

[2] 王方方，王运栋. 典型李冰造像特征的变化研究[J]. 艺术品鉴.2021.08：115-116.

关于计算机类课程思政的几点思考

夏磊

（成都东软学院计算机与软件学院 四川 成都 611844）

摘 要： 课程思政以树立爱国情怀为主线，对学生进行建设中国特色社会主义教育，使中华优秀传统文化得以传承。因此，从课程思政的核心出发，思考人才培养的目标、人才培养的标准以及人才培养的环境建设等，需要在多学科、多课程教育中融入思政教育，确保人才培养的最终达成度。高校各学科具有各自的特色，如何在课程中融入思政元素，如何在无意识的情况下在学生思想上埋下爱国的种子，已经是高校教育教学的热点话题之一。本文就如何将思政元素融入计算机类课程教学、如何将思政元素从多元的维度进行了一些思考与讨论。

关键词： 思政元素；课程特色；自主创新；工匠精神

Several Thinkings on the Ideology and Politics of Computer Courses

Xia Lei

(School of Computing and Software, Chengdu Neusoft University, Chengdu 611844)

Abstract: The ideological and political curriculum takes the establishment of patriotic feelings as the main line, conducts education for students on building socialism with Chinese characteristics, and enables the inheritance of excellent traditional Chinese culture. Therefore, starting from the core of curriculum ideology and politics, thinking about the goals of talent training, the standards of talent training and the construction of the environment for talent training, it is necessary to integrate ideological and political education into multidisciplinary and multi-curriculum education to ensure the final achievement of talent training. Each discipline in colleges and universities has its own characteristics, how to integrate ideological and political elements into the curriculum, how to plant patriotic seeds in students' minds under unconscious conditions, and will naturally become a faithful service to the people in subsequent study and even work life, which has been one of the hot issues in college education and teaching. This paper discusses how to integrate ideological and political elements into the teaching of computer courses, and how to expand ideological and political elements from multiple dimensions.

Keywords: ideological and political elements, course characteristics, independent innovation, craftsmanship

计算机在我国的社会应用越来越广泛，计算机技术的应用也已日新月异。然而，虽然我国的科技水平近年来在诸多方面有了长足进步，乃至跻身世界先进水平，但更多的科技的基础性研究或是某些高精尖技术的支撑技术方面遭遇了卡脖子的困境。如何强化计算机类专

作者简介： 夏磊（1981—），男，汉族，四川成都，副教授，博士，研究方向:机器学习，软件理论。

业学生的爱党爱国思想，坚定社会主义建设信念，对学生的思想进行引领与引导，是目前高校计算机类专业课程设计与建设所面临的问题。[1]

1 思政元素的切入点

计算机行业发展日新月异，新技术、新工具、新领域层出不穷。但由于我国起步晚，计算机技术相关的基础领域的研究薄弱，计算机相关领域的发展不平衡等原因，使得我国在科技的诸多方面还存在亟待解决的问题。

思维的改变难于技术上的突破。思维决定了能力的高度，想要提高创新和创造能力，需要在思维突破、视角拓宽、眼界提升等多方面下功夫。由于学术界与工业界的工作方式和强度的自身属性，决定了改变与突破只能依靠大学和研究机构来主导。但快速发展和变化的计算机行业，使得整个学术界也变得浮躁起来，这是因为学术界也受限于外部的变迁，从而“生存压力”变得异常巨大，需要快速学习才能打破行业高速发展带来的诸多限制。这使得学术界缺少了沉淀与思考的时间，没有了对思维的深入讨论。

具有良好的创新意识与创新能力，具备刻苦钻研、精益求精、不断进取的品格，具备中国特色社会主义认同感，塑造个人的内在修养与品质是课程思政对学生的要求。只有上述多方面的能力达到一定境界，才能反哺学术或工业，方能在各个领域中将创新与匠人精神发挥极致。因此，将创新意识、匠人精神、爱国主义教育、奉献精神等作为思政的切入点引入计算机类课程中，是相当有必要的。

2 课程思政的基本思路

开展课程思政，首先要解决的就是如何将思政内容与专业特点相结合的问题。一方面如何将思政内容进行完整的传达，但又不能显得特别的刻意与突兀；另一方面，如何将专业性非常强的计算机类课程内容和思政内容进行整合。上述两方面是开展课程思政要考虑的重要问题。这要求专业教师首先要认识到课程思政的首要性和重要性，其次还要有很高的政治觉悟和政治素养，再次需要有极高的专业修养，能够将专业与思政元素进行有机融合，将专业目标和思政目标统一，将专业案例与思政案例进行整合，设计出切实可行的专业思政方案。

2.1 确立思政目标

培养以爱党爱国为核心，以创新能力和匠人精神为主导，结合理工科专业的特点，进而确定计算机类课程的课程思政的目标。

（1）坚定爱国思想，树立远大奋斗目标。作为新时代的青年，应敢于担当、勇于奋斗，努力做新时代具有责任意识和创新精神的建设者。国家命运与个人前途休戚相关，民族振兴与个体发展紧密相连。[2]坚持高举中国特色社会主义思想，坚持为实现中国梦努力，不断强化自我内心，新时代青年才能在奋斗中不断实现人生理想和价值。[3]

（2）深植创新思维，树立创新信心。作为新时代的建设者，需要具有主人翁意识和创新精神。广大青年要积极响应号召，在青春中奋斗，勇于拼搏，敢于争先，开拓进取，闯出新天地。在创新中发挥主观能动力，在创新中逐步找到自我的人生方向，树立信心，增强创新的原动力和内驱力。

（3）崇尚匠人精神，反复锤炼身心。青年时期是一个人的黄金时期，其精力充沛，体力饱满，正是学习知识和实践知识的良好时机。新时代青年要不断使用社会主义核心价值观来武装自己，以不断进取的精神来锤炼自己，提升自己，努力成为国家的栋梁之材。

2.2 设计具有专业特色的思政教学方案

在确定了课程思政目标之后，如何将目标落到实处，找到合适的教学方案，以适当的教学手段，在兼顾专业目标和思政目标的情况下，用学生乐于接受的方式将思政元素传递下去，是设计教学方案的重中之重。就计算机类课程而言，在计算机科学的发展过程中，有着若干代表性人物和里程碑事件。将这些具有代表性的故事及背后的人物以讲故事或调研作业的形式，在激发学生学习兴趣的同时，可以使学生全面了解故事及其背后所蕴含的思想和精神，可以更好达成课程思政的目标。同时，也可以以团队为单位，鼓励学生进行团队协作，在解决问题的过程中训练团队沟通与协作能力，克服困难，反复磨炼，塑造“匠人”品质。

3 在“程序设计基础（C#）”课程中实践课程思政

3.1 聚焦中国发展，坚定理想信念

在计算机的发展长河中，如果忽略了我国代表性人物的贡献，对计算机发展历史来说是不完整的。通过讲故事、播放新闻视频片段、比赛报导文章阅读等方法，向同学们传达前辈们在科研中体现的爱国情怀和潜心钻研的优秀品质等。通过介绍我国的计算机发展史，激励学生对专业的热情和投入科研工作的决心。

3.2 引导思维突破，激励自主创新

面对目前计算机对各行各业的影响，我国急需自主研发的操作系统、编程语言以及相关的周边软件。这一软件背后的布局与逻辑，是值得每个学生探究与思考的问题。从研发一套新的编程语言为切入点，让同学们跳出现有语言的束缚，做到突破思维定式，大胆创新尝试；同时，不要轻易放弃，不要急于求成，在过程中反复尝试，克服困难，立志实现自主创新。

3.3 营造合作氛围，增强团队意识

团队精神简单来说就是大局意识、协作精神和服务精神的集中体现。一个复杂问题的求解需要团队的协力合作。从这个角度，可以升华出团队协作的重要性。结合程序设计类课程实践性强的特点，可以通过设置一个较为复杂的问题作为团队完成的作业，给同学营造合作氛围，在过程中记录下团队的协作记录，磨合团队成员，提升团队协作的积极性与主动性。

综上所述，课程思政不仅需要对思政元素进行深入研究，还需要制定出与专业特色相适应的切实可行的实施方案，选择合适的教学方法和手段，才能达到润物细无声的传达效果。这对专业课教师提出了更高的要求，对培养学生正确价值观提出了更明确的目标。

参考文献

[1] 那俊，李丹程. 课程思政在计算机类课程中的探索与实践[J]. 中国大学教学，2021，3：28.
[2] 任传. 新时代大学生职业理想培育研究[D]. 长春理工大学，2020.
[3] 袁宗虎. 新时代青年的使命与担当[N]，济南日报. 2019-5-29（A05）.

深挖课程思政元素　升华“沟通与演讲”课程

曹洁

（成都东软学院马克思主义学院　四川　成都　611844）

摘　要：全面推进课程思政建设是落实立德树人根本任务的战略举措，课程思政建设是全面提高人才培养质量的重要任务。沟通与演讲课程在不断地建设探索与实践中，深刻认识到彰显课程的思政内涵是升华课程的核心法宝，因而要积极探索将课程思政元素有效融入的合理路径；而要实现运用课程思政升华课程的关键是教师提升课程思政建设的意识和能力。

关键词：课程思政；升华；沟通与演讲；路径

Deeply excavate the ideological and political elements of the course, shine and sublimate the “communication and speech” course

Cao Jie

(School of Marxism, Chengdu Neusoft University, Chengdu 611844)

Abstract: Comprehensively promoting the ideological and political construction of the curriculum is a strategic measure to implement the fundamental task of building morality and cultivating people, and the ideological and political construction of the curriculum is an important task to comprehensively improve the quality of talent training. In the continuous construction exploration and practice, the communications and speech curriculum deeply realizes that highlighting the ideological and political connotation of the curriculum is a shining and sublimating curriculum. Therefore, it actively explores a reasonable path to effectively integrate the ideological and political elements of the curriculum. The key to realizing the sublimation of curriculum ideological and political education is for teachers to improve their awareness and ability of curriculum ideological and political construction.

Key words: Curriculum thought and politics; Sublimation; Communication and presentation; Route

引　言

沟通与演讲是成都东软学院开设的公共基础课，也是面向全校所有专业学生的必修课程，大一下学期或大二上学期开课，2 个学分，36 学时。课程通过项目训练的方式、讲练结合的方法，使学生具有良好的精神风貌、具备沟通表达与团队工作方面的知识和技能。

沟通与演讲课程以“交流、合作、发展”为主要方向，以“为学生的专业和职业发展提供支撑”为理念，以能力培养为重点，以项目为载体展开课程设计。课堂教学围绕项目展开，主要采用“教师课上精讲、学生课下实践、学生课上汇报+师生点评+反思总结”的形式，即教师先围绕项目精讲一次，包括布置项目任务；然后学生以团队为单位，通过一周的课下自学、

作者简介：曹洁（1969—），女，汉族，四川成都，副教授，硕士，研究方向：教育心理。

讨论、练习和彩排，在下次课堂上进行项目汇报展示，师生随后进行针对性点评、内容补充和反思总结，实行进阶式课堂教学。

本文就以下三个方面阐述沟通与演讲课程：首先，在不断地建设探索与实践中，深刻认识到彰显课程的思政内涵是升华课程的核心法宝；其次，如何在深入挖掘课程思政育人目标和内容重点的研究基础上，积极探索将课程思政元素有效融入的合理路径；最后，教师提升课程思政建设的意识和能力是实现运用课程思政升华课程的关键。

1　彰显思政内涵是升华课程的核心法宝

通过上面对沟通与演讲课程教学理念、课堂教学流程的介绍，我们可以清楚地看到：沟通与演讲课程中教师的教和学生的学最终都落在“演讲”上，而一个好的演讲最核心的是立意，它是演讲的灵魂。因此，运用课程思政元素提高立意水平是沟通与演讲课程的主旋律。

如男生常常喜欢选游戏、电竞这些话题进行演讲，这不仅是多数年轻人的喜好，也是我们以IT专业为主的学校的特点。老师清楚地知道：这是理想信念融入的好时机，所以当老师在课堂讲解作品立意的高度和深度后，学生往往能升华自己的主题，以学生作品“英雄联盟——站在世界之巅”为例，学生从现实成功案例出发，联系自己的专业、梦想与追求，在自己剪辑的夺冠视频辅助下，饱含真情实感地回答：“要做多少努力才能翻过这座山，要走多久才能站上世界之巅”，激情澎湃、点燃课堂，让大家感受到青春的力量。

2　开展课程思政的整体思路

2.1　课程思政育人目标

沟通与演讲课程思政育人目标为：使学生具有积极的新时期青年道德风貌和精神气质，具有良好的专业和事业自信心，具备较好的职业素养，“语之有德、言之有道”。

2.2　教学内容中的思政育人主题

为实现“使学生具有良好的精神风貌、具备沟通表达与团队工作方面的知识和技能”的教学目标，沟通与演讲课程的教学内容共分四大板块：团队篇、沟通篇、演讲篇、合作篇，每一板块中均有鲜明的思政育人主题。思政育人主题的融入主要体现在教师的讲授、对学生进行项目练习的要求，以及对学生完成的项目开展的点评中。

（1）第一板块：团队篇。

学生需掌握团队的概念、了解团队建设的目的、明确团队建设的原则、理解团队的生命周期；同时，学习组建本课程学习团队、学习规避团队建设的误区。在该板块中，主要的思政育人主题是：职业素养、责任担当、团队合作、沟通协调、社会主义核心价值观、大国工匠。

（2）第二板块：沟通篇。

学生需了解影响沟通的因素，掌握人际沟通的目标、方法和基本策略，具备准确表达和归纳总结能力、一定的逻辑思维和批判性思维能力。在本板块中，思政育人主题是：职业素养、合作意识、团队合作、责任担当、爱国情怀、文化自信、人文精神、大国工匠、社会责任、红色基因等。本板块最后一次项目主题为专业分享或最爱分享，由于具体演讲题目由学生自定，所以部分思政育人主题有不确定性。

（3）第三板块：演讲篇。

学生需掌握演讲稿的撰写方法，掌握演讲的程序、结构和主要影响因素，具备较强的语音、语调、态势语等演讲技巧运用能力。在本板块中，主要的思政育人主题是：社会主义核心价值观、家国情怀、人文情怀、文化自信、工程伦理、工匠精神、法制意识、社会责任、使命担当等。本板块第一次项目为主题演讲，具体题目由学生自定，所以部分思政育人主题有不确定性。同时，老师讲解所使用的案例有所变化时，思政育人主题也会随之变化，唯一不变的是饱含思政育人元素。本板块的思政育人元素丰富又多样。

（4）第四板块：合作篇。

学生需回顾前面三个板块所学内容，开展有效沟通来提升团队合作能力、提高团队建设水平，最终以团队集体汇报展示的方式来参加课程考核。本板块是包括期末项目考核的整合单元，团队集体汇报展示的主题自定。因此，主要的思政育人主题不确定，但和前面平时项目的主题有较大的一致性，学生的思考更为全面与深刻。

通过一个学期的学习与练习，来到期末，学生基本能掌握既有思想高度和深度，又有知识广度和视野宽度的演讲汇报，饱含真情实感、具有人文温度，“顶天又立地”。学生说：老师强调的“二有”（有意思、有意义）一直回响在耳边，提醒他们每次的构思、创作。

2.3 思政育人融入方式

沟通与演讲课程组按照制定的思政育人目标、修订的课程标准和教案课件，在教学研讨、课堂授课、项目考核各环节贯彻实施思政教育。沟通与演讲课程的项目即老师定主题的演讲或学生自定主题的演讲，相当于翻转课堂。课程组深知做好了项目管理即做好了课堂教学过程管理，因此尤为重视项目设计和管理，每个项目均蕴含思政育人主题，每个项目均有考核标准和评定结果。

沟通与演讲课程蕴含丰富的思政育人元素，这由课程的人文性质决定。但课程组牢记沟通与演讲课程不是思政课程，也不能上成思政课，如何将思想政治教育元素，如价值理念和精神追求等有效融入课程中去，潜移默化地对学生的思想意识和行为举止产生影响，实现与思想政治课“育人”的同向同行和协同效应，这是需要着重思考的。

通过不断地探索与实践，目前有以下融入方式：提前提示、过程指导、成果评价。

提前提示指学生做项目之前，教师在上课中融入课程思政。这可以是教师对学生学习目标的明确，如沟通单元重点强调学生的态度、演讲单元重点强调学生的精神风貌；可以是教师对视频、图片和案例等教学资源的选用，如演讲单元示范视频选择《我的偶像》邓稼先；可以是教师对辩论话题的选择，如恋爱的利与弊、婚礼有无必要；也可以是教师的课程小结或总结等。

过程指导指学生做项目时，教师对学生的指导中融入课程思政。这可以是与学生的互动话题；可以是对学生的项目指导等。如学生喜欢祖国的美景、美食、汉服文化、中华优秀传统文化、中华诗词美学等，老师加以引导，加深学生的文化自信和家国情怀。

成果评价指学生做完项目后，教师在作品点评中融入课程思政。这可以是师生对项目成果的评价；可以是学生对自己项目成果的反思等。一部分学生在模拟面试时，把薪资作为第一追求、唯一追求且越高越好，这些情况出现时，老师不指出，学生居然不觉察，甚至还有部分同学面对老师的质疑表示惊诧：“这有问题吗？”这些都值得学生深刻反思。

3 教师提升课程思政建设能力是升华课程的关键

在沟通与演讲课程思政育人建设中，我们深刻体会到：要做好课程思政教育，教师是关键。首先，教师要有课程思政是提高课程育人水平的意识；其次，教师要提高开展课程思政的能力。目前，绝大多数老师已有了开展课程思政的意识，而提高开展课程思政的能力则是一件更为长期而艰巨的事情。

本文以沟通与演讲课程为例，课程在2019年被确定为省级“课程思政”示范课程之后，继续梳理和学习课程思政建设的重点内容（包括认真研读《高等学校课程思政建设指导纲要》），不断对照课程的学习目标和内容挖掘思政内涵。在一系列课程思政建设之后，仍存在较大的提升空间，这主要体现在：树立高线时要侧重说理，讲清原理、讲透道理、把理说透、令人服气、让人相信、使人坚定，而现实中我们存在一知半解的情况。课程思政建设的重点内容丰富而广泛，沟通与演讲课程涉及课程思政面广，且部分演讲题目由学生自定，思政育人主题有不确定性，需要教师有更全面的思政育人的知识和能力，能将思想政治教育元素，包括思想政治教育的理论知识、价值理念以及精神追求等有更全面而深刻的认识。也只有能力提高，才能防止“贴标签”“两张皮”，深入落实课程思政“不是加法，是方法”，找准育人角度，做到润物细无声等。

教师提升课程思政建设能力，首先要先受教育。值得高兴的是，现在各种相关的学习资源越来越多，校内和校外、线上或线下，丰富多样，质量也很不错。其次，重视基层教学组织的作用，加强课程思政集体教研活动，不断切磋是提高能力的重要途径。最后，加强课程思政建设研究，以科研促进教学能力的提升。

4　结束语

笔者分析了思政元素是升华课程的核心法宝，探索了有效融入的合理路径，课程思政与沟通和演讲中的礼仪规范、内容主旨和态度价值观传递水乳交融，积极立德树人。

浅析课程思政在“商务高级英语”课程教学中的融入与实践

杨梓英

（成都东软学院外国语学院 四川 成都 611844）

摘　要：商务英语是英语的重要一部分，涉及跨文化交际、经贸洽谈、企业合作交流、电子商务、跨境电商及物流服务、外贸函电等涉外交流的诸多方面。课程思政是新时代高校专业课程发展所面临的新课题、新使命。在专业课程中有机融入思政教学元素，是高校开展课程改革的一项重要工作。本文以“商务高级英语”课程为例，就如何将课程思政有机地通过教学活动与课程教学内容结合在一起进行了实践及思考分析。

关键词：课程思政；商务英语；课程教学

Brief Analysis on the Integration and Practice of Ideological and Political Education in the Teaching of Business Advanced English

Yang Ziying

(School of Foreign Studies, Chengdu Neusoft University, Chengdu 611844)

Abstract: As an important part of English, business English involves many aspects of foreign-related exchanges, such as cross-cultural communication, economic and trade negotiations, enterprise cooperation and exchange, e-commerce, cross-border e-commerce and logistics services, foreign trade correspondence and telegrams. Education of ideology and politics is a new task and mission faced by the development of professional curriculum in colleges and universities in the new era. The organic integration of ideological and political teaching elements into professional courses is an important work of curriculum reform in universities. Taking the course of Business Advanced English as an example, this paper makes an analysis on the practice of organically combining the ideological and political education with the course in teaching.

Key Words: ideological and political education; business English; teaching

引　言

习近平总书记在 2016 年全国高校思想政治工作会议上强调“要用好课堂教学这个主渠道”，“提升思想政治教育亲和力和针对性，满足学生成长发展需求和期待，其他各门课都要守好一段渠、种好责任田，使各类课程与思想政治理论课同向同行，形成协同效应”。[1]课程思政是新时代高校专业课程发展所面临的新课题、新使命。在专业课程中有机融入思政教学元素，是高校开展课程改革的一项重要工作。[2]

本文以“商务高级英语”课程为例，就如何将课程思政有机地通过教学活动与课程教学内容结合在一起进行实践，并就笔者在实际教

作者简介：杨梓英（1982—），女，汉族，山西运城人，副教授，硕士；研究方向：商务英语、英语教学法、英语语言学、英语语音学。

学中如何挖掘思政元素，达到“潜移默化、润物无声”的思政德育效果的教学案例进行总结分析。

1 “商务高级英语”课程介绍

英语作为世界语言，在近现代的人类文明进程中为国际交流和发展做出了巨大的贡献。商务英语作为英语重要的一部分，涉及跨文化交际、经贸洽谈、企业合作交流、电子商务、跨境电商及物流服务、外贸函电等涉外交流的诸多方面。商务英语作为高校教育中最实用的专业之一，需要学生掌握其语言特点和相关学习技巧，并最终达到学以致用的目的。[3]

“商务高级英语”是商务英语专业大三学生的综合英语主干课程。该课程不仅是一门语言课程，同时也是一门兼具工具性和人文性的综合素质课程。学生通过学习不仅掌握和提升语言技能，也需要拓宽一定的商务知识、了解世界文化、增强人文素养。

2 课程思政案例分析

教育部印发的《高等学校课程思政建设指导纲要》中指出：“专业课程是课程思政建设的基本载体。要深入梳理专业课教学内容，结合不同课程特点、思维方法和价值理念，深入挖掘课程思政元素，有机融入课程教学，达到润物无声的育人效果。”[4]因此，在实际教学中，教师应扣紧教材与课程思政的结合点，挖掘课程中隐性的育人要点，培养学生的社会主义核心价值观。

（1）在 Globalization（全球化）章节通过组织学生进行小组辩论活动，引出国家发展中的“艰苦奋斗、自强不息”价值观。课堂活动通过让学生在小组辩论中探讨“全球化进程中发展中国家经济发展的利多还是弊多”这一话题，让学生通过查阅资料、准备辩题的过程，了解中国在发展过程中，人民和国家如何通过艰苦卓绝的努力才获得了今天的成果。引导同学们思考无论是一个国家还是一个人，要想赢得世界和别人的尊重，首先必须要明确自强不息的重要性和必要性。

（2）在 Creativity and Innovation（创造与创新）章节通过扩充阅读板块，引入“谦虚好学、努力奋进”价值观。在本课中，通过引入“英语为什么会成为世界语言”的文章进行扩充阅读学习与分析。文中有一部分是对英语成为世界语言的原因之一进行阐述，即在近现代世界发展中，欧洲和美国在科技创新方面取得的巨大成绩，从而很多近现代词汇最初都是以英语的形式出现，世界各地直接借鉴英语词汇的这一现状也是使英语成为世界语言的原因之一。在这个案例中，引导学生正确认识“为什么我们中国人不仅说中国话，还要学习英语”的关键所在，激励同学认真学习，提升自我，通过创新与创造使我们的国家真正富强起来。

（3）在 Crisis management（危机管理）章节通过案例分析，小组调研与探讨分享活动，引入“诚信、敬业”价值观。本次课堂活动通过学生分小组进行公司危机及危机管理的实际案例调查与分析，引导学生思考“诚信”和“敬业”在企业经营中的重要性。其中，通过学生小组选择调研和分析的中国三鹿集团股份有限公司的三鹿“奶粉”产品质量危机所导致的严重后果，在课堂上引导学生探讨“诚信”对企业甚至对个人的重要性。通过另一学生小组调研分析的日本丰田汽车公司的丰田“召回”事件中引发的企业危机，引导学生探讨“敬业”在一个人职业生涯发展中的重要性。

3 结　语

当前高校课程思政建设尚处于起步阶段，专业教师任重而道远。高校英语和商务英语专业教师应根据所教授课程的具体内容，在日常教学中通过吃透教材，积极挖掘课程中的思政元素，将专业课程的外语文化知识与思政教育文化元素有效融合，将价值观塑造、知识传递、技能培养有机融合起来。正如习近平总书记所指出的，好的思想政治工作应该像盐，但不能光吃盐，最好的方式是将盐溶解到各种食物中自然而然地吸收。[1]思想政治工作犹如人精神上的“盐”，是每个人成长过程中的灵魂塑造工具和精神调养源泉，是为受教育者全面发展提供的“精神大餐”中不可或缺的“调味剂”和“营养品”[5]。在外语类专业课程思政建设过程中，应通过设计巧妙的教学任务，使课程内容与思政元素有机结合，达到浑然一体的效果。

参考文献

[1] 习近平. 把思想政治工作贯穿教育教学全过程 开创我国高等教育事业发展新局面[N]. 人民日报，2016-12-02.

[2] 孙杰，常静. 高校加强“课程思政”建设现实路径选择[J]. 中国高等教育，2018（23）：15-17.

[3] 王媛.外国文学“课程思政”教学初探[J]. 长沙航空职业技术学院学报，2020（6）：56-61

[4] 教育部关于印发《高等学校课程思政建设指导纲要》的通知[OL].http://www.moe.gov.cn/srcsite/A08/s7056/202006/t20200603_462437.html，2020.

[5] 孙杰，常静. 高校加强“课程思政”建设现实路径选择[J]. 中国高等教育，2018（23）：15-17.

T-C 模式下大学体育课程思政的特点和要求研究

金小朋

（成都东软学院基础教学学院 四川 成都 611844）

摘　要： 大学体育作为每所高校的一门必修课程，影响着每一名大学生的身心健康，在育人育才中起到十分重要的作用，课程的质量直接影响着其今后的工作生活。本文在成都东软学院 TOPCARES 教学模式下，采用文献资料法、调查法、观察法、逻辑分析法等研究方法，分析了大学体育课程思政开展的情况，指出大学体育课程思政既是新时代人才培养的新要求，又是对高校思想政治工作内容的重要创新。进而，本文对 T-C 模式下大学体育课程思政特点、实践方式、开展的基本要求与基本条件等方面进行了全面论述，指出大学体育思政具有可以较好培养学生团队意识、竞争意识等优良品质的特点，其具体实施方式主要有融入式、挖掘式等，其实施需要有内容与形式相互统一等方面的基本要求。

关键词： T-C 模式；大学体育；课程思政

Research on the Characteristics and Requirements of Ideological and Political Education in College Physical Education under T-C mode

Jin Xiaopeng

(School of General Education, Chengdu Neusoft University, Chengdu 611844)

Abstract: As a compulsory course in every university, college physical education affects the physical and mental health of every college student and plays a very important role in educating people. The quality of the course directly affects their future work and life. Under the TOPCARES teaching mode of Chengdu Neusoft University, using the research methods of literature, investigation, observation and logical analysis, this paper analyzes the development of ideological and political education in college physical education, and points out that ideological and political education in college physical education is not only a new requirement for talent training in the new era, but also an important innovation in the content of ideological and political work in colleges and universities. Furthermore, this paper comprehensively discusses the ideological and political characteristics, practical methods, basic requirements and basic conditions of College Physical Education Curriculum under the T-C mode, and points out that college physical education ideological and political can better cultivate students' team consciousness and competitive consciousness, and its specific implementation methods mainly include integration and excavation. Its implementation needs the basic requirements of mutual unity of content and form.

Keywords: T-C mode; College physical education; Curriculum thought and Politics

---

作者简介： 金小朋，男（1991—），汉族，籍贯：辽宁本溪，硕士，研究方向：体育教育。

课程思政是落实成都东软学院 T-C 教育模式的一项重要举措，也是学校以德树人系统工作的有效实践。作为一门公共课程，大学体育课程思政显得十分重要，具有涉及面广、活动性强等特点。学生的身心健康，离不开大学体育课程的思政建设，大学体育课程思政建设的成功，也将有利于 T-C 教育模式在成都东软学院内的全面落实。积极开展大学体育课程思政建设，也会使校园中的课程思政氛围更加浓厚，也为学校思政工作提供了有力的支持和保障。

1 T-C 模式下大学体育课程思政的特点

T-C 模式的八大能力指标架构指导着课程体系的建设，从一级能力指标体系到四级能力指标体系，逐步分层培养目标。大学体育课程服务于人才培养目标，在促进学生开放式思维与创新、沟通表达与团队协作、态度与习惯、责任感等思政元素方面有着其他课程无法取代的作用。

根据上述内容以及我们自己的工作实践，我们发现，体育教育会带给人许多优秀的品质，如：团队意识、互帮互助、竞争意识、精益求精、不怕困难、永不言弃等。思政目标在 T-C 模式下的大学体育课上体现得较为明显，其最大的特点是涉及面广，这里的涉及面广不仅仅是指其内容广泛，而且还指参与的学生多。

（1）团队意识、互帮互助。

由于我校体育课采用分项教学的方式进行，同一节课会有许多不同专业的同学在一起，通过平时的学习，会让大家相互认识、相互熟悉，改变学生的学习态度，促进学生之间的团队合作，形成团队意识。比如在三大球项目中，都需要通过团队配合来达到最终的胜利，再比如在课堂上有同学受伤的时候，其他同学能够给予帮助，这本身又是一种优秀品质的体现。在课堂和比赛中大家会体会到，一个人再强也抵不过一个团队，在社会上也是一样，要学会与他人合作，才能取得共赢，也就是“1+1>2”的理论。[1]

（2）竞争意识、精益求精。

当今社会的竞争越来越激烈，只有努力奋斗，努力拼搏，在未来才能有更好的生活，大学的体育课程是竞技体育与休闲体育的结合，竞技体育就需要学生奋勇争先，勇攀高峰，对于已掌握的技术，需要再次打磨，从而达到一个新的层面，取得更好的成绩。[2]

（3）不怕困难，永不言弃。

在大学体育课里面，有许多体育项目在刚开始学习的时候会有一些难度，比如排球项目，初学者在学习的时候会出现手臂红肿并伴随着疼痛的情况；田径项目也对同学的体能以及身体协调性有着一定的要求。每个体育项目在练习过程中多少会有些难度，但只要在学习中克服这些困难，那么一定会看到未来的曙光。在比赛中也是一样，只要比赛还没结束，那么就会有胜利的希望，不要轻言放弃。[3]

从以上三个方面的品质培养看，体育思政的实施大多是以活动的形式进行。因此，活动性强也是体育思政的一大特点。

2 T-C 模式下大学体育课程思政的实践方式

目前我国大学体育课程思政效果主要来源于体育教师的灌输，另外一小部分则来源于同学们在课上的自我感悟，这种实施方式的效率十分低下。在教学过程中，教师一定要转变观念、改进方法，深入挖掘思政元素、思政目标的内涵和外延，并用挖掘得到的成果对学生进行引导和启发，在恰当的时间，自然而然地融入课堂上，如社会主义核心价值观、人生观、世界观、大学生的社会责任等，让学生在课堂上既达到学习体育技能、锻炼身体的目标，又在心灵上得到升华。具体实践方式可以概括为“挖掘式”与“融入式”。

“挖掘式”教育需要在体育课堂上弘扬中华民族的优秀文化，如排球比赛前和比赛结束后的向对手致敬环节，武术开始时的抱拳礼，就很好地将中华民族传统文化、礼仪之邦的品质展现了出来。挖掘每个项目上的共性与区别，使思政元素更好地浮现出来，从而使学生能够清晰认识、完整接受。

“融入式”教育需要在课堂上引入与课程息息相关的人物、历史、事件等思政元素，例如在排球教学中，可以将中国女排夺冠视频、电影与纪录片让学生进行观看并阐述团队的力量，了解夺冠背后是多么不易。没有人能随随便便成功，再通过实践练习，让学生懂得合作，学习中国女排的优秀精神品质，提升民族自豪感。[4]

3 T-C 模式下大学体育课程思政开展的基本要求

若要成功地开展体育课程思政，达到预期的效果，必须对体育教师与教学设计安排提出明确的课程思政要求，让大学体育课充分展现课程思政元素。具体要求如下。

3.1 形式与内容上相统一

在教学设计上，大学体育课程需要与课程思政元素密切相关，在教学形式上，大学体育课程需要展示出课程思政的特点，通过学生的参与让学生能够感受课程思政对自己带来的改变。在教学内容上，要求体育教师首先对课程思政有一个明确的概念与教学方法，让学生既感受到体育带来的好处与乐趣，又能带着思考来进行学习，思考每节课的教学内容与哪个思政元素相匹配。[5]

3.2 稳定的教学模式

在实施大学体育课程思政时，一个稳定的教学模式，才能体现出大学体育课程思政的价值，让学生能够直观感受课程思政带来的作用，才能更好地体现出大学体育课程思政的教学大纲、引导式的启发教学，最终体现具有课程思政元素的形成性考核内容。[6]

3.3 增强针对性

在进行体育课程思政时，需要注意各个年级学生的特点以及各个体育项目的特点，课程思政的切入点要与学生自身特点相匹配，让学生能够欣然接受体育课程思政，而不是被动去接受，这样学生不会有逆反心理，满足大学体育课程思政开展的要求，从而大大提升大学体育课程思政的质量。

4 结　语

每个事物的发展都需要一定的基本条件作为支撑，大学体育课程思政的开展也不例外。

首先，将大学体育课程思政传达给学生的是体育教师，这就要求体育教师一定要遵守教育的基本准则，以育人为首要，时刻铭记教育的初衷，保持正确的教育观念。在教授学生体育课程时，也能将思想政治教育融入其中，带着思考教学，带着思考总结，这样才会有所提高。

其次，体育教师应时刻保持创新精神和与时俱进的学习态度，要在原有的教学基础上添加与时代紧密结合的思政元素，添加的思政元素是学生在生活中能够感受到的，也要根据每个体育教师的特点，寻找其所擅长的教学方法，最终探索出具有自己特色的课程思政教学模式。

再次，一个良好的课程思政环节需要得到领导的高度重视，在政策上给予大力支持，并制定好相应体系。我校的 TOPCARES 教育中的八大能力指标体系充分体现了这一点，并给予了老师诸多切实可行的教学方法，从组织、安排、经费、政策等多方面提供了有效保障。

最后，需完善大学体育课程思政的评价体系，多角度、多层次、多维度考核大学体育课程思政的实际效果，评价大学体育课程思政的开展形式，更好地发挥评价指标在大学体育课程思政中的作用。

参考文献

[1] 王岐富，杨非，李健. 三全育人理念下大学体育课程思政开展研究[J]. 福建茶业，2020，42（03）：426.
[2] 杨祥全. 铸魂育人：体育课程思政建设的紧迫性与自身优势探究[J/OL].天津体育学院学报，2020（01）：13-16
[3] 常益. 大学体育的思想政治教育功能研究[D]. 东北师范大学，2019.

[4] 王秀阁. 关于“课程思政”的几个基本问题一 基于体育“课程思政”的思考[J]. 天津体育学院学报，2019，34(03)：188-190.
[5] 常益，常大军. 新时代大学生社会化进程中学校体育的价值审思及实践途径[J]. 沈阳体育学院学报，2019，38(03)：126-131.
[6] 常益，张妹. 健体育魂：大学体育课程的思政教育转向研究[J]. 体育文化导刊，2018(06)：136-141.

基于图形创意的课程思政与学科竞赛相互融合的实践研究

李雪佳

（成都东软学院数字艺术与设计学院 四川 成都 611844）

摘 要：高校是党的意识形态工作的最前沿的阵地，所以在高校课程中融入党的先进思想和方针政策，对于新时代新青年形成正确的世界观、人生观、价值观有着非常重要的引导作用。各高校目前都在积极探索思政教育与专业课程的有机融合，本次研究重点将图形创意课程与课程思政相结合，结合图形创意课程中的典型案例引入，将思政工作巧妙的融入课堂，在无形中将党的先进理念和方针政策传达给每个同学。并能够通过专业类的竞赛，将课堂中所学习到的专业知识将党的先进内容和理念转换为实践成果，做到学以致用。

关键词：图形创意；课程思政；学科竞赛；融合

Practical Research on The Integration of Curriculum Thought and Politics and Subjec Competition Based on Graphic Creativity

Li Xuejia

(Department of Digital Art and Design, Chengdu Neusoft University, Chengdu 611844)

Abstract: Colleges and universities are the forefront of the party's ideological work. Therefore, integrating the party's advanced ideas, principles and policies into college courses plays a very important guiding role in forming a correct world outlook, outlook on life and values for new youth in the new era. At present, colleges and universities are actively exploring the organic integration of ideological and political education and professional courses. This research focuses on the combination of graphic creative courses and ideological and political courses, combined with the introduction of typical cases in graphic creative courses, skillfully integrate ideological and political work into the classroom, and virtually convey the party's advanced ideas, principles and policies to each student. Through professional competitio'ns, we can transform the professional knowledge learned in the classroom and the party's advanced content and ideas into practical achievements, so as to apply what we have learned.

Key words: Graphic Creativity; Curriculum Thought and Politics; Discipline competition; Fuse

引 言

在专业课程中融入思政工作和专业竞赛内容是推动教育教学改革，促进实践教学和人才培养改革创新的重要手段，是培养高校大学生综合素质的有效办法，同时也是提高大学生专业能力的重要保障。而将课程背景下的思政工作与学科竞赛相结合具有一定的创新性，并且具有较强的理论价值和实用价值，能够更好地引领新一代的青年不断进步。

作者简介：李雪佳（1990—），女，藏族，四川成都，讲师，硕士，研究方向：设计学。

本次将重点围绕课程、思政、竞赛三者的有效融合进行探讨和研究，从课程内容出发，创新教学方法和考核方式，实现从内容到实践的完整体系。

1 图形创意课程的概述与创新

图形创意课程为设计专业中的基础课程，是一种有思想有意识的创造行为，是一种无止境的联想，是意念的创造，更是人类高度思维创造活动的过程。由于课程内容的独特性，对于后续课程的知识铺垫起着非常重要的作用，同时，图形创意涉及的领域非常广泛，例如海报招贴设计、包装设计、标志设计等领域。另外，在图形创意课程内容中会涉及使用大量典型案例，所以该课程对培养学生的发散性思维有着无可替代作用。基于该课程的特点，有的放矢地将党的先进思想政治教育工作融入课堂，形成从初期教学设计、教学模式、过程把控、最后成果检验和考核的一个闭环过程。

教学设计以及授课方式的创新能在很大程度上促进学生对专业知识和先进理念的吸收和消化。结合该课程以图形创作为主要表达方式的特征，结合不同表现主题内容的要求，运用图形创意的联想思维和各个具体的图形组织表现形式，以说明性的图画形象为主要造型元素，运用所学专业知识的形式构成与规律组织变化，赋予图形本身更加深刻的寓意，从视觉层面来调动并激发读者心理层面的认同和共鸣，用独特的视觉形势直观地表达和传递语言信息。[1]

本次研究的课程创新点在于教学设计和考核方式的改革。

1.1 在教学设计上

首先，从教师角度出发，教师结合课程内容有针对性地投放创意图形案例，图形案例可以结合时事，也可以结合发人深省的公益海报。通过组织学生积极地进行分析探讨，让学生在过程中分享自己的感受以及见解，通过课堂中的师生互动及交流，活跃课堂气氛的同时，进行有效的思想传播。其次，改变传统课堂中老师讲学生听的教学模式，老师根据课程内容，有针对性地布置作业，让学生自主地在课后进行资料收集与调研，让学生身体力行“从做中学”，将自己调研的结果在课堂上进行分享，让学生当老师，通过翻转课堂来让学生设身处地地去完成内容创作。这可以让学生对课程内容有更深刻的理解，同时通过老师的引导，实现正确的意识形态以及先进思想的有效传达。

1.2 在考核方式上

应改变传统的教师根据课程内容布置相关结课作业命题的形式。将考核转变为结合相关专业类竞赛中的命题赛事作为考核标准，在赛事选择上重点引导学生参加相关大赛的公益命题赛道。例如由教育部及各省教育厅牵头举办的A类赛事，全国大学生广告艺术大赛、全国高校数字艺术设计大赛、“互联网”大学生创新创业大赛等，均设置了公益命题赛道，而历年的公益赛道都会结合时事开展相关命题，让学生在竞赛中去渗透学习，利用专业竞赛将教学成果转换为实践成果，并通过竞赛检验课堂知识，促进课程的不断改革和创新，不断为课程内容注入新鲜血液，一举两得。

2 图形创意与课程思政的结合

图形创意课程的主要目的是启发学生进行思维发散。首先，通过形象联想、意象联想、连带联想、逆向联想四种思维方式的学习和训练，有针对性地培养学生的创新思维。其次，通过同构图形组织、异影图形组织、共生图形组织、混维图形组织、仿结图形组织、仿穿透图形组织、特定空间图形组织、文字图形组织等图形表现方法，培养学生现代设计的艺术观和审美观，使学生掌握创造图形和有效传达信息的视觉语言的基本技能，在图形的创作中引入正确的理念。[2]

而相对于直接的文字表达，图形比文字更加含蓄，更具可视性，同时比文字更加意味深长，通过图形直观且精确的投放信息，使图形在信息传播者和观众之间架起一座互通的桥梁，使得信息的传播过程更加具有趣味性。在授课过程中，结合图形创意课程的教学内容，教师通过引入大量图形案例，直观地引入党的思想政治理论、先进方针政策或者当下实时热点新闻，通过案例来传播相关思想理念。通过图形创意与思政教育两者的完美融合，力求在潜移默化中传播正确的思想观念，做到润物细无声。

3 课程思政到学科竞赛的实践转化

近年来，随着高校教育事业不断改革和发展，随着 OBE 成果导向教育教学理念的提出，各高校意识到了专业课程知识内容向实际成果转换的重要性，加强了对专业类竞赛的工作计划和安排，力求以竞赛促进教学、以竞赛促进考核、以竞赛促进改革、将竞赛与专业知识训练相结合的教学改革模式。

在课程思政背景下，教师需要有意识地通过引入专业竞赛的实时性公益命题来主导专业教育成果，实现理论知识走出课堂，向实践成果的转换。有意识地引导学生参加各类实时性专业大赛，实现课程内容与思政工作的有效成果转换。在图形创意课程的教学中，笔者结合课程教学内容，引导学生参加了各类竞赛，包括了全国高校数字艺术设计大赛、国际大学生艺术年度奖、新加坡金沙艺术设计大赛等专业赛事，并取得了较好的成果。

其中，在多个赛事的公益类命题中获奖，获奖情况包括：

（1）在全国高校数字艺术设计大赛中获得一、二、三等奖作品共计 7 项，获奖作品名称分别为远望、慢性自杀、待尽、未来“城市”、跃“龙”门、还我一个家、化工厂下的海洋，每个作品都从不同角度出发，利用图形创意中的同构图形组织、异影图形组织等表现手法进行表达，呼吁人类停止破坏，保护我们赖以生存在家园。

（2）在国际大学生艺术年度奖中获得银奖和铜奖各 1 项，获奖作品名称分别为“清零啦”和“与子同裳”，作品围绕从 2020 年开始的新冠疫情进行创作，通过直观的图形表达对疫情早日结束的期望以及疫情期间全国人民团结一心，积极抗疫的坚定决心和力量。

（3）在新加坡金沙艺术设计大赛中获得银奖，获奖作品名称为“家暴·沉默”，作品通过图形的创意表达呼吁施暴者停止家暴，呼吁被施暴者停止沉默，勇敢求助和反抗。

4 结 论

实践证明，通过专业课程能有效地融入思政内容，同时，也能有效地将思政内容与各类大赛中的公益命题赛道相结合，将课程中所学习的专业知识和先进理念转换为实践成果，既能反哺和巩固课程中的思政工作，做到在“学中做”和在“做中学”，也能将所学知识与专业类大赛有效结合，增强学生的专业能力、专业竞争力、专业自信，一举三得。

参考文献

[1] 赵一东. 艺术设计中的图形同构[J]. 内蒙古艺术，2005（02）.
[2] 吕天品，余江，王晶. 图形创意[M]. 哈尔滨：黑龙江美术出版社，2015（20）.

高等学校“精准思政”探索与实践
——以“概率论与数理统计 I”课程为例

郑志静　王璐

（成都东软学院基础教学学院 四川 成都 611844）

摘　要：以习近平新时代中国特色社会主义思想为指导，坚持知识传授与价值引领相结合，以“概率论与数理统计 I”课程为依托，将课程思政深入每节课，培养学生理想信念、价值取向、政治信仰、社会责任，全面提高学生缘事析理、明辨是非的能力，让学生成为德才兼备、全面发展的人才。本文具体以“概率论与数理统计 I”课程中“条件概率”一节为例，探索“精准思政”的实践过程。

关键词：课程思政；精准思政；概率论与数理统计

Exploration and practice of “Precise Ideological and Political Education” in Colleges
——Take the course of Probability and Statistics for example

Zheng Zhijing　Wang Lu

(School of General Education, Chengdu Neusoft University, Chengdu 611844)

Abstract: Guided by Xi Jinping’s socialist ideology with China’s characteristics in the new era, he insistes on the combination of knowledge imparting and value guidance. Based on the course of “Probability and StatisticsI”, we will deepen the ideological and political education of the curriculum into each class, cultivate students’ ideals and beliefs, value orientation, political belief and social responsibility, comprehensively improve students’ ability to analyze things and distinguish right from wrong, and make students become talents with both moral integrity and talent and all-round development. This paper takes the “Conditional Probability” section of the curriculum as an example to explore the practical process of “Precise Ideological and Political Education”.

Key words: Ideological and Political, Precise Ideological and Political Education, *Probability and Statistics*

引　言

“概率论与数理统计 I”在我校归属为“概率论与数理统计”的同类课程，是研究和揭示随机现象统计规律的一门数学学科，面向我校数据科学与大数据技术专业开设。作为一门具

基金项目：四川省民办教育协会 2021 年研究课题“新工科背景下民办高校数学基础课程‘金课’建设研究与实践——以成都东软学院为例”（MBXH21YB03）。

作者简介：郑志静（1981—），女，汉族，籍贯浙江遂昌，副教授，硕士，研究领域为计算数学、信息安全。
王璐（1986—），女，汉族，籍贯四川西昌，讲师，博士，研究领域为应用数学、数学地质。

有独特思维和方法，应用范围广泛的数学学科，是学生继续学习专业课程的基础和工具，对培养学生的各种思维能力、理论联系实际能力、数学建模能力等具有重要作用。课程按照 7∶3 的知识比例讲授概率论及数理统计两部分。通过互联网技术与新型教学模式的结合，帮助学生持续、高效学习，掌握课程知识，获得实际应用能力。

概率论与数理统计课程集理论性和实践性于一体，蕴含着丰富的朴素唯物主义观点，课程中的许多概念，定理和公式中都隐含着大量的国学思想，可以将知识讲授与我们熟知的谚语、俗语、寓言故事等相结合，其课程内容有着与思政教育相结合的优越性。[1][4][5]

1 精准定位

从学生前期数学类学习情况分析得，数据科学与大数据专业学生中高中数学成绩均值为 89 分，高中均为理科生。大学一年级中所修数学类课程有“高等数学”和“线性代数”。结合其高中、大一所修数学类课程成绩分析，学生学习情况保持基本稳定，未出现太大波动。

数据科学与大数据专业培养掌握扎实的计算机专业基础知识，具有信息科学、管理科学和数据科学基础知识与基本技能，掌握大数据科学与技术所需要的计算机、网络、数据处理等相关学科的基本理论和基本知识，具有较强的大数据处理能力和技术创新能力，以及较强的外语应用能力和团队协作能力，能够从事大数据分析、处理、服务、开发与利用的 IT 应用型高级工程人才。

结合专业需求分析，在应用型人才培养背景下，注重应用性和实践性，坚持“必需、够用”的原则。“必需”是指知识的讲授和学习能够满足专业和职业能力的需求；“够用”即弱化学科体系逻辑的严密性，强调教学内容实际、实用、实践。

2 精准施教

根据《国家教育事业发展“十三五”规划》及相关教育政策文件要求，着力推进教育教学改革，更新教学内容，强化课堂教学，推动合作探究式学习，倡导任务驱动学习，提高学生分析问题，解决问题的能力。

强调“实践—理论—实践”的哲学原理，以实例说明“生活中重要的问题，其中绝大多数在实质上只是概率问题”。本文以笔者在本课程讲授的“条件概率”一节为示例，具体讲解四个知识点：条件概率、乘法定理、全概率公式及贝叶斯公式，探索“精准思政”，实践高效课堂。

2.1 课前精准预习

设计课前教学内容，将课程浅表性内容用现代学生学习特点，借助课程学习平台——学习通进行推送，配合教材等其他形式的知识平台，对本节内容做简单了解，并辅以相应练习，便于学生确认课前学习情况，带问题进课堂。将高中已涉及知识点进行简单复习，推得简单结论——乘法定理。提出“抓阄是否公平”问题，请学生小组在课前提前思考，查阅资料，准备此问题的观点阐述。

2.2 课堂精准施教

优化课堂教学内容体系，丰富课程应用案例，结合班级情况辅以分层教学，达到教师所教与学生所能学相匹配。

第一步，教师根据学生课前学习反馈，提炼共性问题，进行课堂教学精准总结，结合课前学习，给出乘法定理推广式，借助社会热点问题“三胎政策”，吸引学生注意力，给出公式简单记忆法。以课前问题——“抓阄是否公平”为引导，请学生代表回答，训练学生在专业问题上的表述能力。教师在学生回答的基础上，给出清晰思路，使学生有明显对比，同时了解“全集分解”思想，理解数学类问题中“化整为零”的思维方式。

第二步，以“‘打工人小张’的上班路”为问题导引，再现“全集分解”思想，引申出全概率公式的精准定义，使学生能在不同问题背景下，透过现象看本质，合理使用此公式。再次借助“打工人小张”，换个角度提出问题，给出贝叶斯公式的整体思路及解题思想。

第三步，辅以相应练习题完成知识点的练习过程。如：

练习 1：“三人成虎”，对成语背景给出相应数据假设，请学生分别计算第一、二、三人说“有虎”时，魏王对“闹市中有老虎”的相应程度。

练习 2：“狼来了”，对熟悉的伊索寓文给出相应数据假设，请学生分别计算小孩三次说谎时，他的可信度是多少。

2.3 课后提高

设计课后作业，以科学考核评价，正向反馈，促进学生学习。对普通传统作业采用多种形式讲解，如将课后作业讲解录成视频、借助线上学习平台，使学生的共性问题能得到解决；对单独问题，学生可采用当面问或线上问的形式，随时给任课教师提问，任课教师将会一一逐个解答，真正做到“有问必答”。

结合课程内容特点，提出应用类问题，如“福利彩票的公平公正探讨”，“三个臭皮匠真的能顶一个诸葛亮吗？”，“‘三人成虎’‘狼来了’问题中，相关数据调整后，结果是否不同？”等，引导学生主动思考社会问题，体会“生活中重要的问题，其中绝大多数在实质上只是概率问题”。

3 精准思政

融合国学思想，培养文化自信。[1]在练习 1 中，以成语“三人成虎”，即一个事情本来是假的，传的人多了，大家就当真了，由此引导学生认识到“不信谣，不传谣”的深刻意义。特别是对现代化大学生，更需要教育他们学会独立思考，理性分析各类事件，不盲从，明辨是非，做一名合格的新时代大学生。

践行社会主义核心价值观，体会恩来精神。[2]在练习 2 中，以“狼来了”为分析案例，引导学生诚实守信，孔子曰：“人而无信，不知其可也。”诚信是每个人的立身之本，是社会主义核心价值观的具体内容，是社会主义和谐的基本特征，作为未来的数据分析工作者，更应该严守诚信，不可作假。

发掘史料，正视科学发展。[1][4]引入托马斯·贝叶斯生平，引导学生学习科学家们不畏困难，积极探索和勇于创新的科研精神。概率、统计学科的发展史是无数数学家的斗争史，引导学生正视自己，正视困难，不畏眼前，勇敢前进，大胆质疑，勇于挑战，勇于创新，在数据分析这门新兴学科里，做出自己的贡献，为祖国的繁荣富强而努力奋斗。

4 结　语

课程思政是把思想政治教育融入课程的教学中，做到“全员、全程、全方位”的育人。[3]本文从笔者所授课程及学生专业背景出发，充分挖掘、提炼、整合课程中蕴含的思想政治元素，巧妙规划设计课程实施，运用新媒体技术，科学合理地融入课程教学中，以培养学生积极向上的人格与心理，让学生成为德才兼备，全面发展的人才，在“润物无声”中真正做到立德树人的育人效果。

参考文献

[1] 杨立波，方琳，邓春华. 概率论与数理统计课程思政的探究与思考[J]. 教学进展，2021（3）：641-645.

[2] 肖键. 高等学校“精准思政”探索与实施[J]. 成都东软学院学术论文集，2021（1）：349-352.

[3] 张慧，朱庆峰，杨广芬，高艳侠.《概率论与数理统计》课程思政案例设计及应用[J]. 高等教学研究，2021（24）：117-119.

[4] 徐尔，赵鲁涛，李娜，张志刚，范玉妹. 概率论与数理统计“金课”建设与教学改革——基于慕课的混合式教学模式的探索与实践[J]. 高等理科教育，2020（2）：116-123.

[5] 李栋浩，呼青英，田晓正，李芳. 概率论与数理统计课程思政教育改革探索[J]. 教育信息化论坛，2021（6）：120-122.

民办高校本土化课程思政内容建设的问题与对策

林敏

（成都东软学院教务部 四川 成都 611844）

摘　要：课程思政是为了贯彻“立德树人”的根本任务，促进民办高校大学生爱党、爱国，树立正确的价值观和思想意识。但是民办高校在开展课程思政建设的过程中往往面临着办学历史短、办学基础薄弱、各方面资源欠缺的状况，导致在开展课程思政过程中落入生搬硬套、缺乏系统性。因此，文章从学校层面出发，通过顶层设计，提出了基于本土化资源的课程思政建设的研究方向和目标，要求立足本校、本地区历史和现实，充分挖掘学校创始人、优秀教师和优秀学生的典型事迹，形成鲜活的“本土化课程思政”建设素材和内容体系，让课程思政入脑、入心、入行，从而实现学生愿听、易懂、易接受的课程思政素材和案例。

关键词：民办高校；课程思政；本土化课程思政内容；立德树人

Problems and Countermeasures of Local Content Construction of Curriculum Ideology and Politics in private colleges

Lin Min

(Dean’s Office, Chengdu Neusoft University, Chengdu 611844)

Abstract: Curriculum Ideology and Politics is to implement the fundamental task of “Building Morality and Cultivating People”, promote private college students to love the party and patriotism, and establish correct values and ideology. However, in the process of carrying out curriculum ideological and political construction, private colleges and universities often face the situation of short school history, weak school foundation and lack of resources in all aspects, which leads to rote and lack of systematization in the process of carrying out curriculum ideological and political construction. Therefore, starting from the school level, through the top-level design, the article puts forward the research direction and objectives of curriculum ideological and political construction based on localized resources. It is required to base on the history and reality of the school and the region, fully excavate the typical deeds of the school founder, excellent teachers and excellent students, and form a vivid material and content system for the construction of “localized curriculum ideological and political”, so as to make the curriculum ideological and political work into the brain, heart and practice, so as to realize the students’ willingness to listen Easy to understand and accept ideological and political materials and cases of the course.

Key words: Private Colleges and universities; Curriculum Ideological and Political; Localization Curriculum Ideological and Political Content; Morality and Talent

---

基金项目：中国民办教育协会2022年度规划课题（学校发展类）“基于Topcares的智慧化混合式教学模式研究”（CANFZG22375）。

作者简介：林敏（1974—），男，汉族，四川成都，副教授，硕士，研究方向：教育管理、工商管理。

引　言

随着高等教育进入普及化阶段，中国民办高校的发展进入了一个转型期，新的时代对民办高校的发展提出了新的要求。[1]虽然目前全国民办普通高校在校生将近 800 万人，约占全国所有本专科在校生总数的四分之一，但是在面对新时代高等教育的主要任务时依然还显得力不从心，无法完全满足人民群众对高等教育的需要，还需要回归教育的初心，扎扎实实办好人民满意的教育。民办高等教育要办好人民满意的教育就需要坚定不移地落实立德树人的根本任务，[2]全面开展课程思政建设，为建设社会主义现代化强国培养理想信念坚定的知识型、技能型、创新型人才。

1　民办高校开展本土化特色课程思政内容建设的现状和问题

为了保证正确的办学方向，正确的培养人，民办高等学校需要在落实党和国家的教育方针上下功夫，落实“立德树人”的根本任务，做好“四个回归”。但是民办高校与公办高校的起点不一样，办学历史比较短、办学基础比较薄弱、各方面的资源比较欠缺，所以在开展思想政治教育、推进课程思政建设、落实立德树人根本任务时就容易从理论上和实践上照搬教材和公办学校的经验和做法，在具体开展工作时容易落入俗套，没有特色和亮点，在案例和内容上缺少“鲜活性”和“生动性”。民办高校开展本土化课程思政建设的主要困难和不足主要如下。

1.1　办学历史短，可挖掘的校本特色课程思政素材较少

民办高校虽然已经发展了近 40 年，但是真正能够成为中国高等教育的一支重要力量主要在最近 20 年时间。发展历史比较短，生源相对较差，师资水平较低，在成长的初期具有极大的草莽特征，以生存为主。所以学校的校友资源较少，办学成果的数量和质量都存在不足，所以学校在挖掘本校的课程思政素材时就捉襟见肘，亮点不多。

1.2　师资力量薄弱，对本土化特色课程思政建设的研究少

民办高校创业初期的师资队伍主要以年轻教师和公办高校的兼职教师为主，学校的主要工作是招生和基本教学保障。对师资的储备和培养投入相对较少，教师的工作任务以授课为主，对课程思政建设的研究和实践较少，缺乏高水平的教师队伍来系统研究民办高校的课程思政建设工作。

1.3　处于发展的转型期，对本土化特色课程思政建设的投入少

民办高校经过二三十年的发展，逐步从粗放型增长向内涵式建设发展，但是这个转型的压力和困难都比较大。民办高校的办学投入主要来源于学生的学费，在中国民办高校学费收入普遍不高的前提下，学校对“课程思政”建设的投入就更少。在制度、投入、师资、条件等各方面的投入都无法和传统高校相比。

1.4　建设和研究缺乏系统性，对本土化的课程思政内容整合不够

民办高校开展课程思政的工作主要以借鉴和模仿为主，对本土化内容的思考不够。个别老师和课程在开展建设时意识到本土化的课程思政内容具有鲜活性和生动性，但是依然停留在个别案例和个别事件中，缺乏系统的思考和研究，无法将本土化的课程思政内容深入、系统、鲜活地呈现给老师和学生。

2 民办高校本土化课程思政研究的方向和探索

课程思政是为了贯彻“立德树人”的根本任务，将专业教育的各类课程与思想政治理论课程同向同行，相互融合与促进，构建全方位的立体育人格局。课程思政教育对促进民办高校大学生爱党、爱国，树立正确的价值观和思想意识具有重要作用。因此，笔者所在的高校从学校层面出发，在研究如何让课程思政更容易入脑、入心、入行的过程中意识到系统性的建设学生愿听、易懂、易接受的课程思政素材和案例的重要性，因此在这一方向上进行了探索和实践。

2.1 明确了本土化课程思政的目标和方向

民办高校的生源质量赶不上传统高校，学校投入等各方面资源也赶不上传统高校，在落实育人先育德任务的过程中需要付出比传统公办高校更多的努力。所以笔者所在的高校在开展课程思政建设工作的过程中，提出了基于本土化资源的课程思政建设的研究方向和目标，要求立足本校、本地区历史和现实，充分挖掘学校创始人、优秀教师和优秀学生的典型事迹，形成鲜活的“本土化课程思政”建设素材和内容体系。

2.2 本土化课程思政建设的基本原则

确立了本土化课程思政建设的目标后，通过研讨进一步确立了本土化课程思政建设的基本原则。首先要突出对人的培养。本土化的课程思政的根本是“课程思政”，是对学生的思想政治素养、学生的爱国主义情怀、学生的价值观和职业道德等的培养，这是高校人才培养的重点。其次是要全员参与。本土化课程思政的建设目的不是某个老师的科研或者教研，也不是某个老师的临时发挥或者个人特色。其目的是要通过对学校本土化素材的挖掘，形成学校课程思政建设的案例库和资源库，作为全校师生的共同财富和学习内容，服务于整个学校的教育教学。所以需要全员参与，包括老师和学生。第三是要强调融合。这种融合既是与其他课程思政建设内容和材料的融合，也是与其他学科、思政教育的融合。本土化课程思政建设绝不是狭隘的地方主义，也不是“坐井观天”，眼里只有自己，而是在普遍基础上的个性化发展和特色化建设。所以决不能简单割裂本土化课程思政和常规课程思政，二者要充分融合。本土化课程思政的目的是让学生更容易入脑、入心、入行，形成自己的思想和行动。所以本土化课程思政的过程中要巧妙融入其他课程，而不是生搬硬套，简单罗列。

2.3 本土化课程思政内容建设的框架

经过研究，初步确立了本土化课程思政建设的框架体系：以本地优秀的历史文化事件和学校的校史为基础，优秀的教师和学生典型事迹为案例，重点挖掘创始人的背景和创业历程，构成本土化课程思政建设的内容体系；以讲座、影像资料为基础，实地调研和考察为重点，研讨和研究为手段，构成本土化课程思政建设的实践体系。通过内容体系和实践体系的构建，初步确立本土化课程思政建设的框架。

3 本土化课程思政内容建设的具体措施

3.1 强化组织领导，注重顶层设计

成立由校党委书记、校长牵头负责的思政课程与课程思政融合建设工作领导小组，定期召开思政课程与课程思政融合建设工作推进会，协调解决融合建设的相关问题；确定本土化课程思政的主体是学生，共同指向学生的思想教育与培养；通过制定扶持政策，以专业教育全课程、教育教学全要素、教学管理全过程为主要抓手，[3]强化立德树人意识，做到课程

门门有思政，教师人人讲育人；成立本土化课程思政研究中心，做好本土化课程思政建设的研究工作。

3.2 立足本土区域，充分挖掘历史和现实蕴含的思政价值

笔者所在的高校位于成都市都江堰市，具有丰富的历史和地理资源，学校研究中心进行广泛深入研究，对水文化、李冰精神、道文化、现代公园城市建设等方面进行了充分挖掘，形成了历史、现实一体的地域本土化课程思政内容体系。

3.3 立足本校师生，建立典型事迹库

笔者所在的高校虽然办学历史比较短，只有短短的 20 年，但是在这 20 年里，依然涌现了不少可歌可泣的故事。特别是 2008 年汶川大地震的震中，学校在抗震救灾的过程中涌现出很多典型事迹，学校师生在抗震救灾的过程中深刻感受到了党和国家的伟大，也表现出了勇敢、坚强、自强不息的精神。这些活生生的案例有温度、有情怀，具有丰富的思政价值和育人元素，在教学过程中能够起到春风化雨、润物无声的育人效果。

3.4 挖掘学校创始人的背景和创业历程，引导学生爱校、爱家、爱国

民办高校的创始人往往都是优秀的企业家和教育家，具有与时代共同进步和发展的远见卓识，对学校怀着深深的感情和热爱，对教育和培养学生具有一般的教师无法比拟狂热和执着。通过整理创始人的影像资料、书籍报告、产品调研等材料，形成了具有学校特色的课程思政建设内容。

3.5 搭建平台，构建多元化的本土课程思政实践体系

民办高校在开展本土化课程思政教学时应考虑学生实践的便利性、参与的积极性和实践的可感知性。通过讲座、论坛等形式让优秀的师生事迹在学校传播；动员学生积极参与对本区域的调研和考察，从学校来，到社会中去，又回到学校，有意识地引导学生关心本土、了解本土、热爱本土，让学生在实践中将对家乡、祖国的热爱落实到具体的行动中，让学生爱校、爱老师、爱社区。

4 本土化课程思政内容的建设效果

通过本土化课程思政建设实施，学校探索出了一条生动化、特色鲜明的课程思政改革路径，实现课程思政深入每个老师和学生的心理和行动。近三年学校立项建设校级“课程思政”示范课程 37 门，省级“课程思政”示范课程 12 门，省级“课程思政”示范教学团队 2 个。提升课堂教学质量，运用大量案例，积极开发思政课慕课资源，建立大学生社会实践基地，探索“课堂教学—MOOC 学习—翻转课堂—社会实践”四维一体教学模式改革，构建了全课程育人格局。

5 结束语

总之，民办高校在推进课程思政教学时常常面临着认识不到位、思政内容和专业课程衔接不充分、师资不足等问题，极大影响了课程思政教学的推进。本文通过本土化的课程思政建设工作构建课程思政教学体系，整合课程思政的实践教学手段与方法，注重课程思政教学示范的分析，让民办高校的课程思政入脑、入心、入行，从而为社会培养更多德才兼备的优秀人才。

参考文献

[1] 许瑞芳. 一体化视角下高校课程思政建设的四个维度[J]. 中国高等教育,2020(08).
[2] 郑敬斌，孙雅文. 高校课程思政的本质意涵与建设之要[J]. 中国德育，2020（17）.
[3] 郑建芸. 大思政格局下高校课程思政构建探析[J]. 太原城市职业技术学院学报，2020（04）.
[4] 吴岩. 民办高校“课程思政”建设存在的问题与对策探索[J]. 成才之路，（2022）（6）.

国家安全观教育视域下新媒体社会思潮传播及治理

张磊

（成都东软学院马克思主义学院 四川 成都 611844）

摘　要： 新媒体时代，社会思潮的虚拟网络传播出现了新特征，国家安全观教育提高了大学生思想政治素质，确立了全面的、整体的、科学的国家安全观，增强了维护新时代国家安全的紧迫感、时代感和责任感。针对新媒体下社会思潮传播的新情况和新特点，把爱国主义为主导的总体国家安全观贯穿到立德树人的全部过程，具有非常迫切的意义。

关键词： 国家安全观教育；社会思潮网络传播；治理

The dissemination and governance of new media social thoughts in the perspective of national security education

Zhang Lei

(School of Marxism, Chengdu Neusoft University, Chengdu 611844)

Abstract: In the era of new media, the virtual network communication of social thoughts appears new features, the education of national security concepts improves the ideological and political quality of college students, and establishes a comprehensive, holistic and scientific national security concept, we have enhanced our sense of urgency, times, and responsibility in safeguarding national security in the new era. In view of the new situation and new characteristics of the dissemination of social thoughts under the new media, it is of great significance to carry out the overall national security concept dominated by patriotism into the whole process of the Lideshu people.

Key words: National security concept education; Network communication of social trend of thought; governance

“国家安全是一个国家生存发展的基本前提，维护祖国安全是全中国人民最根本的政治利益和核心利益，也是实现中华民族伟大复兴的根本保障。”[1]党的十九大把坚持总体国家安全观纳入党章，并成为发展中国特色社会主义事业的基本方略。维护国家荣誉、利益和安全是宪法赋予每一个公民的最基本义务。新媒体条件下，错误社会思潮的网络传播更使国家安全观教育具有强烈的现实意义和迫切意义。坚持总体国家安全观，一是突出总体，二是突出大安全，特别是一个国家的意识形态安全决定了一个民族和国家的方向、发展道路，对国家政治安全也会产生重大的影响。青年一代肩负着中华民族伟大复兴的时代使命和历史责任，针对新媒体时代错误思潮网络传播的新特征，对青年一代进行广泛和深入的国家安全观教育，同时把爱国主义为导向的国家安全观贯穿到立德树人的根本任务，具有非常迫切的意义。

基金项目： 2020 年四川大学生思想政治教育研究中心课题，科研项目（编号：CSZ20080）。

作者简介： 张磊（1973—），硕士，讲师，成都东软学院，研究方向：马克思主义理论。

1 新媒体社会思潮传播背景下，加强大学生国家安全观教育的重大意义

新媒体网络传播背景下，加强青年一代的国家安全观教育，有助于使其确立正确的国家安全观、树立科学的国家安全意识，有助于提高广大青年一代维护国家安全的能力，也有助于广大青年以国家主人翁的态度，自觉、主动、积极维护以及正确履行维护国家安全的权利和义务，也有助于提高他们的国家安全意识和维护国家安全的素质和实践能力。

第一，在新媒体传播下一些错误的思潮以及借助信息技术手段，传播速度越来越快，传播范围越来越广，尤其是网络环境的虚拟性和多媒体，使我国国家安全面临着极其复杂而严峻的挑战。针对这些错误的社会思潮在信息技术条件下出现的新情况和新特点，加强青年一代国家安全观教育具有强烈的现实性和迫切性。

第二，加强青年一代国家安全教育是当前国家安全形势的新需要，对广大青年进行安全教育本身就是国家安全意识的重要组成部分。加强青年一代的国家安全教育，提高他们的国家安全素质和安全能力，有效减少和避免了广大青年的各种安全问题，有力维护了全社会的政治安全社会稳定。

第三，青年是民族的未来，是中华民族伟大复兴的重要力量，对广大青年进行以爱国主义和国家安全管理教育，有利于使广大青年一代培养热爱祖国，热爱人民，维护国家安全的精神和意识。

第四，对青年一代的国家安全教育的核心内容，就是使他们能时刻关注国家安全，有责任、有信心、有能力肩负起中华民族伟大复兴的大任。树立国家安全和利益高于一切思想观念，时时刻刻都要自觉主动地为维护国家安全，而奋斗一切，这是广大青年应有的政治品格和高尚的情操。

“总体国家安全观是习近平新时代中国特色社会主义思想的一项重要内容，是指导新时代国家安全的强大思想武器，对于加强青年一代国家安全能力培养，维护国家安全，实现中国特色社会主义的现代化，对于实现中华民族伟大复兴的具有深远的政治意义。”[2]

2 新媒体条件下错误社会思潮传播的新情况和新特点

信息技术的新飞跃，新媒体手段的广泛运用，新媒体成为社会思潮传播的数字平台与信息技术媒介。新媒体在信息化技术日新月异的发展，社会思潮的传播也发生了几何级别加速度进化和迭代发展变化，社会思潮对社会意识的话语权和说服力越来越强大。

一些错误的社会思潮对社会舆论和社会成员思想意识的影响也愈加强大，强烈冲击了我国社会主义意识形态主导话语权，一定程度消解了我国社会主义意识形态安全和社会的团结、和谐与稳定。在新媒体条件下，这些错误的社会思潮的传播，运用信息化多媒体化的技术手段强化了传播的互动性。尤其是网络公众人物的大量涌现，这些所谓网红的错误思想和舆论导向大大地加速了错误社会思潮的散布和负面的社会影响，也扩展了错误思潮传播的深度、广度和维度。再加上错误思潮有意制造虚假信息的影响，扰乱了社会舆情刻意制造矛盾、对立和冲突，在一定程度上造成社会舆论的极端对立。

针对信息技术条件下错误社会思潮传播兼迅速便捷、散布面广等新情况和新特点，青年一代又是掌握和运用新媒体技术的主要社会群体。一方面，对青年一代加强总体国家安全观教育，提升他们的安全意识、强化安全责任、提高安全能力，抓住问题的主要矛盾和矛盾的主要方面；另一方面，提升社会全体成员对国家总体安全的关注度，提升社会公众媒介的素养和明辨是非的能力，同时要加强对错误社会思潮有效管控和总体协调。

3 对新媒体时代错误社会思潮的引导和社会治理

发展社会主义先进文化，确立全体社会的

中国特色社会主义文化自觉，鼓励社会主义文化，以爱国主义为核心的国家安全观，抵制、反对和批判错误社会思潮。传承中国优秀传统文化、继承中国革命文化，发展以创新为核心的时代精神，讲好中国叙事，熏陶和培育新时代的社会主义优秀网红，增强青年一代的“四个自信”，重视对新媒体文化领域的管理、规范、引导和教育。

3.1 在对新媒体社会思想的引领中，要以人民为中心

坚持马克思主义意识形态一元化的领导地位，加强党对社会意识形态的全面领导。通过大数据了解人民的意志，通过调查研究了解民心，关注群众诉求。充分利用信息化技术的新媒体平台，如直播，抖音、快手、微信公众号、QQ群等，坚持人民的根本利益，坚持人与人、人与社会的和谐，坚持多元包容的原则，针对社会舆情，对社会思想有效引导。批判错误思潮，先破后立，在危机管控中依靠法律、规范和制度的管控，依靠新兴信息技术推动社会治理体系和国家治理能力现代化。

3.2 规范和引领新媒体要从国家总体安全观出发

大力宣传总体国家安全观，要以爱国主义为导向国家安全观教育，在社会舆情管理和协调的过程中，要坚持以社会主义核心价值观为凝聚社会思想共识，从国家总体安全观出发，引领社会思潮的。要依靠法律、规范和制度的约束力，管控、约束、批判和依法惩治错误思潮利用新兴技术，通过新媒体的违法传播和违法活动，破旧立新，净化社会舆论生态。同时要紧密依靠中国特色社会主义的权威媒介，引领新时代就是风尚。全面确立全体人民的文化自信和中国特色社会主义的制度自信，以优秀的文化教育人，普及宣传和教育国家总体安全观。

3.3 从源头上提升全国网民，尤其是青年一代对新媒体的使用能力

首先是对全体人民，尤其是青年一代的国家总体安全观的普及教育；其次是在信息化技术下，通过新媒体平台，对信息安全的辨别教育、社会主义意识形态安全教育、新媒体的道德教育以及相关法律、规范、制度的教育等，增强全体国民尤其是青年一代对错误思潮的免疫力和鉴别力。积极引导青年一代成为中国特色社会主义意识形态的自觉引领，发挥青年一代在运用信息技术的优势，深入批判错误的各种社会思潮的本质、内涵和危害，增强全体人民对错误社会思潮的深刻认知，使青年一代成为新时代中国特色社会主义国家安全的引领者和建设者。

参考文献

[1][2] 习近平关于总体国家安全观论述摘编[M]. 北京：中央文献出版社，2018，15-21页.

课程思政慕课（MOOC）教学设计与教学研究

张磊

（成都东软学院马克思主义学院 四川 成都 611844）

摘　要：新媒体慕课的线上教学和实体课堂的线下教学，是普通高校政治理论课的两个代表性的教学样态。两种形态的课堂都以课程思政为导向，尤其是在课堂设计运用多种教学手段、教学模式和组织形式上，把线上的慕课和线下标准课堂有机地结合起来，立德树人，大力培养社会主义的接班人。

关键词：课程思政；慕课；教学设计；教学研究

Teaching Design and teaching research of MOOC in colleges and universities

Zhang Lei

(School of Marxism, Chengdu Neusoft University, Chengdu 611844)

Abstract: In the case of COVID-19, the online teaching of New Media MOOC and the offline teaching of physical classes are two representative teaching modes of political theory courses in colleges and universities. The two forms of classroom are both guided by curriculum ideology and politics, especially in classroom design, which combines online MOOC and offline standard classroom by using various teaching methods, teaching modes and organizational forms, like Shuren, vigorously cultivate the successor of socialism.

Key words: curriculum ideology and politics; For class; Instructional design; Teaching Research

习近平新时代中国特色社会主义思想对新时代高校的思想政治教育提出了一系列新观点、新思想和新理论，也为引领社会思潮提供了理论指南。2020年以来，普通高校大学教育，以课程思政为导向，在慕课课程设计、教学组织、新媒体教学媒介等方面，不断创新理论成果，极大提高了教学质量。同时“新时代新媒体条件下大学教育日益数据化、虚拟化和网络平台化，客观上也要求以学生为主体，以职业能力和职业发展中心，因材施教，提高大学生的理论应用能力和创新实践能力”[1]。成都东软学院在线上线下教学模式改革中，以线上开放课程资源为依托，以智能化教育教学平台，基于课程思政导向的课程教学设计，运用多种教学媒介，创新教学方法和教学组织，把线上慕课与传统标准的课堂教学有机地结合起来，有效引导大学生思想政治教育。

1　基于课程思政的思想政治理论一流课程建设的意义

新时代一些错误的社会思潮不断侵蚀青年

基金项目：2020年成都东软学院课题，科研项目（编号：NSU2020-004）。

作者简介：张磊（1973—），硕士，讲师，成都东软学院，研究方向：马克思主义理论。

一代的世界观、人生观和价值观，特别是在信息技术时代，这些错误思潮通过网络空间，依靠新媒体信息化传播手段，通过网络快速扩散，迅速迷惑和混淆了是非，消解了社会主义主流思想的正面影响。大学是世界观、人生观、价值观的“拔节孕穗期”，课程思政贯彻立德树人，守好一段渠，种好责任田。基于课程思政的一流课程建设，坚持社会主义方向，把思想政治元素与学科专业知识要素有机地融合，实现教书和育人，立德树人，也使社会主义核心价值观内在融入教学过程，实现了在课堂教学中既旗帜鲜明地坚持中国特色社会主义的政治方向，又保证了课程的学术专业教学水平。尤其是普通高校思政理论课程，主要的教学目标本身就是用马克思主义思想，培养中国特色社会主义事业的接班人。以课程思政为导向的一流课程建设，对于培养中国特色社会主义的接班人，具有重大的政治意义和历史地位。

2 基于课程思政的思想政治理论课程 MOOC 线上教学和传统标准的线下课堂的设计目标和标准

慕课是新媒体时代，由新兴技术支撑的教学模式，是充分利用了新兴信息技术手段，尤其是以信息网络技术手段打造线上课堂平台，拓展了教学的时空，实现了开放式教学，通过网络迅速扩展了普通高校立德树人的传播力、教育力量和影响力量，增强了大学生学习的主体性，激发了大学生学习马克思主义理论和习近平新时代中国特色社会主义思想的积极性，发挥了教学团队的网络线上合作，突出了大学生学习过程数据，提高了教学质量，凸显了政治教育的功能。这种基于课程思政的慕课（MOOC）教学设计与大学生有效引导实现了大突破，有效实现了立德树人的教育目标。以新媒体平台的慕课教学设计标准。一方面，要坚持遵循思想政治教育的目标和规律、立德树人的教育规律和大学生成长成才的基本规律。另一方面，还要必须做到以下几方面的统一：一是坚持政治教育和学科教育的统一体；二是坚持社会主义核心价值观和学科专业素养的统一体；三是坚持思想建设、能力培养守正、创新和批判的统一体；四是坚持理论和实践的统一体；五是坚持说理、说服教育和润物无声教育的有机统一。

2.1 课程设计目标

新媒体时代，慕课是以新媒体技术平台的超时空的综合体，在课程设计上，教学内容、教学组织、教学评价，教学过程多样化、数据化以及定性定量的有机融合，实现了教学内容可视、可量化；实现了教学组织、教学管理的量化、比较和测评；也实现了问题的量化和精确化，学习过程的量化，学生学习效果的量化和可视化等，构成了慕课课程设计、评价和教学质量比较的重要依据。实现了定性和定量相结合的慕课教学设计能增强教学质量分析的全面、客观和多样性。在评价手段和方式上从主要由教师评价，发展到教师评价、学生评价、系统评价、专家评价等多方面的有机融合。

2.1.1 理论思维能力

慕课课程设计要突出培养大学生马克思主义辩证思维和理论思维能力，着力提高大学生理论思维能力和理论应用能力，实现专业知识能力和教育、素质的有机融合。普通高校的马克思主义政治理论课是对大学生进行思想教育的重要渠道，承载着立德树人的政治功能，课程思政为导向的慕课课程设计，有效培养了马克思主义的世界观、人生观和价值观，坚定了中国特色社会主义共同理想、共产主义的远大理想，培养了大学生运用马克思主义的立场、观点、方法分析和解决问题的能力，培养了大学生辩证思维的能力。

2.1.2 创新能力

第一，在教学内容上体现学科的前沿性、创新性，同时，教学内容承载，在理论上可以推向无限。第二，教学组织和教学方式体现互动性和学生的主体地位，也把发挥老师的指导作用很好地结合起来。第三，信息技术手段进一步推动学习过程向探究、批判、革命和实践性方向无限拓展。第四，信息技术手段把理论联系实际，理论和实践相统一，特别是人工智能技术手段有效承载了坚持培养实践能力为第一标准。第五，不断创新思想政治教育的新内涵和新元素，实现课程思政和课堂教学的有机统一。第六，信息技术手段实现了结合批判性思维和创新能力的统一体，培养了学生提出新问题、分析和解决问题、理论创新、实践创新的能力。

2.1.3 挑战能力

慕课的课程设计，要体现较高的学科理论水平，要体现马克思主义的政治立场以及运用马克思主义立场观点和方法解决实际问题的高度，督促和鼓励学生多读书、多思考、多实践。

2.2 课程设计标准

第一，慕课课程设计要体现思想政治教育的理念和培养中国特色社会主义的接班人的教育目标，体现学科专业素养，体现符合时代精神的教育理念，体现正面直接教育和润物无声的教育方式的有机融合。

第二，是依据课程教学的要求和教学对象的特殊性，把思政要素和专业教学要素有序安排，因材施教。在教学目标、教学内容、教学组织、教学方法和步骤上，运用信息化技术手段，整合成有机教学教育体系。

第三，突出理论和实践结合，专业教学和思政教育相结合，内化于心，坚定中国特色社会主义共同理想和共产主义理想和信念，以及实现中华民族伟大复兴的坚定信心。

第四，慕课课程设计能够完成了教育教学的目的，使学生在思想灵魂和专业能力培养上有巨大的进步，这也是立德树人的最终目的。

3 重构教学设计，重塑线上线下教学模式

大力推动线上慕课与标准传统课堂线下的有机融合，打造新媒体信息技术平台，形成以慕课、钉钉等为信息化手段的联合教学体系，建设多媒体教学资源和线上互动。在教学模式上，突破标准传统课堂教学局限性，把教学时空无限延伸和拓展，把线上和线下课堂有机融合，形成以学生为学习主体，以专业和职业能力发展为中心，借助新媒体教学平台，实现线上和线下课堂在教学内容、教学组织和方法上实现师生互动、生生互动。通过慕课等新媒体技术平台，实现了师生之间、学生之间以问答的方式架设起新的沟通与交流的桥梁，并充分应用信息化手段，引导学生进行探究式学习，提升学生在观察问题、分析问题、解决问题的能力，培养理论思维能力。借助大数据等技术，精准识别学生的心理、思想与行为状况，因材施教，树立正确的世界观、人生观、价值观。通过慕课建构一个开放性的教学平台，不仅使教学内容、教学组织、教学评价数据化和多样化，而且定性和定量相结合，也增强了教学的客观性、全面性和公开性。

参考文献

[1] 高钧．数据驱动下的智慧课堂精准教学[M]．北京：中国人民大学出版社，2020：50-51.
[2] 习近平．思政课是落实立德树人根本任务的关键课程[J]．求是，2020（17）.

大数据背景下高校课程思政工作建设研究

郭洋

（成都东软学院高等职业技术学院 四川 成都 611844）

摘 要：高校是中国最重要的人才培养基地。高校的育人任务不仅是提高学生的理论知识储备和技能训练，而且要提高学生思想政治教育水平。特别是在人工智能时代，学生在日常生活中接触到的信息内容越来越复杂，很容易对学生的思想造成伤害。因此，高校应注重提高学生的道德修养，帮助学生树立正确的社会主义核心价值观，为学生未来的成长和发展奠定基础。结合大数据背景下高校思想政治工作的具体情况，阐述了高校思想政治教育的重要性，探讨了如何在大数据环境下提高高校思想政治工作者的工作效率和质量。

关键词：大数据；高校；思政

Research on the Construction of University Curriculum Ideological and Political Work under the Background of Big Data

Guo Yang

(Higher Vocational and Technical College, Chengdu Neusoft University, Chengdu 611844)

Abstract: Colleges and universities are the most important talent training bases in China. The risk that colleges and universities undertake is not only to improve students' theoretical knowledge reserves and skills training, but also to improve students' ideological and political education. Especially in the era of artificial intelligence, the information content that students are exposed to in daily lifes is becoming more and more complex, which is very easy to cause incorrect harm to students' ideas. Therefore, colleges and universities should focus on improving students' moral cultivation, helping students establish socialist values, and laying the foundation for students' future growth and development trend. Considering the specific situation of ideological and political work in colleges and universities under the background of big data, this paper expounds the importance of ideological and political education in colleges and universities, and discusses how to improve the efficiency and quality of ideological and political work in colleges and universities under the background of big data.

Key words: Big Data; colleges and universities; Ideological and political

在高校的教育教学工作中，应始终把思想政治工作放在首位，旨在为国家培养勤奋好学的高素质人才。现阶段，我国高校坚持的重要教学理念仍然是德育，思想政治教育作为德育的一个非常重要的环节，可以看作素质教育的灵魂。高校作为学生思想政治教育的最重要营地，必须以多种方式对学生进行思想政治教育，努力提高大数据环境下学生的道德修养，为促进学生的全面发展做出不懈努力。

作者简介：郭洋（1991—），女，汉族，新疆昌吉人，助教，硕士，主要从事现代教育技术和教学管理研究。

1 在高校之中开展思政教育工作的重要性

与初中和高中学生不同，大学生不仅数量众多，而且来自全国各地。他们在日常生活中会有不同的阅读习惯和不同的性格。经过一段时间的磨合，它们可以更好地共存。刚入大学的大学生缺乏在社会生活中积累的经验和行为习惯。当他们刚进入大学时，他们很可能与同学发生摩擦，从而影响在校的生活和学习。此外，在人工智能时代的特点下，学生能够很快地掌握资源信息，但大学生缺乏相应的实践经验，无法从复杂的信息内容中获得真正有益的内容，并且可能被不良记录欺骗，影响自己的学习和发展趋势。现阶段，高校还应开展思想政治教育。首先，要帮助高校新生确立正确的待人原则和方法，帮助他们更好地融入高校集体学习和社会生活的生活环境，然后在此基础上继续深入开展思想政治教育，帮助学生树立正确的人生观和思想观念，建设更好的社会主义社会意识形态，为未来的时代发展做贡献。[1]

高校教师应灵活利用课堂教学的便利性，积极正确地引导学生，帮助他们树立正确的价值观，在不知不觉中生成完整的人格，成为祖国和国家的有价值的人。学生在不同的环节会表现出不同的心理状态，比如初入大学时的热情和即将毕业时的困惑。高校教师必须关注不同时期学生心理的变化，积极与学生沟通，及时了解学生的精神状况，然后及时向学生提供帮助和指导，发挥高校思想政治教育的传统意义，它还可以更好地突出高校思想政治教育的必要性。

2 目前阶段影响高校思政教育工作的主要因素

2.1 教师团队没有正确认识到思政教育的重要性

现阶段，大多数高校都开设了与思想政治教育相关的课程，但具体的教学结果表明，课堂教学效果一般。根本原因是相关教师的精英团队对思想政治教育的必要性缺乏准确的认识，教学准备不足，课堂教学中具体内容的应用是过时的课件。在许多情况下，这些观点太陈旧，无法引起学生的共鸣，甚至有的老师也会在互联网上播放短片作为课程内容。教师对思想政治教育课程的敷衍态度也会导致课堂教学质量急剧下降，从而促进高校思想政治教育的正规化，思想政治教育课不能发挥应有的作用。[2]

2.2 高校学生对待思政教育课程的态度不端正

在中国大多数高校，学生在日常学习过程中忙于学习专业课程，却忽视了思想政治教育课程的必要性。他们认为思想政治教育不需要开展教学内容，在这方面开设课程是没有必要的。以“达成目标”的心态进行训练，必然会对高校思想政治教育课程的质量产生负面影响。许多学生不能正确对待思想政治教育课程。相反，他们将思想政治教育课程视为专业科目业余时间的“水课”。他们忽视了思想政治教育课程中教师的教学，自己做其他事情，导致思想政治教育课的设置失去了应有的价值。[3]

2.3 思政教育课程开展的方式过于单一

现阶段，大多数高校在实施思想政治教育课程时，只采用简单的教师教学方法。教师在课堂教学中根据纯粹的介绍进行思想政治教育。这种教学方法太陈旧、太单一。在大数据背景下，高校倡导多元化课堂教学的核心理念，其最终目的被颠倒了。思想政治教育在课堂上过于死板，学生容易产生排斥心理，教师也在日复一日枯燥的教学过程中慢慢失去了积极性。在各种因素的共同危害下，高校思想政治教育课程课堂教学的效率和质量不断下降，对学生的思想道德建设并没有真正的教育意义。

3 提升高校思政教育整体质量和课堂效率的途径

3.1 开展多种形式的思政课程教学方式

高校思想政治课程实施的主要目的是帮助学生提高思想水平，具体引导学生在正确的思维指导下成长和发展，同时在这一过程中灌输知识和培养能力。高校思想政治教育课程应注重多种教学方法的选择，正确引导学生认识新事物，掌握新概念。在实践过程中，高校教师应积极利用大数据环境中的相关应用，综合利用现代教学设备，根据多媒体系统为学生展示更多的视频、音频和视频资料。此外，它还可以大胆改进原有的教学方法，积极自主地创新思想政治课的教学方法；根据情景表演、分类辩论等方法开展思想政治课课堂教学，不仅可以进一步提高思想政治课面临的挑战，吸引学生的注意力，提高思想政治课课堂教学的效率和质量。[4]

3.2 思政课程的讲授内容要与时俱进

高校思想政治课教学应注重教学内容的不断创新。在制定教学计划时，教师应分析当前的热点问题、政府事务和当前时期党建的重要新闻，选择合适的具体内容进行教学，整合大学生关心的社会现象，聚焦具体内容进行深入探讨，并鼓励学生积极就各种问题发表自己的想法和想法，进而提高学生的逻辑思维能力和辨别是非的能力。

此外，高校思想政治教师还应针对不同阶段大学生的心理状态进行具体分析，紧密结合大数据背景下信息快速流通的特点，选取一些最新时事政治的关键点，有目的地设计课堂教学内容。例如，面对新生，教师可以选择一些国内外新闻点进行分析。这样的新闻摘要通常更具挑战性，它能更好地吸引学生的注意力；然而，面对初中生，他们需要选择一些与研究生入学考试和继续教育相关的新闻摘要，这确实是现阶段学生真正关心的问题。有针对性地设计思想政治课的内容，可以保证教学课堂的质量。思想政治课教学过程中讲授的内容是学生已经关注的一种社会现象，这可以进一步让学生感受到这一领域课程的必要性，同时他们会更加重视思想政治课的学习。[5]

3.3 从学生的角度出发开展思政课程的教学

在高校实施的思想政治教育工作中，教师必须通过积极正确的指导帮助学生理解一些关键原则。这项工作看似简单，但实际上，它包含了许多来自大学的问题。我们如何既能解释伟大的原则，又能不让学生排斥心理状态？这是高校思想政治教师应该关注的问题。高校学生是成年人，是社会发展的一员。在人工智能时代的特点下，他们对社会发展有着基本的了解，对许多事情有着自己的想法。盲目使用无意义的言论容易使学生反感，从而使高校思想政治教育无法发挥应有的作用。高校教师应站在学生的角度看问题，思考学生所要求的思想政治课的具体内容，并根据学生的具体情况，从学生的角度制定思想政治课教学的内容和方法，使学生能够真正聆听这些真理。教师还需要积极与学生沟通，以便更好地了解学生的真实需求，制定更适合学生的思想政治教育总体规划，系统地提高高校思想政治教育的效率和质量。[6]

3.4 注重将思政教育落到实际

现阶段，我国高校思想政治教育中一个尤为突出的问题是教育过于压抑，脱离现实，容易导致思想政治教育形式化。为了摆脱这种困境，高校思想政治教育工作者应该关注课程教学的本质，真正实施思想政治教育，使学生进一步感受到思想政治教育课程的价值和意义。在课堂教学中，思想政治教育过于严格，使学生感到思想政治教育是一门毫无意义的课程。从长远来看，它是思想政治课的一种心理排斥状态。在准备思想政治课程时，教师应更充分地考虑学生的学习感受，使学生能够意识到思想政治教育在具体的学习过程中是围绕着自己的，这不是一个不可逾越的原则。这是高校思想政治教育真正的终极目标。[7]

4 结束语

高校学生是祖国未来有用的人才。高校的育人任务不仅是提高学生的理论知识储备，更是帮助学生树立正确的人生观，为祖国培养更多勤奋好学的高素质人才。在具体教学中，高校必须明确认识思想政治工作的重要性，积极努力进一步发展思想政治课，促进思想政治工作效率的全面提高，为学生的可持续发展观奠定基础，为祖国培养大批人才。

参考文献

[1] 沈愈，朱尔果，唐若玥."互联网+"背景下高校课程思政建设路径探析——评《高校思想政治理论课程建设研究》[J].热带作物学报，2021，42（08）：2536-2538.

[2] 王纪鹏，刘旭映.新媒体视域下"课程思政"与"思政课程"协同育人研究[J].锦州医科大学学报（社会科学版），2021，19（04）：79-82.

[3] 张苏倩."双高计划"背景下基于大数据的高校思政工作创新探析[J].财富时代，2021（02）：105-106.

[4] 杨晓宏，郑新，梁丽."互联网+"背景下高校课程思政的价值意蕴与实践路径研究[J].电化教育研究，2020，41（12）：71-78.

[5] 周萍.大数据背景下地方财经类高校精准思政工作创新路径探析[J].会计师，2020（22）：65-66.

[6] 俞雷，刘翔.内容驱动的高校专业课程思政教学——以数据科学与分析课程为例[J].科教导刊（下旬刊），2020（27）：94-95.

[7] 徐春华.论大数据背景下高校互联网思政工作平台构建[J].辽宁教育行政学院学报，2020，37（04）：84-87.